RENÉ GIRARD

CB067505

Realizações
Editora

Impresso no Brasil,
outubro de 2011

Título original: *Deus absconditus.*

Os direitos desta edição pertencem a É Realizações Editora, Livraria e Distribuidora Ltda.
Caixa Postal: 45321
cep: 04010 970 - São Paulo, SP, Brasil
Telefax: (5511) 5572 5363
e@erealizacoes.com.br
www.erealizacoes.com.br

Editor
Edson Manoel de Oliveira Filho

Coordenador da Biblioteca René Girard
João Cezar de Castro Rocha

Assistentes editoriais
Gabriela Trevisan
Veridiana Schwenck

Preparação de texto
Fernanda Marcelino

Revisão
Viviane Mendes
Liliana Cruz

Design Gráfico
Alexandre Wollner
Alexandra Viude
Janeiro/Fevereiro 2011

Diagramação e finalização
Mauricio Nisi Gonçalves
André Cavalcante Gimenez
/Estúdio É

Pré-impressão e impressão
Prol Editora Gráfica

RENÉ GIRARD

o Deus escondido da pós-modernidade

desejo, memória e imaginação escatológica. Ensaio de teologia fundamental pós-moderna

Carlos Mendoza-Álvarez

tradução Carlos Nougué

Realizações Editora

Esta edição teve o apoio da Fundação Imitatio.

IMITATIO

INTEGRATING THE HUMAN SCIENCES

Imitatio foi concebida como uma força para levar adiante os resultados das interpretações mais pertinentes de René Girard sobre o comportamento humano e a cultura.

Eis nossos objetivos:

Promover a investigação e a fecundidade da Teoria Mimética nas ciências sociais e nas áreas críticas do comportamento humano.

Dar apoio técnico à educação e ao desenvolvimento das gerações futuras de estudiosos da Teoria Mimética.

Promover a divulgação, a tradução e a publicação de trabalhos fundamentais que dialoguem com a Teoria Mimética.

A fé é a experiência vivida
pela inteligência
de ser iluminada pelo amor.

Simone Weil,
La Pesanteur et la Grâce

A Nob Lolich

sumário

apresentação

Pedro Rubens[1]

"Uma teologia que não é atual seria falsa".[2] E a atualidade de uma teologia depende de sua capacidade para responder às grandes questões de seu tempo, assumindo o "risco da interpretação"[3] da fé e a "responsabilidade" pela palavra e pela linguagem.[4] Em *O Deus Escondido da Pós-Modernidade*, Carlos Mendoza-Álvarez responde, verdadeiramente, a questões do tempo presente, dialogando com a grande tradição cristã e atualizando a linguagem aos nossos dias, de maneira pertinente e específica. Trata-se de um "ensaio de teologia fundamental".[5]

[1] Natural de Vazantes, Ceará, Pedro Rubens entrou na Ordem dos Jesuítas em 1981 e foi ordenado presbítero em 1993. É doutor em Teologia pelas Faculdades Jesuítas de Paris, onde viveu de 1994 a 2002. De volta ao Brasil, lecionou na Faculdade Jesuíta de Filosofia e Teologia (Faje), de Belo Horizonte, onde havia feito sua graduação em Filosofia e Teologia. Desde 2006 é professor e reitor da Universidade Católica de Pernambuco, no Recife. É autor de *Discerner la Foi dans des Contextes Religieux Ambigus* (Paris, Cerf, 2004) e de *O Rosto Plural da Fé: da Ambiguidade Religiosa ao Discernimento do Crer* (São Paulo/Recife, Loyola/UNICAP, 2008).
[2] Henri Bouillard, *Conversion et Grâce Chez S. Thomas d'Aquin*. Paris, Aubier, 1941, p. 219.
[3] Recentemente, em sua visita ao Brasil, o autor reafirmou a atualidade de uma teologia hermenêutica, sobretudo para pensar a singularidade da verdade cristã em tempos de pluralismo religioso. Ver Claude Geffré, "A Teologia Fundamental como Hermenêutica". *Revista de Teologia e Ciências da Religião da Unicap*, julho/dezembro 2009, p. 9-33.
[4] Gerhard Ebeling, "Hermeneutische Theologie?". *Wort und Glaube*, t. II. Tübingen, J.C.B. Mohr (Paul Siebeck), 1969, p. 99-120. O autor define a tarefa da teologia hermenêutica como "responsabilidade".
[5] A teologia fundamental, enquanto disciplina independente da dogmática, é relativamente recente (pós-Vaticano I, 1870), mas sua origem é tão antiga quanto o próprio

Extremamente sensível à experiência de nossos contemporâneos – dita na figura do sujeito vulnerável em meio aos escombros da modernidade tardia –, o teólogo mexicano assume o risco de toda teologia cristã, que é propor a esperança, entendendo-a como "porvir razoável e sustentável". Partindo do diagnóstico de um duplo desmoronamento histórico na cultura ocidental – da cristandade e da modernidade –, ele apresenta uma genealogia da situação atual bem como das tentativas de respostas que, embora diferentes e até opostas, não superaram a pretensão moderna de uma razão totalizante. No seio desse duplo fracasso que os mestres da desconstrução vão tornando patente, a obra mostra a função histórica do pensamento pós-moderno. Nesse importante ato teológico – que desemboca em uma atitude teologal –, o autor se inscreve na mais genuína tradição cristã, tão bem expressa na Primeira Epístola de São Pedro 3,15, carta magna da teologia fundamental: "(...) estando sempre prontos a dar razão da vossa esperança a todo aquele que vo-la pede". E, além de instaurar um debate entre os mais diversos autores e interlocutores, de forma rigorosa e límpida, ele o faz "com mansidão e respeito" (1 Pedro 3,16).

O método seguido por esse discípulo de São Domingos não é o caminho de um pensador errante, mas o de um teólogo itinerante que nos faz percorrer diversas regiões do mundo, em que o risco da fé é assumido com coragem, exercitando um diálogo simpático com autores das mais diferentes correntes, sem preconceitos nem partidarismos. Com a mansidão que o caracteriza, Mendoza trata esses "guias adestrados" com respeito e fidelidade, permitindo o encontro de várias gerações e tradições, inúmeras obras e debates, atestando sua extraordinária capacidade de síntese e ampla cultura universitária. Com audácia discreta, ele propõe uma teologia cristã fundada na *gratuidade*, sem renunciar à lucidez crítica de um homem de seu tempo, mas dotado de *raiz* e *asas*: genuinamente latino-americano,

cristianismo: ela se inscreve na grande tradição de apologias cristãs e de suas transformações. Ver Johannes Baptist Metz. *La Foi dans l'Histoire et dans la Société. Essai de Théologie Fondamentale Pratique*. Paris, Cerf, 1999, p. 30s.

o teólogo e frade é, sobretudo, um homem livre, peregrino de um mundo plural e sem fronteiras. Nesses umbrais que ele atravessa e nos convida a conhecer, a dinâmica da fé é atestada com mansidão e rigor, não sem respeitar as diferenças e assumir posições claras.

Passo a passo, seu pensamento delineia três grandes perspectivas. Primeiro, ele anuncia um "pretexto": diante dos "escombros da cristandade e da modernidade", importa "falar de Deus e dizer o Homem", entre niilismo e retorno do religioso. Em seguida, o autor situa sua reflexão no "contexto" dos debates do pensamento de uma modernidade tardia, marcada pela busca de fundamentos, após o questionamento do papel da metafísica, a afirmação da subjetividade exposta e a elucidação das potências de experiências próprias do sujeito pós-moderno. Enfim, ele revisita o "patrimônio espiritual do cristianismo" para reinterpretar a fé, para além da religião, levando nas mãos as chaves fenomenológica, hermenêutica e pragmática. Transversalmente, o movimento de sua reflexão parte de uma referência à matriz antropológica – na linha de René Girard e sua interpretação do cristianismo como religião não sacrificial – e situa-se no horizonte do niilismo, no qual o cristianismo assumiria o papel de superação perpétua da própria religião. Em um caso e outro, a teologia e a fé distanciam-se de todo sistema totalizante.

Dito de outra maneira: o teólogo ibero-americano atravessa os escombros da modernidade, escutando o murmúrio das vítimas e o grito dos profetas niilistas, para reconstruir as bases de uma teologia fundamental pós-moderna e repensar, respeitosa e discretamente, a esperança como possibilidade. Ele distancia-se da razão moderna para enveredar-se pela fenomenológica, na qual a teologia deixa de ser a busca de um conhecimento da verdade objetiva (ideal da modernidade e da apologética) e se converte em uma "apercepção" da revelação divina no seio da experiência do sujeito pós-moderno, marcado pela "vulnerabilidade de uma vida ameaçada" por diversas formas de violência, fundada em "discursos de totalidade e em práticas sacrificiais" das mais cruéis – guerras, ataques terroristas e acidentes nucleares – às mais subliminares – desejo desenfreado pela possessão de bens tecnológicos a todo custo.

"Desejo, memória e imaginação escatológica" compõem o subtítulo da obra e costuram o tecido desse ensaio teológico, propondo a esperança no contexto do pensamento pós-moderno. A esperança da fé – proposta que vai sendo elaborada ao longo da travessia e que aparece nos dois capítulos finais – supõe a "superação de todo desejo mimético", rompendo a lógica da "reciprocidade violenta" e instaurando a relação da gratuidade de Deus manifesta de forma plena na doação de Jesus, o Cristo: trata-se de uma esperança razoável e capaz de resgatar a memória feliz de uma longa tradição de "vítimas que perdoam", tendo preferido perder a própria vida a ceder à lógica da violência recíproca; trata-se de uma esperança sustentável, sinal de uma promessa messiânica e figura da imaginação escatológica, anunciando o "fim do mundo" – tanto no sentido do desmoronamento de todo sistema de totalidade quanto do anúncio de um novo mundo possível.

Esta obra de Carlos Mendoza-Álvarez é um marco no cenário da teologia contemporânea e um belo acontecimento na paisagem teológica latino-americana e, particularmente, brasileira, inclusive por ser a primeira obra do autor traduzida na língua de Antonio Vieira e Guimarães Rosa. Como agradecimento, concluo arriscando uma palavra sobre os três domínios de maior aporte desta obra.

Primeiro, Mendoza realiza a importante e inadiável tarefa de compreender a razão pós-moderna no contexto do próprio pensamento ocidental, explicitando a função histórica desse novo paradigma e revelando sua contribuição, inclusive para a teologia. O autor postula que a função do pensamento pós-moderno é, sobretudo, provocar a crise em todo sistema totalizante, revelando sua lógica sacrificial e excludente. Nesse sentido, advoga que o método da desconstrução não desemboca, necessariamente, em um abismo intransponível, nem os pensadores niilistas e pós-modernos estão destituídos de um projeto ético e político. Entre as muitas contribuições oferecidas por este livro, destaca-se, portanto, a pertinência de uma reflexão teológica não tão interessada em reconstruir as ruínas de "catedrais da cristandade e arranha-céus modernos", mas apta a resgatar a possibilidade de "dizer Deus" e propor a fé como alternativa razoável.

Em segundo lugar, o autor traz uma importante contribuição à teologia latino-americana da libertação, refugiada em pequenos círculos ou dispersa em uma diversidade de temas. Através desta obra, destituída de qualquer apologia regionalista, o autor não apenas resgata as grandes intuições de muitos teólogos latino-americanos, mas os recoloca em comunicação com a grande tradição cristã e com pensadores de outros continentes. Assim, Mendoza retoma a tarefa de uma teologia fundamental contextual, inclusive redizendo, à sua maneira, a polêmica e profética opção preferencial pelos pobres. De fato, postulando a esperança a partir da "inteligência das vítimas", ele amplia generosamente a compreensão do "pobre", permitindo não apenas incluir tantas outras pessoas e situações, mas reconhecer o estatuto do "poder-do-não-poder", dinâmica evangélica (*dynameis* - Romanos 1,16) presente em diferentes momentos da história, em várias regiões do mundo e diferentes estilos de vida. Da mesma forma, propondo uma teologia fundada na "gratuidade", ele aponta para a radicalidade da libertação em teologia: afinal, o que vem a ser a gratuidade senão a expressão mais profunda da liberdade e a aposta extrema em uma libertação que transcende os esforços humanos - embora indispensáveis - e os percalços históricos (muitas vezes insuperáveis)? De toda sorte, uma correlação entre libertação e gratuidade fica como pista para repensar uma nova esperança possível, a partir das vítimas de exclusão por razões sociais, étnicas, políticas, religiosas e sexuais.

Esta obra aponta, em terceiro lugar, para a importância de uma teologia no "espaço público" - o qual poderia ser pensado até mesmo como um novo *lugar teológico* - ponto de encontro do sujeito vulnerável, das vítimas de todas as formas de violência e dos movimentos sociais de defesa e promoção dos direitos humanos fundamentais. Paradoxalmente, sobretudo na América Latina, no mesmo palco em que ecoam as vozes de um niilismo teórico e prático, ressurge com força o religioso em suas formas mais arcaicas, com suas expressões morais e políticas excludentes, disputando o espaço público de nossas frágeis democracias. Importa discernir a fé no seio desses fenômenos religiosos, distinguindo, por um lado, os valores de uma religiosidade popular vivida e o patrimônio espiritual do cristianismo, e, por outro, as formas religiosas arcaicas e sacrificiais, expressão de uma lógica totalizante, produzindo vítimas e fomentando exclusões.

Caberia, por conseguinte, assumir a tarefa de uma "teologia pública",[6] despojada de toda pretensão totalizante e investida de um discernimento profético, capaz de desmascarar os mecanismos de morte e anunciar, insistentemente, a possibilidade de uma nova esperança, buscando as alternativas para a construção de uma sociedade sustentável. Em diálogo com interlocutores cada vez mais plurais, recai para o teólogo, porém, a responsabilidade de reinterpretar a fé cristã discernindo, em cada novo contexto, os sinais da esperança abraâmica, que não se desespera com os acontecimentos da história e suas contradições, mas, caminhando,[7] "esperando contra toda a esperança" (Romanos 4,18). Trata-se, enfim, de exercitar a arte de uma *teologia parteira*,[8] capaz de enxergar nos sofrimentos do tempo presente as "dores de parto" (Romanos 8,22) de uma nova humanidade.

[6] A expressão é de Jürgen Moltmann, *Dio nel Progetto del Mondo Moderno: Contributi per una Rilevanza Pública della Teologia*. Brescia, Queriniana, 1999. No Brasil, o Instituto Humanitas da Unisinos tem aberto e proposto esta agenda importante, em diálogo com as mais diversas linhas de pensamento. Ver vários artigos sobre "Teologia Pública". In: *Cadernos IHU em Formação*, Ano 2, n. 8, 2006. Disponível em http://www.ihu.unisinos.br. Acesso em 18/08/2011.

[7] Ver o artigo de Zeferino Rocha, "Esperança não É Esperar, É Caminhar. Reflexões Filosóficas sobre a Esperança e Suas Ressonâncias na Teoria e na Clínica Psicanalíticas". In: *Freud entre Apolo e Dionísio. Recortes Filosóficos, Ressonâncias Psicanalíticas*. São Paulo/Recife, Loyola/Universidade Católica de Pernambuco, 2010, p. 113-34.

[8] Andrés Torres-Queiruga. *Repensar a Revelación. La Revelación Divina em la Realización Humana*. Madri, Trotta, 2008. O autor, citado por Carlos Mendoza-Álvarez, trabalha a categoria de "maiêutica histórica" para pensar a relação entre transcendência divina e imanência da experiência humana.

agradecimentos

O trabalho necessário para a elaboração de um livro, como é bem sabido, requer a participação de muitos. Este não é exceção, e por isso desejo expressar-lhes aqui meu sincero reconhecimento.

Em primeiro lugar, agradeço a escuta crítica dos estudantes de teologia com quem trabalhei estas ideias teológicas em diversos centros de estudos superiores: o Instituto de Formación Teológica Intercongregacional de México; o mestrado em Teologia da Universidad Iberoamericana Ciudad de México; a pós-graduação em Ciências da Religião da Universidade de Pernambuco, no Brasil, e a faculdade de Teologia da Universidade de Friburgo, na Suíça. Em particular, no diálogo com bolsistas e pós-graduandos pude aprimorar o argumento central deste livro: Concepción Mateos, Alejandro Ortiz, Brenda Mariana Méndez, Mónica Chávez, Juan Carlos La Puente e Luis Alfredo Escalante.

Também desejo agradecer aos grupos de teologia para leigos com quem compartilho regularmente a inteligência da fé e a cumplicidade na busca de caminhos para viver o Evangelho no mundo pós-moderno: a comunidade de El Guijarro, as fraternidades de dominicanos seculares, o movimento juvenil dominicano e o grupo Mysterion, AC, bem como aos companheiros da missão jesuíta de Bachajon, em Chiapas, aos quais devo a intuição original para compreender a esperança no meio de circunstâncias adversas de vida ameaçada, onde floresce a gratuidade.

Essas ideias foram se moldando também no ambiente favorável da amizade compartilhada, seja numa conversa após uma refeição, no meio de uma jornada de meditação e retiro, no coração de uma liturgia viva ou quando surgem as perguntas nascidas nos momentos de incerteza e gozo: com meus pais, irmãos, tias e sobrinhos, bem como em companhia dos amigos: Raúl e Katy Manzano-Tapia, Alicia Cea, José Rubén Romero, Juan e Sara Caffarel-Salazar, Elia e Saúl Arroyo-Lara, María e Antonio Aguilar-Velázquez, Conrado Zepeda, Delle e Marisa McCormick-Werner, Patricia e Jesús Cortés-Kach, Julio Saldaña, Daniel Montiel, Valeria e Alejandro Briceño-Arroyo.

Agradeço de maneira especial aos colegas universitários com quem fui vislumbrando os caminhos da interpretação teológica necessária em novos contextos: Andrés Torres-Queiruga, Virgilio Elizondo, Bárbara Andrade, James Alison, Andreas Uwe Mueller, Pierre Gisel, François-Xavier Amherdt, Denis Mueller, Daniel Groody, Clemens Sedmak, Gioacchino Campese, Piotr Napiwodzki, Ángel Méndez, Alberto Anguiano, Daniel García-Chavarín, Eduardo González e Javier Sicilia. E também aos colegas que, no exercício de sua gestão acadêmica, apoiam as iniciativas de pesquisa de sua comunidade universitária: Alexander Zatyrka, Javier Prado, José Morales, Pedro Rubens, Guido Vergauwen e Benoît-Dominique de La Soujeole.

Um reconhecimento às instituições que tornaram possível o estágio pós-doutoral que foi o tempo propício para levar a efeito esta investigação: Universidad Iberoamericana Ciudad de México; Convento de Santo Domingo de México; Província de Santiago do México da Ordem dos Pregadores; Universidade de Friburgo, na Suíça; Convento de Santo Alberto Magno, em Friburgo; Edições du Cerf e o Campo Estratégico de Acción Fe y Cultura do Sistema Universitario Jesuita de México.

Por último, agradeço a Isabele Garessus e María Velázquez, atentas leitoras que melhoraram de maneira notável a clareza do texto, apesar de suas densas passagens, bem como a Arturo Navarro e Lourdes Cortina por seu apoio para a edição.

prefácio

Rosino Gibellini

O livro do jovem teólogo mexicano Carlos Mendoza tem por título *Deus Absconditus*, o que já indica *in limine libri* um estilo teológico que procede com discrição, que renuncia a toda segurança argumentativa e totalizadora, em busca do mistério inefável (e confiável) que é o "segredo" escondido do mundo (Eberhard Jungel). Pratica-se assim um estilo teológico que persegue a verdade, entendida como "evento discreto" (Christian Duquoc).

O estudo se apresenta como um ensaio de teologia fundamental que não pretende entrar no tratamento de cada um dos conteúdos da revelação cristã, tarefa atribuída a uma teologia dogmática (Karl Barth) ou a uma teologia sistemática (Paul Tillich). Trata-se de uma teologia fundamental que não se autocompreende como um sistema defensivo do cristianismo, mas que se interroga sobre como falar de Deus em nosso tempo, caracterizado por emblemas culturais contrapostos, secularismo e niilismo, por um lado, e retorno do religioso, por outro. A partir daqui a exposição se divide claramente em duas partes: a primeira, que compreende os primeiros quatro capítulos, é um diagnóstico da situação cultural (Tillich) em que vivemos no início do novo milênio; a segunda, constituída pelo quinto capítulo, conclusivo, propõe as linhas da nova teologia fundamental.

A primeira parte me evoca um célebre artigo do teólogo católico norte-americano David Tracy, "On Naming the Present" (1999),

"Que nome dar ao presente", em que se tenta situar a mensagem cristã em nosso tempo. Segundo as detalhadas e documentadas análises desse estudo, o tempo em que vivemos é suscetível de ser caracterizado como modernidade tardia (Jürgen Habermas), como pós-modernidade (Jean-François Lyotard) ou como tempo do fragmento (Jacques Derrida). A análise da situação cultural não é conduzida sobre o registro de uma crítica indiferenciada e censora das tendências de nosso tempo, mas com o intento de individuar - dir-se-ia - os "pontos de inserção" (categoria elaborada pelo culto teólogo de Zurique Emil Brunner, na polêmica com Barth) da palavra da fé. Por um lado, o retorno do religioso é interpretado como retorno ao espiritual, no sentido de abertura a outra dimensão da realidade. Do lado oposto, o niilismo do secularismo é interpretado como expressão de um pensamento débil (Gianni Vattimo), que é crítico de toda forma de totalitarismo, é atento às diferenças, pratica a reconstrução (Derrida, Jean-Luc Nancy) e se abre, sob a orientação de Emmanuel Lévinas, ao Outro, aos outros, às histórias outras, censuradas pelas pretensões totalizantes da racionalidade moderna: é esta a nova possibilidade de um "retorno de Deus" - não de um Deus pensado pelo eu, mas do da revelação (por interpretar segundo uma apropriada hermenêutica: Paul Ricoeur, Edward Schillebeeckx) - na pós-modernidade.

No capítulo final são apresentadas as linhas de uma nova teologia fundamental, no tempo da pós-modernidade, como disciplina de fronteira entre a fé e a razão. Ela se articula sobre três palavras-chave (*Stichworte*, na linguagem de Theodor W. Adorno), a saber: memória, desejo e imaginação escatológica, que são enunciadas no subtítulo da obra. "Memória" recupera a categoria ilustrada da teologia política europeia (Johannes Baptist Metz e Jürgen Moltmann), estendida à memória das vítimas, aprofundada pela teologia da libertação (Gustavo Gutierrez, Enrique Dussel e Jon Sobrino). "Desejo" é a categoria introduzida pelo filósofo René Girard, e o livro representa uma primeira utilização teológica da obra do antropólogo francês (de grande interesse, neste sentido, é o anexo, que reproduz uma entrevista teológica com Girard, o qual responde a precisas perguntas teológicas do autor deste livro). "Imaginação escatológica", como visão de um mundo reconciliado e de uma nova criação, recupera toda a linha da reconsideração da escatologia, levada a efeito pela teologia do século XX.

A nova teologia fundamental, proposta em suas projetivas linhas gerais neste livro culto, escrito por um teólogo da nova geração, propõe-se a mostrar a pertinência da fé no tempo da pós-modernidade. Não tanto se confrontando predominantemente com a razão crítica da modernidade, como em Karl Rahner, ou com a razão prática pós-iluminada, como em Metz, mas com a razão débil pós-moderna, com o que se exercita a teologia como conversa na linha de Helmut Peukert, David Tracy e Christian Duquoc, na busca da possibilidade de uma nova expressão do cristianismo, em termos de gratuidade, doação e *koinonía.*

introdução

α

Como falar de Deus no seio de nossa época, que se debate entre o niilismo e o retorno ao fundamento?

Enquanto herdeiros do Iluminismo, cidadãos e crentes vivendo no século XXI no Ocidente, todos somos devedores do patrimônio espiritual judeu e cristão que foi vertido, de maneira predominante, no valioso vaso da cultura greco-romana. Mais de três milênios de história nos identificam como cidadãos convocados a participar da Jerusalém das nações, mas também como membros de direito da *polis* grega, e todos vivendo à espera da Cidade de Deus que se realizaria no final dos tempos segundo o anúncio de Cristo.

No entanto, também como sobreviventes na história do Ocidente, conservamos na memória – como um tipo de *genoma espiritual* – as feridas provocadas pelo orgulho humano, de Babel a Bagdá. É surpreendente constatar que a mitologia da confusão humana começa e acaba, em todo caso, para os habitantes da sociedade pós-moderna, naquele lugar simbólico do Eufrates. Com efeito, "desde a criação do mundo" (cf. Lucas 11,50), a cobiça humana desafia a Sabedoria divina, querendo ocupar seu lugar, seja através da arrogância da civilização que anseia conquistar o céu, seja pelo cinismo de outra civilização que está obcecada pela conquista da terra.

Em muitas ocasiões, nossas torres já se derrubaram: primeiro em Babel, depois em Constantinopla e Roma e, em tempos mais recentes, em Bagdá e Nova York. De modo mais preciso, no Ocidente o colapso da catedral da cristandade foi seguido da implosão dos arranha-céus do Iluminismo.

Relendo outro antigo símbolo, poderíamos dizer também que *a arca naufragou*, desde a época de Noé até os dias de hoje, caracterizados pela arrogância da razão crítica... E, no entanto, continuamos sonhando com miragens de onipotência. Mas o paradoxo mais inquietante nessa história é a vida dos inocentes e dos justos: aqueles que, no meio de tanta mentira, vivem de maneira cotidiana sua vida como *doação*, seja por meio da prática do amor sem condição, seja até pela oferenda misteriosa de sua vida pelos demais.

β

Este livro é um balbucio para falar de Deus no meio dos escombros da modernidade. Um propósito que pareceria impossível para uns, temerário para outros, mas talvez necessário para alguns. Trata-se, não obstante, de um desafio irrenunciável para todo crente, consciente de proclamar sua fé no meio da cidade, em cada época da história da humanidade.

Desejamos arriscar-nos caminhando na beira desse abismo, não sem precaução, seguindo os passos de guias adestrados na interminável tarefa de explorar os contornos do *real*: aproximando-nos desse oceano pelos meandros da subjetividade em sua experiência de desejo e de finitude; observando com atenção as distinções da razão anamnésica e linguística e, finalmente, assomando ao abismo da polissemia da linguagem. O horizonte se desdobra então para a imaginação escatológica, abraçada pelo advento da gratuidade divina.

Desejamos abrir, através destas páginas, um novo campo de trabalho para buscar as peças de uma obra de arte que só estará realizada plenamente quando tiver descoberto o Ícone por excelência, a saber, a Sabedoria divina mesma: Aquela que inspirou os profetas e os justos desde Abel, a mesma que se fez carne em Jesus de Nazaré, o revelador de Deus escondido, mas acessível por meio da *gratuidade* de sua *Ruah* divina.

γ

Ao longo de cinco capítulos, este livro busca compreender a pertinência da fé cristã – a antiga *pistis* dos gregos, a *fides* dos latinos, a *crença* dos modernos – na experiência vivida pelos seres humanos que vivem num mundo desencantado, no meio dos escombros produzidos pelo colapso das grandes histórias e pela crise de credibilidade das grandes instituições modernas (família, universidade, Estado, Igreja).

O primeiro capítulo corresponde, de fato, ao *pretexto* que motivou a investigação: o retorno do religioso na sociedade globalizada do final do século XX. O contexto cultural da modernidade tardia se apresenta aqui sob o ângulo dos sintomas da busca do *espiritual*, vivida por pessoas e comunidades crentes, e ainda pelas coletividades em geral, de diversas formas: segundo a primazia do emocional, ou como busca de um fundamento, ou, mais ainda, da consciência do Nada. Trata-se de um verdadeiro sinal dos tempos pós-modernos que pede uma investigação atenta para discernir aí seu sentido salvífico.

Os dois capítulos seguintes descrevem o *contexto* da reflexão surgida da crise da modernidade. Mostram a polaridade de significações própria dessa crise, sendo os dois polos opostos que constatam, por caminhos diversos, mas de maneira simultânea, o esgotamento da razão instrumental. Não se trata, naturalmente, de uma análise exaustiva ou monográfica de cada uma dessas tendências que aqui decidimos chamar de contramodernas, para destacar seu comum distanciamento do metarrelato do Iluminismo. Trata-se, antes de tudo, da questão de dar conta de algumas das principais problemáticas da discussão atual, em particular o papel da metafísica, da subjetividade exposta e das potências de experiência próprias do sujeito pós-moderno.

Os dois últimos capítulos, finalmente, são uma heurística do pensamento teológico fundamental na idade da razão pós-moderna. Poder-se-ia descrever essa última parte como um ensaio de hermenêutica mimético-pragmática da fé cristã no momento do derrubamento dos metarrelatos, tanto da cristandade como da modernidade. Como *falar de Deus* no meio dos escombros da modernidade? Será possível *aperceber* – para usar esse termo próprio da fenomenologia – a revelação divina no sentido da subjetividade exposta? Nós, os cristãos, seremos capazes de comunicar a experiência e o sentido salvífico no coração do reencantamento do mundo? Deveríamos construir novas torres depois de percorrer os escombros de tantos *Ground Zero* existentes no planeta? O que significará a missão de anunciar a esperança de cumprimento das promessas de Deus nestes tempos de vulnerabilidade extrema?

Desejamos *falar de Deus* sem deixar de escutar o murmúrio dos sujeitos vulneráveis, antes até de qualquer juízo sobre a objetividade da revelação ou da doutrina católica. Pensamos que podemos vislumbrar aí os signos do Reino de Deus, ao discernir as linhas mestras da Sabedoria divina, que fala através dos *pequenos* da história.

Os sábios falam de pós-modernidade, de nova idade da razão, e talvez não se enganem. Interpretam à sua maneira os vestígios do esgotamento da humanidade na hora da violência assassina, para esquadrinhar aí os sinais de uma esperança possível para todos.

Cristo, por seu lado, falou também dos *nepioi*, em sua gramática poética magistral pronunciada às margens do lago da Galileia, segundo o testemunho do evangelista Lucas. Os *pequenos* são aqueles que somos obrigados a reconhecer – e a converter-nos ao mesmo tempo – como os privilegiados de Deus porque eles já não têm nada que os prenda a este mundo. E isso porque chegaram ao limite da *vulnerabilidade* da existência humana, de maneira que se converteram em "mansos e humildes de coração", abertos ao dinamismo do Amor divino, que não é senão *doação na gratuidade*. Os *nepioi* são talvez chamados hoje, em nossa civilização pós-moderna, sujeitos vulneráveis, porque alguns os desprezam, outros os ignoram, muitos os atacam e alguns os escutam... como no tempo de Jesus.

δ

O anexo deste livro contém a conversa com René Girard acontecida em Paris no outono de 2007. Poderia chamar-se *intertexto*, no sentido de uma conversa sempre inacabada, típica de um pensamento em ebulição, cujas palavras e ideias se entrelaçam com as do autor ao longo de todas as páginas. Troca viva que continua também com outros autores, colegas, estudantes e amigos que se uniram a nosso questionamento em Friburgo, Cidade do México, Chiapas, Recife e no ciberespaço de nossos dias.

De fato, as perguntas do mimetismo que aqui se encontram presentes e tratadas ultrapassam o marco antropológico do autor entrevistado e abrem terreno para novas investigações teológicas. Essa reflexão foi iniciada por vários autores com quem estamos em dívida, em particular James Alison e o grupo de investigações miméticas.

Essa conversa continua a ser levada a efeito também com outros interlocutores, como o grupo de jovens teólogos convocado por Gustavo Gutiérrez e Virgilio Elizondo, na Universidade de Notre-Dame, para aprofundar as novas questões teológicas, sem esquecer o essencial da lógica da *kénosis* do Logos divino: Deus nos dirige sua Palavra por meio da voz das vítimas da História.

ε

Tal é a aposta do presente livro: interpretar os tempos pós-modernos como *lugar teológico* inédito para descobrir aí os tesouros da revelação divina. Na recepção da manifestação de Deus e seu impulso salvífico, a fé dos *pequenos* busca sem cessar acolher o dom por excelência: o Outro que chega como saldo de uma dívida, esquecimento, perdão... graça. Essa experiência capacita a subjetividade pós-moderna para aperceber a Deus como Ser de superessência: *além* e *aquém* de toda representação.

Na experiência do perdão, com efeito, instaura-se um *mútuo reconhecimento* que nada tem que ver com a rivalidade, na qual todos nós nos encontramos presos, até às vezes o outro, que é tão frágil e vulnerável como nós mesmos. Talvez seja essa experiência fundacional do desconhecimento-reconhecimento de si com relação ao outro o que é apenas insinuado no relato de Abel e sua história com seu irmão Caim. Uma pergunta dirigida tanto a Deus como a nós, os seres humanos: "Onde está teu irmão?". Talvez também esse processo existencial, que radica na passagem do desconhecimento ao *reconhecimento* do outro, seja aquilo vivido por dois discípulos de Jesus de Nazaré, Maria Madalena e Pedro, os primeiros, quando se encontraram com seu rabi Jesus no resplendor da manhã de Páscoa.

Estas páginas são destinadas a ajudar, pois, o leitor a despertar em sua intimidade essa *potência de vida, de compreensão e compaixão que vem de outra fonte*: daquele que atravessou o muro do ressentimento e da rivalidade, como diz São Paulo, "dando morte em seu próprio corpo ao ódio" (Efésios 2,16).

Tal é o anseio de nosso esforço intelectual: que seja possível em nosso tempo do fragmento *falar de Deus*, reler os clássicos do cristianismo, dizer: *Deus absconditus sub specie gratuitatis*.

capítulo 1
o retorno do religioso

A virada moderna

O estado de espírito pós-moderno

A profecia de André Malraux se cumpriu: o século XXI está aqui e é *religioso*.[1] No limite do colapso da modernidade, após a queda dos totalitarismos da razão, da técnica e do capital, a humanidade está confrontada, pela primeira vez em escala global, com o risco real de aniquilamento total... No entanto, conserva ainda uma esperança de vida.

[1] Aqui retomamos a emblemática frase de Malraux, substituindo o termo *religioso* por *espiritual*, devido às distinções que vamos mostrar ao longo do presente capítulo. Segundo Brian Thompson, da Universidade de Massachusetts, em Boston, ele mesmo teria questionado Malraux sobre esse tema, como conta o autor: "Tive duas vezes, em 1972 e 1974, oportunidade de entrevistar Malraux em profundidade. Nas duas vezes, nossa sessão em Verrières-le-Buisson foi preparada por perguntas escritas a que Malraux respondeu brevemente por escrito. Em seguida, passamos, ambas as vezes, uma boa hora aprofundando as questões apresentadas. Foi nesse contexto que ele me disse que somos a primeira civilização na história do mundo a não ter centro, transcendência, sentido para a vida que a informe enquanto civilização. Muito sensível à tecnologia moderna – 'Pense, pois, que no espaço de uma só vida eu vivi os fiacres de Paris e homens na Lua' –, ele se preocupava com o futuro dessa cultura sem centro, e foi então, diante de mim, que pronunciou a famosa frase: 'O século XXI será religioso ou não será'. Ele explicou que não sabia que forma isso tomaria: ou a renovação de uma religião existente, ou uma nova religião, ou alguma coisa de todo imprevisível, como ele sublinhou em *O Homem Precário* e em outros lugares. Mas, como quer que seja, para ele, ou nossa civilização encontraria um centro, uma transcendência, um sentido para a vida, ou faria tudo explodir porque agora temos os meios técnicos para isso". Brian Thompson, "Le XXIᵉ Siècle Sera Religieux ou Ne Sera Pas". Disponível em: http://www.andremalraux.com.

Ainda hoje, descobrimos com surpresa, e não sem certo espanto, como já havia assinalado no século passado a Escola de Frankfurt,[2] a presença de justos entre as nações que continuam travando uma batalha por um porvir diferente para todos, para além do triunfo sempre cínico dos verdugos. A persistência de tal ato ético fundamental desenha nos dias de hoje os contornos dramáticos do *crer*, ainda presente nestes tempos de incerteza.

Dessa maneira, *o espiritual*,[3] sob uma gama diversa de expressões, empreende a revanche na hora incerta dos escombros para assinalar uma saída para o *impasse* criado após a derrubada dos mitos da modernidade, que tiveram a mesma sorte dos próprios da cristandade. Mas esse tempo se converteu, de maneira paradoxal, na ocasião propícia para o renascimento dos fundamentalismos e o anúncio do fim da história, onde se inclui o apocalipse social e ecológico.

Pois bem, o *retorno do religioso* se apresenta com frequência sob a forma de renascimento da religião segundo formas emocionais, como estranha combinação de confissão da fé e afirmação narcisista típica de um sujeito ameaçado. Certamente, *o religioso* (lugar

[2] Os dois períodos deste movimento de pensamento alemão assinalaram, cada um em seu momento, que a única saída possível para o círculo fatal do triunfo dos verdugos sobre as vítimas é a vida oferecida sem condições pelos seres humanos que vivem a compaixão extrema na prática da justiça. Cf. Theodor Adorno, *Dialectique Négative*. Paris, Payot, 1978. Ver também Jürgen Habermas, *Théorie de l'Agir Communicationnel*, v. II, *Critique de la Raison Fonctionnaliste*. Paris, Fayard, 1987. Um exemplo de recepção filosófica dessa problemática pode ser visto em Jean-Marc Ferry, *Habermas, l'Éthique de la Communication*. Paris, PUF, 1987. Ver a recepção teológica em Helmut Peukert, "L'Agir Communicationnel". In: Edmund Arens, *Habermas et la Théologie*. Paris, Cerf, 1989.

[3] Trata-se de uma categoria polissêmica mais ampla que foi privilegiada pelos autores pós-modernos e que evoca a experiência religiosa do crente que é membro de qualquer tradição religiosa ou sapiencial. No entanto, evoca também o vínculo subjetivo consigo mesmo e com os outros, com frequência excluindo toda referência transcendente, como característica da hora atual do colapso da modernidade. Cf. Michel de Certeau, *Le Christianisme Éclaté*. Paris, Seuil, 1974; *La Faiblesse de Croire*. Paris, Seuil, 1987; Gianni Vattimo, *Après la Chrétienté. Pour un Christianisme Non Religieux*. Paris, Calmann-Lévy, 2004; Jean-Luc Nancy, *La Déclosion*. Paris, Galilée, 2005; Marià Corbí, *Religión sin Religión*. Madri, PPC, 1996.

de síntese entre o crer e o crido)[4] é um âmbito ambíguo em que a subjetividade e a transcendência se tocam, às vezes se mascaram e raras vezes se limitam mutuamente. Nesse sentido, o termo religião não é sinônimo de espiritual, mas, muito pelo contrário, representa com frequência seu abafamento, seu disfarce ou, ao menos, seu mascaramento segundo o *páthos* do sentimento aloucado, da emoção irracional e da certeza de uma suposta manifestação divina no meio da banalidade do cotidiano, experiência que o faz explodir para além de seus próprios limites.

Por isso, preferimos aqui empregar o termo *espiritual*, já que este designa mais especificamente a busca própria dos místicos, com frequência vivendo a contrapelo do sistema doutrinal e moral dominante, no sentido de uma indagação levada a efeito na discrição, no âmbito religioso, consciente de seus próprios limites e evocando um estado de espírito apto para o possível renascimento para os mistérios, percebidos com muita dificuldade por meio do ato religioso.

Tanto uma como outra forma do *espiritual*, ou seja, tanto o religioso como o místico, se chamam mutuamente, seja para justificar sua existência segundo a ordem da contradição, seja na confrontação para calibrar seus próprios limites um diante do outro, ou, mais ainda, para pôr em marcha uma estratégia de subsistência no meio de agressões mútuas. Isso se explica porque o espiritual sempre se encontra ancorado no social e no político: o lugar de todas as identidades, pertenças e vontades de domínio, mas também o de todas as reconciliações. Assim, mais que uma fuga do mundo, o espiritual designa uma forma de estar-no-mundo marcada, ao mesmo tempo, pela recusa da contingência do real e pela sede de transcendência. Essa maneira de ser-no-mundo anseia, por um lado, protestar contra o sofrimento do inocente e, por outro, nos ensina a viver com a vista posta na própria morte para denunciar aí o caráter efêmero

[4] Cf. Pierre Gisel, *Qu'Est-Ce Qu'une Religion?* Paris, Vrin, 2007.

da beleza e do amor – por isso então idolátrico –, que, de maneira inevitável, se encontra ligado à complacência.

No entanto, o espiritual também pode ser mostrado segundo uma face positiva como ultrapassamento de si, enquanto experiência de gratuidade, de perdão e de reconciliação. Ele evoca uma experiência que supera os preconceitos modernos segundo os quais teríamos de ter dominado suas forças irracionais unicamente pela força da razão. O espiritual designa assim uma ordem de sentido e de práxis que convida a uma introspecção e ao mesmo tempo a um êxodo interior por trás do mistério, tanto ao dom quanto à ferida, ao simples gozo que acompanha toda compaixão extrema, a uma ordem de existência para além da vontade de domínio e do ressentimento narcisista: uma ordem paradoxal de presença-ausência.[5] O espiritual nos orienta assim para um horizonte de exterioridade com frequência entendido segundo o regime da essência, mas outras vezes segundo a lei do puro devir. Em todo caso, mostra claramente a dimensão *agônica* dos sobreviventes, enquanto existência vivida até o limite da própria finitude, até o extremo das potências próprias, nunca possuída nem possessiva, mas sempre buscando seu próprio cumprimento; em suma, uma possibilidade de transcendência vivida no seio da imanência.

O fundo fenomenológico do religioso

É-nos preciso, por tudo isso, aprofundar a intuição de Malraux. Ele falou do religioso e não tanto do espiritual, mas, de fato, assinalou com esta expressão mais o fundo místico do real que suas representações.

[5] É uma das chaves de leitura dos testemunhos místicos judaico e cristão, que foram marcados com frequência pela consciência dessa ausência significativa de Deus no crente: "presença-ausência", "luz escura", "noite escura" e muitas outras metáforas vivas de tal experiência dão conta disso. Um caso exemplar dessa tensão na vida de uma mulher crente moderna pode ser observado em "O Prólogo", de Simone Weil. Cf. Simone Weil, *OEuvres Complètes*, v. II. Paris, Gallimard, 1988, p. 806; *La Pesanteur et la Grâce*. Paris, Plon, 1947; *Attente de Dieu*. Paris, La Colombe, 1950; *Lettre à un Religieux*. Paris, Gallimard, 1974.

Uma precisão que convém aqui esclarecer para tirar todas as consequências analíticas de grande importância para nosso estudo.

Com efeito, no discurso moderno, quando se fala de *religião*,[6] designa-se aquela esfera própria das tradições da humanidade em que se nutre a relação com Deus através de livros sagrados, de mediadores chamados com frequência profetas, de lugares privilegiados para o contato com a divindade, bem como uma série mais ou menos complexa de rituais, calendários litúrgicos e seculares, prescrições éticas, códigos jurídicos, costumes alimentares e arte sacra. Do ângulo da aproximação sociológica, tais mediações institucionais são aquelas que, de maneira paradoxal, ao mesmo tempo escondem e comunicam a experiência religiosa vivida pelo crente no seio de uma tradição viva.

Aqui se trata antes de pensar, segundo uma perspectiva fenomenológica, outro âmbito do religioso que pertence à esfera da subjetividade, ora vivida sob o signo da emoção, ora enquanto ato de submissão à divindade, ora como "sentimento de dependência absoluta", como o descreveu Friedrich Schleiermacher, aquele grande romântico que foi o pai da hermenêutica moderna.[7] Estejamos ou não de acordo com seus propósitos filosóficos particulares, esse autor trouxe à colação a questão referente ao caráter *fenomenológico* da religião e seu estatuto pré-racional. Tal experiência seria analisada depois pelo filósofo da religião Rudolph Otto como experiência numinosa, associada ao mistério do real em sua densidade de significação última, no sentido de uma libertação das limitações deste mundo.[8]

De maneira que, uma vez apresentada a ideia da esfera numinosa da religião, o termo *espiritual* parece designar outra coisa. Através

[6] Cf. Mircea Eliade, *Le Sacré et le Profane*. Paris, Gallimard, 2003; *Traité d'Histoire des Religions*. Paris, Payot, 1953.
[7] Cf. Friedrich Schleiermacher, *De la Religion. Discours aux Personnes Cultivées d'entre Ses Mépriseurs*. Paris, Van Dieren Éditeur, 2004; *Le Statut de la Théologie. Bref Exposé*. Genebra-Paris, Labor et Fides/Cert, 1994.
[8] Cf. Rudolph Otto, *Le Sacré*. Paris, Payot/Rivages, 1994.

dele se evoca um mundo *outro* que o humano, uma realidade que se esconde e se mostra ao mesmo tempo, de maneira às vezes tranquilizadora, mas o mais das vezes inquietante. Esse termo designa, de fato, uma *abertura* para outra dimensão do real, sempre presente, mas raras vezes percebida pela atividade racional ou técnica que busca dominar o mundo. Tanto os poetas como os místicos, os sábios e os artistas, os crentes e os simples falam do espiritual. Trata-se de uma maneira de *dizer o real numinoso*, mas também de dizer-*se* a si mesmo enquanto sujeito exposto pela presença outra, inquietante, não controlável e, no entanto, capaz de uma potência singular que permite alcançar a própria existência enquanto desvelamento da fonte de toda vida.

O espiritual representa, assim, mais um *horizonte* de experiência que uma terra firme, um impulso em lugar de uma gravidade, uma dança e não tanto um cemitério, em síntese, movimento e não imobilidade. Devido a seu estatuto fronteiriço entre o aqui e o além, o agora, o presente e o porvir, o espiritual nos escapa e aparece como terrível e até perigoso, dado que pode ser utilizado em benefício de interesses diversos dos próprios da vida do espírito. Com efeito, o espiritual pode converter-se na lógica da evasão do mundo presente que termina por aniquilar o sujeito com todas as suas potências de experiência. O espiritual permanece ambíguo, como sucede com todas as gramáticas da linguagem e da práxis que expressam o ser, que não é senão verbo e devir na história.

A expressão sociológica do religioso

O termo religião pode ter, pelo menos, três significados técnicos, segundo a disciplina de estudo. Primeiro, um sentido sociológico[9]

[9] Mesmo as investigações sobre o "Jesus histórico" concentraram sua atenção nas semelhanças sociológicas do movimento de Jesus com relação a outros movimentos carismáticos itinerantes na Palestina do século I de nossa era. Cf. Gerd Theissen, *Le Mouvement de Jésus. Histoire Sociale d'une Révolution des Valeurs*. Paris, Cerf, 2006.

centrado no sistema de crença e de moral que desencadeia. No século XX em particular, a racionalidade sociológica sublinhou o impacto da vivência crente na conformação de práticas sociais como a educação, a vida sexual e os rituais coletivos de pertença social. Alguns autores destacaram em suas análises o aspecto carismático do fenômeno religioso,[10] enquanto outros insistiram na moral *de fato* promovida pelas religiões no seio de sociedades laicas.[11] Mas a maioria deles centrou suas análises no impacto político da religião.[12] A religião é vista pelos sociólogos, em suma, como um fator de coesão social que pode facilitar ou impedir a instauração de relações econômicas, jurídicas, políticas e simbólicas com equidade e pertinência entre indivíduos e coletividades, entre nações e até entre civilizações opostas, como foi o caso dos atentados em Bagdá e Nova York por volta de 2000.

Pois bem, desde há pelo menos duas décadas, o *Logos* cibernético[13] tornou possível outra acepção do termo religião. Com efeito, no

[10] Cf. Jean-Pierre Bastien, *Le Protestantisme en Amérique Latine. Une Aproche Socio-Historique*. Genebra, Labor et Fides, 1994.
[11] Uma tradição sociológica muito desenvolvida na América Latina nas últimas décadas, em especial para estudar o abismo crescente entre o ensinamento moral do magistério dos bispos católicos e as práticas morais dos crentes nessa região do mundo, como no Brasil. Cf. Bernardo Barranco, "Avance Evangélico en Brasil: Fin del Triunfalismo Católico". *La Jornada*. México, 11 maio 2007. Ver também seu artigo de imprensa sobre a viagem apostólica do papa Bento XVI ao Brasil, por ocasião da abertura da V Conferência do Episcopado Latino-Americano (Celam) em maio de 2007. Disponível em: http://www.jornada.unam.mx.
[12] Samuel Huntington, *The Clash of Civilizations and the Remaking of World Order*. Nova York, Simon & Schuster, 1996. Uma visão crítica, no contexto europeu, da proposta de Huntington foi apresentada pelo professor Kochler da Universidade de Innsbruck. Cf. Hans Kochler, *Philosophical Foundations of Civilisational Dialogue*. Innsbruck, IPO, 1998. Disponível em: http://hanskoechler.com/civ-dial.htm.
[13] Uma nova forma de comportamento humano se desenvolve a partir da introdução dos meios eletrônicos e cibernéticos de comunicação. Embora ainda seja difícil avaliar suas consequências reais para a conformação de uma nova racionalidade, é, sim, possível para nós começar a descrever as mudanças antropológicas implicados por esse fenômeno, onde se inclui a experiência religiosa mesma. Cf. Naief Yehya, *Nuevos Entornos, Nueva Carne. Reconfiguración y Personalización Tecnológica de la Cultura*. México, Cátedra Kino/SUJ, 2008.

novo espaço midiático e cibernético, as práticas religiosas se sustêm num fundamento doutrinal muito fraco, mas concentram sua força na exploração do emocional virtual, forjado por agentes especializados no rigor próprio da sensibilidade midiática de massa e usufruindo do anonimato típico do ciberespaço. As igrejas virtuais[14] representam, por exemplo, um novo espaço de pertença e uma possibilidade de expressão religiosa para os habitantes do ciberespaço que ultrapassa largamente os modos costumeiros de identidade religiosa.

Neste campo da polissemia da linguagem religiosa, a modernidade tardia tomou uma nova consciência da importância da religião, que se converte num elemento associado à cultura graças a seu vínculo indissolúvel com os sujeitos situados em seu contexto micro-histórico preciso. Com efeito, os movimentos religiosos carismáticos se multiplicam em todas as religiões no momento presente, de modo que as mediações tradicionais para a comunicação da mensagem religiosa foram ultrapassadas por novos instrumentos de transmissão.

Ademais, o temível vínculo entre religião e violência[15] já foi desvelado várias vezes na história, mas hoje se mostra para nós de maneira

[14] Ver, por exemplo, o desenvolvimento da diocese *virtual* fundada por Monsenhor Jacques Gaillot, antigo bispo de Evreux, na França, após sanção que lhe foi imposta pela cúria romana por causa de sua audaciosa tomada de posição no âmbito moral, e sua crítica a ela. Seu portal na Internet descreve nos seguintes termos seu objetivo: "Sua fidelidade ao Evangelho exprime-se por alguns traços maiores: a preocupação com os pobres e os marginais, a recusa de qualquer complacência, a adesão ao direito, à justiça e à paz. A convicção de que Jesus pertence a toda a humanidade e não apenas aos cristãos, a evidência de que as ovelhas fora do aprisco valem que se deixem as outras no redil para ir buscá-las. Em 1995, Jacques Gaillot foi chamado a Roma. Desce o cutelo: 'Amanhã, sexta-feira 13 de janeiro ao meio-dia, o senhor já não será bispo de Évreux'. Jacques Gaillot torna-se bispo de Partenia, um arcebispado situado nos planaltos de Sétif, na Argélia, lá onde ele prestou serviço militar. Desaparecida no século V, a diocese de Partenia tornou-se o símbolo de todos os que, tanto na sociedade como na Igreja, têm o sentimento de não existir". Disponível em: www.partenia.org.

[15] Ainda que Rudolph Otto já houvesse evocado a relação entre o sagrado e a violência, o pensador moderno que mais aprofundou essa questão segundo um método antropológico rigoroso foi, sem dúvida alguma, René Girard. Mais adiante voltaremos à sua obra; por ora basta destacar a pertinência de sua análise no tocante à trilogia desejo-sacrifício-religião. Numa de suas últimas obras, o autor desenvolveria a ideia da urgên-

mais evidente e por demais dramática: trata-se de um desafio maior, o de decifrar o caráter complexo da violência religiosa, unido aos mecanismos próprios do desejo individual e coletivo. Com efeito, as análises modernas mostraram como a religião sacrificial legitimou, ao longo da história, poderes políticos de toda classe de regimes. No entanto, a religião foi também com frequência fonte de revoltas de escravos e de oprimidos. Mesmo admitindo que as versões fundamentalistas de todas as religiões provocaram, mais cedo ou mais tarde, servilismos forçados em que a política controla o religioso, é preciso reconhecer também a força libertadora da religião em situações de sofrimento extremo da humanidade, como os totalitarismos políticos, as catástrofes naturais e até as experiências-limite de pessoas confrontadas com a doença, o fracasso ou a morte.[16]

No seio dessas experiências-limite, aparece de maneira persistente outra experiência, distinta da experiência da religião como vínculo social: a religião em sua fonte de fé enquanto *doação*. Em meados do século XX, testemunha extraordinária desta presença do divino no coração do humano – vivida como gratuidade pura na masmorra de um campo de concentração – foi sem dúvida Dietrich Bonhoeffer. Esse grande teólogo e pastor luterano, executado no campo de concentração de Flossenburgo em 9 de abril de 1945, descreveu com uma profundidade teológica insuperável sua experiência-limite vivida no horizonte da fé. Em sua carta datada de 16 de julho de 1944, justamente alguns meses antes de morrer, escrevia: "Diante de Deus e com Deus vivemos sem Deus. Deus se deixa expulsar do mundo e

cia apocalíptica da superação da religião arcaica. Cf. René Girard, *Rematar Clausewitz: Além* Da Guerra. São paulo, Editora É, 2011.

[16] A teologia da libertação é um exemplo principal na história do cristianismo moderno dessa redescoberta do poder libertador da religião. Conquanto retome a crítica à religião de Ludwig Feuerbach e Karl Marx, supera-as e relê com força histórica os testemunhos fundadores da fé de Israel num Deus redentor e de seu Messias. Assim, a "força histórica dos pobres" é descoberta como já presente e atuante no livro do Êxodo (Êxodo 3,15), mas é interpretada com novo vigor na história judia e cristã posterior. Cf. Gustavo Gutiérrez, *Teología de la Liberación. Perspectivas*. Lima, CEP, 1971; *La Force Historique des Pauvres*. Paris, Cerf, 1990.

pregar numa cruz. Deus é impotente e fraco no mundo, e somente desta maneira está conosco e vem em nossa ajuda".[17]

Trata-se de uma interpretação kenótica da irrupção divina que advém a nós no coração do humano, da transcendência no seio da imanência, do mistério que ultrapassa toda compreensão... e inclusive, às vezes, do ultrapassamento da religião mesma pela fé em sua luminosa obscuridade.

Seguindo essa intuição, mudamos imediatamente de registro: passando do sociológico ao teológico, poderíamos dizer até que aparece uma nova potência de experiência e, com ela, uma nova *gramática* para falar a língua própria da condição humana. Com efeito, segundo o filósofo Jean-Marc Ferry,[18] trata-se do nascimento de outro modo de conjugação do verbo, distinto do imperativo que ordena ou do indicativo que fixa o real em seu caráter objetivo. De fato, trata-se de um modo verbal que expressa o desejo: o subjuntivo que nos aproxima do real segundo a ordem do anelo, do chamado em busca de reconhecimento e de mútuo encontro.

A fé se diz *pistis*[19] em grego e *fides*[20] em latim. Tanto uma como outra expressão estão vinculadas, na mitologia grega e na sabedoria

[17] Dietrich Bonhoeffer, *Resistencia y Sumisión. Cartas y Apuntes desde el Cautiverio.* Salamanca, Sígueme, 2001. Para apreciar a profunda recepção do pensamento de Bonhoeffer pela teologia contemporânea, ver Hans Jonas, *Le Concept de Dieu Après Auschwitz.* Paris, Payot & Rivages, 1994; Gustavo Gutiérrez, *La Force Historique des Pauvres.* Paris, Cerf, 1986. Quanto a um balanço crítico que avalia as diferenças entre Bonhoeffer e Gutierrez, ver Richard Gillingham, "Praxis and the Content of Theology in Gustavo Gutiérrez's Theological Methodology: a Comparative Critique". *Quodlibet. On Line Journal of Christian Theology & Philosophy*, v. VII, n. 2, abr./jun. 2005. Disponível em: http://www.quodlibet.net.

[18] Cf. Jean-Marc Ferry, *Les Grammaires de l'Intelligence.* Paris, Cerf, 2004.

[19] O termo *pistis* é mencionado por Hesíodo ao falar da confiança na verdade dos outros: *Opera et Dies*, 372. Tem proximidade com a *doxa* de Platão: cf. *Timeu*, 29c. Aristóteles vai no mesmo sentido: *Anal. Prior.* I, 2, 72a. Cf. Henry George Liddell e Robert Scott, *Greek English Lexikon.* Oxford, University Press, 1948, p. 1408.

[20] *Fides*, por seu lado, é empregado por Cícero para descrever uma virtude civil existente como amor entre os cidadãos nos seguintes termos: "Quibus rebus facillime possimus

latina, à relação que os seres humanos estabelecem entre si. Pelo contrário, nos relatos judeus e cristãos, a *fides* designa uma iniciativa vinda do além, ou seja, do mundo do alto, divino, enquanto exterioridade suprema que se aproxima do mundo através de um oráculo, de uma intuição, de uma visão ou de um sonho inspirador.

Dessa maneira, como o mostrou Hermann Cohen, a racionalidade hebreia desempenhou, por seu lado, um papel principal na conformação da consciência humana da alteridade. Ele afirma sem equívoco que aquilo que constitui a todo ser humano em seu dinamismo relacional *é* sua correlação com o Eterno, a mesma que é inseparável de sua relação com o outro.[21] Deus e o próximo, com efeito, são indissociáveis na visão do mundo própria da fé abraâmica, depois aprimorada pelos profetas de Israel. Em suma, a fé em Deus implica necessariamente o amor ao próximo, a tal ponto que não é possível separar o louvor a Deus da preocupação e do cuidado com o pobre, a viúva, o órfão e o forasteiro.[22]

O cristianismo, por seu lado, contribuiu para um tipo de síntese inédita. O termo *pistis* foi retomado por São Paulo[23] com uma geniali-

eam, quam volumus, adispisci cum honore et fide caritatem" (De Officiis, lib. II, 29). Santo Agostinho, por seu lado, relaciona o ato de crer com a vontade: "Credere non potest nisi volens" (In Ioh. Ev. Tract. 26, 2 em Migne, PL 35, p. 1607).

[21] Cf. Hermann Cohen, La Religion dans les Limites de la Philosophie. Paris, Cerf, 1990.

[22] Os comentários à Regra de Ouro do judaísmo – amor a Deus e ao próximo – são numerosos. Para nosso propósito, retenhamos os de Hermann Cohen, Franz Rosenzweig e Emmanuel Lévinas. Os três mestres estão vinculados à filosofia moderna que busca uma leitura universal da tradição hebraica. Cf. Hermann Cohen, *La Religion dans les Limites de la Raison*, op. cit.; Franz Rosenzweig, *L'Étoile de la Rédemption*. Paris, Cerf, 1984; Emmanuel Lévinas, "La Révélation Juive". In: Paul Ricoeur et al., *La Révélation*. Bruxelas, FUSL, 1984, p. 55-77.

[23] Com os comentários bíblicos, é preciso recorrer aos filosóficos. Recentemente, no contexto do retorno do teocentrismo, alguns intelectuais propõem que se volte à síntese Jerusalém-Atenas iniciada por São Paulo com sua "fundação do cristianismo" como anúncio universal de salvação e superação de todo particularismo. Para apreciar essa aproximação filosófica em pleno debate com o iluminismo, ver Leo Strauss, "Jerusalem and Athens: Some Preliminary Reflections". In: *Studies in Platonic Political Philosophy*. Chicago, University of Chicago Press, 1983. Mas uma obra anterior, tristemente ignorada pelos teólogos ocidentais, é a do filósofo ucraniano Lev Shestov, um existencialista

dade sem precedente, para afirmar a dupla dimensão da religião, ao mesmo tempo grega e hebraica, cumprida no acontecimento da fé em Jesus como o Cristo de Deus:

> Antes que chegasse a fé, nós éramos guardados sob a tutela da Lei para a fé que haveria de se revelar. Assim a Lei se tornou nosso pedagogo até Cristo, para que fôssemos justificados pela fé. Chegada, porém, a fé, não estamos mais sob pedagogo; vós todos sois filhos de Deus pela fé em Cristo Jesus, pois todos vós, que fostes batizados em Cristo, vos vestistes de Cristo. Não há judeu nem grego, não há escravo nem livre, não há homem nem mulher; pois todos vós sois um só em Cristo Jesus. E se vós sois de Cristo, então sois descendência de Abraão, herdeiros segundo a promessa (Gálatas 3,23-29).

judeu nascido em Kiev, morto em 1938, exatamente após ter concluído sua obra, em que sintetiza a ideia do papel da filosofia da religião e seu vínculo com a fé nos seguintes termos: "A filosofia religiosa é um desvio do conhecimento e uma submissão à fé, em uma tensão irrestrita de todas as suas forças, do falso temor à vontade ilimitada do Criador, temor este insinuado pelo tentador a Adão, que o transmitiu, por sua vez, a todos nós. Dito de outra forma, a filosofia religiosa é a batalha final, suprema, para recuperar a liberdade original e o 'bem absoluto' divino oculto nessa liberdade, desmembrado, após a queda, em nosso bem impotente e nosso mal destrutivo. A razão, repito, arruinou a fé aos nossos olhos; ela 'revelou' em si a pretensão ilegítima do homem de subordinar a verdade a seus desejos e afastou de nós o mais precioso dos dons celestiais – o direito soberano de participar do divino 'faça-se' – por esmagar nosso pensamento e reduzi-lo ao plano do 'assim é' petrificado". Lev Shestov, "Prologue". In: *Athènes et Jérusalem. Un Essai de Philosophie Religieuse*. Paris, Vrin, 1938, p. 11 [versão em inglês disponível em: http://www.angelfire.com/nb/shestov/aaj/aj_2.html]. No que se refere à definição moderna da originalidade cristã, o universalismo de São Paulo foi relido por Paul Ricoeur num sentido mais hermenêutico que permite descobrir a superação da dialética dos contrários: Paul Ricoeur, *Les Parcours de la Reconnaissance. Trois Études*. Paris, Stock, 2004. Por fim, para apreciar uma aproximação nova, típica do contexto pós-moderno arreligioso, ver as seguintes obras: Alan Badiou, *Saint Paul. La Fondation de l'Universalisme*. Paris, PUF, 1997.; Reyes Mate e Juan Antonio Zamora, *Nuevas Teologías Políticas. Pablo de Tarso em la Construcción de Ocidente*, Madri, Anthropos, 2006.

Num marco rabínico distinto da dialética grega, São Paulo leva a dupla negação (nem judeus nem gregos) a uma única afirmação que ultrapassa a oposição de contrários, levando-os a uma nova ordem de salvação: "Vós sois um só em Cristo Jesus". Com efeito, é verossímil para a exegese moderna que o messianismo de Jesus tenha sido interpretado pelos evangelistas e por São Paulo no sentido de um *cumprimento* do amor divino sempre marcado pelo claro-escuro e pelo paradoxo, e isso porque se baseia na presença de um *Morto-vivo*, do *poder-do-não-poder* próprio de um cordeiro que reina degolado e, enfim, da *beleza-de-um-corpo-ferido*. Todas essas metáforas vivas e esses símbolos poderosos próprios da fé cristã se manifestam como algo mais que um mero sistema religioso; são de fato uma chave de interpretação universal da condição humana, salva em esperança de sua própria finitude e contradição pela obra cumprida pelo Messias.[24]

A virada da antropologia teológica

A filosofia da religião de tempos modernos centrou sua atenção na dimensão do *crer* como dinamismo antropológico. Fiel a este olhar centrado mais no indivíduo que no mundo ou em Deus, concentrada num ato de introspecção permanente, o ser humano moderno se preocupa em discernir, com método e precisão matemática, suas próprias pulsões, seus impulsos vitais e suas percepções do real, incluído o registro da busca da transcendência. Graças a essa virada antropocêntrica,[25] a filosofia moderna da religião foi se constituindo

[24] Por um lado, a superação da finitude é o objeto da filosofia da vontade de Ricoeur. Por outro, a superação da violência da religião arcaica é o objeto da antropologia de Girard. Esse duplo olhar analítico será muito valioso para nossa própria aproximação à subjetividade pós-moderna, objeto do capítulo seguinte.

[25] O antropocentrismo da teologia moderna se converteu num ponto crucial da crítica pós-moderna, em particular para os teólogos que quiseram afastar-se das pulsões narcisistas do sujeito cartesiano. O mais audacioso deles, disposto a explorar do interior um novo paradigma intercultural e inter-religioso, talvez seja Raimon Panikkar. Ver suas principais obras a esse respeito: Raimon Panikkar, *La Trinidad: una Experiencia Humana Primordial*. Madri, Siruela, 1998; *El Mundanal Silencio: una Interpretación del Tiempo Presente*. Barcelona, Martínez Roca, 1999; *La Intuición Cosmoteándrica: las Tres*

de maneira paulatina depois da Ilustração como disciplina autônoma, distinta da teodiceia escolástica, que tratava dos atributos divinos do *Ipse Esse Subsistens* como cume da metafísica. Nesse giro encontram-se os limites (metafísicos) e as virtudes (antropológicas) de seu novo enfoque.

Em sentido estrito, o idealismo primeiro, seguido do romantismo alemão, tornou possível a constituição de uma nova etapa da disciplina filosófica que trata o religioso secularizado, ou seja, despojado de sua roupagem confessional e desnudado pela luz da razão.[26]

No entanto, foi preciso chegar à constituição da idade hermenêutica da razão[27] para dar-se conta da necessidade de não expulsar o núcleo central da experiência íntima do sagrado, mas, pelo contrário, voltar a situar os dinamismos do conhecimento e do desejo em seu horizonte de abertura à transcendência onde aparece Deus, "presente e ausente ao mesmo tempo", como princípio e termo de toda realidade, e como interlocutor na busca de sentido e de salvação para os que vivem as experiências-limite de contraste no coração de sua condição histórica.

O crer como objeto de estudo é, no entanto, uma conquista válida própria da filosofia moderna da religião. Isso significa que é como

Dimensiones de la Realidad. Madri, Trotta, 1999; *La Plenitud del Hombre: una Cristofanía.* Madri, Siruela, 2004; *De la Mística: Experiencia Plena de la Vida.* Barcelona, Herder, 2005.

[26] Cf. Andrés Torres-Queiruga, *La Constitución Moderna de la Razón Religiosa.* Estella, Verbo Divino, 1994; Carlos Mendoza-Álvarez, *El Dios Otro. Un Acercamiento al Sagrado en el Mundo Posmoderno.* México, UIA, 2003.

[27] A hermenêutica do crer, tal como foi desenvolvida de maneira sistemática por Edward Schillebeeckx, orienta-se para a compreensão do cristianismo como horizonte de sentido no meio das experiências-limite de contraste. Cf. Edward Schillebeeckx, *Expérience Humaine et Foi en Jésus Christ.* Paris, Cerf, 1981. Essa virada hermenêutica do pensamento teológico também foi assumido por Claude Geffre como princípio de uma teologia fundamental baseada nos jogos de linguagem. Ver *Croire et Interpréter. Le Tournant Herméneutique de la Théologie.* Paris, Cerf, 2001. Ver também a análise das implicações discursivas e práxicas desse modelo em David Tracy, *Pluralisme et Ambiguïté. Herméneutique, Religion, Espérance.* Paris, Cerf, 1999.

um conceito que condensa o dinamismo relacional no qual se leva a efeito a constituição da subjetividade. Certamente não se trata de pensá-lo como um mero vestígio mitológico que sobreviveu à epopeia da autonomia da razão e da liberdade, rastro de que antes teria de se livrar. Pelo contrário, representa uma proposição de sentido na qual se enlaçam todas as constantes antropológicas de conhecimento, vontade, potência e sentimento:

> Toda proposição de sentido é ao mesmo tempo uma pretensão de verdade. Aquilo que nós recebemos do passado são, com efeito, as crenças, as persuasões, as convicções, ou seja, as maneiras de "ter por verdadeiro", segundo o gênio da expressão alemã *Für-wahr-halten*, que significa crença. É, a meu ver, esse vínculo entre o regime linguístico das tradições e a pretensão de verdade à ordem do sentido o que confere certa plausibilidade à tripla defesa do preconceito, da autoridade e, finalmente, da tradição pela qual Gadamer introduz, com espírito voluntariamente polêmico, sua problemática principal da consciência exposta à eficiência da história.[28]

Nesse sentido, podemos dizer que a crença é o conteúdo do crer enquanto afirmação de si diante do mundo, dos outros e de Deus. É um dinamismo relacional que se manifesta tanto na consciência ética como nas experiências em que a autoconsciência se mostra de maneira fenomenológica, seja no processo da intersubjetividade, na apercepção de Deus na natureza ou na história e na intencionalidade do sujeito.[29]

[28] Paul Ricoeur, *Temps et Récit*, v. III, "Le Temps Raconté". Paris, Seuil, 1985, p. 322-23.
[29] As potências de experiência própria do *crer*, enquanto fenômeno da subjetividade moderna, foram analisadas pela fenomenologia da religião como parte da dialética entre discurso e práxis. Cf. François Dosse, "Paul Ricoeur, Michel de Certeau et l'Histoire: entre le Dire et le Faire". *Conférences de l'École de Chartes*, 22 abr. 2003. Éditions en Ligne, n. 6. Disponível em: http://elec.enc.sorbonne.fr.

Segundo a especificidade teológica, a *fé* se encontra completamente orientada não pela subjetividade como o crer, mas por certa alteridade que desativa o ego mesmo e todo o seu dinamismo de complacência e de desejo de onipotência.

No entanto, existe outro elemento a considerar. A correlação crença-fé foi inserida na cultura ocidental, de maneira um tanto paradoxal, como *essência do cristianismo*, em formas culturais diversas. Nesse sentido, o Ocidente nasceu como racionalidade do Absoluto diretamente ligado ao cristianismo. Tal problemática foi o objeto epistemológico da teologia moderna, a partir da discussão iniciada por Ernst Troeltsch sobre o tema do "caráter absoluto do cristianismo":

> Apesar de todas as dificuldades nascidas da crise religiosa atual [1912], é possível, a meu ver, responder à pergunta nascida de uma confissão perfeitamente tranquila e gozosa do cristianismo, na medida em que se compreenda como fenômeno histórico global. Sob esse título, une-se o profetismo de Israel, a pregação de Jesus, a mística de Paulo, o idealismo do platonismo e do estoicismo e a fusão medieval da unidade cultural europeia com a ideia religiosa. O individualismo germânico de Lutero, o rigor da consciência e a atividade do protestantismo. Isso significa, portanto, uma massa de possibilidades, bem como uma relação íntima e essencial com o conjunto de nossa civilização; donde se segue a completa inverossimilhança do aparecimento de uma nova forma religiosa, bem como, do outro lado, a possibilidade de numerosas novas sínteses abrindo caminho para o porvir.[30]

[30] Ernst Troeltsch, "A Propos de la Méthode Historique et de la Méthode Dogmatique en Théologie?" (1900). *Œuvres*, v. III, *L'Absoluité du Christianisme et l'Histoire de la Religion (1901-1912)*. Paris, Cerf, 1996, p. 134.

Qualquer leitor pós-moderno ficaria sem dúvida surpreso com os propósitos *totalizantes* desse tipo de aproximação entre a cultura ocidental e o cristianismo porque detêm sua análise na consciência do Espírito absoluto. Ao contrário, o heleno-cristianismo é hoje relativizado de maneira suficiente por aqueles que buscam compreender novas formas de racionalidade não eurocêntrica como expressão de um pensamento pós-colonial.[31]

Pois bem, a dificuldade para justificar de maneira adequada as ciências da religião nos tempos modernos, um século depois das reflexões de Troeltsch, parece ainda desconcertante no contexto do retorno do religioso sob as formas pós-cristã e pós-ocidental. Essas novas figuras - por certo, negadas por Troeltsch - podem ser explicadas hoje no contexto pós-moderno por um reconhecimento do papel da fé na constituição da subjetividade pós-moderna enquanto experiência fundacional de alteridade e enquanto horizonte de sentido transistórico, como um novo modo de verter o vinho da fé nos odres novos da racionalidade da modernidade tardia.

No contexto da crise da modernidade instrumental e totalitária, por exemplo, a fé cristã se encontraria situada no extremo oposto da afirmação narcisista moderna, dado que fala de *descentramento* e de *negação de si* como solução para o enigma da violência.

Trata-se precisamente daquele processo descrito, com admirável clareza, por Simone Weil quando fala da experiência de Cristo como modelo de ultrapassamento de si: "Cristo curando os enfermos, ressuscitando os mortos, etc. É a parte humilde, humana, quase baixa de sua missão. A parte sobrenatural é o suor de sangue, o desejo insatisfeito de consolações humanas, a súplica por ficar isento, o sentimento de estar abandonado por Deus".[32]

[31] Ver em particular: Enrique Domingo Dussel, *Política de la Liberación*. México, UAM, 2008.
[32] Simone Weil, *La Pesanteur et la Grâce*. Paris, Plon, 1948.

No sentido pós-moderno que desenvolveremos mais adiante, a fé seria então a *abertura* aos outros, ao mundo e a Deus sem álibi algum nem segurança narcisista. Para além do afã de controle e de posse, próprios da crença no âmbito religioso, a fé instaura, pelo contrário, a lógica da promessa e do dom. Não é por acaso que a dialética crença-fé explica a tensão fecunda que inspirou crentes de diversas religiões, em particular judeus e cristãos, a levar a termo, em plena crise da modernidade tardia, a secularização própria das sociedades ocidentais enquanto ultrapassamento dos sonhos da razão e da religião, para ressituar aí o sentido da fé num contexto pós-secular.[33]

A fé surge, então, no coração da modernidade tardia, como uma categoria teológica carregada de novos sentidos: recorda a finitude intrínseca e a contingência inevitável que marcam a condição histórica e linguística de todo projeto social, sexual, econômico ou religioso. Mas, sobretudo, inaugura um horizonte de vida e de compreensão marcado pela consciência da *gratuidade* do Real.

Nesse sentido, uma fenomenologia do crer não pode evitar ficar presa, mais cedo ou mais tarde, nos pântanos do ego, na medida em que não se abra à gramática da fé teologal, certamente depurada também de toda pulsão de onipotência. Assim, por sua natureza própria de ultrapassamento permanente, a fé seria então o indício do *não cumprimento* do real, bem como a derrubada das barreiras do ego preso na complacência. Por essa rota, a fé se torna então o indício da *abertura* constitutiva do sujeito a uma presença não totalitária, mas inclusiva. E, com relação aos dinamismos próprios da subjetividade, a fé revelaria "o poder do não poder"[34]

[33] A contribuição da "Radical Orthodoxy" no contexto pós-moderno se acha, a nosso ver, antes de tudo no fato de haver apresentado a questão do lugar da fé na compreensão do real, e não tanto no objetivo estratégico que busca ressituar a religião cristã no centro da racionalidade atual.

[34] Trata-se de uma metáfora viva que designa o caráter paradoxal da fé enquanto reconhecimento do primado do outro sobre o si mesmo, instaurando a ordem da graça: como perdão oferecido sem condição. O amor divino de que falam a tradição hebraica e a cristã

no dinamismo da vontade liberada por outro que se faz presente como perdão e, neste sentido, alguém que se torna meu absoluto apenas enquanto me absolve perdoando-me: ultrapassamento do eu e, assim, surgimento da utopia do reconhecimento realizado enquanto mútua *doação*.

A chave de interpretação filosófica: religatio

O ateísmo inicial que caracterizou a filosofia da religião moderna foi evoluindo, ao longo do século XIX, para um agnosticismo profundo que reconhece com dificuldade o estatuto epistemológico próprio da fé religiosa. Não obstante, sobretudo a partir das contribuições do romantismo, em primeiro lugar, depois da hermenêutica, logo da filosofia da linguagem, e, por fim, de Ludwig Wittgenstein, foi possível reintroduzir a pergunta sobre Deus na filosofia sem renunciar ao caráter crítico do pensamento.[35]

Com efeito, a filosofia - que havia sido destronada por certo discurso sobre o religioso marcado pela sociologia e sua visão sobre a imanência da história, como já o denunciou John Milbank - encontrou seu impulso próprio retomando a questão de Deus[36] como uma pergunta central para a justificação do conhecimento, da ação e da comunicação humana. Foi necessário, para consegui-lo,

como expressão para descrever a Deus é justamente esse horizonte de realização da intersubjetividade. Cf. Barbar Andrade, *Dios en Medio de Nosotros. Esbozo de una Teología Trinitaria Kerigmática*. Salamanca, Secretariado Trinitario, 1999; James Alison, *Knowing Jesus. An Excerpt on Justification by Faith*. Londres, SPCK, 1993.

35 Ver o desenvolvimento da questão de Deus na filosofia moderna, em particular na fenomenologia posterior a Edmund Husserl, em Carlos Mendoza-Álvarez, *El Dios Otro. Un Acercamiento al Sagrado en el Mundo Posmoderno*. México, Plaza y Valdés/UIA, 2003, cap. III.

36 Cf. Yves Charles Zarka e Luc Langlois, *Les Philosophes et la Question de Dieu*. Paris, PUF, 2006. No âmbito de fala castelhana, há duas obras de referência: Juan Antonio Estrada, *La Pregunta por Dios: entre la Metafísica, el Nihilismo y la Religión*. Bilbao, Desclée de Brouwer, 2005; e Juan Carlos Scannone, *Religión y Nuevo Pensamiento*. Madri, Anthropos, 2005.

retomar o pensamento de René Descartes, Immanuel Kant e Georg Wilhelm Friedrich Hegel, na melhor tradição da especulação racionalista e idealista, para chegar a captar de novo a pertinência da pergunta sobre Deus.

No novo contexto filosófico pós-ateu, perguntar-se sobre Deus significa introduzir de novo a questão do fundamento, da finalidade e da causalidade do ser sob um novo ângulo: o da possibilidade de pensar a transcendência para além dos totalitarismos da razão. Tal novo paradigma se constrói sem dúvida de maneira diferente daquele da ontoteologia, em virtude das precisões que se fizeram sobre o sentido da ontoteologia feitas pela fenomenologia.

Com efeito, já foi suficientemente demonstrado que a crítica à ontoteologia iniciada por Kant e levada a termo por Martin Heidegger, Emmanuel Lévinas e Jacques Derrida foi, de fato, dependente em excesso de uma interpretação barroca da escolástica tomista que não refletia de maneira adequada o pensamento original de Santo Tomás de Aquino. À diferença do que em geral se crê segundo o escrito por Heidegger, Santo Tomás havia compreendido corretamente a problemática da não identidade entre o Ser e o ente, pois havia sublinhado de maneira suficiente o estatuto epistemológico de Deus para além de toda apreensão conceitual e de todo juízo próprios do raciocínio. O conhecimento de Deus para o mestre Angélico só é possível "na treva luminosa".[37]

[37] "Nosso conhecimento de Deus, mesmo o mais conceitual e rigorosamente formalizável, não se dá, pois, em termos de representação de Deus, mas segundo nosso consentimento a pensar ou não sob o sol de Deus, sob o olhar da treva luminosa: nós conhecemos a Deus à medida não de nosso olhar para ele, mas de nosso consentimento, ou não, a habitar sob sua luz – o 'julgamento', ei-lo: a luz veio até o mundo, mas os homens amaram mais a treva que a luz, pois suas obras eram más" ("De la 'Mort de Dieu' aux Noms Divins: l'Itinéraire Théologique de la Métaphysique". In: Daniel Bourg et al. (orgs.), *L'Être et Dieu. Travaux du CERIT*. Paris, Cerf, 1986, p. 115-16). O tema da doação como o primado da caridade sobre o ser será desenvolvido em numerosas ocasiões por Jean-Luc Marion. Ver, entre outras publicações, Jean-Luc Marion, "Saint Thomas d'Aquin et l'Onto-théo-logie". *Revue Thomiste*, v. XCV. Paris, 1995, p. 31-66; "La Phénoménalité du Sacrement: Être et Donation". *Communio*, v. XXVI, n. 5, "Miettes Théologiques". Paris, setembro-outubro de

Nesse sentido, a *fides* em Deus é apresentada por Santo Tomás como um tipo de "certeza incerta", um conhecimento análogo no qual predomina a diferença entre nossos conceitos e a condição divina. O conhecimento da fé se encontra por isso sempre a meio caminho entre a evidência e a dúvida, com a participação da inteligência e da vontade: "Pois bem, é manifesto que a imperfeição do conhecimento é essencial para a fé, pois entra em sua definição".[38]

O anterior não tira o caráter metafísico da presença de Deus em sua criação: pelo contrário, reconhecendo o primado do amor divino como essência de Deus, a afirmação do *Ipse Esse Subsistens* dá uma perspectiva metafísica à *caritas* divina.

Ao contrário, a influência da leitura "escolástica tardia" de Francisco Suárez – centrada no ser subsistente em si mesmo como um conteúdo próprio da metafísica do divino – provocou a rejeição da metafísica por parte dos modernos e permitiu a justificação para afastar a metafísica do ser de todo questionamento filosófico, como mostra o pensamento de Baruch Spinoza já no século XVII.

Se distinguirmos, portanto, a crítica dos modernos a certa forma de metafísica daquilo que os mestres medievais tinham compreendido por seu lado sobre a irrepresentabilidade do Ser, então é possível retornar à discussão sobre a ontoteologia. Certamente, como já

2000, p. 59-75. Para uma crítica à interpretação heideggeriana feita por Jean-Luc Marion, ver René Virgoulay, "Dieu ou l'Être. Relecture de Heidegger en Marge de Jean-Luc Marion, Dieu sans l'Être". *Revue des Sciences Religieuses*, v. 72, n. 2. Estrasburgo, 1984, p. 103-30.

[38] "Imperfectio cognitionis est de ratione fidei, ponitur enim in ejus definitione" (ST, I-IIae, 67, 3). Para ver o caráter de assentimento e de conhecimento próprios da *fides*, leia este texto esclarecedor de Santo Tomás: "In fide est assensus et cogitatio quasi ex aequo. Non enim assensus ex cogitatione causatur, sede ex voluntate, ut dictum est. Sede quia intellectus non hoc modo terminatur ade unum ut ad proprium terminum perducatur, qui est visio alicuius intelligibilis; inde est quod eius motus nondum est quietatus, sed adhuc habet cogitationem et inquisitionem de his quae credit, quamvis eis firmissime assentiat. Quantum enim est ex seipso, non est ei satisfactum, nec est terminatus ad unum; sed terminatur tantum ex intrinseco [...] Inde est etiam quod in credente potest insurgere motus de contrario eius firmissime tenet" (*De Ueritate*, q. 14, a.1, co).

destacou Heidegger, não é possível pensar o ser como ente senão como perpétuo devir da existência.[39] A essência permanece para ele uma fixação desse devir como se fosse um objeto e, em consequência, esconde o *Dasein* em vez de manifestá-lo.

Mas, como Lévinas já assinalou em seu momento, o Ser não é uma questão abstrata, mas antes de tudo ética: um chamado da exterioridade extrema que se revela parcialmente no rosto do outro[40] enquanto relação fundadora. Nesse sentido, aberto pela fenomenologia pós-heideggeriana, é possível falar de Ser subsistente para além da objetivação narcisista que é vizinha do totalitarismo e, mais ainda, é necessário falar do Ser como ultrapassamento perpétuo, horizonte de existência e, num sentido propriamente apofático, nada que é devir absoluto: não apropriação, chamado, rosto, ferida, carícia, agonia e, por último, doação.

Graças a esse breve percurso filosófico pós-heideggeriano, aparece uma possibilidade nova de interpretação da religião em seu estatuto estritamente filosófico. Trata-se de uma versão marcada pela análise das potências de experiência e das gramáticas da inteligência evocadas pela hermenêutica. Isso quer dizer que a religião designa, num plano filosófico, a constituição originária do sujeito em relação, sempre habitado por uma maneira de estar-no-mundo que acontece como ação comunicativa e linguagem performativa. *Falar de Deus* se converte assim numa maneira de *dizer o homem*, mas sem negar aquela relação constitutiva com a transcendência: aquela que instaura o eu com o próximo *e* com Deus. E, mais ainda, essa é uma condição de possibilidade do advento do sujeito e por ela se instaura a transcendência no coração da imanência.

Tal processo de objetivação do eu em relação constitutiva com o outro foi descrito por Lévinas[41] de um ponto de vista

[39] Martin Heidegger, *L'Être et le Temps*. Paris, Gallimard, 1964.
[40] Emmanuel Lévinas, *Totalité et Infini. Essai sur l'Extériorité*. Paris, KA, 1990.
[41] Idem, *Autrement qu'Être ou Au-Delà de l'Essence*. Paris, LP, 1991.

fenomenológico, e por Andrés Torres-Queiruga[42] de um ponto de vista maiêutico. Este último desenvolveu com cuidado uma leitura da filosofia da religião apta a dar conta do que ele denomina "religação" ou experiência religiosa vivida pela subjetividade anamnésica que atravessa um caminho de rememoração e de tomada de consciência da realidade a partir de sua autonomia e de sua responsabilidade assumidas.[43]

O fato de *falar de Deus* e dizer o homem de maneira concomitante representa um modo de estar-no-mundo que vincula o sujeito à sua aventura de emancipação, *ao mesmo tempo* que o reenvia ao mistério do real sem absolvê-lo da responsabilidade ética pelo outro na história. Assim, o sujeito exposto deve tomar a seu cargo o conhecimento, a liberdade e a *poiesis* que emanam de sua condição de ser na imanência, porém aberto constitutivamente à transcendência.

A gramática teológica: fides in statu communicationis

A teologia fundamental, sendo a disciplina fronteiriça entre fé e razão, deve tentar dialogar com cada nova racionalidade nascente.[44] Desde as suas origens apologéticas, no momento da constituição do núcleo duro da tradição cristã em contexto helenista, ela teve de passar por um tempo de subordinação à teologia dogmática

[42] Andrés Torres-Queiruga, *La Revelación de Dios en la Realización del Hombre*. Madri, Cristiandad, 1980.
[43] Idem, *La Constitución Moderna de la Razón Religiosa*. Estella, Verbo Divino, 1994.
[44] A teologia fundamental moderna foi tomando consciência do pluralismo de racionalidades. Seu estatuto epistemológico próprio a torna capaz de debater com diversas expressões da modernidade tardia. Ver, como exemplo de tal evolução, estas obras de referência: Edward Schillebeeckx, *Expérience Humaine et Foi en Jésus Christ*. Paris, Cerf, 1981; Andrés Torres-Queiruga, *La Revelación de Dios en la Realización del Hombre*. Madri, Cristiandad, 1980; Francis Fiorenza, *Foundational Theology. Jesus and the Church*. Nova York, Crossroad-Continuum, 1986; Helmut Peukert, *Teoría de la Ciencia y Teología Fundamental*. Barcelona, Herder, 2000; Pierangelo Sequeri, *Il Dio Affidabile. Saggio di Teologia Fondamentale*. Brescia, Queriniana, 1996.

enquanto sistema de verdades reveladas. Depois, teve de conquistar de maneira progressiva sua autonomia epistemológica nos tempos modernos, enquanto disciplina capaz de discutir plenamente com a razão secularizada as questões próprias do pensamento crítico, a liberdade autônoma, a linguagem contextual e a ação performativa, para dar conta da esperança cristã.

Dessa maneira, a teologia fundamental moderna assumiu a forma de um discurso liminar entre a fé e a razão, enquanto busca da correlação fundacional de múltiplos binômios: objetividade-subjetividade, autonomia-heteronomia, sagrado-profano, imanência-transcendência, rivalidade-gratuidade e, finalmente, finitude-Infinito. Um dos pontos fortes da encíclica *Fides et Ratio*, do papa João Paulo II, radica em ter destacado com clareza os desafios que a modernidade contém para os cristãos de hoje:

> Neste último período da história da filosofia, constata-se, pois, uma progressiva separação entre a fé e a razão filosófica. É verdade que, se se observa atentamente, até na reflexão filosófica daqueles que contribuíram para aumentar a distância entre fé e razão aparecem às vezes germes preciosos de pensamento que, aprofundados e desenvolvidos com retidão de mente e coração, podem ajudar a descobrir o caminho da verdade.
>
> Esses germes de pensamento se encontram, por exemplo, nas análises profundas sobre a percepção e a experiência, o imaginário e o inconsciente, a personalidade e a intersubjetividade, a liberdade e os valores, o tempo e a história; até o tema da morte pode chegar a ser para todo pensador um sério chamado a buscar dentro de si mesmo o sentido autêntico da própria existência. No entanto, isso não

obsta a que a relação atual entre a fé e a razão exija um atento esforço de discernimento, já que tanto a fé quanto a razão se empobreceram e debilitaram uma diante da outra. A razão, privada da contribuição da Revelação, percorreu caminhos secundários que contêm o perigo de fazê-la perder de vista sua meta final. A fé, privada da razão, enfatizou o sentimento e a experiência, correndo o risco de deixar de ser uma proposta universal. É ilusório pensar que a fé, diante de uma razão fraca, tenha maior incisividade; ao contrário, corre o grave risco de ser reduzida a mito ou superstição. Do mesmo modo, uma razão que não tenha diante de si uma fé adulta não se sente motivada a dirigir o olhar para a novidade e radicalidade do ser.

Não é inoportuno, portanto, meu chamado forte e incisivo para que a fé e a filosofia recuperem a unidade profunda que as faz capazes de ser coerentes com sua natureza no respeito da recíproca autonomia. À *parrésia* da fé deve corresponder a audácia da razão.[45]

Levando em conta a pertinência de tal propósito, é necessário refletir sobre o primado da experiência, tal como a razão modernotardia o enunciou na explicação de sua constituição fenomenológica e suas dimensões performativas para explicar a fé. O papel próprio da teologia fundamental consistira, pois, em situar-se no coração dessa racionalidade para esclarecer os elementos aptos para uma interpretação da fé cristã em termos significativos para essa mesma racionalidade.

[45] João Paulo II, *Carta Encíclica Fides et Ratio*, cap. IV, "El Drama de la Separación entre Fe y Razón", n. 48, 14 set. 1998. Disponível em: http://www.vatican.va.

Isso significa que as noções centrais da teologia fundamental enquanto *fides quaerens intellectum*, segundo a famosa expressão de Santo Anselmo, a saber, revelação e tradição, serão interpretadas segundo uma óptica nova surgida no paradigma pós-moderno. O caráter performativo[46] da fé não pode ser compreendido nesse contexto senão como uma *comunicação* efetiva da vida divina à criação inteira. Comunicação que é ato considerado salvífico num duplo sentido originário: enquanto resgate dos inocentes vitimados pela violência fratricida e enquanto esperança possível para todos, incluídos os verdugos.

No contexto da razão pós-crítica, a teologia fundamental pode estabelecer uma conversa fecunda com a filosofia da religião e com as ciências da religião, disciplinas que finalmente aceitaram retomar o diálogo com sua irmã mais velha. Certamente, não se trata de reivindicar agora uma subordinação epistemológica daquelas a esta, nem de expulsar alguma delas do terreno comum da sabedoria. Trata-se antes de estabelecer um debate em torno de problemáticas comuns, como a esperança, o sofrimento, o conhecimento, a criatividade e a autonomia relativa dos sujeitos.

Não obstante, cedo ou tarde será preciso enfrentar perguntas candentes sobre o fundamento, o sentido, a salvação e outras mais, levando em conta sua respectiva ambiguidade e sua potência constitutiva. Desse modo, o último estágio da modernidade, chamado por alguns de pós-modernidade e por outros de hipermodernidade, será um terreno de debate, sem preconceito, marcado pelo relativismo e pelo niilismo.

Nessas condições contextuais, a fé desdobra novas potências de experiência, marcada sobretudo pela condição preliminar de

[46] A virada pragmática da teologia fundamental se deu primeiramente no debate com a teologia política, e depois com a da libertação. No contexto alemão, a discussão com a Escola de Frankfurt levou a um tipo de discussão que com o tempo se revelou fecundo, embora hoje seja pouco reconhecido em seu próprio contexto. Cf. Helmut Peukert, *Teoría de la Ciencia y Teología Fundamental*. Barcelona, Herder, 2000.

inacabamento, como *experiência do umbral* onde o mistério do real se oferece e se esconde. Fé que renunciou à vontade de onipotência porque ela está consciente dos excessos de significação e de poder de que foi cúmplice no passado, às vezes por ingênua docilidade aos sonhos da razão ou do sentimento. Essa fé se encontra, portanto, desnudada pela vigilância crítica própria da racionalidade pós-iluminista, mas também se reconhece apreciada como modo de existir com o rosto descoberto diante da presença do outro que se manifesta como próximo e do Outro que já se anuncia como reconciliação universal.

A fé revela assim a passagem da radicalidade solipsista ao estágio do mútuo reconhecimento explicado pelo velho Hegel como última configuração da História.[47] Tal reconhecimento não se confunde com a visão de uma história dialética da superação dos contrários, senão que chega a instaurar a paz como horizonte possível na acolhida da diferença.

Essa temática foi desenvolvida com particular atenção por Derrida e seus sucessores no sentido da desconstrução, como se verá no terceiro capítulo deste livro. Por ora apenas evocamos essa discussão; basta permanecer no umbral desta figura da teologia fundamental que aborda a fé enquanto reconhecimento intersubjetivo ou, dito de outro modo, seguindo a Theodor W. Adorno e Jürgen Habermas, a fé enquanto comunicação universal cumprida.

No contexto pragmático, no sentido filosófico estrito do termo, poderemos interpretar por fim a fé em seu estatuto de ação performativa como *fides in statu communicationis*, e não apenas *in statu scientiae*, como o havia explicado Santo Tomás de Aquino no seio do paradigma metafísico clássico. Com efeito, sem tirar nada do caráter de conhecimento argumentado estabelecido

[47] Os cinco estudos de Ricoeur sobre esse tema fundamental para a compreensão da lógica da modernidade ilustrada nos acompanharam ao longo de nossa indagação sobre a dialética da história. Cf. Paul Ricoeur, *Caminos del Reconocimiento*. México, FCE, 2006.

pelo modelo apologético, a fé adquire, na idade da modernidade tardia, a face própria da performatividade comunicativa que a faz apta para significar a transcendência no coração da história, onde cada um deve lutar para viver de tal maneira que todos os outros sejam também reconhecidos e incluídos na comunidade ilimitada de discurso e de ação, nova expressão da verdade e da transcendência. Assim, a fé se converterá então na principal expressão da performatividade da linguagem e da ação, não apenas segundo a afirmação do sujeito narcisista, mas segundo uma compreensão da intersubjetividade na lógica do *reconhecimento* e da *doação mútua*. Esse estágio intersubjetivo, para além da reciprocidade, se instaura na ordem da gratuidade, doação fundacional de sentido e mediação da salvação que, em termos cristãos, se denomina *ágape*. Sua fonte encontra-se numa comunidade de vida própria de Deus mesmo, *pericóresis* trinitária segundo o modelo metafísico e dogmático cristão clássico; uma comunidade ilimitada de discurso e de ação, que não nega as diferenças, mas as transcende num dinamismo perpétuo. Outra maneira de estar-no-mundo "para além da essência"... segundo a ordem da existência dada.

Um desafio para os sistemas religiosos fechados

A crise das instituições religiosas

As religiões foram construídas com frequência, no passado, segundo um modelo de *totalidade*.[48] Esse modelo entrou em crise nos tempos modernos graças aos instrumentos da razão crítica,

[48] A crítica da religião pós-heideggeriana insiste nisso, desde a análise fenomenológica de Lévinas até a desconstrução de Nancy. Cf. Emmanuel Lévinas, *Totalité et Infini. Essai sur l'Extériorité*. Paris, KA, 1990; Jean-Luc Nancy, *La Déclosion. Déconstruction du Christianisme, 1*. Paris, Galilée, 2005.

práxica e linguística. Nesse sentido, Michel Foucault destacou, em seu momento, a ambiguidade da função social da religião, segundo a análise de sua credibilidade, que demonstrou sua inclinação totalitária, evidenciada pela crescente recusa dos indivíduos e das sociedades liberais a dobrar-se a seu controle. O que é posto em dúvida não é tanto o fundo místico das religiões, mas sua expressão doutrinal e moral num contexto de emancipação que a história das doutrinas chama de secularização. O primeiro a avançar essa ideia de secularização foi Max Weber, o pai da sociologia da religião moderna, fazendo-o em termos de emancipação das esferas de valor a partir do conhecimento científico, indo até a ética, a política, a sexualidade e até a religião mesma. Ainda que ultimamente Milbank[49] tenha denunciado o caráter falso desse juízo niilista – em referência à rejeição da finalidade que supostamente implica toda religião a partir de sua ideia de revelação –, é necessário ainda reconhecer a pertinência da autonomia do real diante de uma pretensa superioridade do depósito da fé cristã.

Numa linha próxima da análise sociológica e antropológica, Michel de Certeau[50] mostrou, por seu lado, que os sistemas de crenças construídos pelas religiões ao longo dos séculos são, de fato, narrativas de identidade em concorrência umas com as outras como típicos fenômenos de pertença.

Nesse enfrentamento, a questão do poder e da linguagem volta com toda a sua força perlocutória e ilocutória, estruturando códigos linguísticos e práxicos em oposição, segundo a ordem da finalidade pregada por cada modelo religioso. Aquilo com que De Certeau contribuiu para a discussão entre os historiadores foi justamente o olhar crítico sobre a camuflagem das identidades totalitárias religiosas em sua maneira de contar a história. Uma percepção que

[49] Cf. John Milbank, *Teología y Teoría Social. Más allá de la Razón Secular*. Barcelona, Herder, 2004.
[50] Cf. Michel de Certeau, *Le Christianisme Éclaté*. Paris, Seuil, 1974.

Hannah Arendt[51] havia já sugerido do ângulo da análise política. As religiões se expressaram, com efeito, como sistemas de censura do corpo e da linguagem segundo aqueles critérios considerados necessários para *falar* de Deus, do mundo e do ser humano num regime próprio da ideia de revelação.

Ademais, na configuração das sociedades liberais do Ocidente, o caráter de metarrelato próprio das religiões foi posto em dúvida pelos movimentos de emancipação social, como o feminismo ou as reivindicações de reconhecimento social e político das minorias sexuais, dos povos originários e das minorias étnicas. Desse modo, o direito à diferença foi tomando seu lugar num contexto de rejeição da lógica da mesmidade, da identidade fixa, da pureza da raça e da objetividade da verdade.

E, em tempos mais recentes ainda, uma escola de pensamento pós-cristão - representada por Marià Corbí e Amando Robles[52] no mundo de fala castelhana - afirma que a religião que conhecemos até agora se apresenta sob uma forma surgida em sociedades agrícolas, hierarquizadas, mitológicas, patriarcais e centralistas. Em suma, uma forma de totalidade que corresponde também a um sistema de produção de sobrevivência, de relação imediata com a terra, de subordinação aos mestres como aos únicos capazes de assegurar a vida do grupo e, por fim, de submissão a um Deus todo-poderoso representado pela mediação de uma religião acompanhada de sua doutrina e de sua moral inquestionáveis.

Mas não se trata agora, para as sociedades globalizadas, de limitar-se a esse modelo inamovível. As sociedades tecnológicas nascidas da modernidade científica provocaram o nascimento de

[51] Cf. Hannah Arendt, *Le Système Totalitaire. Les Origines du Totalitarisme*, t. 3. Paris, Seuil, 2005.
[52] Cf. Marià Corbí, *Hacia una Espiritualidad Laica. Sin Creencias, sin Religiones, sin Dioses*. Barcelona, Herder, 2007; Amando Robles, *Repensar la Religión. De la Creencia al Conocimiento*. Heredia, Euna, 2001.

outras expressões da religião, mais centradas no indivíduo, na experiência e na performatividade da ação. Tal contexto tornou possível o aparecimento da religião no foro interno da subjetividade nos tempos modernos protestante e católico primeiro, e depois nas sociedades do conhecimento típicas do século XX.

Pois bem, as sociedades do conhecimento ultrapassaram uma fronteira importante na história da humanidade de maneira análoga ao que sucedeu à humanidade na passagem da era de pedra ao neolítico: uma revolução instrumental implica outra maneira de percepção do real, bem como uma nova forma de inteligência. Nas sociedades pós-industriais, com efeito, começa a aparecer uma nova forma de racionalidade, chamada digital, e, com ela, novas formas de simbolização, entre as quais cabe destacar a experiência de uma *religião sem religião*.

Tal processo quer dizer que o dinamismo de apercepção da transcendência próprio dos sujeitos da era pós-industrial se manifesta como uma situação inédita que exige novas aproximações simbólicas, rituais e espirituais que possam dar conta de um novo modo de ser-no-mundo próprio deste novo modelo de civilização. Uma espiritualidade – para chamá-la de um modo mais ou menos conhecido – da pluralidade de identidades, da simultaneidade do tempo vivido, da rede relacional, do conhecimento sustentável. Em suma, um *Logos* digital e não analógico, porque este último funciona de modo binário e é incapaz de dar conta da multiplicidade de relações que constitui a cada sujeito individual e coletivo, integrando-o numa vasta rede de significados e ações sempre em movimento, metamorfoseando-se para alcançar novas configurações de identidade, de significado, de valor e de sentido.

Os monoteísmos desconstruídos

O aspecto teórico desta crise já alcançou a teologia como disciplina que fala da transcendência a partir de uma experiência fundacional de sentido e de salvação que se denomina revelação. Tal transformação teve lugar em todas as esferas de significado e de ação, desde a ciência compreendida cada vez mais como construção transdisciplinar até a filosofia da religião e a teologia. A razão digital, em particular, põe em dúvida as interpretações de uma só gramática para abrir a possibilidade da diversidade de aproximações, de contextos e de sentidos possíveis, estando tudo unido pela interação polissêmica.

Tal processo cultural de reconhecimento da pluridimensionalidade do real se desenvolve de tal maneira, que se põe também em questão o fundamento mesmo do monoteísmo enquanto único metarrelato unificador de sentido. As sociedades pós-modernas, com efeito, tentam separar a experiência religiosa da dinâmica colonialista do pensamento e da ação que acompanhou com frequência a prática religiosa ao longo da história. No entanto, o monoteísmo poderá ter outro sentido neste novo paradigma se for capaz de designar por via negativa a rede mesma, ou seja, se se apresentar como condição de possibilidade da relação mesma.

A questão da pertinência do monoteísmo já foi evocada por Cohen e Franz Rosenzweig[53] no tempo dos primeiros sintomas de crise do sujeito moderno, no sentido próprio da especificidade judia, ou seja, na lógica de Jerusalém distinta da de Atenas. Tal apresentação não implicou então a questão do Uno, como o cristianismo helenístico o desenvolveu depois. Em certo sentido podemos dizer que a reflexão filosófica surgida do judaísmo moderno em tempos da crise do Iluminismo antecipou, *avant la lettre*, essa compreensão da mudança de paradigma que a pós-modernidade desenvolveu depois.

Com efeito, o monoteísmo judaico sempre esteve ligado à questão do próximo, uma problemática teológica nunca separada de seu

[53] Cf. Hermann Cohen, *La Religion dans les Limites de la Philosophie*. Paris, Cerf, 1990; Franz Rosenzweig, *L'Étoile de la Rédemption*. Paris, Seuil, 2003.

aspecto político no sentido da construção da relação com o outro. Alguns autores judeus do século XX desenvolveram, a partir dos postulados do mestre de Marburgo, uma ontologia relacional construída sobre a base da análise detalhada da subjetividade: seja segundo a ordem ética pré-discursiva, como foi o caso de Lévinas, seja através de uma descrição pronominal do acontecimento da linguagem em suas relações interpessoais, como propôs em seu momento Martin Buber.

Antes deles, Hegel já havia tratado a questão da *intersubjetividade* no processo dialético da História. Para além das estreitas interpretações da dialética hegeliana, é necessário dizer que o pensamento do mestre explorou com rigor, em sua obra de 1821, *Os Princípios da Filosofia do Direito*,[54] a maneira como advém a síntese enquanto momento de solução da contradição dos opostos na história do Espírito absoluto: não através da aniquilação dos contrários, mas pela mediação de seu mútuo reconhecimento. Essa é a tarefa histórica inevitável para a razão ilustrada que preside a compreensão da política em Hegel. Mostrou-o Paul Ricoeur[55] no final do século passado, para criticar a leitura marxista de Hegel do final do século XIX, que insistiu sobremaneira na necessidade da aniquilação dos contrários para chegar à síntese.

Em todo caso, há mais de um século a questão do ultrapassamento da metafísica do Uno já havia surgido no Ocidente, sem levar em conta a performatividade comunicativa própria da razão digital de que agora nós somos devedores.

Depois, nas últimas décadas do século XX, a questão do monoteísmo adquiriu uma virada desconstrucionista segundo a questão da crítica à ontoteologia postulada primeiro por Heidegger e levada depois a termo por Derrida e Jean-Luc Nancy. Em sua carta de

[54] Cf. Georg Friedrich, Hegel, *Les Principes de la Philosophie du Droit*. Paris, Vrin, 1987.
[55] Cf. Paul Ricoeur, *Les Parcours de la Reconnaissance. Trois Études*. Paris, Stock, 2004.

despedida a Derrida, publicada pelo próprio Nancy em *Le Monde* no dia seguinte ao da morte daquele, o autor resume seu ponto de vista comum sobre a inevitável desconstrução de todo sistema fechado, nos seguintes termos:

> Mas todos se concentram em teu outro eu, em tua famosa sombra. Repetem por todos os lados que és o filósofo da "desconstrução". Mas essa tão famosa e quase sempre incompreendida "desconstrução" não se refere senão a isto: aproximar-se do que resta quando são desmontados os sistemas de significação (as metafísicas, os humanismos, as visões de mundo). Tal desmontagem tu não a inventaste, tu mesmo recordaste que ela é congênita à filosofia: ela constrói e desmonta as construções de sentido. O que resta é o que não se deixa designar nem racionalizar sob um sentido dado. Tal é a verdade do único, de cada um enquanto outro que nunca alcança o mesmo, que não se deixa identificar, que se separa e se vai. Assim como acabas de fazer tu mesmo. Assim como durante toda a tua vida ansiaste fazer teimosamente, sombriamente.[56]

Segundo essa corrente de pensamento da modernidade tardia, a identificação que estabelece a metafísica clássica entre Deus e o Ser como primeiro Ente conduz à violência extrema própria do sagrado, sendo o monoteísmo seu fundamento mais sólido. As vertentes totalitárias dessa ontoteologia já foram assinaladas com precisão por Lévinas no sentido da crítica da totalidade a partir da lógica do Infinito. Por causa de tal identificação entre Deus e

[56] Jean-Luc Nancy, "1930-2004 Jacques Derrida. Reste, Viens". *Le Monde*. Paris, 2 out. 2004. Disponível em: http://www.derrida.ws.

o Ser, Derrida sugeriu a necessidade de passar à desconstrução do sujeito, ainda que esta não se reduza evidentemente à questão monoteísta, senão que encontra nela um exemplo pertinente para mostrar a lógica por desmantelar.

Nessa orientação pós-heideggeriana, Nancy[57] explorou o vínculo estreito que é preciso descobrir entre o cristianismo e a consciência niilista da insuficiência da linguagem e da prática para aproximar-se do ser-em-devir. O monoteísmo é relido, em consequência, no sentido da salvaguarda da manipulação do real, mas também como proibição da vontade de onipotência e vigilância crítica diante de qualquer pretensão de totalidade. A rejeição das imagens defendida pelo judaísmo e pelo islã teria assim um valor iconoclasta válido para prevenir a manipulação da existência em seu sem-sentido, em sua não finalidade e em sua in-significância constitutivas. O cristianismo, por seu lado, teria sua maneira própria de referir-se ao niilismo graças à sua experiência única de claro-escuro proveniente da *kénosis* do Verbo de Deus, de sua impossibilidade de possuir o mistério, da tensão escatológica que estabelece na história, para um porvir que nunca é alcançado; uma desconstrução, ao fim e ao cabo, próxima da experiência mística vivida como agonia, e não uma religião que tenta em vão domesticar o real.

A explosão do cristianismo

Uma parte da geração de católicos que viveram o Concílio Vaticano II viu explodir diante de seus olhos as certezas da fé dogmática. De Certeau, por exemplo, pelo ângulo da história, identificou com precisão a chegada desse fenômeno à França e

[57] Esse autor publicou mais de 35 livros desde 1973. Para o tema que nos ocupa, a saber, a consciência niilista em sua relação com o cristianismo, as mais importantes são: Jean-Luc Nancy, *Une Pensée Finie*. Paris, Galilée, 1990; *La Pensée Dérobée*. Paris, Galilée, 2001; *La Déclosion. Déconstruction du Christianisme I*. Paris, Galilée, 2005.

traçou sua gênese até o fim da explosão do cristianismo como fonte de sentido, de significado e de organização social. Certamente, trata-se de um fenômeno que evoluiu de diversas maneiras no mundo ocidental, segundo contextos diversos, mas esse cristianismo explodido parece ser um elemento comum próprio das sociedades democráticas liberais surgidas como fruto da racionalidade ocidental moderna. Para nosso propósito em particular, é preciso pôr em relevo o problema da perda de credibilidade das igrejas, tanto a católica como a protestante, na configuração do imaginário coletivo, dos códigos éticos e sociais, bem como na gestão da vida institucional moderna, tradicionalmente controlada pelo Estado, pela família, pela escola e pela religião.

Trata-se, pois, de um fenômeno relacionado com o processo de secularização da razão no âmbito disciplinar do conhecimento científico, mas ao fim e ao cabo um fenômeno que mostra em toda a sua radicalidade as consequências sociais da emancipação da tutela religiosa que a secularização implicou. Especificamente, a crise de credibilidade do cristianismo explodiu depois da morte de Deus anunciada por Friedrich Nietzsche como a perda de significado e de pertinência dos propósitos da fé, como tinham sido vividos e pensados no paradigma de cristandade. O primado da graça, traduzido como afirmação do destino sobrenatural da humanidade e como a superioridade da revelação cristã sobre qualquer outro conhecimento humano, converteu-se simplesmente numa afirmação sem significado para a gestão da sociedade, transformada cada vez mais em espectadora cética e muita vezes ateia para a instauração da vida social.

Trata-se então não apenas da explosão do cristianismo, mas de toda e qualquer instituição religiosa no devir histórico das sociedades democráticas e liberais europeias e latino-americanas. O caso dos Estados Unidos e de algumas outras sociedades modernas religiosas é bastante paradoxal porque mostra um lugar central da religião na configuração da cosmovisão dos sujeitos, bem como na gestação dos critérios de verdade e de ação dessas sociedades.[58]

Alguns analistas da cultura moderna liberal, como Alexis de Tocqueville no século XIX, ou Octavio Paz e Paul Ricoeur no século XX, se fizeram a pergunta sobre o sentido de tão estranha presença da religião na sociedade norte-americana. É provável que a solução desse enigma se encontre na necessidade de todo império de criar o marco de referência mítico para justificar seu poder. Tal foi o caso, por exemplo, dos grandes impérios conhecidos, desde o Egito e a Babilônia até Roma e Bizâncio, até a Prússia e, na atualidade, os Estados Unidos. É provável também que essa sensibilidade religiosa norte-americana indique algo importante do messianismo deste

[58] A viagem apostólica do papa Bento XVI aos Estados Unidos em abril de 2008 foi marcada pelo problema do religioso no coração do político. Em seu discurso na ONU, o papa recordou o papel imprescindível da religião para a salvaguarda da dignidade humana e a contribuição do diálogo inter-religioso para favorecer o entendimento entre as nações, nos seguintes termos: "O discernimento nos leva então a sublinhar que deixar unicamente para os Estados, com suas leis e suas instituições, a responsabilidade última de atender às aspirações das pessoas, das comunidades e de povos inteiros pode às vezes trazer consequências que tornem impossível uma ordem social respeitosa da dignidade da pessoa e de seus direitos. Por outro lado, uma visão da vida solidamente ancorada na dimensão religiosa pode permitir chegar a essa ordem, pois o reconhecimento do valor transcendente de todo e qualquer homem e de toda e qualquer mulher favorece a conversão do coração, o que conduz então a um engajamento contra a violência, e terrorismo ou a guerra, e à promoção da justiça e da paz. Favorece também um ambiente propício ao diálogo inter-religioso que as Nações Unidas são chamadas a defender como elas defendem o diálogo em outros domínios da atividade humana. O diálogo deve ser reconhecido como o meio pelo qual os diversos membros da sociedade podem confrontar seus pontos de vista e realizar um consenso em torno da verdade concernente a valores ou fins particulares. É da natureza das religiões livremente praticadas poder travar de maneira autônoma um diálogo do pensamento e da vida. Se, também nesse plano, a esfera religiosa é separada da ação política, resultam disso, igualmente, grandes benefícios para as pessoas individuais e para as comunidades. Por outro lado, as Nações Unidas podem contar com os frutos do diálogo entre as religiões e obter benefícios da vontade dos crentes de pôr sua experiência a serviço do bem comum. Sua tarefa é propor uma visão da fé não em termos de intolerância, de discriminação ou de conflito, mas em termos de respeito absoluto da verdade, da coexistência, dos direitos e da reconciliação". Bento XVI, *Discours Devant l'Assemblée Générale des Nations Unies*. Nova York, 18 abr. 2008. Disponível em: http://www.vatican.va.

povo ou de sua devoção ao Criador, que teria dado a alguns povos da terra a missão particular de salvar o mundo das garras do mal.

Religião sem religião?

Essa expressão, cunhada por Corbí, resume a situação pós-moderna da religião nas sociedades secularizadas, válida tanto para o cristianismo como para as religiões da humanidade.

Mesmo que, segundo essas análises, o cristianismo não seja de fato uma religião, mas seu ultrapassamento perpétuo, suas expressões religiosas também seriam afetadas por esse fenômeno de esgotamento da religião. Tal distinção por manter entre a essência do cristianismo e suas expressões culturais é uma das problemáticas principais para resolver a relação entre a fé cristã e as diferentes culturas e racionalidades ao longo dos séculos. Em seu terceiro milênio de existência em particular, o cristianismo lança, de maneira inédita, a questão de saber não tanto como sobreviver como doutrina ou moral, mas como *transmitir* a fé em Deus segundo uma experiência de cumprimento humano e da criação inteira, onde seja possível descobrir os vestígios da Presença divina sem aniquilar ao sujeito emancipado.

Voltemos por um momento à questão da superação da religião, mas concentrando a atenção no argumento antropológico. Este consiste em pensar a estreita relação existente entre religião e violência para captar de maneira adequada a natureza mesma da revelação cristã. Como já mostrou Rudolph Otto há quase um século, os relatos mitológicos de redenção, como os ritos de purificação religiosa, designam um vínculo inquestionável entre religião e sacrifício. Por seu lado, mais recentemente, Ricoeur analisou rigorosamente em sua filosofia da vontade o significado hermenêutico da religião, em particular sua relação com a pergunta sobre o mal, segundo a lógica de sua simbolização através da mancha, da culpabilidade e do pecado. Mas sobretudo somos devedores da proposta de René Girard[59] no que concerne à sua hipótese do desejo mimético como aquela que explica de maneira mais cabal, a nosso ver, a gênese fenomenológica e o processo histórico e social da religião como sacralização da violência. Com efeito, o mecanismo do bode expiatório manifesta uma figura da subjetividade marcada pelo signo do *desejo possessivo*, da rivalidade e do sacrifício que se lhe segue de maneira inevitável. Certamente, esse mecanismo se expressa por meio da simbólica religiosa (Caim ou Satã na Bíblia judaica e cristã) que denuncia a desorientação da intersubjetividade com respeito a seu fim último. Em lugar de nos situar sob o signo do compartilhar e do reconhecimento mútuo à imagem do Deus uno e trino, o desejo mimético nos introduz na espiral da onipotência infantil segundo os mandamentos da posse que terminam, mais cedo ou mais tarde, no mecanismo vitimário.

A religião permanece então marcada pelo selo da rivalidade e do sacrifício. Por isso, seria ainda mais urgente recordar aqui a diferença entre ela e a fé como a descrevemos mais acima enquanto correlação imanência-transcendência que instaura a abertura do ser à alteridade para encontrar aí seu cumprimento.

O terceiro aspecto da expressão *religião sem religião* designa, por fim, o aparecimento do âmbito da mística como possibilidade de uma "existência para além da essência", para além da onipotência e do sacrifício, uma religião depurada de seu afã de autossuficiência e, no fundo, preservada de seu risco de idolatria. Essa interpretação sempre existiu no seio dos sistemas religiosos, conservada pelos profetas e pelos místicos, pelos justos e pelos inocentes, os quais configuram sua vida a partir de intuição de que Deus permanece para além da prepotência humana.

[59] A antologia dos textos principais do criador da teoria do desejo mimético, escritos entre 1961 e 1982, foi publicada na França com o seguinte título: René Girard, *De la Violence à la Divinité*. Paris, Grasset, 2007, 1.487 p. Há um portal na Internet que recolhe as novas investigações surgidas de sua teoria aplicada a âmbitos de conhecimento tão diversos como as neurociências, a psicologia, a antropologia e a teologia. Disponível em: http://www.all-in-web.fr/mimetique.

É possível seguir de perto os vestígios do caminho de tal mística niilista, em particular no cristianismo, a partir de algumas expressões paulinas clássicas, até chegar ao apofatismo de Dionísio, do mestre Eckhart, de João Ruysbrockio, de Teresa de Ávila, de Juan de la Cruz, de Dietrich Bonhoeffer e de Simone Weil.

O contexto inter-religioso próprio do século XX permitiu também aos cristãos aventurar-se no caminho da mística inter-religiosa, como o descreveu, nos anos cinquenta do século passado, o filósofo japonês Kitaro Nishida:

> Vendo o outro absoluto no mais profundo de minha própria interioridade – isto é, reconhecendo ali um tu –, eu sou eu. Pensar dessa maneira, ou o que chamo de "o autodespertar do nada absoluto", implica o amor. É assim que entendo o ágape cristão... Não é um amor humano, mas divino; não é a ascensão da pessoa para Deus, mas a descensão de Deus para a pessoa... Como diz Agostinho, eu sou eu porque Deus me ama, é pelo amor de Deus que eu sou verdadeiramente eu... Convertemo-nos em pessoas por amar a nosso próximo, como a nós mesmos, em imitação do ágape divino.[60]

Nesse solo fértil da racionalidade inter-religiosa, é possível reconhecer os vestígios próprios do niilismo, como o fazem na atualidade Raimon Panikkar e James W. Heisig[61] para colocar o cristianismo em condição de diálogo com a racionalidade do Extremo Oriente

[60] Kitaro Nishida, *El Yo y el Tú*. Apud James W. Heisig, *Filósofos de la Nada. Un Ensayo sobre la Escuela de Kyoto*. Barcelona, Herder, 2002, p. 120.

[61] Ver o prólogo ao livro de Heisig escrito por Panikkar. Ali o autor indiano-catalão mostra o laço profundo que existe entre as culturas em sua percepção do Nada. Ele propõe uma investigação inédita, necessária hoje para repensar a fé das religiões segundo uma racionalidade intercultural: Raimon Panikkar, "Prólogo". In: James W. Heisig, *Filósofos de la Nada. Un Ensayo sobre la Escuela de Kyoto*. Barcelona, Herder, 2002, p. 9-17.

representada pela Escola de Kioto, cujos principais autores (Kitaro Nishida, Hajime Tanabe e Keiji Nishitani), formados no budismo e no pensamento de Heidegger, tentaram lançar as bases de uma "filosofia mundial" enquanto abertura ao Nada.

Em suma, a religião é vivida de novo modo em sua fonte originária: existência exposta ao abismo, ao não dito, ao sem-sentido, porque todas essas expressões designam a irrenunciável alteridade do real que nos interpela como rosto, promessa, recém-nascido, messias e parúsia...

O *pathos* da subjetividade pós-moderna

A aguda consciência da vulnerabilidade

A pós-modernidade propõe sem ambiguidade um relato niilista no sentido da agonia do sujeito onipotente. Com efeito, as sociedades nascidas da racionalidade tecnocientífica do século XX se converteram numa verdadeira ameaça à sobrevivência da espécie humana e do planeta inteiro, pelo excesso da razão unidimensional, já denunciada por Herbert Marcuse há meio século.

Os traumatismos históricos de Auschwitz, Hiroshima e Chernobyl mostraram a perversidade da razão unívoca identificada com o poder tecnocientífico e com a política que o acompanhou com sua justificação ideológica. Foram sobretudo os amargos frutos da vontade de domínio o que se evidenciou: o aspecto perverso da razão moderna e seus pesadelos ou, como escreveu e plasmou numa gravura o grande dramaturgo espanhol Francisco de Quevedo: "Os sonhos da razão produzem monstros".[62]

[62] Trata-se de uma famosa expressão do grande dramaturgo espanhol do século XVII Francisco de Quevedo, que inspirou a Francisco de Goya uma gravura com o mesmo título em 1797. No primeiro esboço, Goya escreveu de próprio punho: "Fiquei adormecido: depois

Não obstante, é preciso permanecer vigilante a fim de constatar as perversões do sonho de onipotência infantil próprio do ego moderno, de maneira que se distingam seus excessos das aquisições inquestionáveis da modernidade, em especial os êxitos de humanização, como a ciência e a tecnologia sustentáveis, a democracia e os direitos humanos como critérios do social e do político, o espaço público na instauração da comunicação local e planetária, bem como a consciência da mundialização – alternativa à globalização do mercado como império do econômico sobre o restante – enquanto nova compreensão da *oikía*: a casa comum da humanidade, respeitosa do frágil ecossistema planetário.

O naufrágio do ego moderno já havia sido prognosticado, mais de um século antes, por Cohen,[63] entre muitos outros autores ocidentais. Com efeito, numa clave de leitura pós-kantiana, o mestre de Marburgo estabeleceu as coordenadas de reflexão para toda uma série de autores judeus que buscaram "falar em grego", ou seja, na lógica da racionalidade de Atenas, mas invocando a racionalidade surgida de Jerusalém: mais próxima da alteridade que da mesmidade, do outro que do si mesmo, mais da existência que da essência.

Na continuidade dessa *crônica de uma morte anunciada* da razão unidimensional, a filosofia analítica e a hermenêutica exploraram, cada uma à sua maneira, os limites da linguagem e da consciência de si. Os trabalhos do segundo Wittgenstein em torno dos jogos de linguagem abriram as portas para o reconhecimento da multiplicidade de sentidos proposta pelos diferentes registros de linguagem, incluída a diversidade de "gramáticas da inteligência" segundo as diversas potências da experiência, ligadas ao desenvolvimento ético, como explica Ferry:

que desembaraçada a alma se viu ociosa sem a tarefa dos sentidos exteriores, investiu-me desta maneira a comédia seguinte: e assim a recitaram minhas potências às escuras, sendo eu para minhas fantasias auditório e teatro" (apud Eleanor Sayre, "Goya and the Spirit of Enlightment". In: *Catalogue*. Boston, Museum of Fine Arts, 1989, p. 110).

[63] Cf. Hermann Cohen, *La Religión dans les Limites de la Philosophie*. Paris, Cerf, 1990.

> Imaginemos primeiro o que seria nosso mundo se a maneira de nos relacionarmos com ele segundo a ordem do *verbo*, quer dizer, de pensar, só descansasse sobre o infinitivo. Teríamos substantivos e adjetivos. Encontraríamos aí certamente um material que nos permitiria expressar certas necessidades ligadas ao aqui e agora, de comunicá-las a outros, e provavelmente esperar por esse meio sua satisfação. Mas mesmo tal espera, que implica uma antecipação, já nos orienta para o futuro. Posiciona-nos virtualmente como um tipo de Eu dirigido para um Isto, expõe até o sujeito que seríamos quase a uma decepção. Então entreveríamos uma diferença entre o que é de fato e o que teria podido ser. Daí formaríamos uma consciência do que deve ser segundo nosso desejo. Assim, começaria a esboçar-se a distinção dos modos.[64]

Mais que falar do formalismo lógico da linguagem, trata-se aqui de sublinhar as potências de experiência que são veiculadas pelos argumentos, pelos símbolos ou pelos relatos, cada um com seu próprio rigor analítico, sua gramática, seus pressupostos próprios, seu horizonte de vida e compreensão, bem como com suas próprias forças locutórias, ilocutórias e perlocutórias.

A hermenêutica, por seu lado, ultrapassou o limite do formalismo da linguagem para inserir aí um questionamento em torno da *intencionalidade* do sujeito que se manifesta nos relatos, nos símbolos e nas práticas. Como assinalou em seu momento Ricoeur de maneira eminente, a hermenêutica não se reduz à análise de formas linguísticas, mas tem a ousadia de buscar o *sentido* do texto, recebido

[64] Cf. Jean-Marc Ferry, *Les Grammaires de l'Intelligence*. Paris, Cerf, 2004, p. 117-18.

pelo leitor a partir de seu horizonte de vida e compreensão, de sua intencionalidade e suas potências de experiência, no coração de uma história ambígua:

> Teoria da história e teoria da ação não coincidem nunca em razão dos efeitos perversos surgidos dos projetos mais bem concebidos e mais dignos de nos prender. O que sucede é sempre uma coisa diversa do que esperávamos (...). O tema da história mestra da vida descansa assim sobre o desconhecimento fundamental desse outro aspecto do pensamento e da história que consideramos mais adiante, a saber, o fato de sermos *afetados* pela história e que nos afetamos a nós mesmos pela história que fazemos. Trata-se precisamente do vínculo entre a ação histórica e um passado recebido e não feito o que preserva a relação dialética entre o horizonte de espera e o espaço de experiência.[65]

Essa passagem do texto à ação linguística e histórica é uma condição de possibilidade para compreender de maneira mais adequada a linguagem religiosa em seu estatuto próprio de *dizer o divino* no seio da ambivalente experiência humana. Uma hermenêutica da experiência crente se mostra assim necessária para estabelecer uma aproximação crítica ao mistério, experiência sempre mediada por cada leitor que recria o texto fundador e se insere assim como membro ativo de uma tradição viva.

Posteriormente, a fenomenologia da "subjetividade radical" iniciada por Heidegger permitiu estabelecer a passagem da vontade de onipotência à "vulnerabilidade". Esse aspecto da subjetividade pós-moderna designa a condição da existência vivida em seu

[65] Paul Ricoeur, *Temps et Récit*, v. III, "Le Temps Raconté". Paris, Seuil, 1985, p. 308-09.

limite de liberdade falível, consciente de sua contextualidade e de seus limites na ação performativa. Certa "afecção" do *Dasein* revela-se, desse modo, como condição de ser-no-mundo, segundo a construção do devir histórico próprio da responsabilidade ética do sujeito marcado, de maneira profunda, pela *labilidade* em todas as suas potências de experiência, ou seja, sua condição relacional pronominal, sua ação performativa e sua criação de sentido sempre provisório.

Mas será somente depois da desconstrução iniciada por Derrida que o tema niilista se situará no centro do debate, retomado mais recentemente por Gianni Vattimo[66] em seu *pensiero debole*. Em Derrida é possível encontrar o fundo heideggeriano do niilismo da *ex-sistência*, mas enquanto instrumento teórico para o colapso do Absoluto, pensado de maneira quase exclusiva nas categorias próprias da ontoteologia. Isso implica, para a experiência religiosa, a necessidade de retirar dela o caráter absoluto, tanto metafísico como moral, para fazê-la retornar à sua origem fenomenológica enquanto devir temporal como *subjetividade exposta*. A desconstrução derridiana da religião supõe, portanto, o niilismo do *Dasein*, e ao mesmo tempo implica o aparecimento da subjetividade em sua afetação constitutiva pelo mundo circundante, pelos outros e pela transcendência. Trata-se de uma desconstrução, em suma, que desencadeia a relatividade – e não tanto o relativismo – de toda interpretação da verdade e, ao mesmo tempo, de todo valor proposto como sentido da realização humana. Longe de justificar assim a anarquia – como denunciam com frequência seus adversários escolásticos –, a desconstrução é a vigilância permanente da razão pós-moderna diante das pretensões de absoluto de todo indivíduo ou coletividade em seus discursos, símbolos e práticas.

[66] Observa-se sobretudo o fundo niilista do pensamento de Vattimo, que parte da crise do sujeito moderno até chegar ao ultrapassamento da religião: Gianni Vattimo, *La Fin de la Modernité. Niilisme et Herméneutique dans la Culture Post-Moderne*. Paris, Seuil, 1987. Pode-se ver também o impacto do niilismo na religião em Jacques Derrida e Gianni Vattimo, *La Religion. Séminaire de Capri*. Paris, Seuil, 1996.

O sujeito fraco

Os pós-modernos radicais, como Richard Rorty, Jean-François Lyotard e Gianni Vattimo, tiraram as conclusões da problemática do niilismo em diferentes âmbitos, como o da política, o da ética e o da religião.

Em meio às filias e fobias de parte de certos filósofos e teólogos católicos,[67] é preciso reconstruir o processo teórico dos pós-modernos para esclarecer os elementos de verdade que nos parecem

[67] Ver, por exemplo, a crítica radical do papa João Paulo II à emancipação do pensamento moderno expressa em sua *Carta Encíclica Fides et Ratio*: "As radicalizações mais influentes são conhecidas e bem visíveis, sobretudo na história do Ocidente. Não é exagerado afirmar que boa parte do pensamento filosófico moderno se desenvolveu, afastando-se progressivamente da Revelação cristã, até chegar a contraposições explícitas. No século passado, esse movimento alcançou o ápice [...] Ademais, em consequência da crise do racionalismo, adquiriu entidade o *niilismo*. Como filosofia do nada, ele consegue ter certo atrativo entre nossos contemporâneos. Seus seguidores teorizam sobre a investigação como fim em si mesma, sem esperança nem possibilidade alguma de alcançar a meta da verdade. Na interpretação niilista, a existência é apenas uma oportunidade para sensações e experiências em que o efêmero tem a primazia. O niilismo está na origem da difundida mentalidade segundo a qual não se deve assumir nenhum compromisso definitivo, já que tudo é fugaz e provisório" (João Paulo II. *Carta Encíclica Fides et Ratio*, 14 set. 1998, cap. IV, n. 46). Em outro sentido, a posição sobre o niilismo de Mauricio Beuchot, filósofo mexicano, é mais matizada: "Vattimo crê que a hermenêutica analógica não devia fixar-se tanto na objetividade da interpretação, já que isso seria como um remanescente da verdade aristotélica, como adequação; devia-se ir à verdade heideggeriana como desocultamento. E essa dava mais oportunidade de inovação, de criatividade, de liberdade. E é verdade, deve-se renunciar a uma objetividade univocista, mas também é verdade que não se pode cair no equivocismo da interpretação; por isso, deve-se manter uma objetividade analógica, uma noção de verdade que combine a adequação e o desocultamento. Essa noção poderá concretizar-se num projeto, num projeto prático, a saber, social; não somente ético, mas também político, que é o que Vattimo assinala como algo que falta à hermenêutica analógica e que esta deve alcançar com urgência, porque é onde deve interpretar a realidade para mudá-la". Mauricio Beuchot, "Hermenéutica y Sociedad en Gianni Vattimo". *A Parte Rei. Revista de Filosofía*, v. 54. Madri, nov. 2007, p. 1-8. Disponível em: http://serbal.pntic.mec.es/~cmunoz11] ou em versão impressa: Mauricio Beuchot, et al., *Hermenéutica Analógica y Hermenéutica Débil*. México, Unam, 2006. Por fim, para uma leitura mais parcial e caricaturada do niilismo pós-moderno que se difundiu nos meios universitários de inspiração cristã, ver José María Mardones, *El Desafío de la Postmodernidade al Cristianismo*. Santander, Sal Terrae, 2000; Gilles Lipovetsky, *L'Ère du Vide*. Paris, Gallimard, 1983.

importantes para captar o último estágio de evolução da racionalidade crítica moderna.

Para alcançar esse objetivo, é necessário primeiro distinguir entre uma aproximação relativista à verdade e uma aproximação contextual. A primeira via supõe certa *equivocidade* irresolúvel da razão, sob pretexto de assinalar a especificidade de cada experiência e de cada expressão linguística para *dizer* o mundo. Na história da filosofia antiga e medieval, é possível encontrar exemplos significativos dessa via, como no caso dos filósofos cínicos e dos nominalistas, duas escolas de pensamento que compartilharam o postulado do primado do indivíduo sobre a comunidade, do inefável individual sobre toda compreensão comum da verdade.

À diferença do relativismo ontológico evocado anteriormente, existe outra via, chamada contextual,[68] que oferece a possibilidade de reconstruir a genealogia das aproximações à verdade. Essas aproximações são sempre marcadas pelo entorno cultural, mas o que se busca é compreender a racionalidade possível, a intencionalidade do sujeito cognoscente e as consequências ilocutórias de seu discurso. Isso permite afirmar o caráter sempre provisório das fórmulas linguísticas e, em consequência, o estatuto analógico das interpretações, nunca unívocas e raras vezes equívocas. Tal *relatividade* da verdade é inevitável para dar conta da gênese e da finalidade do conhecimento humano e de sua ação concomitante. Isso é o que a pós-modernidade radical propõe para manter a vigilância crítica diante dos *excessos* da palavra e da ação totalitárias. Nesse sentido, a desqualificação do pensamento fraco, considerado como relativista, não faz justiça às propostas dos

[68] Esse método, aplicado em teologia fundamental, é um valioso instrumento para captar os desafios culturais das expressões da fé, sua raiz numa racionalidade específica, bem como os condicionamentos históricos que a afetam. Cf. Hans Waldenfels, *Manuel de Théologie Contextuelle*. Paris, Cerf, 1990. Um caso exemplar de emprego desse método contextual aplicado à cristologia bíblica pode ser visto em Albert Nolan, *Dieu en Afrique du Sud*. Paris, Cerf, 1991. Com respeito aos pressupostos hermenêuticos do pensamento contextual, ver David Tracy, *Pluralité et Ambigüité. Herméneutique, Religión, Espérance*. Paris, Cerf, 1999.

autores. Nada mais falso que esse juízo prematuro sobre a pós-modernidade, infelizmente muito difundido nos meios católicos.

De fato, para o pensamento pós-moderno, trata-se de mostrar que os sujeitos *fracos* surgidos na idade da modernidade tardia são portadores de uma vigorosa crítica da onipotência e dos totalitarismos de toda classe. Esses sujeitos não apareceram na história por acaso, mas graças ao percurso feito pela razão crítica, práxica e linguística. É assim que sua experiência de exclusão se converte em princípio de conhecimento e, por meio disso, em motor de novas configurações do social, do político, do ético e do religioso.

Tampouco se deve esquecer que o correlato da questão gnosiológica moderna é a fenomenologia da constituição da subjetividade. Nesse âmbito, o pensamento pós-hegeliano deve muito às investigações realizadas pela hermenêutica da linguagem e pela pragmática do discurso. Cada uma dessas disciplinas ajudou, a seu modo, a esclarecer a compreensão da ontologia relacional.

Detenhamo-nos por um momento na hermenêutica. Foi sobretudo graças aos autores de fala francesa e inglesa, e em virtude da recepção fecunda da obra de Ricoeur,[69] que se pôde aprofundar a problemática da constituição da subjetividade, seja seguindo o aspecto da vontade e seus meandros miméticos segundo Girard, seja na construção de si no seio do tecido do reconhecimento intersubjetivo segundo as próprias potências da experiência, seguindo nesse caso a via entreaberta por Ferry.

Segundo suas respectivas análises, é possível trazer à luz o dinamismo do desejo, da rivalidade e da confrontação que preside a

[69] Segundo seu portal na Internet, a amplitude das investigações surgidas a partir do pensamento de Ricoeur se organiza ao redor de dez eixos temáticos fundamentais que se entrelaçam uns aos outros: ética, hermenêutica, justiça, mal, metáfora viva, paradoxo político, fenomenologia, poética, tempo narrado e vontade. Seria bom acrescentar a essa lista o âmbito da teologia. Disponível em: http://www.fondsricoeur.fr.

afirmação de si. O conflito da história é explicado, por conseguinte, como uma permanente busca de domínio de si em face de uma alteridade que incomoda a mesmidade do Eu. A sacralização da violência consolida esse procedimento da vontade e instaura o reino do Eu como constante da violência, sempre presente nas sociedades humanas desde as origens do mundo rememorado. Trata-se de um enigma por resolver para cada uma das culturas da humanidade segundo suas próprias fontes de sentido.

A pragmática do discurso, por seu lado, também situada na via aberta pelo pensamento pós-hegeliano da intersubjetividade, não aceita o fatalismo próprio de certa leitura dialética da rivalidade fratricida como o destino inevitável da história, mas sugere a hipótese de uma "comunidade ilimitada de discurso" como obra da razão e da liberdade autônomas, capazes de gerir de maneira responsável as pulsões de *eros* e *tânatos*. Trata-se de um pensamento nascido da indignação contra "o perpétuo triunfo dos verdugos sobre suas vítimas", que busca saídas possíveis para os becos sem saída da violência histórica atestada "desde a fundação do mundo".

E, conquanto a Escola de Frankfurt no século XX – desde Adorno e Max Horkheimer até a segunda geração, de Habermas e Karl-Otto Apel – tenha insistido no necessário caráter formal das regras de discussão, isso não serve senão para a sobrevivência do sistema se não houver um "conteúdo material" em tal ética comunicacional que consista na promoção da vida – em particular, a ameaçada – de pessoas e de coletividades. Defendeu-o com rigor Enrique Dussel[70] em seu diálogo com Apel na Alemanha e no México.

Em consequência, o sujeito vulnerável designa, em seu sentido específico, o processo de construção histórica da intersubjetividade

[70] Cf. Enrique Dussel, *La Ética de la Liberación ante el Desafío de Apel, Taylor y Vattimo*. Toluca, UAEM, 1988. Disponível em: http://www.misioncultura.gob.ve.

que acontece no seio dos dinamismos da vontade e da razão crítica, sempre a partir do reconhecimento das diferenças. Essa é uma condição de possibilidade do *espaço comum*. De outro modo a ética do discurso se converte num álibi para a vontade de onipotência que se fantasia rapidamente de sistema de poder totalitário.

Essa defesa da diferença no seio de toda comunidade histórica encontra assim uma explicação coerente no conjunto da invenção da subjetividade vulnerável pós-moderna, compreendida enquanto ser-em-relação. Trata-se, assim, de uma *subjetividade aberta* à transcendência de um ponto de vista fenomenológico enquanto mútuo reconhecimento.

Será justamente no interior desse processo intersubjetivo que poderá advir a transcendência como comunicação realizada plenamente. Tal é o marco de referência filosófico próprio da "teologia comunicativa" proposta por Helmut Peukert em sua discussão com Habermas e Apel sobre a correlação imanência-transcendência. Com efeito, o teólogo alemão retomará assim a ética do discurso para apresentar as coordenadas principais da constituição da subjetividade e explicar em seu seio a pertinência do cristianismo como realização efetiva da chamada *comunidade ilimitada de vida*. Voltaremos mais adiante a esse ponto para discernir as problemáticas teológicas precisas dessa discussão.

Da suspeita à indiferença em face dos metarrelatos

Nesse sentido, o pensamento fraco ultrapassa o estágio da suspeita proposta pelos mestres do século XIX para propor outra compreensão da história a partir de certa *indiferença* ante os metarrelatos. Esse pensamento chega a postular a inclusão política do pluralismo das identidades como condição de possibilidade de toda racionalidade que seja suscetível de ser considerada *razoável* e *sustentável*.

Com efeito, os mestres da suspeita tinham posto em marcha uma genealogia do pensamento e da moral ocidentais para localizar o ponto de ruptura entre o ideal grego e o judaico-cristão, e consideravam o primeiro como o mais apto para dar conta da condição humana. Em todo caso, privilegiaram o ideal do herói e do guerreiro acima do ideal do justo e da vítima porque receberam de sua época uma leitura alienante da religião judaica e do cristianismo. A recepção crítica posterior às contribuições dos mestres da suspeita - levada a efeito por cristãos inseridos na modernidade - permitiu uma renovação filosófica e teológica sem precedentes, sobretudo nos meios cristãos (protestante e católico) do século XX. Esse novo impulso do pensamento teológico levou os cristãos a interpretar o Evangelho como caminho de liberdade e de libertação, e restituiu a fé como fonte de solidariedade na promoção da justiça e da paz.

O correlato indispensável da afirmação da diferença é, então, o questionamento dos metarrelatos como expressão totalitária da vontade de onipotência. Sua maneira, em aparência ingênua, de falar da verdade única esconde no fundo um desejo infantil raras vezes reconhecido e mostra que se trata mais de uma estratégia que de um conhecimento formal. Era necessário tornar visível aos olhos dos sujeitos emancipados essa força ilocutória dos metarrelatos a fim de tirar deles o caráter sagrado e absoluto.

Se existe algo absoluto na história, é o grito das vítimas e a memória viva que guarde delas a humanidade.

Dito isso, seria necessário sublinhar por último que a *indiferença* dos pós-modernos não é um desprezo pelo real - como o assinalou Gilles Lipovetski quando denunciou a era do vazio própria das sociedades de consumo - nem o cínico relativismo assinalado pelos adversários da pós-modernidade. Ao contrário, a *indiferença* pós-moderna é um tipo de "lógica da sobrevivência" no meio do contexto do totalitarismo da técnica e do mercado, ambos supostamente justificados na afirmação do fundamento metafísico da verdade e numa versão hierárquica da religião, segundo uma lógica de controle objetivo e quantitativo do mundo.

Nesse sentido, o fim da história tão anunciado por Francis Fukuyama é o fim dos metarrelatos e não o fim do mundo enquanto casa comum. Esse autor pôs em evidência o papel totalitário de certas reconstruções da história realizadas pelos vencedores, algo que Walter Benjamin já havia feito desde o final do século XIX. Certamente, os metarrelatos escondem com frequência um desejo de onipotência não reconhecido como tal e uma estratégia de controle político e cultural. Há abundantes exemplos de história oficial contada pelos vencedores, mas, uma vez derrubada essa história pelos relatos das vítimas, ela deixa de ter peso e credibilidade. A reconstrução da história a partir das vítimas, da gente anônima e dos excluídos se converteu até numa metodologia historiográfica nas sociedades democráticas avançadas. Também foi um instrumento precioso para a reconstrução da memória coletiva depois de tempos de guerra e destruição. Por esses motivos, o caráter terapêutico da micro-história não lhe tirou nada, senão que reforça o estatuto crítico e sua contribuição para a constituição de sociedades tolerantes, mais justas e humanas.

O elogio da diferença

Enquanto força histórica, a pós-modernidade implica em primeiro lugar uma práxis social, política, científica e cultural em que se cultiva a consciência aguda das desigualdades de toda índole, mas ao mesmo tempo, de maneira positiva, propõe novos pactos sociais. De fato, trata-se de uma racionalidade extremamente sensível à exclusão em todos os tipos de sociedades de *totalidade*: o Estado, o exército, as igrejas, as prisões, as escolas. Busca instaurar um espaço público não apenas formal, como sublinha a Escola de Frankfurt, e promover um compartilhar de bens que permita a todos sobreviver, como proposto pela filosofia da libertação latino-americana e por aquela formulada por grupos de excluídos, como já assinalamos.

Em segundo lugar, a pós-modernidade fala de uma "in-diferença", mas no sentido de uma interioridade assumida segundo o caráter único próprio de cada indivíduo, e por isso inefável, porque cada um goza de uma condição existencial própria e insubstituível no mundo. De fato, aquilo que se evoca é a interiorização da diferença pessoal, mas também a da diferença dos outros no seio dos processos de interação mútua.

No entanto, tal estágio intersubjetivo não se realiza como projeto histórico senão na medida em que é levado a efeito como *renversement* ou exposição permanente da subjetividade, para dizê-lo empregando uma expressão de Lévinas. Essa exposição designa a irrupção do Outro no rosto do próximo para provocar um estado subjetivo de estranhamento que se torna chamado a um êxodo interior em busca da terra prometida do comum. A diferença se apresenta assim como rosto, incômodo, chamado, invocação, inspiração e, por último, promessa. Não significa que isso já seja transcendência; mas é sua instauração em germe no dinamismo da subjetividade: trata-se "de Deus que vem à ideia", é o Infinito que se revela, o próximo que nos ordena, a alteridade como profunda diferença segundo o olhar fenomenológico da ética fundadora, pré-discursiva, pré-linguística e, por isso mesmo, expressão próxima precisamente do *Dasein*.

Nesse sentido pós-heideggeriano, tanto Derrida como Vattimo e Nancy defenderam depois o elogio da *diferença* própria de cada indivíduo, mas também expressa em suas ações e representações simbólicas, como uma autêntica maneira de existir própria do *Dasein*, concreção da finitude da história e de sua inevitável ambiguidade.

Finalmente, graças a Derrida[71] e Maurice Blanchot,[72] sobretudo, será possível aprofundar o vínculo entre niilismo e *kénosis* do Verbo,

[71] Cf. Jacques Derrida, *Sauf le Nom*. Paris, Galilée, 2006.
[72] O tema da *kénosis* da linguagem foi retomado também por Gisèle Berkman como chave de interpretação de toda uma linhagem de pensamento niilista, desde Derrida

segundo a lógica da encarnação na história humana de Jesus de Nazaré. Tal abaixamento é a herança do cristianismo para toda época, em particular para estes tempos de niilismo e desconstrução.

Por seu lado, Vattimo[73] tirará as consequências do niilismo para um cristianismo em permanente aperfeiçoamento de si, segundo a crítica de suas próprias idolatrias. A tradição kenótica abrirá um novo horizonte de existência para os sujeitos vulneráveis, abertos, a partir da experiência de sua própria vulnerabilidade, a um cumprimento da história comum a todos. Essa abertura já é uma maneira de existir sem fundamento, nem sentido, nem valor... como pura afecção.

até Blanchot e Nancy: "Como, nessa perspectiva ateológica que é a de Blanchot, o nome de Deus pode conservar uma forma de estatuto que não seja de modo algum o de uma garantia suprema? Tal é, em substância, a questão fundamental apresentada por Jean-Luc Nancy, questão que se encontra relacionada ao estatuto do sentido na obra de Blanchot: um sentido que, longe de ser sentido ausente, é sentido desvanecente. A escrita é então o que designa em Blanchot 'o movimento de exposição a uma fuga do sentido que retira do 'sentido' a significação para lhe dar o sentido mesmo dessa fuga...' (p. 130) Lisant Nancy, leitor de Blanchot, traz-nos subitamente à memória a imagem desses anjos de Rembrandt de que não se sabe muito bem se descem à terra ou retomam seu voo... O nome de Deus, em Blanchot, é isso mesmo que vem em lugar de uma ausência de sentido: não como o que supre apesar de tudo o sentido ausente com um aumento de sentido, mas como o que se situa 'num desvanecimento dessa existência'. Mas desvanecimento, escapada, *kénosis* são talvez ainda termos que fixam e 'vazio do céu' evocado por Nancy, e que talvez faça alusão à '(cena primitiva)' de *L'Écriture du Désastre*. Que haja, nessa nominação-limite, do último sem derradeira palavra, é o que Nancy mostra bem: 'Quase apesar dele, e como no limite extremo de seu texto, Blanchot não cedeu a respeito do nome de Deus – a respeito do inaceitável nome de Deus –, pois soube era preciso ainda nomear o apelo inominável, o apelo interminável à inominação'] (p. 133)". Disponível em: http://www.blanchot.fr.

[73] Cf. Gianni Vattimo e René Girard, *Verità o Fede Debole. Dialogo su Cristianesimo e Relativismo*. Massa, Transeuropa, 2006, 98 p.; "Nihilisme et Emancipation". *Lumière et Vie*, n. 258, "Le Nihilisme, Défi pour la Foi". Saint-Alban-Leysse, jun. 2003, p. 7-12. Ver o comentário crítico de Christian Duquoc acerca desse fundo niilista como ocasião para a redescoberta do Evangelho: "O niilismo supõe o sentimento ou a evidência de um desmoronamento do absoluto ou da transcendência: os valores são privados da sustentação divina. Essa situação provoca seja ressentimento, seja reação criativa (...). O Evangelho não sacraliza a vaidade; ele lhe mede o alcance pedagógico, ele orienta para a apreciação gratuita da criação, testemunha de uma presença que a palavra desvela" (Christian Duquoc, "La Légèreté du Rien". *Lumière et Vie*, n. 258, "Le Nihilisme, Défi pour la Foi". Saint-Alban-Leysse, jun. 2003, p. 74).

Seguindo essa via recém-aberta, Nancy desenvolverá uma gramática niilista destinada a salvaguardar esse vazio da linguagem, esse nada da representação, aquela ausência sempre atestada como horizonte e nunca como posse. Em seus diversos trabalhos literários e filosóficos, o professor de Estrasburgo esvaziará o cristianismo de seu conteúdo para devolver-lhe seu ser indício do nada, ou seja, para permanecer o mesmo vazio de si, na lógica da *kénosis* do Verbo. O *Logos* divino será então verbo e não substantivo; existência e não essência; linguagem de um corpo ferido, da consciência aguda, da mesa posta, da presença ausente; metáforas vivas da irrupção kenótica do mistério do real que ultrapassa todo conhecimento e toda posse.

Graças a isso, para os autores niilistas a *diferença* encontrará no cristianismo sua expressão teológica última enquanto *agonia*, isto é, existência vivida até o limite, que conduz a intersubjetividade ao extremo da doação de sua própria vida, naquela lógica inaugurada a partir da ideia judaica do messias, a mesma que revestiu sua configuração decisiva na vida e morte do Galileu. Mas essa é outra questão, a que será necessário voltar mais adiante, nos dois últimos capítulos deste livro.

capítulo 2
a busca do fundamento

No cenário da crise da modernidade tardia, uma das soluções propostas é a de *contramodernidade*, baseada numa leitura alternativa à racionalidade ocidental anterior ao Iluminismo. Preferimos aqui chamá-la dessa maneira, e não tanto antimodernidade, para deixar aberta a pergunta sobre o juízo que esses movimentos de pensamento fazem sobre as Luzes e suas diversas vicissitudes de emancipação. Será útil termos presente esse questionamento fundamental ao longo do presente capítulo, com a finalidade de tirar todas as consequências possíveis no comentário conclusivo de nossa análise.

O movimento contramoderno se consolida no Ocidente na segunda metade do século XX para denunciar que a civilização inaugurada com os triunfos de razão científico-técnica tem pés de barro, já que foi construída sobre bases errôneas, em particular no referente à definição da verdade e à rejeição explícita de Deus como princípio e finalidade da humanidade e da criação.

Os diversos movimentos culturais de retorno aos clássicos católicos da Idade Média atualmente em voga na Europa,[1] por exemplo, ou os

[1] Nesse sentido, o neotomismo retomou um lugar no discurso católico do século XX, como no caso de intelectuais como Jacques Maritain ou de teólogos como Jean-Hervé Nicolas e até, sob certos aspectos, o cardeal Charles Journet. Uma das principais problemáticas desse modelo de pensamento centrou-se na necessidade de recuperar o

movimentos político-religiosos que se opõem à secularização moderna nos contextos cristão ou muçulmano aparecem como sintomas da rejeição da modernidade. Na ordem do debate das ideias, as posições atuais contra os direitos das minorias sexuais são comuns à maior parte dos líderes religiosos, como no caso da oposição ao reconhecimento jurídico das uniões ou casamentos do mesmo sexo. Tal posição mostra uma das tensões principais que presidem na atualidade a relação entre religião e modernidade: a gestão autônoma e responsável do corpo e da sexualidade.

Com a finalidade de rastrear os principais momentos da história dessa contramodernidade no seio do catolicismo, será necessário primeiro dirigir o olhar para suas origens distantes, situadas na crise modernista do final do século XIX, e depois enfocar os debates surgidos no Concílio Vaticano II sobre o tema da Igreja e da revelação divina nos anos sessenta do século passado. A Igreja Católica atravessou o século XX buscando um *aggiornamento* que lhe permitisse atualizar sua presença e sua pregação no seio das sociedades em evolução democrática, urbana e industrial.

Nessa mesma época, a renovação do tomismo se foi gestando de maneira silenciosa com o emprego de instrumentos exegéticos rigorosos. Tal corrente de pensamento será um dos protagonistas do "retorno às fontes" tão ansiado pelo Concílio Vaticano II. O *aggiornamento* do tomismo está inacabado, pois ainda estamos à espera da etapa seguinte, que consistiria, aos olhos de muitos teólogos, na

fundamento metafísico da lei natural ante os desvios relativistas do ateísmo militante. Cf. Jacques Maritain, "Humanisme Integral" [1936]. *Œuvres Complètes*, v. VI [1935-1938]. Friburgo/Paris, Éditions Universitaires/Cerf, 1984. Por seu lado, Gabriel Marcel defendeu, contra a crítica de Maritain, a pertinência do devir fenomenológico da existência, mantendo ao mesmo tempo sua identidade de filósofo e de católico. Cf. Gabriel Marcel, *La Dignité Humaine et Ses Assises Existentielles*. Paris, Aubier, 1964. Um balanço dessa tensa relação acontecida entre 1928 e 1939 pode ser consultado em: Jorge Alonso, "El Contexto de una Carta: la Conflictiva Relación de Dos Filósofos Católicos". *Dianoia*, v. LII, n. 59. México, nov. 2007. Disponível em: http://dianoia.filosoficas.unam.mx.

promoção de uma hermenêutica tomasiana aplicada à dogmática e à moral, em debate com a ciência e a filosofia modernas.

Com efeito, a interpretação dos princípios da *sacra doutrina* dentro dessa corrente ainda não assume as problemáticas principais da crítica à ontoteologia, por exemplo, mas até agora se contentou com reafirmar e promover uma leitura exata e contextualizada dos textos de Santo Tomás de Aquino. Os esforços para *aggiornar* uma hermenêutica tomista, em discussão com a filosofia moderna – por exemplo, os feitos por Karl Rahner[2] e Bernard J. F. Lonergan[3] num sentido pós-kantiano, ou, mais adiante, por Mauricio Beuchot no México, no contexto da filosofia analítica e da hermenêutica –, não parecem ter tido uma acolhida importante na comunidade científica tomista.

Outro capítulo dessa história de contramodernidade de inspiração cristã provirá do mundo anglicano próximo do catolicismo inglês, com um movimento que rapidamente se difundirá, do final do século passado até nossos dias, entre filósofos e teólogos tanto insulares como continentais. Essa corrente, chamada "Radical Orthodoxy"

[2] Cf. Karl Rahner, *Geist in Welt*. Innsbruck, 1939, cap. XI. Ver o balanço crítico de um tomista em Romanus Cessario, *Le Thomisme et les Thomistes*. Paris, Cerf, 1999.
[3] No que diz respeito à epistemologia e sua aplicação ao ato do crer, Lonergan escreveu o seguinte: "Antes de entrar no mundo mediatizado pela significação, a religião é a palavra original que Deus nos envia espargindo seu amor em nosso coração. Essa palavra original não pertence ao mundo mediatizado pela significação, mas ao mundo do imediato, à experiência não mediatizada de um mistério de amor e de pavor (...). A palavra é (...) pessoal (...). A palavra tem igualmente um alcance social (...) A palavra, enfim, é histórica. Ela é a significação proclamada. Ele deve encontrar seu lugar no contexto de outras significações, não religiosas. Ele deve tomar emprestado e adaptar uma linguagem feita mais para este mundo que para a transcendência" (Bernard J. F. Lonergan, *Pour une Méthode en Théologie*. Paris, Cerf, 1978, p. 135-36). Assumindo a proposta de Lonergan, seu irmão em religião e discípulo em Frankfurt deu continuidade à sua reflexão num âmbito propriamente teológico. Cf. Peter Knauer, *Der Glaube Kommt vom Hören. Ökumenische Fundamentaltheologie*. Bamberg, Schadel, 1986. Versão castelhana: *Para Comprender Nuestra Fe*. México, UIA, 1989. Disponível em: http://www.jesuiten.org. Leve-se em conta também a distância crítica que alguns autores tomaram com respeito à noção lonerganiana de "conhecimento de si-conhecimento de Deus". In: Louis Roy, *Le Sentiment de Transcendance. Expérience de Dieu?* Paris, Cerf, 2000. Seus comentários críticos também podem ser encontrados na Internet. Disponivel em: http://francais.lonergan.org/elr.htm.

(Ortodoxia Radical), pôs sobre a mesa um profundo questionamento do reducionismo sociológico e epistemológico próprio da racionalidade moderna. Pretende mostrar o problema filosófico da insuficiência atual da civilização ocidental e a necessidade de reencontrar o lugar da teologia como uma ciência insubstituível para o conhecimento e a gestão do real. Tal argumento implicará também, como veremos mais adiante, uma dimensão política centrada na rejeição da secularização extrema dos debates éticos e proporá uma defesa para promover o reconhecimento da voz das igrejas na definição dos códigos ético e jurídico na ordem local, regional e mundial.

Em todo caso, aquilo que surge no meio desse debate é uma nova figura de sociedade, chamada *pós-secular*, com o desafio de levar em conta, por um lado, a autonomia da razão e, por outro, o reconhecimento de seus limites, para voltar a colocar a religião no coração do ser humano e da sociedade.

No fundo dessa afirmação do teocentrismo do conhecimento e da ação humana, vai ressurgir, com novos ímpetos, a reivindicação da teologia cristã no plano teórico de ser um conhecimento da finalidade do cosmos, bem como uma reafirmação da religião revelada como a garantia da transcendência não manipulável pela razão, e, finalmente, o anúncio do cristianismo como cumprimento da história. Tais propósitos serão considerados por alguns como temerários, audaciosos por outros. Em todo caso, trata-se de uma das vozes que é preciso escutar com atenção para captar de maneira adequada a problemática em questão da correlação entre fé e razão na hora presente da modernidade tardia.

A crise modernista *reloaded*

A restauração da doutrina católica

O século XIX foi o tempo dos enfrentamentos entre o catolicismo apologético europeu e o pensamento liberal derivado do Século das

Luzes. Tempo marcado, do ponto de vista político, pela desamortização dos bens da Igreja na maioria das repúblicas ocidentais, pela perda dos Estados pontifícios na nascente república italiana e pelo confinamento da autoridade pontifícia ao interior da Igreja Católica latina sob a forma de jurisdição no tempo do papa Pio IX.[4]

O Concílio Vaticano I calculou adequadamente as implicações da secularização e decidiu atacar seus fundamentos teóricos. As duas constituições dogmáticas - *Dei Filius*, sobre a revelação, e *Pastor Aeternus*, sobre o ofício do supremo pastor da Igreja - foram promulgadas em 1870 para justificar a estratégia católica diante dos abusos dos ideais liberais que inspiraram a vida política ocidental e punham em risco a civilização cristã no Ocidente com sua contribuição para o conjunto da civilização humana. A ideia de revelação e a de autoridade estavam estreitamente ligadas naquele modelo apologético que afiançava assim o papel preponderante da cristandade na condução da sociedade ocidental como cabeça da humanidade graças à missão que lhe foi confiada pelo próprio Cristo.

[4] Numerosas obras trataram recentemente a difícil relação do pontificado do papa Pio IX com o Estado italiano nascente, no contexto das democracias liberais que começaram a se instalar na Europa e na América no século XIX. A *Carta Encíclica Quanta Cura*, do papa Pio IX, denunciava, nos seguintes termos, a suposta justificação da separação Igreja-Estado que sustentava as ações na maior parte das repúblicas nascentes: "Ali onde a religião foi alijada da sociedade civil, a doutrina e a autoridade da revelação divina repudiadas, a pura noção mesma da justiça e do direito humano se obscurece e se perde, e a força material toma o lugar da verdadeira justiça e do direito legítimo. Donde se vê claramente por que alguns, relegando ao último plano os mais seguros princípios da sã razão, sem levá-los em conta, ousam proclamar que: 'a vontade do povo que se manifesta pela chamada opinião pública, ou de outro modo, constitui a lei suprema livre de todo direito divino e humano; e que na ordem política os fatos consumados, pelo fato mesmo de serem consumados, têm força de direito'" (Pio IX, *Lettre Encyclique Quanta Cura*, n. 6, 8 dez. 1864. Disponível em: http://www.salve-regina.com. Acompanhando a Encíclica, o *Syllabus* denunciou como doutrina contrária à fé o laicismo radical e rejeitou de maneira taxativa essa formulação em seu § IV: "IV. A Igreja deve estar separada do Estado e o Estado separado da Igreja" é uma afirmação contrária à fé e à tradição da Igreja. Pio IX defendia assim o reconhecimento da Igreja Católica através de concordatas com os Estados civis que a reconhecessem como interlocutora, com a finalidade de salvaguardar as supostas prerrogativas de direito divino próprias da Igreja Católica.

Por outro lado, tanto teólogos católicos como teólogos protestantes tinham começado a discutir, antes do Concílio Vaticano I, as ideias ilustradas, alguns deles para denunciar a perversão da inteligência que aquelas implicavam, como o fez depois o *Syllabus* que acompanhou a encíclica *Quanta Cura*, de 8 dezembro de 1864. Outros quiseram levar em conta as objeções dos filósofos para assim aprofundar o mistério da fé cristã. Tal era o caso, por exemplo, do uso dos métodos histórico-críticos aplicados ao estudo da Bíblia, iniciado pelo padre Marie-Joseph Lagrange[5] na Escola Bíblica de Jerusalém em 1885, que foi criticado com dureza pelo magistério de Roma, o que o levou a sofrer uma proibição de ensino de teologia por alguns anos na Igreja Católica. Outros teólogos, como Alfred Loisy,[6] na França, tinham tomado um caminho ainda mais difícil ao fazer uma leitura histórico-crítica da Igreja, ao aplicar critérios e métodos sociológicos e históricos à análise da eclesiogênese, como George Tyrrel,[7] na Inglaterra, e outros autores católicos na Alemanha e na Itália, que tiveram de se contentar em defender em privado suas teses, a fim de evitarem ser expulsos da Igreja Católica.[8]

Tal espírito apologético agressivo contra os desvios da fé e da razão pode ser encontrado até a publicação da encíclica *Pascendi*

[5] Em sua biografia crítica do padre Lagrange, Bernard Montagnes sublinha os preconceitos que prevaleceram num de seus censores, o padre Alphonse Delattre, contra o método histórico empregado pelo primeiro, segundo aquele censor, dependente de Alfred Loisy. Cf. Bernard Montagnes, *Marie-Joseph Lagrange: une Biographie Critique*. Paris, Cerf, 2004, p. 319.

[6] Esse professor do Instituto Católico de Paris foi censurado por Roma por causa de suas opiniões sobre a divindade de Cristo. No entanto, sua obra se centrava antes em aplicar o método histórico aos textos fundacionais do cristianismo, em particular naquilo que o conhecimento histórico dos Evangelhos havia descoberto sobre Jesus. Essa questão seria assumida depois pela investigação exegética e cristológica como um momento metodológico necessário, integrando-o à dimensão propriamente teológica da reflexão, em vista de um pensamento crítico. Cf. Alfred Loisy, *L'Évangile et l'Église*. Belevue, Chez l'Auteur, 1904.

[7] Cf. George Tyrrel, *Through Scylla and Charybdis. Or the Old Theology and the New*. Longmans, Green and Co., 1907.

[8] Cf. Irmingard Bohm, "Modernismo y Antimodernismo. El Pensamiento de los Modernistas más Importantes". In: Emerich Coreth e Walter Neidl (orgs.), *Filosofía Cristiana en el Pensamiento Católico de los Siglos XIX y XX*, v. II. Madri, Encuentro, 1988, p. 301-15.

Dominici Gregis pelo papa Pio X, em 8 de setembro de 1907. Todos os "erros" próprios da secularização foram assinalados de maneira pontual e condenados como contrários à fé católica. Um século depois, o primeiro centenário dessa encíclica foi profusamente celebrado por algumas faculdades de teologia católica, por vários movimentos religiosos integristas e por católicos fervorosos desejosos de conservar a sólida herança da Igreja.

Se seguirmos esse fio condutor, poderemos situar melhor os dois principais documentos da Igreja Católica do século XX em torno da correlação entre fé e razão: a constituição dogmática *Dei Verbum*,[9] do Concílio Vaticano II, e a carta encíclica *Fides et Ratio*,[10] publicada posteriormente pelo papa João Paulo II.

O primeiro documento representa uma leitura muito matizada do uso da ciência exegética para a compreensão da Bíblia, e ao mesmo tempo propõe preservar a interpretação espiritual dos textos santos, integrados no dinamismo da Tradição viva, sendo elas, a Escritura e a Tradição, os dois elementos constitutivos da revelação divina.

Ao contrário, *Fides et Ratio*, embora retome por seu lado o ensinamento do Concílio Vaticano II em *Dei Verbum*, optou por retomar o vínculo com o Concílio Vaticano I e sua constituição dogmática *Dei Filius*. No fundo, trata-se de uma maneira muito bem-sucedida de pôr de novo sobre a mesa a questão dos limites inaceitáveis da secularização, denunciando em particular os erros de sua versão extrema, ou seja, do pensamento fraco que conduz ao relativismo da verdade e à anarquia moral. Mas o argumento central não dirige suas objeções apenas à pós-modernidade, mas a toda a racionalidade que a precedeu, em particular o historicismo e a dialética, e as denuncia como reducionismos da verdade e como negação da constituição metafísica de criação. Desse modo, o conflito entre a

[9] Disponível em: http://www.vatican.va.
[10] Idem.

fé católica e a razão pós-moderna criticada pela encíclica *Fides et Ratio* expressa uma nova etapa daquele conflito acima assinalado entre a Igreja e o Iluminismo, debate irresoluto entre a emancipação e a obediência da fé, entre conhecimento racional e revelação:

> Ao explicitar agora os conteúdos do Magistério precedente, quero assinalar nesta última parte algumas condições que a teologia – e ainda antes a Palavra de Deus – estabelece hoje para o pensamento filosófico e para as filosofias atuais. Como já indiquei, o filósofo deve proceder segundo suas próprias regras e há de basear-se em seus próprios princípios; a verdade, no entanto, não é mais que uma. A Revelação, com seus conteúdos, nunca pode menosprezar a razão em suas descobertas e em sua legítima autonomia; por seu lado, no entanto, a razão jamais deve perder a capacidade de interrogar-se e de interrogar, tendo consciência de que não pode erigir-se em valor absoluto e exclusivo. A verdade revelada, ao oferecer plena luz sobre o ser a partir do esplendor que provém do mesmo Ser subsistente, iluminará o caminho da reflexão filosófica. Em definitivo, a Revelação cristã vem a ser o verdadeiro ponto de referência e de confrontação entre o pensamento filosófico e o teológico em sua recíproca relação. É desejável, pois, que os teólogos e os filósofos se deixem guiar pela única autoridade da verdade, de modo que se elabore uma filosofia em consonância com a Palavra de Deus. Essa filosofia há de ser o ponto de encontro entre as culturas e a fé cristã, o lugar de entendimento entre crentes e não crentes. Há de servir de ajuda para que os crentes se convençam firmemente de que a profundidade e a autenticidade

> da fé são favorecidas quando ela está unida ao pensamento e não renuncia a ele. Uma vez mais, o ensinamento dos padres da Igreja nos confirma nesta convicção: "O próprio ato de fé não é senão o pensar com o assentimento da vontade (...). Todo aquele que crê, pensa; pensa crendo e crê pensando (...). Porque a fé, se o que se crê não é pensado, é nula". Ademais: "Sem assentimento não há fé, porque sem assentimento não se pode crer em nada".[11]

Nesse contexto, o documento apresenta três problemáticas como essenciais – aos olhos do magistério do bispo de Roma, mas não para a opinião da maior parte dos filósofos concernidos – para um possível debate. Para os propósitos de nossa investigação, interessam-nos em particular os problemas da possibilidade de a razão conhecer a verdade, da unidade da verdade e da subordinação da razão à verdade da revelação.

A emancipação das ciências da religião

Na lógica da secularização da razão moderna, as ciências da religião também se emanciparam da tutela da teologia.[12] Foi o resultado de

[11] João Paulo II, *Carta Encíclica Fides et Ratio*, 14 set. 1998, cap. VI, "Interaction entre la Théologie et la philosophie", n. 79. Disponível em: http://www.vatican.va.

[12] Um pioneiro dessa ruptura epistemológica, no mundo protestante, é sem dúvida Friedrich Schleiermacher (1768-1834), que havia distinguido em seu momento entre ciência positiva, filosofia e crítica para a compreensão do estatuto da teologia. Cf. Friedrich Schleiermacher, *Le Statut de la Théologie*. Paris, Cerf, 1994, § 1, 5, 21, 28, 32 e 58. Quase um século depois, Ernst Troeltsch contribuiu, por seu lado, para a consolidação de uma racionalidade laica no estudo das religiões que deslocou o estatuto propriamente teológico da experiência religiosa: "O novo método pode ser dito o da história da religião: ele submete, antes de tudo, toda tradição à crítica e, por razões de princípio, parte sempre do conjunto da realidade histórica para não desembocar em padrões de valor senão a partir dessa visão de conjunto. É preciso caracterizar o antigo método como o método dogmático: ele começa num ponto de partida totalmente subtraído à história e à sua relatividade,

um processo propriamente teórico que foi se consolidando apesar das posições adversas das autoridades eclesiásticas em face da liberdade de cátedra no seio das diversas igrejas.

Concentremos a atenção por ora no aspecto teórico da questão. Já evocamos mais acima a gênese cultural de tal ruptura. Agora é preciso que nos detenhamos por um momento nas implicações gnosiológicas para essas disciplinas, mas também para a teologia.

As faculdades de teologia estão sofrendo, na atualidade, enormes pressões nas universidades ocidentais, em razão da rigorosa lógica da gestão acadêmica concentrada no impacto social do conhecimento. Em particular nos países secularizados, as igrejas só com dificuldade encontram candidatos para formar seus quadros dirigentes da vida pastoral das comunidades, e muito mais ainda para alimentar essa tradição hoje posta em dúvida. Nos países onde a secularização liberal do século XIX reduziu ao âmbito privado a influência social das igrejas, o fenômeno se apresenta de maneira diferente. E isso porque a teologia não é reconhecida em seu estatuto científico próprio dentro das universidades públicas, sendo identificada, quando muito, com a sabedoria tradicional das igrejas. Tais signos culturais mostram a dificuldade de base para que o discurso teológico possa ter acesso ao debate da comunidade científica, sendo a objeção principal que a teologia depende de um preconceito não verificável: a revelação e sua transmissão segundo um princípio de autoridade.

Graças a essas objeções, as novas disciplinas que se concentram na análise do religioso, sem levar em conta a verdade de seu conteúdo, mas seu impacto social, histórico, psicológico e antropológico,

e obtém a partir daí proposições incondicionalmente certas, que podem no máximo ser postas depois em relação com os conhecimentos ou as opiniões do restante da vida humana" (Ernst Troeltsch, "À Propos de la Méthode Historique et de la Méthode Dogmatique en Théologie?" (1900), *Œuvres*, v. III, *L'Absoluité du Christianisme et l'Histoire de la Religion (1901-1912)*. Paris, Cerf, 1996, p. 51).

encontraram um terreno fecundo nas universidades modernas e nas sociedades democráticas laicas.

Duas problemáticas principais se conjugam por esse meio: a questão da rejeição de toda autoridade dogmática (seja doutrinal ou disciplinar) no conhecimento científico e a negação de uma ideia de revelação que recuse a passagem pelo filtro da verificação de ordem empírica ou experiencial. As ciências da religião, por seu lado, aceitaram mais ou menos, cada uma a seu modo, seu respectivo estatuto próprio no conjunto do conhecimento empírico do fenômeno religioso. É preciso recordar aqui o papel próprio da filosofia da religião posterior a Ludwig Wittgenstein, identificada como uma análise própria do jogo de linguagem da transcendência apercebida pela subjetividade e comunicada através do discurso e da prática.

Os ares da emancipação conseguiram, assim, tocar não apenas os pressupostos teóricos, mas também as motivações subjetivas dos cientistas religiosos, os quais já não se reconheceram como pertencentes a uma igreja particular com sua vontade de controle do conteúdo e da disciplina. A emancipação das ciências da religião foi, finalmente, uma das causas que podem explicar o fenômeno do êxodo dos cristãos de suas respectivas igrejas, questão de que nos ocuparemos mais adiante.

As intervenções contra as teologias contextuais

É necessário que nos detenhamos primeiro na descrição de um fenômeno próprio da Igreja Católica acontecido depois do Concílio Vaticano II, sob o pontificado do papa João Paulo II e de seu sucessor. Trata-se de uma leitura revisionista[13] do Concílio para

[13] Alguns sociólogos latino-americanos da religião chamam esse período de "inverno eclesial", outros de "reforma Wojtyla", para sublinhar certa marcha a ré que se empreendeu diante dos avanços iniciais permitidos pelo Concílio Vaticano II. Em todo caso, tratou-se de

corrigir os "excessos" em diversos âmbitos, por exemplo, a doutrina, a moral e a liturgia, com a finalidade de recuperar o vínculo "verdadeiro", o da tradição da Igreja.

Para o propósito da presente obra, é importante concentrar a atenção na estratégia posta em jogo pela cúria romana a fim de desmantelar certos projetos teológicos, pastorais e eclesiais que buscavam prosseguir a experiência cristã inspirados na letra e no espírito do Concílio Vaticano II. O caso da América Latina é exemplar para mostrar a eficácia de tal propósito, a partir da evolução das igrejas locais após a Conferência Geral do Episcopado Latino-Americano em Medellín, em 1968, que começou a inquietar certas correntes eclesiais conservadoras. Podemos assinalar ao menos três âmbitos de intervenção realizada para endireitar o caminho torto e julgado perigoso para a fé: a teologia da libertação, a vida religiosa inculturada em contexto local e a prática pastoral profética de pastores próximos aos excluídos. Vejamos agora brevemente alguns episódios que marcaram esse intervencionismo romano na região.

Com a ajuda do então cardeal Joseph Alois Ratzinger, futuro Bento XVI, o papa João Paulo II publicou – em pleno contexto da Guerra Fria – duas instruções para corrigir os excessos e ensinar o sentido verdadeiro da doutrina católica sobre a liberdade e a libertação sociopolítica: *Libertatis Nuntius* (1984) e *Libertatis Conscientia* (1986). É possível distinguir duas aproximações distintas nos dois documentos: a primeira, sob a influência de João Paulo II, com sua franca oposição ao socialismo de todo tipo, mesclado com certa abertura à questão social; a outra, sob a influência do cardeal Ratzinger, mais focalizado no debate teórico com a modernidade nascida do Iluminismo, pervertida sob a forma do marxismo.

uma recepção *sui generis* do Vaticano II a que foi posta em marcha pelo papa polonês, depois da euforia da primeira recepção. Cf. Giuseppe Alberigo, "L'Histoire du Concile Vatican II: Problems et Perspectives". In: Christoph Theobald (org.), *Vatican II sous le Regard des Historiens*. Paris, Centre Sèvres, 2006, p. 25-48.

O testemunho do teólogo Jon Sobrino sobre as tensões que rodearam o debate com Roma a respeito da ortodoxia de seus escritos é bastante revelador. O número três da carta, onde ele informa ao Prepósito Geral de sua ordem a difícil relação com a Congregação para a Doutrina da Fé, merece ser citado em sua parte conclusiva:

> Creio que o cardeal Ratzinger, em 1984, não entendeu cabalmente a teologia da libertação, nem parece ter aceitado as reflexões críticas de Juan Luis Segundo, Teologia da Libertação. *Resposta ao Cardeal Ratzinger*, Madri, 1985, e de I. Ellacuría, "Estudo Teológico-Pastoral da Instrução sobre alguns Aspectos da 'Teologia da Libertação'", *Revista Latino-Americana de Teología* 2 (1984), p. 145-78. Pessoalmente creio que até o dia de hoje lhe é difícil compreendê-la. E me desagradou um comentário que li ao menos em duas ocasiões. É pouco objetivo e pode chegar a ser injusto. A ideia é que "o que buscam os (alguns) teólogos da libertação é conseguir fama, chamar a atenção".
>
> Termino. Não é fácil dialogar com a Congregação da Fé. Às vezes parece impossível. Parece que está obcecada por encontrar qualquer limitação ou erro, ou por ter como tal o que pode ser uma conceitualização distinta de alguma verdade da fé. Em minha opinião, há aqui, em boa medida, ignorância, preconceito e obsessão para acabar com a teologia da libertação. Sinceramente, não é fácil dialogar com esse tipo de mentalidade.
>
> Quantas vezes recordei o pressuposto dos Exercícios: "Todo bom cristão há de ser mais pronto para salvar a proposição do próximo que para condená-la". E nesses dias li na

> imprensa um parágrafo do livro de Bento XVI, que será lançado proximamente, sobre Jesus de Nazaré. "Creio que não é necessário dizer expressamente que este livro não é, de modo algum, um ato magisterial, mas a expressão de minha busca pessoal do 'rosto do Senhor' (Salmos 27). Portanto, cada um tem liberdade para contradizer-me. Só peço às leitoras e aos leitores a antecipação de simpatia sem a qual não existe compreensão possível". Pessoalmente ofereço ao papa simpatia e compreensão. E desejo veementemente que a Congregação da Fé trate os teólogos e as teólogas da mesma maneira.[14]

As duas instruções foram dirigidas aos bispos latino-americanos para preveni-los dos erros da teologia da libertação, florescente na América Latina desde os anos sessenta. Sob pretexto de uma suposta leitura marxista da história, acompanhada de um reducionismo sociológico da fé – interpretação que foi rechaçada no momento oportuno pelos mesmos teólogos da libertação concernidos[15] –, esses documentos buscavam a restauração da Igreja na

[14] O autor analisa cinco temas de desconhecimento de sua obra nas objeções do cardeal Ratzinger. Aqui citamos apenas um dos mais fundamentais, a nosso ver, para a interpretação da fé: "a) Ratzinger: 'Com respeito à fé diz, por exemplo, Jon Sobrino: A experiência que Jesus tem de Deus é radicalmente histórica. 'Sua fé se converte em fidelidade.' Sobrino substitui fundamentalmente, por conseguinte, a fé pela 'fidelidade à história'" (fidelidade à história, p. 143-44). Comentário. O que eu digo textualmente é: 'sua fé no mistério de Deus se converte em fidelidade a esse mistério', com o qual quero repisar a processualidade do ato de fé. Digo também que 'a carta (aos Hebreus) resume admiravelmente como se dá em Jesus a fidelidade histórica e na história à prática do amor aos homens e a fidelidade ao mistério de Deus' (p. 144). A interpretação de Ratzinger de substituir a fé pela fidelidade à história é injustificada. Repito várias vezes: 'fidelidade ao mistério de Deus'". Jon Sobrino, *Carta de Jon Sobrino al P. Peter-Hans Kolvenbach*, 15 mar. 2007. Disponível em: http://alainet.org/active/16346.

[15] Entre 1985 e 1988 foram publicadas pelo menos 30 obras na América Latina referentes ao fundamento bíblico e à inspiração da opção pelos pobres na tradição viva da Igreja. Essa foi a resposta à leitura reducionista da teologia da libertação proposta por Roma,

região segundo um modelo apologético da doutrina e da moral católicas, com a preocupação de promover uma nova forma de relação Igreja-Estado segundo a lógica dos direitos humanos, dos quais o primeiro e mais fundamental seria, aos olhos de Roma, o direito à liberdade religiosa.

Tal intervenção doutrinal do magistério romano foi acompanhada de uma campanha de controle do ensino de teologia nos seminários e nas casas de estudo dos religiosos em quase todos os países do continente, buscando depor as autoridades e os professores acadêmicos que promovessem uma leitura *materialista* da Bíblia e uma visão sociológica da missão da Igreja. A eficácia dessa campanha foi tal que um lustro depois já se havia modificado o currículo oficial de estudos filosóficos e teológicos, de maneira que se evitasse toda contaminação com as ideias *libertacionistas*. Uma parte dos seminaristas e professores aparentemente se dobrou às exigências curiais, outros abandonaram o ministério ou a vida religiosa. A maior parte tentou viver em silêncio, à espera de uma nova primavera eclesial.

Um terceiro destinatário foi a vida religiosa. A Confederação Latino-Americana de Religiosos (CLAR) sofreu uma intervenção direta do Vaticano na aprovação de seus estatutos, na escolha de seus dirigentes e nos programas por desenvolver. Por exemplo, o projeto Palavra e Vida, que promovia uma leitura popular da Bíblia, foi suprimido em 1991.[16] Deve-se recordar que a vida religiosa na região havia explorado ao mesmo tempo novas formas de consagração a Deus e a seu Reinado no coração dos meios operário, indígena, camponês e nos bairros populares das grandes cidades latino-americanas, seguindo uma espiritualidade da *kénosis* e

a tradição viva da Igreja. Cf. Juan Luis Segundo, *Teología de la Liberación. Respuesta al Cardenal Ratzinger*. Madri, Cristiandad, 1985.

[16] Ver a leitura *a posteriori* desse acontecimento feita pelo presidente da CLAR logo depois da intervenção de Roma. Luis Coscia, "Nuevos Acentos de la Vida Religiosa en América Latina". Disponível em: www.cirm.org.mx.

encarnação do Verbo e da necessária solidariedade que ela implica para promover a justiça e a paz, junto, se fosse necessário, com a mudança do sistema econômico, político e social.

Finalmente, durante esses anos começou uma nova política de nomeação de bispos segundo o perfil próprio desse plano de restauração. Os bispos de inspiração profética foram substituídos por pastores mais dóceis à autoridade eclesiástica que ao clamor dos pequenos e dos oprimidos. Não se deve esquecer que, na atualidade da América Latina, mais de 90% dos bispos foram nomeados pelo papa João Paulo II, e eles mesmos elegeram depois seu sucessor. Ao contrário, os bispos mexicanos que participaram do Concílio Vaticano II e se nutriram de seu espírito de *aggiornamento* já não eram mais que dois no último conclave para a eleição do novo pontífice, sucessor de João Paulo II.

O êxodo de católicos sem Igreja

Depois de se pôr em marcha esse projeto da chamada (pelos sociólogos da religião) "restauração Wojtyla", essa tentativa se desenvolveu em relação com a Guerra Fria e a queda dos sistemas comunistas na Europa, em particular no contexto norte-atlântico posterior à queda do muro de Berlim, em 1989. O fenômeno do autoexílio dos católicos de sua própria Igreja começou a aparecer como expressão de busca de uma nova identidade para além dos limites institucionais. Boa parte dos católicos comprometidos com a transformação social, tanto em toda a América como na Europa, se enfrentou com a impossibilidade de continuar realizando seu esforço no interior de instituições eclesiais como paróquias, dioceses, seminários, missões, escolas e demais instâncias eclesiásticas. Muitos tomaram a decisão de emigrar para o campo humanitário para garantir a liberdade de expressão e de ação em favor dos marginalizados, sem se distrair com querelas institucionais estéreis. Esse foi o caso, por exemplo, da crescente demanda de secularização de sacerdotes, da presença cada vez maior da vida religiosa em organizações civis e da participação de leigos em movimentos e organizações não governamentais, em lugar de um compromisso paroquial ou diocesano.

Como parte desse mesmo fenômeno de exílio de católicos de suas instituições eclesiais, apareceu outro fenômeno sociológico importante. O sociólogo da religião Roberto Blancarte[17] o chamou, no caso mexicano, de "a revolução silenciosa do catolicismo". Em anos recentes, ele estudou cuidadosamente a mudança na prática religiosa dos leigos após o Concílio Vaticano II, sobretudo no que tange à moral vivida de maneira cada vez mais autônoma e, ao mesmo tempo, mais afastada dos ensinamentos do magistério episcopal. No caso do México, há uma pesquisa de 2003,[18] aplicada a um grupo representativo de 2.368 pessoas, em torno da moral dos católicos mexicanos: saúde, sexualidade e procriação no contexto da laicidade e da moral pública. A pesquisa oferece, pela primeira vez no país, elementos importantes de análise quantitativa para mensurar as mudanças nos costumes e nas práticas dos valores. De fato, a análise das motivações que suscitaram essas mudanças de costumes incluía um elemento de opção pessoal em franca contradição com o ensinamento do magistério em mais de 80% dos casos.

Os resultados, que foram difundidos entre a opinião pública, mostram com clareza o trânsito de uma sociedade tradicional religiosa a uma liberal secularizada.[19]

[17] Cf. Roberto J. Blancarte, *Historia de la Iglesia Católica en México 1929-1982*. México, FCE, 1993, 447 p. Pode-se consultar a entrevista que refere sua visão crítica das mudanças na moral sexual prática dos católicos mexicanos em: http://www.modemmujer.org.
[18] Católicas por el Derecho a Decidir y Population Council. *Encuesta de Opinión Católica en México*. México, CDD, 2003. Disponível em: http://www.popcouncil.org.
[19] Um exemplo dos resultados obtidos nas recentes pesquisas de opinião feitas no México, e que dão o que pensar sobre as transformações do catolicismo como religião dominante, é o seguinte: "Oito em cada dez mulheres e homens (84%) consideram que podemos ser boas católicas e católicos e usar métodos anticonceptivos. Um pouco mais da metade (55%) de nós crê que podemos continuar a ser boas católicas e católicos quando apoiamos uma mulher que decide fazer um aborto. Um pouco mais da metade (53%) pensa que uma mulher que fez um aborto pode continuar a ser boa católica. Mais de oito em cada dez (85%) sente que podemos continuar a ser bons católicos e exigir justiça com a suspensão do ministério a sacerdotes católicos que abusaram sexualmente de crianças.

Dessa maneira, apesar dos esforços de autoridades eclesiásticas por mais de um quarto de século, durante o pontificado do papa João Paulo II, essa tendência não diminuiu, mas, ao contrário, aumenta em novos campos, como o da descriminalização do aborto em certos casos clínicos, o do reconhecimento jurídico das uniões do mesmo sexo e o da legalização da eutanásia passiva em caso de doentes terminais que o aprovam por si mesmos ou por seus parentes mais próximos, segundo uma vontade previamente expressa no caso de morte cerebral.

A prática religiosa nos países latino-americanos encontra-se também em rápida transformação, seguindo a lógica da emancipação moderna. Essa circunstância provoca tensões evidentes com o modelo apologético antigo, que já não tem pertinência nem desfruta de credibilidade.

Com efeito, de uma expressão de piedade popular cheia de emoção e de ingenuidade, submissa à autoridade eclesiástica que apela para sua origem divina, passou-se a uma expressão de eleição de pertença a uma comunidade crente, segundo critérios mais personalizados de identidade religiosa. Com frequência dão-se casos de leigos que decidem suspender seu compromisso paroquial para criar *comunidades eclesiais de identidade*, sejam comunidades de base nos bairros populares ou outro tipo de comunidades de pertença, segundo uma opção principal de vida, como comunidades de profissionais, de casais, de minorias sexuais, de compromisso social e humanitário, de meio cultural, de língua e cultura autóctones, de migrantes e muitas mais.

Três em cada quatro (73%) creem que não deixamos de ser boas católicas e católicos por opinar que os sacerdotes que abusaram sexualmente de crianças sejam julgados não só pela Igreja Católica, mas também por instâncias civis". Católicas por el Derecho a Decidir y Population Council. *Pesquisa de Opinión Católica en México*. México, CDD, 2003, p. 15. Disponível em: http://www.popcouncil.org. Não obstante, é importante sublinhar o problema metodológico desse tipo de pesquisa sociológica: as sondagens descrevem as práticas, ao passo que a ética, por seu lado, busca a ortopráxis a partir não só da constatação empírica, mas de certos princípios universais reconhecidos como tais pela comunidade de nações em sua respectiva codificação jurídica.

Por seu lado, os teólogos viveram também esse *inverno eclesial* de maneiras diferenciadas segundo as circunstâncias e as mentalidades. Alguns se mantiveram nas instituições eclesiásticas, com frequência afetadas pela lógica da censura e da autocensura. Durante o pontificado do papa João Paulo II, apenas no mundo de fala castelhana, por exemplo, mais de uma dezena de teólogos dos mais importantes na região e de diversas disciplinas foram interpelados pela Congregação para a Doutrina da Fé ou pela comissão respectiva em sua igreja local, e a maioria deles teve de suspender o ensino público de teologia, fosse através de uma cátedra universitária ou da publicação de livros e artigos; alguns até ficaram sem possibilidade de pregar nos templos. Vários professores das faculdades teológicas ibero-americanas foram suspensos de suas cátedras por *prudência eclesiástica*, às vezes francamente acusados de heterodoxia por seus próprios colegas ou até por jovens estudantes e por leigos pertencentes a movimentos eclesiais de restauração, que funcionam como vigias das autoridades eclesiásticas.

Diante dessa situação infeliz, a alternativa de uma parte dos católicos, no meio desse ambiente enrarecido, foi tomar distância de certas instituições eclesiásticas para ampliar seu horizonte e sua missão cristã para além das fronteiras institucionais. Orientaram-se, assim, para o vasto mundo dos movimentos sociais, de compromisso ecológico e de diálogo inter-religioso, onde seu testemunho de fé pudesse converter-se em semente mais fecunda e autêntica no contexto atual da mundialização.

O despertar do tomismo crítico

Passemos agora a outro âmbito problemático, distinto, mas não divergente, da contramodernidade que tentamos decifrar em sua lógica interna, ou seja, conhecer seus argumentos principais no que concerne à correlação entre fé e razão, bem como suas aplicações ilocutórias nas sociedades pós-modernas.

Com efeito, trata-se de uma corrente de pensamento, mas também de uma ação eclesial que defende o retorno às fontes clássicas na teologia, na liturgia, na moral, no governo eclesiástico e na disciplina canônica, para fazer avançar a tradição da Igreja. Essa corrente dá à problemática em questão um peso intelectual de grande envergadura. O padre Marie-Dominique Chenu foi um dos principais pioneiros dessa síntese entre sabedoria medieval e sentido histórico moderno.[20] Após ele, outros autores aprofundaram uma eclesiologia de comunhão para dar conta das problemáticas teológicas e das práticas de leitura exata da tradição que estão em jogo num novo contexto, diferente do da cristandade, sublinhando em particular a dimensão pneumatológica da renovação eclesial.[21]

Sobre essa base histórica, a fase seguinte do tomismo crítico, chamada por Jean-Pierre Torrell de "pensamento tomasiano",[22] viria a aprofundar a partir dos anos sessenta do século passado o

[20] Cf. Marie-Dominique Chenu, *La Théologie Comme Science au XIIIe Siècle*. Paris, Vrin, 1957; *Saint Thomas d'Aquin et la Théologie*. Paris, Seuil, 2005; Jacques Duquesne e Marie-Dominique Chenu, *Un Théologien en Liberté. Jean Duquesne Interroge le P. Chenu*. Paris, Centurion, 1975.

[21] Nesse sentido se entendem os trabalhos dos dois grandes eclesiólogos dominicanos posteriores ao Concílio Vaticano II, Jean-Marie Tillard e Hervé Legrand; cada um contribuiu com seu talento patrístico e histórico, respectivamente, para a renovação da eclesiologia de comunhão. Cf. Jean-Marie Tillard, *Église d'Églises*. Paris, Cerf, 1984, 415 p. Por outro lado, são famosas as análise precisas e detalhadas dos textos conciliares feitas por Legrand, o professor emérito do Instituto Católico de Paris: Hervé Legrand, "La Théologie des Églises Soeurs". *Revue des Sciences Philosophiques et Théologiques*, t. LXXXVIII. Paris, 2004, p. 461-96; "Communautés Locales, Laïcs et Charges Ecclesiales". *La Maison Dieu*, v. 215, n. 3. Paris, 1998, p. 9-32. Ver também os entrecruzamentos oferecidos ao final de seu ensinamento: Gilles Routhier e Laurent Villemin (orgs.), *Nouveaux Apprentissages pour l'Église*. Paris, Cerf, 2006.

[22] O padre Torrell é mundialmente reconhecido como um dos pilares da renovação dos estudos tomasianos posteriores ao Concílio Vaticano II. Seu trabalho baseia-se num rigoroso estudo exegético e histórico das fontes do pensamento de Santo Tomás. A partir dessas análises, ele busca compreender a sabedoria doutrinal do Aquinate e sua pertinência universal. Cf. Jean-Pierre Torrell, *Initiation à Saint Thomas d'Aquin. Sa Personne et Son Œuvre*. Paris, Cerf, 1993. O arraigamento biográfico da obra do padre Torrell, em especial sua formação na escola de Le Saulchoir, permite pôr em evidência suas intuições de base concernentes à busca da harmonia de um pensamento; ver Elisabeth Reinhardt, "Conversación en Fribourg con Jean-Pierre Torrell". *Anuario de Historia de la Iglesia*, v. 15. Pamplona, Universidad de Navarra, 2006, p. 305-32.

questionamento sobre a pertinência da racionalidade moderna. No seio dessa crítica, o tomismo propôs a ideia da insuficiência radical do Iluminismo para dar conta da finalidade da criação. Assim, por exemplo, o tomismo justificou a urgente necessidade de voltar à sabedoria doutrinal do cristianismo, cultivada de maneira específica por Tomás de Aquino e outros mestres medievais, preocupados em salvaguardar a pureza da verdade divina contida nas Sagradas Escrituras e transmitida fielmente pela Tradição viva da Igreja.

O tomismo havia sobrevivido às diferentes expressões da cultura moderna[23] na Igreja Católica, desde os tempos do nominalismo de Guilherme de Ockham e da discussão sobre os universais até as agitações cartesiana e kantiana que tinham dado as bases para a virada antropocêntrica do pensamento e da civilização ocidentais. No entanto, na verdade foi uma decadente escolástica inspirada em Francisco Suárez – o qual fixou a metafísica como ontologia e aprofundou a confusão da analogia de atribuição intrínseca – o que influiu na ontoteologia difundida na Igreja Católica no período barroco, objeto da crítica do idealismo alemão, primeiro, e do existencialismo, depois.

Dessa maneira, o tomismo conseguiu ficar a salvo, depois da crise modernista, graças à introdução de uma série de estudos históricos iniciados pela escola teológica de Le Saulchoir,[24] nos anos cinquenta e sessenta do século XX, sob a orientação dos padres Ambroise Gardeil, Marie-Dominique Chenu e Yves Congar, com outros grandes mestres historiadores e teólogos formados ao mesmo tempo na tradição tomista e universitária antiga. Graças a essa renovação intelectual, de maneira análoga ao trabalho exegético sobre a Bíblia iniciado pelo padre Lagrange em Jerusalém meio século antes, a escola de Le Saulchoir prosseguiu até nossos dias o diálogo entre o pensamento tomista e as ciências modernas.

[23] Cf. Romanus Cessario, *Le Thomisme et les Thomistes*. Paris, Cerf, 1999.
[24] Cf. Marie-Dominique Chenu, *Une École de Théologie: Le Saulchoir*. Paris, Cerf, 1985.

Por seu lado, Torrell começou em Toulouse e prosseguiu depois em Montreal, Roma e Friburgo – a partir dos anos sessenta do século passado – um rigoroso trabalho de exegese tomasiana destinado a situar o pensamento de Tomás de Aquino em seu contexto histórico, cultural e teológico próprio, uma preocupação típica dos estudos medievais no contexto universitário europeu. Formou desde então uma escola de pensamento que busca reconstruir a gênese da sabedoria das Escrituras, dos padres da Igreja e das fontes filosóficas gregas, judaicas e muçulmanas que Tomás e seus secretários empregaram para construir sua obra como verdadeira *catedral do pensamento*, ao longo de uma escassa vintena de anos, no século XIII.

A primeira fase da renovação tomista – que foi marcada em especial pela história das doutrinas – foi cedendo lugar a uma segunda etapa, na qual os especialistas optaram por retornar ao pensamento doutrinal de Tomás segundo o que eles mesmos chamam de "tomismo vivo".[25] A partir dessa doutrina, esses autores se situam na Igreja para propor um debate com todas as outras correntes de pensamento teológico e filosófico moderno, mas

[25] Esse parece ser o lema da nova geração de tomistas em suas diferentes publicações e atividades de investigação, como assinala com precisão o director da *Revue Thomiste* de Tolouse: "A terceira maneira de ser tomista (tendo julgado insuficientes os dois outros tomismos, o de inspiração e o tomismo fundamentalista) esforça-se por pôr em obra uma viva fidelidade ao ensinamento de Santo Tomás. O que se faz em dois tempos (...) Num primeiro tempo, é preciso levar a sério a dimensão histórica, não, certamente, da verdade, mas do exercício do pensamento, o que é uma conquista maior da modernidade. (...) Em relação com esta hermenêutica nunca fechada da obra histórica de Santo Tomás, torna-se então possível, num segundo tempo, verificar o poder integrador dos princípios constitutivos do tomismo" (Serge-Thomas Bonino, "Être Thomiste". In: Serge-Thomas Bonino (org.), *Thomistes ou de l'actualité de Saint Thomas d'Aquin*. Paris, Parole et Silence, 2003, p. 23-24). Um exemplo de aplicação desse princípio *doutrinal* no debate com os teólogos pós-modernos é a análise de Bernhard Blankenhorn do conceito de causalidade instrumental em Santo Tomás, e sua relação com a análise fenomenológica de Louis-Marie Chauvet dos sacramentos, onde se volta a encontrar o mesmo argumento centrado na insuficiência da fenomenologia pós-heideggeriana para dar conta do realismo da salvação aplicado a uma interpretação moderna. Cf. Bernhard Blankenhorn, "The Instrumental Causality of the Sacraments: Thomas Aquinas and Louis-Marie Chauvet". *Nova et Vetera*, edição em inglês, v. IV, n. 2. Ypsilanti, 2006, p. 255-94.

sublinhando as problemáticas metafísica, epistemológica, dogmática e moral da discussão.

Essa segunda fase implica também um elemento ideológico, no sentido da justificação de um modelo de Igreja e de teologia que essa corrente julga o mais pertinente para o cristianismo atual. No entanto, à diferença do tomismo escolástico, que insistia de maneira principal no conjunto da doutrina tomista como um todo irrefutável no contexto de uma cristandade compacta, essa corrente pretende esclarecer o horizonte da fé a partir do questionamento sobre o realismo do conhecimento humano, seu fundamento na metafísica do *Ipse Esse Subsistens* e sua correlação intrínseca com a revelação cristã de um Deus trinitário, criador e redentor, com o lugar único de Jesus Cristo como salvador da humanidade através dos méritos de sua Paixão e da eficácia salvífica de sua ressurreição.

Detenhamo-nos um momento para precisar os elementos importantes da proposta do tomismo crítico, com o intuito de captar de maneira mais adequada seu argumento no meio da discussão suscitada pela idade da razão pós-moderna.[26]

O realismo do conhecimento humano

Contra as opiniões antiga e moderna sobre a impossibilidade da razão de conhecer o real – que afirmaram que a inteligência apenas pode conhecer as proposições linguísticas e semióticas –, o tomismo crítico[27] afirma sem restrições um "realismo epistemológico"

[26] A *Enciclopédia Britânica* de 2007 caracteriza três problemáticas principais do tomismo crítico na segunda metade do século XX: o desenvolvimento de uma filosofia da ciência adequada; o debate com as descobertas surgidas da fenomenologia e da psiquiatria; e a avaliação da ontologia existencialista e naturalista. Cf. *Britannica Concise Encyclopedia*. Londres, 2007, verbete: "Thomism". Segundo nosso próprio interesse de investigação, propomos outras problemáticas, mais adequadas ao debate teológico contemporâneo.

[27] A crítica ao racionalismo cartesiano do ângulo do retorno a Santo Tomás propõe com frequência argumentos muito fracos. Cf. Roger Pouivet, *Après Wittgenstein, Saint*

para explicar o poder da inteligência para penetrar o mistério do real e não apenas ficar na periferia dos seres. Certamente, trata-se de reafirmar a possibilidade de conhecer a *quidditas* das coisas e não apenas as palavras, mas sua essência e sua finalidade. Esse mesmo questionamento foi abordado por Edmund Husserl, embora recorrendo a instrumentos idealistas retomados de Franz Brentano, em particular suas análises sobre a "filosofia transcendental" e o "psicológico intencional".[28]

Thomas. Paris, PUF, 1997, 128 p. Segundo esse autor, a insuficiência do velho Ludwig Wittgenstein ao falar da religião provém de sua rejeição do chamado realismo teológico, dando como exemplo deste o caráter "histórico" da ressurreição de Cristo: "Entre as crenças religiosas que Wittgenstein apresenta como irredutíveis a qualquer forma de justificação racional, está a ressurreição de Cristo (LCR, p. 112). Para ele, absolutamente não importa que tenhamos boas razões para crer no acontecimento histórico da ressurreição de Jesus. Wittgenstein diz, assim, que "o cristianismo não repousa sobre uma base histórica, no sentido em que se daria a crença normal nos fatos históricos que poderia servir-lhe de fundamento" (LCR, p. 113). Isso está por ver-se. Como diz São Paulo, "se Cristo não ressuscitou, vazia é a nossa pregação, vazia também é a vossa fé" (1Coríntios 15,14). A meu ver, o antirrealismo não pode ir até aí sem absurdidade: se o Cristo realmente não ressuscitou, se não passou de morto que era a vivo, então, muito simplesmente, as religiões cristãs são um embuste e as formas de vida cristãs são ilusões verdadeiramente ridículas" (Roger Pouivet, "Wittgenstein et les Croyances Religieuses". *Revue d'Histoire et de Philosophie Religieuses*, v. 86, n. 3. Paris, 2006, p. 357-75.

[28] O realismo transcendental de Husserl foi objeto de severas críticas tanto por parte dos tomistas como por parte dos pós-kantianos, mas continua a ser uma referência principal do questionamento sobre o papel da subjetividade na construção dos objetos de conhecimento: "De minha parte, emprego o termo 'transcendental' *em sentido extremamente amplo* para designar o motivo original (...) que dá seu sentido desde Descartes a todas as filosofias modernas e que, nelas todas, busca por assim dizer reunir-se a si mesmo, adquirir a forma autêntica requerida pela tarefa que é a sua e obter seu cumprimento sistemático. Esse motivo é o da questão-em-retorno à última fonte de todas as formações de conhecimento, é a automeditação do sujeito cognoscente sobre si mesmo e sobre sua vida de conhecimento, na qual todas as formações científicas que valem para ele têm teleologicamente lugar, são conservadas como uma aquisição e são tornadas – e continuam a tornar-se – livremente disponíveis. No desenvolvimento radical de seus efeitos, esse motivo é o de uma filosofia universal puramente fundada a partir de tal fonte, isto é, ultimamente fundada. Essa fonte tem por título 'eu mesmo', com toda a minha vida de conhecimento real e potencial, e finalmente com minha vida concreta absolutamente falando. A problemática transcendental em seu conjunto engloba a relação desse 'Eu' meu – do *Ego* – ao que foi primeiramente posto em evidência em seu lugar, ou seja, à minha alma, e engloba em seguida a relação desse 'eu' e da vida de consciência que é a minha ao *Mundo*, de que tenho consciência e cujo ser verdadeiro conheço em minhas próprias formações de conhecimento" (Edmund Husserl, *Husserliana*, v. VI: "La Crise des Sciences

Esse propósito de voltar ao realismo tomasiano parecia, numa primeira impressão, ingênuo e pré-crítico, se se levam em conta as advertências vindas da maior parte dos críticos modernos, em particular depois da afirmação kantiana da irredutibilidade do númeno pela razão pura, segundo a qual o em-si das coisas permanece impenetrável. Não existe, segundo este último, senão a possibilidade racional de apercepção dos entes em seu aparecer enquanto *fenômeno* como a única pertinente segundo o realismo *transcendental*:

> (...) a fenomenologia é *ipso fato* idealismo transcendental ainda que num sentido essencialmente novo; não aquele próprio de um idealismo psicológico, um idealismo que a partir dos dados sensíveis privados de sentido quer deduzir um mundo pleno de sentido. Não se trata de um idealismo kantiano que crê poder deixar aberta, ao menos como conceito-limite, a possibilidade de um mundo das coisas em si – trata-se de um idealismo que, conduzido de maneira coerente sob a forma de uma ciência egológica sistemática, não é senão a autoexplicitação de meu ego como sujeito de todo conhecimento possível, na perspectiva de cada um dos sentidos do ente que deve precisamente poder ter sentido para mim, o *ego*. Esse idealismo não consiste num jogo de argumentações, nem é um combate dialético com os realismos. Trata-se da explicitação do sentido, desenvolvida num trabalho efetivo, tratando todo tipo de ente que é cada vez concebível por mim, o ego, tratando

Européennes et la Philosophie Transcendentale", p. 113, apud Denis Fissette, "Husserl et Fichte. Remarques sur l'Apport de l'Idéalisme dans le Développement de la Phénoménologie". In: *Symposium*. Disponível em: http://www.philo.umontreal.ca).

> especialmente da transcendência (aquilo que me é pré-dado efetivamente na experiência) da natureza, da cultura, do mundo em geral. Pois bem, é exatamente a mesma coisa que o desenvolvimento sistemático da própria intencionalidade constituinte.[29]

Pois bem, a questão se converteu em algo ainda mais complexo depois do desmantelamento fenomenológico que se deu após a ruptura epistemológica feita pela análise da linguagem e sua intencionalidade, devido ao caráter complexo de sua estrutura simbólica e à força de seus condicionamentos contextuais. Com efeito, falar hoje de realismo epistemológico pode parecer ingênuo se não se têm soluções sensatas às objeções nascidas da fenomenologia pós-kantiana.

Uma via de solução já foi explorada há meio século por Lonergan,[30] o qual havia tentado construir uma síntese entre o realismo tomista e a teoria do conhecimento kantiana, via que ele chamará de "realismo crítico" (*critical realism*), partindo da ideia mestra dos dinamismos da inteligência segundo a estrutura própria da experiência:

> A estrutura cognitiva, dinâmica, a alcançar é (...) a estrutura pessoalmente assimilada da experiência de cada um, da sua inquirição inteligente e das suas intelecções, da sua reflexão crítica, do seu julgar e decidir. O ponto crucial é uma questão experimental, e o experimento realizar-se-á em privado e não em público. Consistirá numa autoconsciência racional própria que, clara e distintamente, se apropria de si como

[29] Cf. Edmund Husserl, *Méditations Cartésiennes*, § 41. *Husserliana*, v. I, p. 134-35 (tradução do autor).

[30] Ver em particular sua principal obra epistemológica: Bernard J. F. Lonergan, *Insight. A Study of Human Understanding*. Nova York, Philosophical Library, 1957. [Em português: *Insight: Um Estudo do Conhecimento Humano*. São Paulo, Editora É, 2010.]

> autoconsciência racional. Tudo conduz a esse feito decisivo. Tudo daí se segue. Mais ninguém, seja qual for o seu conhecimento ou a sua eloquência, seja qual for o seu rigor lógico ou a sua persuasão, poderá fazê-lo por cada um de nós.[31]

Embora alguns tomistas censurem a Lonergan o ter capitulado diante dos ataques do subjetivismo moderno, outros valorizaram seu esforço por tirar todas as consequências epistemológicas da lógica interna do pensamento de Tomás de Aquino, mas aplicando-as a um contexto completamente diferente do da Idade Média, levando em conta a subjetividade moderna.[32]

Lonergan havia desenvolvido, com efeito, uma fina análise da epistemologia dos atos racionais, ao articulá-los com uma ontologia fenomenológica, de tal maneira que a apercepção inteligível do real não existiria senão integrando elementos da sensibilidade, da ação, do pensamento, da vontade e da linguagem num único dinamismo de "realização humana". E isso porque os atos de compreensão não seriam, em verdade, racionais senão em seu caráter especulativo

[31] Bernard Lonergan, *Insight: Um Estudo do Conhecimento Humano*. São Paulo, Editora É, 2010, p. 28.

[32] Tal é o caso emblemático de um jesuíta canadense, formado com Bernard Tyrrell em Gonzaga, nos Estados Unidos, e, segundo ele mesmo, por Torrell em Friburgo, apesar de que, segundo testemunho de Torrell, este apenas lhe deu alguma assessoria breve. Esse autor diz ter encontrado uma via comum entre o pensamento de Santo Tomás, Lonergan e René Girard, a partir da qual articulou seu projeto de investigação: "Eu diria provavelmente que tenho agora uma leitura lonerganiana de Santo Tomás, em diálogo com outros tomistas. Eu retomo Santo Tomás à moda lonerganiana. Tento levar adiante o projeto articulado por Lonergan em *L'Avenir du Thomisme* e *Thomas d'Aquin à Notre Époque*. Santo Tomás em seu contexto histórico, Santo Tomás com seus instrumentos, as categorias gerais, sua dimensão intelectual, afetiva, espiritual, tudo isso é verdadeiramente uma extensão do que Lonergan prepara em seu próprio projeto. É ao que vejo muito a contribuição histórica (...). Há outro grupo que lê Santo Tomás numa direção platonizante. É o movimento anglicano 'Radical Orthodoxy'. Seu Santo Tomás é um Santo Tomás à Santo Boaventura. Santo Tomás verdadeiramente sem a ciência e a metafísica. Ou ao menos, se eles aplicam a ciência e a metafísica, é de maneira dogmática, e absolutamente não como categoria geral". (*Entrevue avec Gilles Mongeau*. Washington, The Lonergan Institute, nov. 2006). Disponível em: http://www.lonergan.org/francais/egm.htm.

sem dúvida, mas acompanhados de seus correlatos evaluativo, emocional e decisório. Desse modo, a racionalidade não ficaria reduzida apenas a seus mecanismos lógico e especulativo da ordem da abstração, mas estaria enraizada no tecido relacional da subjetividade, como a fenomenologia pós-kantiana conseguiu desenvolvê-lo.

Após a recepção de tais propostas da epistemologia realista em tempos modernos, parece inevitável hoje fazer a seguinte escolha: ou seguir a via de uma epistemologia do *realismo metafísico*, centrada na essência das coisas, conhecida formalmente pela inteligência, após um processo de abstração que a conduz até o juízo segundo o modelo tomasiano; ou continuar na construção de uma epistemologia do *realismo ontológico* que estaria pronto para integrar os dados fenomenológicos na reconstrução da verdade e suas expressões nos dinamismos da pessoa, sem renunciar por isso ao conhecimento das coisas, mas sempre através da mediação da subjetividade e suas potências de experiência em sua relativa autonomia, que lhe é própria.

A metafísica do ser após a ontoteologia

A crítica à ontoteologia feita por Martin Heidegger, mas já presente desde Immanuel Kant, é uma parte da grave confusão referente ao objeto da metafísica medieval: a aparente identidade entre o Ser e o ente supostamente defendida pelo pensamento metafísico. Essa versão, no entanto, não pertence às propostas precisas de Tomás de Aquino, por exemplo, o qual distingue muito claramente entre essência e existência na participação que o *Esse Subsistens* faz às criaturas de sua existência, com o que salvaguarda o caráter infinito de sua essência no ato criador:

> Por isso mesmo é refutado o erro daqueles para os quais Deus não é outra coisa além do ser formal de todas as coisas (...). Quatro vias parecem alimentar esse erro. A primeira é a interpretação equivocada de algumas autoridades. No capítulo

IV de *A Hierarquia Celeste*, Dionísio diz que *o ser de todas as coisas é a divindade superessencial.* De onde se quis concluir que o ser formal de todas as coisas era Deus, sem se dar conta de que essa interpretação está em desacordo com as próprias palavras. Se a divindade fosse, com efeito, o ser formal de todas as coisas, ela não estaria acima de todas as coisas, mas no meio de todas as coisas, e, mais ainda, seria parte de todas as coisas. Afirmando que a divindade está acima de todas as coisas, Dionísio mostra que ela é por natureza distinta de todas as coisas e se situa *acima* de tudo. Afirmando, por outro lado, que a divindade é o *ser de todas as coisas*, mostra que todas as coisas têm por Deus certa semelhança com o ser divino. Posteriormente, Dionísio rejeita mais claramente essa interpretação errônea, quando diz no livro III de *Os Nomes Divinos* que não existe entre Deus e *as demais coisas nem contato nem mescla alguma, como seria o contato entre o ponto e a linha ou a marca de um selo na cera.*[33]

[33] CG I, 26. Ver também os seguintes textos de Santo Tomás sobre o "superente" divino: "Ad tertium dicendum quod Deus non sic dicitur non existens, quasi nullo modo sit existens, sed quia est supra omne existens, inquantum est suum esse. Unde ex hoc non sequitur quod nullo modo possit cognosci, sed quod omnem cognitionem excedat, quod est ipsum non comprehendi" (ST I, 12, 1 a 3). O ser divino que ultrapassa todo ente: "Autem quod est maxime formale omnium, est ipsum esse, ut ex superioribus patet. Cum igitur esse divinum non sit esse receptum in aliquo, sed ipse sit suum esse subsistens, ut supra ostensum est; manifestum est quod ipse Deus sit infinitus et perfeitus" (ST I, 7, 1). O ser divino que conhece todas as coisas em ato: "Quaecumque igitur possunt per creaturam fieri vel cogitari vel dici, et etiam quaecumque ipse facere potest, omnia cognoscit Deus, etiam si actu non sint. Et pro tanto dici potest quod habet etiam non entium scientiam. Sed horum quae actu non sunt, est attendenda quaedam diversitas. Quaedam enim, licet non sint nunc in actu, tamem vel fuerunt vel erunt, et omnia ista dicitur Deus scire scientia visionis. Quia, cum intelligere Dei, quod est eius esse, aeternitate mensuretur, quae sine successione existens totum tempus comprehendit, praesens intuitus Dei fertur in totum tempus, et in omnia quae sunt in quocumque tempore, sicut in subiecta sibi praesentialiter. Quaedam

Segundo tal compreensão, não há identidade possível senão em Deus, com o que é precisada a noção de participação como a diferença que especifica a natureza criada ao distingui-la da natureza divina. A esse respeito, o cardeal Caetano já havia distinguido adequadamente entre o Ser e os entes nos seguintes termos: "O divino precede ao ente e a todas as suas diferenças: porque está acima do ente e acima do uno".[34]

Talvez se deva à influência de uma corrente nominalista no tomismo da época barroca representado por Suárez[35] que essa

vero sunt, quae sunt in potentia Dei vel creaturae, quae tamem nec sunt nec erunt neque fuerunt. Et respectu horum non dicitur habere scientiam visionis, sede simplicis intelligentiae. Quod ideo dicitur, quia ea quae videntur apud nos, habent esse distinctum extra videntem" (ST 14, 9). Por fim, o ser divino como distinto dos entes: "Nam si divinitas est omnium esse formale, non erit super omnia, sed inter omnia, immo aliquid omnium. Cum ergo divinitatem super omnia dixit, ostendit secundum suam naturam ab omnibus distinctum et super omnia collocatum. Ex hoc vero quod dixit quod divinitas est esse omnium, ostendit quod a Deo in omnibus quaedam divini esse similitudo reperitur" (CG I, 26).

[34] "Res divina prior est ente et omnibus differentiis ejus: est enim super ens et super unum" (Caetano, q. 39, a. 1, VII).

[35] Poder-se-iam distinguir ao menos três aspectos da influência de Suárez no tomismo formalista, e às vezes nominalista, que predominou na escolástica tardia: o problema da ontologização da metafísica do *Ipse Esse Subsistens*; a subordinação da analogia de proporcionalidade à analogia de atribuição e a questão da subordinação profunda da liberdade humana ao desígnio divino. Com respeito ao problema da analogia, Bernard Montagnes comenta o seguinte: "Suárez, por seu lado, adota uma interpretação dos textos de Santo Tomás que se opõe inteiramente à de Caetano. Ela foi retomada em nossos dias pelo P. Descoqs. Segundo os suarezianos, "a analogia de proporcionalidade jamais é primeira, mais se funda numa semelhança prévia de que não se pode dar conta senão por uma analogia de atribuição intrínseca. Esta exprime a participação do análogo primeiro pelos análogos secundários" (Bernard Montagnes, *La Doctrine de l'Analogie de l'Être d'après Saint Thomas d'Aquin*, Lovaina, 1962, p. 2). (Disponível em: http://www.tradere.org/philosophie/analogie/analogie.htm.) Ao contrário, a posição de Santo Tomás parece ser muito mais matizada por causa de uma interpretação progressiva da causalidade do ser: "Podem-se encontrar nas obras de Santo Tomás duas orientações conforme a predominância seja conferida à exemplaridade ou à eficiência. Elas se caracterizam pela importância maior ou menor que conferem aos dois aspectos da causalidade, mas não se excluem, e seria inexato pretender que Santo Tomás tenha primeiramente escolhido a exemplaridade e rejeitado a eficiência e em seguida tenha tomado a eficiência e deixado de lado a exemplaridade. No entanto, conquanto ele nunca tenha separado as duas causalidades, somos obrigados a constatar que ele põe à frente, primeiramente, a noção de forma, e que em seguida a noção de ato se torna fundamental. O progresso do pensamento de Santo Tomás a respeito da causalidade revela um aprofundamento da concepção de ser: é a partir da *Suma contra os Gentios* que se vê aparecer a noção de *actus essendi* e que se

identificação entre *essentia* e *divinitas* - derivada, aliás, de sua univocidade[36] - tenha sido levada a efeito para explicar a relação sobrenatural de toda criatura com Deus e justificar, por meio disso, a subordinação da natureza humana à lei natural. Através dessa discussão sobre a lei natural, entrou no Ocidente aquela identificação ontoteológica que foi em seguida duramente criticada e desmontada por Kant na *Crítica da Razão Prática*.

Uma vez esclarecida essa confusão, o tomismo crítico se preparou para apresentar de novo a questão da metafísica, em particular no referente à pergunta sobre o fundamento último do real e sua relação com a causalidade eficiente e final da criação.[37] Com o intuito de contra-arrestar a influência do cientificismo experimental contrário a toda ideia de causalidade, os autores tomistas que trata-

encontra a afirmação decisiva: *esse actus est*] (*Ibidem*, p. 7)." Esse último tema foi tratado da perspectiva neotomista pelo padre Santiago María Ramírez para demonstrar o primado metafísico da analogia de atribução intrínseca sobre a de proporcionalidade: "Recolatur quod quodin analogia attributionis forma analoga invenitur intrinsece et formaliter in uno tantum, quod vocatur famosum vel primum analogatum et propterea dicitur quod analoga, quae hac analogia nominantur, sunt eadem secundum terminum et diversa secundum habitudines ad illum" (Santiago María Ramírez, "De Analogia secundum Doctrinam Aristotelico-Thomisticam". In: *Ciencia Tomista*. Madri, 1921-1922, p. 25-26 e 164-85).

[36] Cf. Francisco Suárez, *Disputatio Metaphysica XLII* [On Real Relation]. Milwakee, Marquette University Press, 2006, 431 p. Ver também o comentário de John Montag sobre essa nefasta influência da univocidade suareziana: "Onde Aquino vê uma 'teologia pertinente ao ensino sacro', baseada em princípios alheios à filosofia, mas capaz de usar a filosofia para solucionar as dificuldades do discurso (afinal, que outro uso haveria?), Suárez vê a teologia em si como apoiada na estrutura fornecida pela filosofia, especificamente por uma metafísica unívoca do ponto de vista ontológico. Para falar corretamente de Deus, é preciso partir da fundamentação clara proporcionada não pela *sacra doutrina*, mas pela estrutura metafísica do Ser, que emerge ao encontro do que é revelado" (John Montag, "The False Legacy of Suárez". In: John Milbank et al., *Radical Orthodoxy: a New Theology*. Londres, Routledge, 1999, p. 53-54).

[37] Considere-se a ideia de causalidade final em Santo Tomás associada à realização da natureza das criaturas: "Ad tertium dicendum quod necessitas naturalis inhaerens rebus quae determinantur ad unum, est impressio quaedam Dei dirigentis ad finem, sicut necessitas qua sagitta agitur ut ad certum signum tendat, est impressio sagittantis, et non sagittae. Sed in hoc differt, quia id quod criaturae a Deo recipiunt, est earum natura; quod autem ab homine rebus naturalibus imprimitur praeter earum naturam, ad violentiam pertinet. Unde sicut necessitas violentiae in motu sagittae demonstrat sagittantis directionem; ita necessitas naturalis criaturarum demonstrat divinae providentiae gubernationem" (ST I, 103, 1 a 3).

ram a questão sugeriram a necessidade de aceitar uma finalidade do mundo para afastar toda ingerência subjetiva na gestão da natureza, incluídos os casos da bioética próprios da racionalidade tecnocientífica. Nesse sentido, a intencionalidade da questão metafísica é enfocada para justificar uma ordem ética objetiva,[38] para além das relações de força entre interpretações divergentes.

Resta saber, no entanto, se tal finalidade do mundo é tão claramente objetiva como pretende essa corrente. De um ponto de vista formal, parece necessário postular os critérios de legitimidade próprios da bioética tendo em vista a sobrevivência da humanidade, mas daí a retornar a uma interpretação da lei natural fundada sobre a metafísica do ser existe uma grande distância. Tal opção nos coloca diante de um dilema complicado, não suscetível de ser recebido pela racionalidade da modernidade tardia. Segundo que princípios racionais é possível justificar tal ordem? Segundo que gramática seria possível conjugar tais leis? Não há dúvida de que a questão do fundamento, com efeito, remete à de um horizonte comum e até de uma lei comum. Mas fixar os conteúdos dessa lei parece impossível fora do permanente debate que deve existir entre as aquisições científicas e as interpretações da finalidade propostas pela filosofia e pela teologia.

*

É importante notar, a esse respeito, que a distinção entre *Ser* e *entes* proposta pelo tomismo crítico é fecunda e pertinente para

[38] Ordem objetiva chamada de lei natural: "Lex naturalis nihil aliud est quam participatio legis aeternae in rationali criatura" (ST I-II 91, 2). Não obstante, em nenhum caso esta substitui a "moral evangélica", como o assinalou em sua oportunidade Servais Pinckaers: "Nós nos ocuparemos particularmente da relação entre a moral e a pessoa do Cristo: o Cristo veio simplesmente confirmar por sua autoridade uma moral preexistente, a moral do Decálogo, que serviu de base para os livros de moral católica dos últimos séculos como sendo a expressão da lei natural acessível à razão humana, ou veio ensinar uma moral nova, superior, que estabelecesse especialmente um laço particular com sua própria pessoa?" (Servais Pinckaers, *Jésus Christ, Rédempteur de l'Homme*. Paris, Éditions du Carmel, 1986, p. 2). Cf. também *Les Sources de la Morale Chrétienne: sa Méthode, son Contenu, son Histoire*. Friburgo/Paris, Éditions Universitaires/Cerf, 1985.

apresentar de novo a pergunta propriamente teológica que consiste em saber como é possível ou não falar de Deus, a partir da tradição judaico-cristã, levando em conta sua não identidade com os conteúdos da revelação. Isso implica a necessidade de introduzir uma teologia apofática como condição da possibilidade da teologia positiva. Dito de outro modo, essa distinção nos permite reconhecer o caráter sempre provisório das explicações teológicas, das noções propostas e das interpretações sugeridas. Já não é possível, de acordo com isso, identificar o discurso teológico com a significação anunciada. Trata-se antes de promover o espaço gramatical próprio para salvaguardar o caráter transcendente da linguagem, das ações, dos valores e dos símbolos teológicos.

O lugar insubstituível da revelação cristã

Um terceiro aspecto da questão do fundamento é aquele que se refere à especificidade cristã no conjunto da cultura e com relação às religiões da humanidade. O debate não é novo na ordem teórica, mas agora se apresenta com matizes próprios no marco do pluralismo.

Há mais de três milênios, os textos fundacionais da fé judaica apresentam a pergunta sobre a salvação da humanidade e sobre o lugar de Israel no desígnio universal de Deus: a consciência de universalidade em tensão com a ideia de eleição divina fez tanto os profetas antigos como os filósofos judeus medievais e modernos, como Baruch Spinoza e Emmanuel Lévinas, refletir sobre a questão de saber como o Eterno pode aparecer para o destino de uma pequena nação e como o universal pode revelar-se no particular.

O cristianismo primitivo, por seu lado, fiel a essa herança hebraica, prosseguiu o questionamento, indo até o limite da imaginação para falar da encarnação do *Logos* de Deus em termos de admirável troca entre Deus e o ser humano, o Criador e a criatura, o Misericordioso e o pecador. Paulo de Tarso, em sua Epístola aos Romanos, une ambas as tradições de maneira magistral para dar conta do cumprimento da promessa feita a Abraão e Sara por meio da salvação vinda na reconciliação operada pelo Messias Jesus. O evangelista Lucas, por seu lado, também narrou à sua maneira esse universalismo que cabe a cada um em sua diferença, quando, por exemplo, falou dos encontros de Jesus com o centurião romano, com a mulher fenícia e até com o próprio Paulo no caminho de Damasco.

Baseado nesses relatos fundadores, o cristianismo clássico afirmou a mediação única de Jesus Cristo para permitir à humanidade comunicar-se com Deus. No coração dessa afirmação, os padres da Igreja situaram um duplo sentido da mediação: a unicidade do mediador e seu papel absoluto para o resgate da humanidade. Graças a uma explicação metafísica - a união hipostática entre a natureza divina e humana na encarnação do Verbo de Deus em Jesus, filho de Maria - foi possível dar a razão de tal unicidade nesse contexto.

No entanto, a consciência moderna do pluralismo religioso muda o registro da discussão. Já não se trata de afirmar ou de negar esse argumento metafísico, mas de dar a razão de outras vias de salvação, de revelação e até de outras expressões do *Logos* divino, segundo o pluralismo das religiões da humanidade.

O Concílio Vaticano II já havia atravessado a barreira que parecia infranqueável ao reconhecer "os elementos de graça e santidade" que se encontram presentes nas religiões do mundo e estimular os cristãos a respeitá-los e valorizá-los como "sementes do Verbo". Certamente, a insuficiência dessa expressão com relação ao diálogo inter-religioso logo apareceu como um impedimento maior para a realização de um verdadeiro diálogo.

A "Declaração sobre a Unicidade e a Universalidade Salvífica de Jesus Cristo e da Igreja *Dominus Iesus*",[39] publicada pela Congregação

[39] Em particular, ver o número quatro, onde se formulam as principais objeções às tentativas de uma teologia cristã do pluralismo religioso: "As raízes dessas afirmações é preciso buscá-las em alguns pressupostos, sejam de natureza filosófica ou teológica, que obstaculizam a

para a Doutrina da Fé em 2000, esclareceu ainda mais os pontos de dissensão entre os interlocutores de tal diálogo.

Algumas hipóteses teológicas tinham sido lançadas por teólogos situados nas fronteiras desse diálogo, como Jacques Dupuis ou Raimon Panikkar, os quais sofreram posteriormente a proibição de ensinar teologia.

Não obstante, ainda continua aberto o debate para encontrar um marco de discussão que leve em conta, ao mesmo tempo, o papel das religiões e o próprio do cristianismo, e que reconheça também a relação assimétrica que implica por força o pluralismo religioso.

Nesse contexto, Andrés Torres-Queiruga, teólogo e filósofo professor em Santiago de Compostela, propôs alguns critérios fundamentais para fazer avançar o diálogo inter-religioso.[40] Para isso –

inteligência e a acolhida da verdade revelada. Podem-se assinalar alguns: a convicção da inaferrabilidade e da inefabilidade da verdade divina, nem sequer por parte da revelação cristã; a atitude relativista com relação à verdade, razão por que aquilo que é verdade para alguns não o é para outros; a contraposição radical entre a mentalidade lógica atribuída ao Ocidente e a mentalidade simbólica atribuída ao Oriente; o subjetivismo de quem, considerando a razão como única fonte de conhecimento, se torna 'incapaz de levantar os olhos para o alto para ousar alcançar a verdade do ser' (...) a dificultade de compreender e acolher na história a presença de eventos definitivos e escatológicos; o esvaziamento metafísico do evento da encarnação histórica do *Logos* eterno, reduzido a um mero *aparecer* de Deus na história; o ecletismo de quem, na busca teológica, assume ideias derivadas de diferentes contextos filosóficos e religiosos, sem se preocupar com sua coerência e conexão sistemática, nem com sua compatibilidade com a verdade cristã; a tendência, enfim, a ler e interpretar as Sagradas Escrituras fora da Tradição e do Magistério da Igreja" (Congregación para la Doctrina de la Fe, *Declaración "Dominus Iesus" sobre la Unicidad y la Universalidad Salvífica de Jesucristo y de la Iglesia*, 6 ago. 2000, n. 4, AAS 92 (2000), p. 742-65.

[40] "Por isso procurei falar de *inreligionação*: assim como, na 'inculturação', uma cultura assume riquezas de outras sem renunciar a ser ela mesma, assim também sucede, semelhantemente, no plano religioso. Uma religião que consiste em saber-se e experimentar-se como relação viva com Deus ou o Divino, quando percebe algo que pode completar ou purificar essa relação, é normal que tente incorporá-lo. Mas isso mesmo supõe que, longe de suprimir-se como tal relação, o que faz é afirmar-se de uma maneira mais rica e intensa. Para aí aponta o significado da 'in-religionação': no contato entre as religiões, o movimento espontâneo com respeito aos elementos que lhe chegam de outra há de ser o de incorporá-los no próprio organismo, que desse modo não desaparece,

e levando em conta também as condições próprias para todo verdadeiro diálogo propostas pela filosofia pragmática – convém retomar aqui três problemáticas principais da discussão: a rejeição da violência sagrada; a diferença monoteísta; e a ética comum possível para as religiões.

Vejamos primeiro a crítica da violência sagrada. Ela significa a vontade e o pensamento suscetíveis de excluir do diálogo, por princípio, toda interpretação tendente a justificar a violência em nome de Deus. Pode tratar-se da violência ideológica, social ou militar que associa ao patrimônio espiritual de uma tradição a noção de *guerra santa*, qualquer que seja o tipo de justificação histórica ou política proposta. E isso em virtude não apenas de uma estratégia de sobrevivência, algo de por si eloquente, mas em razão da idolatria que se separa como fruto amargo das heranças espirituais de todas as religiões.

De fato, ainda que em último caso se deva reconhecer que em certo momento toda religião convocou alguma guerra santa como fase de reivindicação contra as ameaças das outras, também é verdade que o núcleo profundo místico de toda religião a leva a separar os sacrifícios de seu vínculo com a divindade. Tal foi o caso, por exemplo, das religiões mais sacrificiais, como as que instauraram um culto às divindades da guerra. No Egito, na Babilônia, em Jerusalém ou em Tenochtitlán, no coração dos cultos às divindades guerreiras, ouviram-se vozes proféticas para opor-se à continuação da lógica sacrificial e para propor uma reforma religiosa.

Esses oponentes da religião sacrificial foram por sua vez sacrificados. As análises de Rudolph Otto e de René Girard acerca do vínculo constitutivo entre religião e violência nos ensinaram a discernir o elemento

mas, ao contrário, cresce. Cresce da abertura para o outro, mas para o mistério comum" (Andrés Torres-Queiruga, "Cristianismo y Religiones: 'Inreligionación' y Cristianismo Asimétrico". *Sal Terrae*, v. 997. Comillas, jan. 1997, p. 3-19. Ver também um recente desenvolvimento dessas ideias no artigo: "La Salvación de Jesús el Cristo en el Diálogo de las Religiones". *Iglesia Viva*, v. 233. Valência, jan./mar. 2008, p. 15).

sacrificial presente em toda religião e distingui-lo de outra leitura possível do divino, a partir do ultrapassamento da lógica fratricida. Mais adiante voltaremos a esse tema principalíssimo da visão pós-moderna da religião. Por ora, basta indicar essa direção do pensamento.

Entre as religiões animistas e politeístas, apareceu uma nova expressão da consciência da divindade, representada pelo monoteísmo judeu e seus rebentos cristão e muçulmano. Como já o assinalou em seu momento André Neher, a identidade judaica não se explica senão com a condição de assumir seu laço indissolúvel com a confissão do Eterno, o Deus único.[41] E, ainda que Israel tenha precisado percorrer um longo caminho para transitar da monolatria ao monoteísmo, em parte graças ao contato com os povos e religiões vizinhas, a fé judaica amadurecida conseguiu associar o monoteísmo ao amor universal ao próximo. Essa temática, essencial para Israel, já foi evocada, para falar da atualidade do judaísmo no mundo moderno, por Hermann Cohen.[42] Para nosso propósito atual, retenhamos tão somente esse traço do monoteísmo como princípio de uma antropologia universal, para depois propô-lo como problemática principal do diálogo inter-religioso pós-moderno.

Um terceiro critério adequado para garantir certas condições para o debate em torno da especificidade da contribuição cristã para o diálogo inter-religioso – objeto do quarto capítulo da presente obra – é a questão de uma ética comum.

No contexto da modernidade tardia, Hans Küng[43] e o Parlamento das Religiões do Mundo[44] puseram sobre a mesa essa proposta

[41] Cf. André Neher, *L'Existence Juive*. Paris, Seuil, 1962.
[42] Cf. Hermann Cohen, *L'Éthique du Judaïsme: la Vocation Universelle d'Israël*. Paris, Cerf, 1994, 364 p.
[43] Hans Küng, *Petit Traité du Commencement de Toutes Choses*. Paris, Seuil, 2008; *Projet d'Éthique Planétaire, la Paix Mondiale par la Paix entre les Religions*. Paris, Seuil, 1991.
[44] Cf. Parlement des Religions du Monde, *Manifeste pour une Éthique Planétaire*. Paris, Cerf, 1995. O último encontro teve lugar na Austrália em 2009 e foi dedicado a tratar as sete problemáticas principais em que se joga a contribuição das religiões para o mundo: a

como centro do diálogo inter-religioso. Parecia ser uma boa estratégia para o início da mútua escuta, mas na verdade se mostra insuficiente para fazer avançar efetivamente o diálogo, sempre reconhecendo as diferenças entre as religiões. Isso significa, a nosso ver, que é necessário pôr no centro do debate as questões referentes à interpretação da vida e da ação divinas, para dar conta da especificidade de cada uma das tradições religiosas, bem como da opção que supõe a adesão da fé.

Em todo caso, a questão de uma ética comum às religiões e sua contribuição para a ética mundial parece estar bloqueada hoje pelas ambiguidades do que se entende por *valores comuns*. De fato, quando se propõe tal discussão, no caso do Parlamento Mundial, é possível dar-se conta de que quando muito se pode chegar ao reconhecimento de um decálogo de mandamentos éticos surgidos das religiões a partir de suas sabedorias milenares. Mas é mais complicado encontrar um acordo sobre as bases religiosas de tais mandamentos nas sociedades pós-modernas. Como lembraram com frequência Jürgen Habermas, Umberto Eco e Gianni Vattimo, é possível em nossos dias propor e fazer avançar "uma ética sem teologia", no sentido dos princípios da ação responsável derivados da racionalidade moderna, que um dia foram codificados em linguagem religiosa, mas que já não são monopólio das religiões. Hoje nos é possível, segundo esses autores, desprender seu revestimento religioso para conservar seu conteúdo de respeito absoluto à dignidade humana e ao equilíbrio ecológico. Mas não parece tão evidente desconhecer a intencionalidade transcendente que a fé religiosa implica. Trata-se de um *plus*, do *Semper maius* tão apreciado pelos padres da Igreja para falar de Deus, e retomado por Santo Anselmo

reconciliação indígena; a pobreza global e o aquecimento global; o cuidado com o meio ambiente e a degradação dele; a educação dos jovens e os desafios próprios do desempenho social; a migração forçada e a voluntária; a expressão artística e a espiritualidade; e, por último, os valores do esporte. Disponível em: http://www.parliamentofreligions2009.org. Uma associação similar baseada na França, que busca outra rede e outros projetos mais centrados no diálogo religioso, pode ser vista em *Conférence des Religions Pour la Paix*. Disponível em: http://www.parliamentofreligions2009.org/whatisparliament.php.

num marco especulativo e mais recentemente por Santo Inácio de Loyola em sua espiritualidade do discernimento. Essa transcendência própria da intencionalidade crente é também um dinamismo de radicalidade na prática do amor e do perdão que revela algo transcendente: a exterioridade vivida como chamado, como a fenomenologia e a pragmática o analisaram.

Em suma, observar e refletir sobre essas três problemáticas nos parece inevitável para melhor demarcar a relação da fé com a razão no contexto da pós-modernidade.

O retorno da questão doutrinal

Graças à renovação doutrinal do tomismo crítico na segunda metade do século XX, é possível distinguir ao menos três tendências dessa corrente nos tempos atuais: o pensamento doutrinal, o debate universitário e a hermenêutica teológica.

A primeira tendência se caracteriza pela rejeição franca do iluminismo em sua lógica de secularização. No aspecto teológico, propõe um aprofundamento da doutrina sistemática herdada de Tomás de Aquino para conhecer melhor a gênese de seu pensamento e tirar as consequências que salvaguardem a maneira de pensar a dogmática católica enquanto conjunto arquitetônico da tradição. Trata-se da síntese própria de uma estrutura filosófico-teológica que deveria ser o critério principal para reforçar o ensino dessa doutrina nas faculdades teológicas, bem como sua influência na vida moral dos católicos, sobretudo nos países do Norte, onde a tradição cristã estaria mais bem enraizada como território fértil. No plano das ideias, um pensamento *doutrinal* deveria recuperar sua força apologética, diante dos erros do pensamento moderno com sua influência na teologia liberal do século XX, mediante a denúncia das insuficiências epistemológica, metafísica, dogmática e moral típicas do catolicismo liberal da Europa e das Américas. O debate deveria concentrar-se, segundo essa tendência, nas questões da unicidade de Cristo como Salvador, na necessária mediação da Igreja que subsiste de maneira plena apenas na Igreja Católica, e na moral das bem-aventuranças derivada da mensagem evangélica. Todas essas problemáticas estão articuladas num mesmo dinamismo doutrinal na obra de Tomás de Aquino, razão por que recorrer a ela possibilitará preservar a Igreja, e em particular a teologia, de afogar-se no relativismo e no niilismo pós-moderno.

Uma segunda tendência do tomismo crítico é aquela que não renega a lógica da emancipação nascida do iluminismo, mas aceita o papel da razão autônoma no plano do conhecimento científico da finalidade do mundo, na autonomia relativa da ética e no tocante à validez do pluralismo religioso. Em lugar de propor uma aproximação apologética da fé cristã nesse contexto, essa tendência propõe uma confrontação entre pensamentos diversos, na qual o surgido de Tomás de Aquino teria um lugar exemplar enquanto exercício de abertura às diferentes racionalidades de sua época, como leitura atenta das fontes cristãs e como síntese sapiencial proposta não como doutrina fechada, mas como horizonte heurístico para abordar novas questões. Nesse sentido, o tomismo teria muito que ganhar escutando as questões candentes da modernidade tardia, mas trazendo para o debate também sua sabedoria metafísica e não de tipo ontoteológico, sua consciência da finalidade do mundo como cumprimento de felicidade e sua ideia do Deus uno e trino como fonte de reconhecimento realizado plenamente entre as pessoas divinas e, por isso mesmo, protótipo da sociedade humana.

A terceira tendência do tomismo crítico, muito desenvolvida na América Latina, mas desconhecida na Europa, é a "hermenêutica analógica".[45] Sem se basear de maneira particular na renovação

[45] Cf. Mauricio Beuchot, *Tratado de Hermenéutica Analógica*. México, Unam, 1997. Uma versão mais atualizada no contexto da pós-modernidade pode ser vista em seu artigo "Hermenéutica Analógica y Crisis de la Modernidad". *Universidad de México*, n. 567-68. México, abr./maio 1998, p. 13-16.

dos estudos históricos, essa versão toma o conjunto da doutrina tomista pela mediação da tradição intelectual dos mestres de Salamanca e do Novo Mundo ao reler sua proposta no contexto dos tópicos propostos pela filosofia da linguagem e pela hermenêutica moderna. Concentrando-se primeiro na discussão em torno da analogia e seu papel essencial no conhecimento humano do real, essa tendência foi se abrindo progressivamente aos problemas da linguagem e da ação humana, para reconhecer o caráter contextual do pensamento, sem renunciar a pôr em prática certo realismo epistemológico e certa ideia da lei natural que estariam na base da renovação da mensagem cristã para as sociedades pós-modernas. Sem renunciar, portanto, à herança medieval, a hermenêutica analógica implica a atualização do pensamento tomista ao sublinhar seu caráter metafísico, derivado de uma compreensão da participação entitativa e de uma epistemologia realista da relação sempre analógica entre significação, coisa significada e significado. Por último, a preocupação de pensar o tema dos direitos humanos nesse contexto lhe dá uma presença importante nos debates universitários da região latino-americana.

A via da "Ortodoxia Radical"

Neste período contramoderno apareceu, há algumas décadas, primeiro no contexto anglicano da Inglaterra e depois no pensamento continental católico, uma corrente que se autodefine como Ortodoxia Radical.[46] Esta promove a instauração de uma "razão pós-secular". Diante da constatação dos *impasses* da modernidade,

[46] A obra emblemática desse movimento como tal, nascido na recepção dos estudos de John Milbank feita por seus colegas em Nottingham, é sem dúvida: John Milbank et al. (orgs.), *Radical Orthodoxy: a New Theology*. Londres, Routledge, 1999. Não obstante, a obra-prima da argumentação desse movimento de pensamento é: John Milbank, *Teología y Teoría Social. Más Allá de la Razón Secular*. Barcelona, Herder, 2004. Existe na Internet uma bibliografia de mais de 40 páginas, atualizada em 2007. Disponível em: http://www.calvin.edu.

parece ser tempo de evidenciar os motivos de seu fracasso, para ousar oferecer uma resposta a partir da herança do cristianismo e de sua razão *teológica*. As problemáticas principais que apresenta buscam resolver as questões do fundamento do real, da causalidade cosmológica e da finalidade da história. Todas são analisadas segundo os âmbitos polêmicos do conhecimento, da linguagem, da ação e da esperança.

O argumento principal dessa corrente radica na demonstração do erro próprio da secularização do pensamento que expulsou todo vínculo com a transcendência divina. O que o levou, em particular, a sacrificar a ideia do fundamento teológico do mundo no altar de uma suposta reivindicação humana, ideia que com o tempo mostrou ser uma fonte inelutável de perversão social, política e ética.

A principal obra que deu origem a essa corrente foi publicada por John Milbank em 1990. O autor propôs nela uma crítica aguda da ontologia da identidade, a partir de suas origens gregas até chegar à sua virada medieval nominalista e à sua vertente moderna ilustrada. O fundo de seu argumento se encontra na crítica ao niilismo ocidental, emblemado na ontologia da diferença, num tom próximo do da proposta sugerida já há quase um século por Cohen. Sem dúvida é importante reter essa problemática maior para um debate, mais preciso em seu momento, sobre a dialética e suas interpretações divergentes desenvolvidas por Aristóteles, Tomás de Aquino e Georg Wilhelm Friedrich Hegel, de maneira especial.

O esforço contramoderno dessa corrente expressa um aspecto mais epistemológico e social que o tomismo crítico. Conquanto não desconheça a dimensão propriamente teológica, concentra-se em particular no âmbito sociológico da investigação, porque será justamente aí que a modernidade jogará suas principais cartas para conseguir a erradicação do pensamento teológico do mundo moderno.

Contentemo-nos por ora, para essa análise, em nos debruçar sobre quatro aspectos da argumentação da Ortodoxia Radical. Cada um nos mostrará uma parte da dialética violenta da mesmidade e da identidade que fundam a modernidade. Essa dialética se desdobra nos âmbitos do conhecimento do real histórico, da ontologia do devir, da finalidade do mundo atestada pela teologia e, por fim, da especificidade do cristianismo e seu papel insubstituível na era pós-secular. A Ortodoxia Radical tentará corrigir os reducionismos próprios do pensamento e da ação para retomar a correlação fundadora entre a cidade terrestre e a Cidade de Deus, finalidade de todo conhecimento e de toda ação humana duradoura e pertinente em nossos dias.

A crítica à epistemologia moderna

A Ortodoxia Radical buscará debater com a razão moderna no campo das ciências sociais, para demonstrar aí sua insuficiência epistemológica, suas pressuposições mitológicas e seus erros com respeito à ideia de transcendência, que elas erigiram sob pretexto de autonomia da razão contra toda ingerência religiosa.

No entanto, é necessário precisar em que sentido Milbank propõe-se a firmar seu argumento antimoderno. Escolheu o positivismo de Émile Durkheim como primeiro objetivo de sua crítica:

> A essência da religião, segundo Durkheim, consiste na distinção entre o sagrado e o profano, e ele pensa que essa divisão depende, para sua autêntica interpretação, da separação kantiana entre o categórico universal e a intuição empírica, e entre o imperativo categórico e o sujeito empírico (...) Aqui Durkheim é, como Comte, um platônico declarado: o indivíduo se confronta com as categorias gerais oferecidas pela sociedade da mesma e

> exata maneira como o *Nous* de Platão se confronta com a região das ideias (...). Durkheim assumiu em sua totalidade este pressuposto, a saber: a sociologia é uma crítica permanente tanto da teologia como da metafísica.[47]

Segundo Milbank, portanto, o positivismo sociológico introduzido por Durkheim é tão ingênuo quanto a estrutura mitológica que ele gostaria de desmontar. Sublinhando a base mitológica do caráter mensurável do real, Durkheim teria amputado, sem justificação suficiente, a ordem da *qualitas*, tão apreciada pela metafísica clássica e medieval. Uma escolha que se converteu num dogma positivista. Desse modo, o método em aparência crítico da sociologia nascente estaria construído sobre preconceitos irracionais, o que o desviaria da verdadeira questão da complexidade do real, formado pelo quantitativo e pelo qualitativo. Em seguida, a sociologia se foi instaurando com Max Weber na continuidade desse pressuposto, mas aprofundando a distância existente entre o estudo dos fenômenos mensuráveis do religioso nas diferentes esferas de valor, por um lado, e a intencionalidade religiosa, que foi transferida para o domínio do privado e do subjetivo e, portanto, não científico, por outro.

Um segundo aspecto de sua argumentação é o da dialética da violência, que parece ser constitutiva da modernidade secular. Segundo Milbank, aquilo que Nicolau Maquiavel e Thomas Hobbes iniciaram foi consumado por Hegel e elevado à categoria de interpretação total da história, segundo a lógica do aniquilamento. Tal leitura imanentista da história se encontraria na base da leitura feita por Karl Marx com respeito à luta de classes e ao enfrentamento mortal dos contrários, donde se explica sua nefasta influência nas ciências sociais e, em particular, na teologia liberal e da libertação, o que

[47] Cf. John Milbank, *Teología y Teoría Social. Más Allá de la Razón Secular.* Barcelona, Herder, 2004, cap. 3, p. 94-95.

explicaria, segundo Milbank, o extravio do cristianismo nas sociedades liberais do século XX.

Ainda que Milbank reconheça também os êxitos da modernidade secular, insiste em sua fundamentação falsa e perversa, que não pode senão desviar o conhecimento verdadeiro do real de seu autêntico fundamento e de sua finalidade plena. Por isso, o teólogo anglicano postula uma "razão pós-secular",[48] enquanto racionalidade para além do positivismo, do reducionismo sociológico do real e da dialética da mesmidade.

Defende, portanto, essa pós-secularidade enquanto racionalidade que supera os limites do reducionismo sociológico do mundo. Trata-se de uma racionalidade social, mas inspirada na compreensão teológica do real, marcada pelo primado da *Civitas Dei*, segundo o pensamento de Santo Agostinho:

> O modo pacífico, não antagonista, da vida da Cidade de Deus tem seu fundamento numa narrativa concreta, histórica e mítica, e numa ontologia que torna explícitas as crenças implícitas dessa narrativa. De fato, é a prioridade ontológica da paz, acima do conflito (a respeito do qual se pode demonstrar que é o autêntico tema de toda essa corrente de pensamento), o princípio sobre o qual se consolida a crítica agostiniana.[49]

Esses propósitos parecem pôr sobre a mesa verdadeiras questões no referente à relação constitutiva da imanência com a transcendência. Mas a via proposta para consegui-lo é extremamente perigosa, porque permite o retorno dos fantasmas irracionais da subordinação

[48] Ibidem.
[49] Ibidem, p. 523.

da razão ao sentimento religioso, que precisamente a modernidade havia querido reduzir à sua justa dimensão.

O retorno à metafísica

A questão da ontoteologia se encontra no centro do pensamento próprio da Ortodoxia Radical. Com efeito, a crítica às vicissitudes modernas dessa falsa compreensão da metafísica clássica chama a atenção de cada vez mais investigadores pós-seculares. É possível encontrar vários exemplos: desde aqueles que desejam voltar a pôr em seu lugar a ideia de causalidade a partir do *Ipse Esse Subsistens* para lançar um vínculo direto com a lei natural, até aqueles que aspirariam a ultrapassar o modalismo de certas tentativas modernas para explicar os modos pelos quais o Ser age na contingência, ou até os que associariam a ontologia ao niilismo que conduz ao ateísmo para denunciar seu caráter errôneo e perverso.

A recuperação da metafísica é, de qualquer modo, a *conditio sine qua non*. Ela é a ciência capital para ir além da razão secular. Dado que esta havia excluído toda ideia de fundamento, causalidade e finalidade, será ainda mais importante retomar essa trilogia de atributos do Ser para enraizar de novo o pensamento em sua verdadeira transcendência. Seria insensato continuar capitulando diante da onipotência da ontologia que conduz ao relativismo. Antes, ao contrário, é necessário voltar a construir uma arquitetura do pensamento metafísico para fundar a cosmologia moderna sobre ideias consistentes em que Deus terá o papel principal:

> O marco teológico central da Ortodoxia Radical é a "participação", tal como foi desenvolvido por Platão e tornado a trabalhar pela cristandade, porque nenhuma outra configuração alternativa preserva um território

> independente de Deus. Quando muito pode conduzir ao niilismo (através de diferentes disfarces). Participação que, em todo caso, rechaça qualquer reserva de um território criado, ao mesmo tempo que preserva para as coisas finitas sua própria integridade. Subjaz nos presentes ensaios a ideia de que cada disciplina deve ser demarcada por uma perspectiva teológica; de outra maneira, essas disciplinas demarcarão seu território longe de Deus, fundando-se literalmente em nada.[50]

É evidente, no entanto, que o retorno à metafísica não é inocente. Trata-se de certa nostalgia da cristandade que se esconde com timidez atrás desses propósitos. Se for possível restaurar o lugar da causalidade metafísica, então o poder da verdade revelada será enfim reconhecido pelas sociedades pós-seculares e o Ocidente terá enfim recuperado suas raízes cristãs, que lhe deram um lugar insubstituível na história, para conduzir a humanidade à sua verdadeira finalidade, querida por Deus.

Metafísica, epistemologia e moral estariam assim ligadas de maneira indissolúvel neste projeto contramoderno que se opõe à razão fraca como a um importante inimigo por vencer, dado que ela representa o último estágio da destruição conduzida pela dialética moderna.

A subordinação dessas disciplinas à *ratio theologica* é proposta como condição de possibilidade desse retorno. Assim, o cristianismo voltará a ser a garantia da transcendência do pensamento e da ação humana, e ultrapassará o relativismo com tanta frequência disfarçado de pluralismo, mas que ameaça sempre a objetividade da verdade e do bem, fundados apenas em Deus.

[50] John Milbank et al., "Introduction: Suspending the Material: The Turn of Radical Orthodoxy". In: John Milbank et al., *Radical Orthodoxy: a New Theology*. Londres, Routledge, 1999, p. 3.

A proposta da Ortodoxia Radical encontrou eco favorável nos meios conservadores e em algumas jovens gerações pós-conciliares desencantadas com o cristianismo social que marcou, em dado momento, o catolicismo e o protestantismo do final do século XX. Resta ver se tal aventura não se mostrará com o tempo ingênua e impertinente com relação aos mecanismos de poder associados ao conhecimento e também à religião.

A especificidade do Logos teológico

Eis o coração do pensamento ortodoxo radical: a razão teológica tem lugar insubstituível no conjunto da arquitetura do pensamento e das disciplinas humanistas modernas, e até um papel corretivo que desempenhar para a salvaguarda da relação à transcendência que é constitutiva da condição humana. De maneira contrária àquilo que as ciências sociais derivadas do positivismo afirmaram – o caráter forçosamente ateu de todo procedimento científico –, a razão teológica conserva uma intencionalidade própria, enraizada na revelação divina, a mesma que lhe dá um estatuto crítico com respeito aos reducionismos do pensamento moderno. Seguindo Tomás de Aquino, Milbank descreve nos seguintes termos o papel da teologia no debate disciplinar próprio da virada linguística do pensamento pós-moderno:

> Será portanto meu argumento que a pós-modernidade marcada por um caráter linguístico, longe de ser um "problema" para a Cristandade tradicional, sempre foi secretamente promovida por Ela (...) Sugiro que o que é uma saída entre uma fé completamente objetiva e a semiótica secular não é tanto uma crença residual num "significado transcendente", mas antes a concepção mesma de *semiosis*. Este último, não o antigo, é o lugar para as ideias cristãs de "Deus" que são opostas às concepções seculares

> de *semiosis* como última "anarquia coroada". Em minha conclusão, postulo que os vestígios do antigo substancialismo permanecem nessa visão secular, o que faz da significação algo arbitrário e, por isso mesmo, violento. Em contraste, somente a teologia cristã, enquanto concepção da *semiosis*, não violenta, é em verdade "sem substância".[51]

Dessa maneira, a expressão correlativa dessa tarefa permanente da teologia nos âmbitos cultural e social seria o lugar próprio do cristianismo como vigia e crítica dos excessos das ideologias e das interpretações redutoras da condição humana. Se assim é, em termos teóricos, isso pareceria, com efeito, ratificar uma pretensão de superioridade do cristianismo com relação a toda religião e toda ciência, em virtude de suas fontes inspiradas. Em termos práticos, o cristianismo teria de atestar o reverso da lógica positivista, dialética e niilista que predominou na modernidade, segundo a lógica da cruz:

> No centro da história, o juízo de Deus teve lugar. E a Igreja, ou representa a visão de uma comunidade paradisíaca que desdobra seu juízo diante do olhar de todos, ou promove por si mesma uma sociedade infernal que supera todo o terror conhecido na Antiguidade. (...) Mas, tal como agora estamos situados, do lado oposto da cruz – do acontecimento do juízo de Deus –, fica aberta a possibilidade de não retornar à lei, ao antigo trato para inibir a violência. Tanto o niilismo como o cristianismo decifram as incoerências dessa posição. É a visão cristã absoluta da paz ontológica o que oferece doravante a

[51] Cf. John Milbank, *The Word Made Strange. Theology, Language & Culture*. Oxford, Blackwell, 1997, p. 85. Cf. John Milbank e Catherine Pickstock, *Truth in Aquinas*. Londres, Routledge, 2001.

> única alternativa possível à perspectiva niilista. Hoje também, no centro do círculo autotorturador da razão laica, pode abrir de novo o olhar para uma série com a qual não há nenhuma linha de continuidade: a emanação da diferença harmoniosa, o êxodo de novas gerações, o caminho do voo da paz...[52]

No entanto, um importante matiz se impõe nesta afirmação: a finalidade anunciada pelo cristianismo não implica uma dominação sobre as ciências ou as sociedades, mas um serviço de vigilância crítica. Como traduzir essa vigilância no seio dos debates disciplinares e da organização de instituições sociais ou do consenso para uma ética comum? Tal vigilância crítica, que deita raízes na visão da transcendência, não poderia por acaso deslizar com facilidade para um novo totalitarismo da razão religiosa? Não estaríamos por acaso tentados de novo a reeditar a cristandade depois de seu fracasso histórico, aproveitando a circunstância da derrubada de certo tipo de modernidade?

Em todo caso, parece que a Ortodoxia Radical põe sobre a mesa uma verdadeira questão, que consiste em reintegrar a razão teológica na arquitetura do pensamento, ao postulá-la como pedra angular do conjunto do conhecimento humano do real.

*

Percorrendo outra via, Girard[53] também insistiu no caráter insubstituível do cristianismo na constituição do pensamento humano.

[52] John Milbank, *Teología y Teoría Social. Más Allá de la Razão Secular.* Barcelona, Herder, 2004.

[53] Trata-se de uma intuição em constante crescimento na obra de Girard, desde seus primeiros estudos literários dos anos cinquenta até as obras de fim de século. Uma reunião das obras fundacionais de sua análise mimética está publicada em francês: René Girard, *De la Violence à la Divinité.* Paris, Grasset, 2007.

Esse autor desenvolve, de maneira notável, a partir de sua teoria do desejo mimético, uma interpretação da história onde o cristianismo aparece como o relato que reverte a lógica da diferença, que justifica a guerra e a violência. Propõe que nunca se esqueça a lógica da identidade e da reciprocidade, que une a todos os seres humanos - num sentido de reciprocidade muito distinto do formulado por Lévinas - para atribuir ao cristianismo, por uma mediação antropológica, esse papel principal na história.

Com efeito, como veremos no capítulo quarto, o antropólogo de Avignon retomará com força em suas últimas obras aquele propósito, com o fim de sublinhar o caráter apocalíptico[54] do momento presente da história - desde Hegel e Carl von Clausewitz até a inédita situação de nossos dias com a violência global sem limites nem finalidade precisa -, quando mais que nunca o cristianismo teria por tarefa lembrar à humanidade a possibilidade de sua aniquilação total. Assim, a fé cristã não poderia desaparecer sem deixar o caminho aberto para a lógica da violência fratricida, exaltada pelos modernos em sua preocupação de manter a diferença como princípio motor da história e do político.

Uma questão análoga surge a partir dessa proposta acerca do papel do cristianismo na idade pós-moderna, a de saber distinguir entre o patrimônio espiritual que o cristianismo preservou até nossos dias sob a forma de uma religião *sui generis*, por um lado, e, por outro, a do ultrapassamento de certas formas de religião cristã apologética e hierárquica baseadas também na violência, no sacrifício e na retribuição.

[54] Cf. René Girard, *Achever Clausewitz*. Paris, Carnets Nord, 2007 [Em português: *Rematar Clausewitz: Além* Da Guerra. São Paulo, Editora É, 2011]. Além das análises detalhadas aí desenvolvidas, no anexo deste livro se pode consultar a versão integral da conversa que Girard nos concedeu logo depois do lançamento de seu livro sobre a guerra, em 2007. Nela, falo um pouco mais sobre o aspecto teológico de sua teoria. A versão abreviada pode ser consultada na Internet, em: Carlos Mendoza-Alvarez, "Pensar la Esperanza como Apocalipsis. Conversación con René Girard". *Letras Livres*. México, abr. 2008. Disponível em: http://www.letraslibres.com.

Desse modo, seria indispensável distinguir a cristandade como forma histórica do cristianismo que foi superada para sempre pelos êxitos inevitáveis da modernidade ilustrada, de novas expressões da experiência atestada pelo Evangelho. O núcleo duro da experiência cristã consiste em desmascarar a perversidade da dialética dos contrários que conduz forçosamente à guerra e ao sacrifício, para mostrar precisamente no seio desse mecanismo de desejo mimético sua superação por meio da lógica da gratuidade. Uma temática principal que será objeto de nosso quarto capítulo.

Portanto, parece certo que a teologia teria um papel principal por desempenhar nesta hora da modernidade tardia, sem ter de reintroduzir necessariamente uma vontade imperativa nem uma inteligência ingênua da história. Mas um pensamento crítico, enraizado em seu *húmus* de gratuidade para além do mimetismo e da rivalidade – para anunciar aí o cumprimento da promessa, não sem ambiguidade, mas motivado por uma preocupação com a verdade autêntica –, implica propor um relato de interpretação e de ação que daria testemunho de uma possibilidade de existência para além do ressentimento e da violência.

Existe porventura uma superioridade do cristianismo?

Segundo os postulados da Ortodoxia Radical, o cristianismo seria o portador de um sentido ético profundo de superação da dialética da oposição de contrários. Esse horizonte propriamente profético e escatológico lhe conferiria sua especificidade e sua *superioridade* com respeito às religiões da humanidade. À diferença daquilo que a leitura hegeliana da história propõe segundo Milbank, a oposição binária entre os contrários não exige como única saída possível o desaparecimento de um dos dois para a sobrevivência do outro. Justamente nisso consiste o erro de Maquiavel, assumido por Hobbes e depois promovido por Hegel como *analogatum* principal da história para explicar o devir social e político como uma perpétua luta de contrários que terminaria na aniquilação de um ou outro.

A questão da essência do cristianismo já foi lançada várias vezes desde as origens da Igreja, primeiro por São Paulo com relação ao judaísmo, em seguida pelos padres gregos, no tempo da helenização da fé nascente, e mais adiante em contextos culturais e religiosos diversos. Nos tempos modernos, depois do impacto do iluminismo, Ernst Troeltsch[55] discutiu também, contra o romantismo alemão, a ideia da essência do cristianismo como pensamento do universal encarnado na história, ideia que também havia sido evocada por Hegel[56] em suas *Lições de Filosofía da Religião.*

A evolução das sociedades modernas para o pluralismo religioso abriu passagem para uma nova aproximação à questão da originalidade do cristianismo, ao menos sob duas formas diferentes, mas correlativas: o cristianismo como religião não sacrificial, segundo um argumento propriamente antropológico, ou como superação perpétua da própria religião segundo a racionalidade niilista. Embora vamos tratar mais adiante em detalhe ambas as possibilidades, por ora é preciso ter em conta seus traços principais para captar melhor a problemática em questão sobre a especificidade do cristianismo tão defendida pela Ortodoxia Radical.

O primeiro caso nos conduz ao reconhecimento dos elementos religiosos do cristianismo, como uma doutrina, uma moral revelada, ritos sagrados e instituições mediadoras. No entanto, esses elementos deveriam estar orientados do interior por uma

[55] "Precisar-se-ia de uma história do cristianismo que situasse seu objeto antes no marco da história geral da civilização e da história das ideias, bem como nos pressupostos reais e materiais do espírito". Ernst Troeltsch, "Que Signifie 'Essence du Christianisme'" (1903-1913). *Œuvres*, v. III. *L'Absoluité du Christianisme et l'Histoire de la Religion (1901-1912).* Paris, Cerf, 1996, p. 185.
[56] Cf. Georg-Friedrich Hegel, *Leçons sur la Philosophie de la Religión*, 3ª parte. Paris, PUF, 2004; *L'Esprit du Christianisme et Son Destin.* Paris, Vrin, 1971.

intencionalidade não sacrificial para desativar seu poder violento, inerente a toda religião. A teoria do desejo mimético nos conduziria nessa direção.

O segundo argumento que fala da especificidade do cristianismo será desenvolvida em pleno século XX por Dietrich Bonhoeffer, no sentido de uma espiritualidade da *kénosis*, onde Deus permanece quando o sujeito parece apagar-se, e o homem permanece quando Deus se desvanece:

> Quem sou eu? Dizem-me amiúde
> que saía do encerro de minha cela
> sereno, alegre, com firmeza,
> qual fazendeiro de sua rural vivenda.
> Quem sou eu? Dizem-me amiúde
> quando falava a meus guardiães
> livre e amigável, claramente,
> como se fosse eu quem desse as ordens.
> Quem sou eu? Também me dizem
> que suportava os dias de infortúnio
> tranquilo, sorridente, dignamente,
> como acostumado a ganhar sempre.
> Mas sou realmente o que os outros dizem que sou?
> Ou sou somente o que eu mesmo conheço de mim,
> inquieto e anelante e enfermo, qual pássaro
> engaiolado,
> lutando para respirar, como se umas mãos
> me oprimissem a garganta,
> suspirando pelas cores, pelas flores, pelo canto
> dos pássaros,
> sedento de palavras carinhosas, de companhia,
> movendo-me agitado, à espera de grandes
> acontecimentos,
> tremendo impotente por amigos infinitamente
> afastados,
> cansado e vazio ao orar, ao pensar, ao atuar,

> fraco e prestes a despedir-me de tudo?
> Quem sou eu? Este ou o outro?
> Sou uma pessoa um dia e outra no seguinte?
> Sou as duas ao mesmo tempo?
> Sou um hipócrita diante dos outros
> e diante de mim mesmo um infortunado e
> desprezível covarde?
> Ou há algo ainda em mim parecido com um
> exército vencido
> que foge desordenado de uma vitória já
> alcançada?
> Quem sou eu? De mim escarnecem estas
> solitárias
> perguntas minhas. Quem quer que eu seja, tu o
> sabes,
> *ó Deus, sou teu.*[57]

Como veremos no próximo capítulo, Jean-Luc Nancy vai desenvolver justamente o caráter kenótico do cristianismo numa linguagem pós-moderna, onde sublinhará o pendor intrinsecamente niilista da fé cristã enquanto fundo sem fundo, devir extremo, sem-sentido e, finalmente, abertura:

> O Deus vivo é então aquele que se expõe como vida da apropriação-desapropriação levada para além dela mesma. Tudo nos conduz assim, de novo, à abertura enquanto estrutura mesma do sentido. É a Abertura como tal, a Abertura do anúncio, do projeto, da história e da fé, o que, por meio do Deus vivo, se revela no coração do cristianismo.[58]

[57] Cf. Dietrich Bonhoeffer, *Resistencia y Sumisión. Cartas y Apuntes desde el Cautiverio.* Salamanca, Sigueme, 2001, p. 243-44.
[58] Cf. Jean-Luc Nancy, *La Déclosion. Déconstruction du Christianisme I.* Paris, Galilée, 2005, p. 226.

Assim, em lugar de justificar o papel das religiões, a crítica niilista buscará pensar o humano e o divino a partir dos escombros do edifício religioso que se derrubou nas sociedades secularizadas.

*

Mas retomemos por último o propósito da Ortodoxia Radical que fala de retorno da fé ao debate com a ontologia da violência e, a partir daí, do papel insubstituível da teologia cristã como vigia da distância transcendente no pensamento e na moral "porque somente a teologia se mantém como discurso da negação do poder", segundo a expressão de Milbank.[59]

Como parte desse argumento principal, a Ortodoxia Radical propõe um retorno às fontes cristãs do Ocidente, uma reintrodução da teologia como principal interlocutora das ciências sociais e da filosofia, na lógica de certa subordinação destas ao conhecimento surgido da fé. Um propósito que, em sua formulação ao menos, parece temerário e sem recepção possível por um verdadeiro diálogo interdisciplinar.

Resta compreender melhor as demais leituras contramodernas que buscam não tanto a superação da modernidade secular, mas a permanência de sua vigilância crítica até o limite do respeito ao indivíduo, às suas potências de experiência e à sua possibilidade de instaurar vínculos intersubjetivos históricos no terreno do mútuo reconhecimento sem totalitarismo. Tal será o objeto do próximo capítulo.

[59] John Milbank, *Teología y Teoría Social. Más allá de la Razón Secular.* Barcelona, Herder, 2004, p. 22.

capítulo 3
o grito do niilismo

A modernidade nascida do iluminismo chegou por fim à consciência de seus próprios limites.[1]

Com efeito, uma vez chegado a seu cumprimento o relato de emancipação principiado pelo primado da razão autônoma, que inclui também, infelizmente, o excesso de sentido próprio da violência, a racionalidade moderna ultrapassou os limites do saber, do dizer e do querer.

As grandes perguntas propostas por Immanuel Kant para abrir as asas do sonho do *Aufklärer* chegaram a penetrar a única interrogação válida: o que é o homem em meio a suas potências e seus limites?[2] Em consequência, mais que um fracasso fatal, falamos

[1] Ver o comentário ao texto de Immanuel Kant escrito por Michel Foucault, no qual ele sublinha a pergunta sobre a saída (*Ausgang*) da minoridade do sujeito infantil que ainda vive sob a tutela de qualquer religião ou autoridade exterior. É interessante observar que Foucault conclui sua reflexão assinalando a necessidade de um pensamento sobre os limites da razão: "Je ne sais s'il faut dire aujourd'hui que le travail critique implique encore la foi dans les Lumières; il nécessite, je pense, toujours le travail sur nos limites, c'est-à-dire un labeur patient qui donne forme à l'impatience de la liberté" (Michel Foucault, "Qu'est-ce que les Lumières?". *Magazine Littéraire*, v. 309. Paris, abr. 1993, p. 61-74). Disponível em: http://foucault.info.

[2] "Qu'est-ce que les Lumières? La sortie de l'homme de sa minorité. Entendre ce terme au sens d'être incapable de penser par soi-même dont il est lui-même responsable. Minorité, c'est-à-dire incapacité de se servir de son entendement (pouvoir de penser) sans la direc-

aqui da autoconsciência moderna das próprias potências de experiência, desenvolvidas graças à instauração da ciência, da técnica e da gestão econômica do mundo. Uma tomada de consciência orientada, de maneira paradoxal, para seu próprio ultrapassamento.

De fato, na tradição filosófica moderna, a consciência do nada que espreita a subjetividade se expressa como solidão, afirmação de si, consciência dos próprios limites e, por fim, abertura. Tal vulnerabilidade profunda da existência é evocada, de maneira magistral, por María Zambrano, a filósofa espanhola exilada no México durante o regime franquista, quando ao final da vida retornou às fontes primeiras do pensamento existencialista moderno:

> Sob a flor, o ramo
> sobre a flor, a estrela
> sob a estrela, o vento.
> E além? Para além não recordas?, apenas o nada
> o nada, ouve-o bem, minha alma
> dorme, adormece no nada
> se pudesse, mas afundar-me.
> Cinza daquele fogo, vazio
> água espessa e amarga
> o pranto feito suor
> o sangue que em sua fuga leva consigo a palavra
> e a carga vazia de um coração sem marcha.
> Deveras, não há nada? Há o nada
> e que não o recordes. Era tua glória.

tion d'autrui, minorité dont il est lui-même responsable (faute) puisque la cause en réside non dans un défaut de l'entendement mais dans un manque de décision et de courage de s'en servir sans la direction d'autrui. *Sapere aude*! Maxime de l'*Aufklärung* empruntée au poète latin Horace! (Ose penser) Aie le courage de te servir de ton propre entendement. Voilà la devise des Lumières". Immanuel Kant, "Qu'est-ce que les Lumières?" [1784]. *Œuvres*, t. II. Paris, Gallimard, 1985, § 1.

Para além da recordação, no esquecimento,
  escuta
no sopro de teu alento.
Olhe em tua pupila mesma, dentro
nesse fogo que te abrasa, luz e água.
Mais não posso. Olhos e ouvidos são janelas.
Perdido entre mim mesmo não posso buscar
  nada
não chego até o Nada.[3]

Esse poema niilista da filósofa espanhola exilada designa sem dúvida o reverso da afirmação de si que conduziu, passo a passo, a conquista da autonomia humana nas diferentes esferas de valor ao longo da trajetória histórica moderna.

Dito isso, cabe afirmar que a autonomia buscada pelos niilistas não implicou de maneira necessária a negação da vida dos demais, nem a recusa da transcendência, como se tende a dizer com frequência sem conhecimento de causa. Não se deve esquecer que a fenomenologia e a hermenêutica – disciplinas compreensíveis apenas no interior da lógica da racionalidade crítica – estabeleceram, em certo momento, as condições de possibilidade da transcendência no seio da imanência.

É verdade que algumas interpretações modernas da subjetividade se extraviaram nos abismos da consciência narcisista e suas potências de destruição. Por exemplo, é inegável o caso da violência com que se impôs, em muitas latitudes do planeta, o colonialismo tecnocientífico nas sociedades liberais modernas a partir da lógica do mercado, da técnica instrumental e da política como gestão da violência destrutiva. Não obstante, isso não significa de maneira alguma a necessidade de contradizer – pela constatação e pela denúncia de

[3] María Zambrano, *República de las Letras*, n. 84-85. Número especial: "María Zambrano: la Hora de la Penumbra". Madri, 2004, p. 245.

seus efeitos perversos – toda uma civilização que soube também aprofundar de maneira responsável a gestão de suas próprias fontes de sobrevivência.

Em todo caso, trata-se de trazer à luz, no momento da tomada de consciência moderna de seus próprios limites, a questão do significado do cristianismo nestes tempos da modernidade tardia. Para isso, será então necessário nos fazermos a pergunta, no novo contexto e para responder melhor à lógica interna do niilismo pós-moderno com suas principais ideias, sobre o significado da existência do sujeito fraco, de suas micro-histórias edificadas na rejeição da onipotência infantil e do significado ético-político de tal procedimento. Uma experiência que, afinal de contas, se mostrará com as raízes postas no espiritual, para surpresa de muitos de seus grandes detratores.

Um sujeito desencantado, mas imaginativo

A primeira precisão que é necessário fazer consiste no significado mesmo da principal expressão do pensamento pós-moderno: *sujeito vulnerável*.[4] Tal conceito foi com frequência mal interpretado,

[4] A questão do sujeito vulnerável corresponde evidentemente ao pensamento vulnerável e foi construído com base nos escombros da metafísica do absoluto crístico, assinalando aquilo que Jean-François Lyotard denominou o fundo místico da teologia cristã. Em sua obra póstuma sobre a confissão, Lyotard voltaria a tratar esse tema fundamental em toda a sua obra, como o sublinha Chris Doude, um comentador pós-moderno, em seu artigo sobre a questão niilista lyotardiana: "E, no entanto, em *La Confession d'Augustin* o raciocínio lyotardiano assume outro giro. A crítica metafísica, ele não a esqueceu. Mas ele não ambiciona revivificá-la da mesma maneira. Assim como ele se diz que, para formular tal crítica à metafísica, já é preciso adotar a perspectiva teórica dessa mesma metafísica. É preciso esquecer que o absoluto é mais que um objeto criticável do pensamento ocidental. Nesse sentido, Lyotard segue, sem aliás o mencionar, a Jean Wahl em sua descrição do que ele chama paradoxalmente de 'experiência metafísica', ou seja, essa experiência pré-reflexiva em que a metafísica teológica ou filosófica teve de extrair sua existência. É a experiência 'que perturba ou exalta'. A experiência que como 'experiência de vida' funda o pensamento, e de que porém se pode dizer que será 'procurada sem jamais ser

seja pela desconfiança provocada pelo relativismo que cerca essa expressão, seja por ignorância do alcance real de sua proposta. É necessário distinguir, para alcançar uma compreensão mais justa da expressão, ao menos quatro aspectos de tal *vulnerabilidade*, entre os traços assinalados pelos autores pós-modernos radicais,[5] aspectos que nos parecem altamente significativos para nossa investigação: o desencantamento do mundo; a consciência de exclusão vivida; o desmantelamento da onipotência; e, por último, o projeto sociopolítico que desencadeia.

Foi Gianni Vattimo quem desenvolveu de maneira mais articulada essa expressão.[6] Esse autor sublinha com ela o caráter "desencantado" do sujeito moderno tardio, bem como sua desconfiança diante dos metarrelatos tipicamente modernos surgidos do totalitarismo da razão instrumental. Tal decepção não é de ordem moralizante, mas histórica, dado que não se trata apenas de escandalizar-se com os abusos do poderio mostrado pela sociedade moderna ocidental na implantação de um novo colonialismo econômico, político e militar no mundo. Isso vale por si mesmo quando se trata de opor-se, por indignação ética, à imposição pela força de modos de vida, e isso é válido em qualquer época. Antes, no caso dos pós-modernos, trata-se primeiro de *tomar distância* da vontade de onipotência ao renunciar à sua terrível lógica da identidade que rechaça toda diferença, e de refutar o sentido de uma interpretação particular que

encontrada'. E, ainda assim, essa experiência parece indispensável. Ora, que o tom de Lyotard em sua avaliação do pai da igreja é muito mais simpático que em seu livro de 1974 se deve a que no livro póstumo Lyotard não se ocupa do metafísico crístico. O santo o deixa indiferente. Ele se concentra no homem, em Agostinho *tout court*, naquele que é apaixonado pela experiência metafísica, por um sentimento exaltante. Agostinho, como todos os verdadeiros filósofos, esbarra na impossibilidade de ter uma experiência consciente do absoluto, do qual, todavia, ele está em busca". Chris Doude van Troostwijk, "Les Confusions d'Augustin ou la Confession Inachevable". *Labyrinth. An International Journal for Philosophy, Feminist Theory and Cultural Hermeneutics*, v. 2, "On the Crossroade of Philosophy and Theology". Viena, inverno de 2000. Disponível em: http://h2hobel.phl.univie.ac.at.

[5] Cf. Gianni Vattimo e Richard Rorty. *L'Avenir de la Religion. Solidarité, Charité, Ironie*. Paris, Bayard, 2005.

[6] Cf. Gianni Vattimo, *Les Aventures de la Différence*. Paris, Éditions de Minuit, 1985.

pretende impor-se a todos em nome de um suposto universalismo controlado apenas por alguns.

O traço seguinte do perfil filosófico do sujeito vulnerável é a consciência da exclusão que ele vive. Designa um momento fenomenológico da subjetividade[7] e não apenas um estado de ânimo psicológico ou moral, como amiúde se caricatura. Esse sujeito fraco com frequência é marcado pelo ressentimento, mas se trata de um estágio de certo modo inevitável de todo processo de reintegração do sujeito: quando se assume o tratamento terapêutico, quando se dá passagem à reconciliação no meio de situações de violência social ou quando se leva a feliz termo um trabalho de luto, próprio de toda perda, e o sujeito consegue superar a síndrome de ser vítima para sair da espiral do passado que o prende e advir no presente em sua fragilidade viva.

No coração desse dinamismo da subjetividade, perfila-se então o desmantelamento da onipotência como terceira característica do sujeito vulnerável. Com efeito, a partir da assunção da própria vulnerabilidade o sujeito fraco começa a mostrar outro rosto para além da aparência anódina que o etiquetava numa primeira impressão. Assim começa a gênese de uma presença para si mesmo de caráter proativo, marcada pela tomada de distância com respeito aos sistemas de totalidade e sua influência nos mecanismos da própria subjetividade. Superando o estágio de apropriação típico da lógica da totalidade – por exemplo, as práticas de autocensura e de submissão e a permanência dos mecanismos miméticos –, o sujeito vulnerável começa a desmontar em si mesmo e em sua relação com o outro a lógica da rivalidade, ao despojar-se de seus próprios pesadelos.

[7] Essa é uma interpretação da expressão "sujeito vulnerável" que se encontra não muito difundida na literatura filosófica, mas que surge diretamente da consciência dos limites da subjetividade. Essa análise já foi desenvolvida pelo autor em publicações precedentes: Carlos Mendoza-Álvarez, *El Dios Otro. Un Acercamiento al Sagrado en el Mundo Posmoderno*. México, UIA, 2003; "El Colapso del Sujeto Moderno: Nihilismo y Mística. La ruta Fenomenológica de la Subjetividad Expuesta". In: Carlos Mendoza-Álvarez (org.), *Subjetividad y Experiencia Religiosa Posmoderna*. México, UIA, 2007, p. 81-113.

Por último, o sujeito vulnerável consegue chegar, por meio de tal desencantamento, ao plano ético-político.[8] Aí suscita vínculos de solidariedade entre os excluídos ou se associa aos que promovem projetos identitários que serão confrontados mais adiante com outras identidades individuais ou coletivas no marco da busca de uma sociedade aberta ao espaço comum possível para todos. Nesse marco antes pragmático – no sentido da ética do discurso –, o objeto de tal confrontação intersubjetiva não é a submissão de uma identidade a outra, mas sua respectiva capacidade de mútuo reconhecimento, a partir de certa identidade comum, que porém se desdobra na diferença, para criar um espaço de intersubjetividade na história.

Em suma, a aposta do sujeito vulnerável consiste em aprender a viver como "marginal no centro", segundo a extraordinária expressão de Carlos Monsiváis ao falar de Salvador Novo,[9] o grande cronista da Cidade do México no momento do nascimento do país para a modernidade industrial. Marginalização que se expressa com convicção e utilidade no seio dos debates públicos, para conseguir o reconhecimento dos direitos à diferença das minorias no coração de sociedades fechadas.[10] Trata-se de um procedimento intersubjetivo

[8] Cf. Enrique Domingo Dussel, *Posmodernidad y Transmodernidad. Diálogos con la Filosofía de Gianni Vattimo*. Guadalajara, Iteso, 2002. Assim o observa também Mauricio Beuchot: "Precisamente, o ir além da cristandade é ir para o autêntico cristianismo; o chegar a um cristianismo não religioso, ou não tão religioso, significa o chegar a um cristianismo mais cristão, menos atado ao poder, ao peso das estruturas hierárquicas, e mais místico. Portanto, mais livre". Mauricio Beuchot, "Hermenéutica y Sociedad en Gianni Vattimo". *A Parte Rei* 54. Madri, nov. 2005. Disponível em: http://serbal.pntic.mec.es/~cmunoz11.

[9] Cf. Carlos Monsiváis, *Salvador Novo: el Marginal en el Centro*. México, Era, 2001.

[10] Reconhecimento que vai além da simples visibilidade social, mas que exige um debate antropológico, político e teológico que permite alcançar expressões de racionalidade, de vida social e eclesial aptas para dar conta da diversidade humana no seio da cidade e da Igreja: "Se há diferença entre o tom de voz que uso para falar com você e aquele que você está acostumado a ouvir, trata-se em grande medida do acaso, ou da graça divina, dependendo da sua forma de interpretá-lo. E, sim, *você* terá de interpretá-lo, *você* precisará decidir se eu, que o trato por 'você', sou capaz de fazê-lo devido apenas a algum lapso, alguma falha no sistema, ou se há algo do Pastor nesta voz não autorizada que lhe

que se vai levando a efeito de maneira progressiva, sem descuidar daquele espaço de micro-história tão típico do sujeito pós-moderno: o mundo da marginalização vivida, com sua concomitante consciência aguda da ambiguidade das palavras e das ações, mas um mundo onde se descobre a radicalidade de sua aposta num entendimento possível entre os sujeitos, no respeito à diferença e no respeito ao comum a todos.

Dessa maneira, o sujeito vulnerável descobre a si mesmo e descobre os demais por meio de uma apercepção inusitada, própria ao "poder-do-não-poder".[11] Descobre na fraqueza os vestígios de uma realidade outra, por construir com a consciência aguda e sempre vigilante diante do provisório.

fala, algo do Pastor, cuja voz você conhece e não teme. Eu mesmo não posso afirmar que sirva de canal para essa voz. Nenhum de nós poderia. Podemos ter a esperança de que isso ocorra, ou até preparar-nos para tal. Contudo, somente aqueles a que nos dirigimos podem perceber quem está ali, que combinação de vozes é essa que se propaga até eles como uma melodia" (James Alison, "Letter to a Young Gay Catholic". *Concilium*, v. 324, n. 1, "Homosexualities". Nova York, jan./mar. 2008).

[11] A expressão "o poder-do-não-poder" designa uma temática muito apreciada pela teologia pacifista dos anos sessenta do século XX, que foi retomada pelas teologias contextuais que buscaram interpretar o papel do cristianismo nas sociedades de exclusão a partir da não violência ativa. Cf. Harvey Gallagher Cox, *La Cité Séculaire. Essai Théologique sur la Sécularisation et l'Urbanisation*. Tournai, Casterman, 1965; *La Fête des Fous. Essai Théologique sur les Notions de Fête et de Fantaisie*. Paris, Seuil, 1971; *Le Retour de Dieu. Voyage en Pays Pentecôtiste*. Paris, Desclée, 1995. Sobre o desenvolvimento atual da teologia da não violência, pode-se consultar a obra de Adrian Schenker, que teve seu impacto no meio católico social de fala francesa e alemã: Adrian Schenker, *Chemins Bibliques de la Non-Violence*. Gênova, CLD, 1987. Na bibliografia em língua francesa dos últimos dez anos, que conta com mais de 100 obras a esse respeito, vale a pena concentrar a atenção numa obra de grande valor pela força de seu testemunho: Desmond Tutu, *Prisonnier de l'Espérance*. Paris, Le Centurion, 1984, e em outra obra, de caráter mais descritivo: Jean-Francois Beaudet, *Pour une Théologie de la Non-Violence*. Montreal, Les Éditions Fides, 1989. A análise de maior agudeza teológica é: René Coste, "Une Théologie de la Paix pour Aujourd'Hui". *Bulletin de Littérature Ecclésiastique*, v. 103, n. 3. Toulouse, 2002, p. 213-26. Os trabalhos publicados nas últimas décadas insistiram mais nos vínculos existentes entre as diversas aproximações críticas da modernidade, como os de Wolfhart Pannenberg e René Girard, a partir da ideia da novidade de Cristo como revelador da autodoação: Raymund Schwager, "Religionswissenschaft und Theologie: Wolfhart Pannenberg und René Girard". *Kerygma und Dogma*, v. 44, n. 3. Göttingen, 1998, p. 172-92.

Trata-se, sem dúvida, de um olhar crítico nascido da vulnerabilidade extrema, própria e dos outros, reconhecida pelo sujeito vulnerável que aprende a viver na provisoriedade, no meio dos escombros da modernidade, da derrubada do Si-mesmo. Aprende a viver ao relento de uma existência nua, sem complacência, nem fundamento, nem sentido, tão somente como um si-mesm⊠o aberto aos outros e ao mundo até o final.

O percurso fenomenológico até aqui explicado não é outro senão a constituição do sujeito desencantado, nascido da esmagadora lógica da razão instrumental. Trata-se do sobrevivente que clama, daquele que vive na experiência de seu último suspiro, consciente dos destroços produzidos pela totalidade e, por isso, aberto ao Infinito, não como uma nova totalidade, mas como amanhecer de um mundo novo, permanecendo no momento da aurora, naquele instante preliminar, quando ainda existe o claro-escuro e, talvez, a promessa, mas sempre ainda por cumprir-se...

O caráter provisório de todo discurso

À diferença do que afirmam muitos críticos, a pós-modernidade radical não é algo contrário à inteligibilidade do discurso.[12] Ela

[12] Pensamos obviamente nos filósofos niilistas abertos à mística, entendida enquanto experiência radical de abertura, como é o caso de Maurice Blanchot e Jean-Luc Nancy na França, ou Marià Corbí e Amando Robles na Espanha. À guisa de exemplo, ver o seguinte texto de Blanchot: "Esse estado (a experiência interior), estado de violência, de arrancamento, de rapto, de encantamento, seria em tudo semelhante ao êxtase místico se este estivesse desembaraçado de todas as pressuposições religiosas que amiúde a alteram e, dando-lhe um sentido, a determinam. 'A perda de conhecimento' extático é propriamente a experiência interior. A experiência, deve dizer-se imediatamente, não se distingue da contestação de que ela é a expressão fulgurante na noite. (...) a experiência é tal que já nada tem valor, sentido, nem sequer ela... ela é pois essencialmente paradoxo, é contradição de si mesma, é a contestação exprimindo-se numa situação original, numa experiência que se pode viver" (Maurice Blanchot, "L'Expérience Intérieure". In: *Faux Pas*. Paris, Gallimard, 1943, p. 49-50). Num sentido que não nega, mas assume, o fundo teologal da experiência mística, pronuncia-se Corbí: "A verdade proclamada pelas grandes tradições religiosas e pelos mestres do espírito é uma verdade silenciosa, não uma formulação.

sublinha sobretudo seu caráter provisório, agônico, enquanto luta permanentemente por esclarecer o sem-sentido que preside toda representação ou, se se preferir, o sentido não cumprido que se vislumbra. A "oração desmitificada" seria o indício dessa dimensão da própria linguagem:

> Por isso a adoração, a oração em sua essência, não é em primeira instância o pedido que espera uma resposta, uma retribuição ou uma reparação. A oração não está primordialmente presa no comércio religioso das mentiras sobre o real (sobre a vida/morte, mundo/nada, terra/céu, etc.), nem sobre o que lhe é conexo, as indulgências capitalizadas em créditos de salvação. A oração é, antes de tudo, adoração: direção, homenagem, reconhecimento daquilo que seu dizer esfuma no caminho do que está dizendo (e que nunca dirá). A homenagem, a veneração, quer dizer simplesmente o movimento de "transcendência" tal como o caracteriza Deguy – o trânsito incessante sem "palier gagne" algum, ou a transcendência sem transcendência (dir-se-ia também a transcendência imanente à nossa imanência, homóloga e inerente ao seu mesmo plano) – e constitui o ofício de dizer.[13]

Nascido da desconstrução derridiana, o niilismo pós-moderno implica também um procedimento de desmontagem das estruturas linguísticas e pragmáticas próprias de todo sistema de significação para mostrar aí seu caráter relativo a um sujeito individual ou coletivo, à sua intencionalidade de sentido, ao seu desejo de poder sobre

O que em silêncio se compreende e nos comove, que é o que testificamos, é a verdade, mas não a verdade de uma formulação, e sim a de uma presença" (Marià Corbí, *Para una Espiritualidad Laica. Sin Creencias, sin Religiones, sin Dioses.* Barcelona, Herder, 2007, p. 317).

[13] Jean-Luc Nancy, "Prière Démythifiée", In: *La Déclosion.* Paris, Galilée, 2005, p. 198.

as palavras e também sobre as coisas, de maneira que se compreenda o ambíguo e complexo tecido do "conhecimento objetivo".

Mas a desconstrução principiada pela pós-modernidade também afeta os sistemas de referência que subjazem à linguagem e à ação comunicativa. Tal é o caso, de maneira especial, dos sistemas autorreferenciais próprios do sujeito emancipado, que deveriam ser revelados em sua lógica de totalidade e de onipotência infantil. Esse método desconstrutivo se aplica, em primeiro lugar, à linguagem, mas também à ação e, ao fim e ao cabo, aos próprios símbolos, que são portadores de uma dimensão metarracional que inclui a emoção, o sentimento e a intuição. Nesse sentido, a religião também está na mira da desconstrução niilista, enquanto representa a expressão extrema do sistema de totalidade.

Pois bem, o cristianismo, sendo o ultrapassamento da religião enquanto totalidade do Mesmo e do Idêntico, é – quanto à sua condição kenótica própria – o próprio processo da desconstrução. Nesse sentido, em particular em seus diálogos com Maurice Blanchot e Emmanuel Lévinas, Jacques Derrida aprofundará essa ideia matriz de seu pensamento, a mesma que será depois retomada por Jean-Luc Nancy:

> O Deus vivo, finalmente, é o que mantém unido o mútuo ajustamento de todos os outros elementos. Deus que não é representado nem representável, mas vivo, o Filho, "imagem invisível do Deus invisível", diz Orígenes, é seu próprio pensamento. O Filho é a própria visibilidade não visível como tal do Invisível, não no sentido de um Deus que apareceria, mas no sentido de um anúncio da presença. É nesse anúncio, nesse convite ao ser humano, nesse chamado, que acontece a visão.[14]

[14] Jean-Luc Nancy, *La Déclosion. Déconstruction du Christianisme, I.* Paris, Galilée, 2005, p. 225 (tradução do autor).

Nesse contexto, e segundo a lei da *kénosis* do *Logos*, o cristianismo deveria ser, de um ponto de vista estritamente fenomenológico, o em-si ultrapassando-se a si mesmo de maneira perpétua, graças à irrupção do outro, do inimigo que se torna irmão, por meio de um reconhecimento pneumatológico: ato de doação total, de gratuidade extrema cujo princípio transcendente seria a encarnação do divino no humano. No fundo, trata-se de construir o argumento niilista pela afirmação em torno do cristianismo como *desconstrução* e *niilismo*, experiência profunda de abertura da existência enquanto testemunha da origem sem origem, devir puro atestado por filósofos e teólogos:

> O Aberto (ou "o livre", como também o chamou Hölderlin) é, com efeito, essencialmente ambíguo (trata-se da ambiguidade autodestruidora ou autodeconstrucionista do cristianismo). Em sua absolutidade, abre-se a si mesmo e não se abre senão sobre si mesmo, infinitamente: é assim que o cristianismo *seria* um niilismo, e a morte de Deus não cessou de comprometer o niilismo. Mas, dessa maneira, a pergunta se apresenta: que seria tal abertura sem que se abismasse em seu próprio aturdimento? Que seria um sentido infinito que, não obstante, faz sentido, uma verdade vazia que tem, no entanto, o peso da verdade? Como delinear de nova maneira uma abertura delimitada, uma figura, portanto, que porém não seja uma captação figurativa do sentido (que não seja Deus)?[15]

Dessa maneira, o discurso é levado para o terreno da antiga analogia dos clássicos, onde predomina a diferença, certamente nos limites do apofatismo, mas sobretudo da metáfora e do palimpsesto

[15] Ibidem, p. 226.

enquanto abertura a novas formas de escrita, para fazer avançar os relatos do provisório que dão testemunho da *tensão* escatológica inserida pelo *Logos* na história. E isso não tanto no sentido da rivalidade negativa própria do mimetismo, mas da reciprocidade positiva proveniente da vítima não ressentida. Essa é a razão, aliás, pela qual o discurso apofático parece tão pertinente para o pensamento pós-moderno. Dado que se trata de afirmar, não devido a uma complacência prenhe da ambiguidade de uma relação com o outro marcada pela cobiça egocêntrica, mas de afirmar uma revelação divina segundo o ofício próprio do *Logos* kenótico, do qual o cristianismo seria a principal testemunha enquanto um *dizer* e não enquanto uma religião:

> Tratar-se-ia de pensar o limite (tal é o sentido grego de *horizô*: limitar, circunscrever), a beira singular que "fecha" exatamente uma existência, mas que a fecha segundo a grafia complexa de uma abertura, não regressando a si mesmo ("si-mesmo" sendo o não retorno mesmo), ou segundo a inscrição de um sentido que nenhuma religião, nenhuma crença, nenhum saber tampouco – e, naturalmente, nenhum servilismo nem ascetismo algum – consegue saciar nem assegurar, que nenhuma Igreja pode pretender reunir ou bendizer. Para isso, não nos resta culto algum, nem oração, mas o exercício estrito, severo, sóbrio, e no entanto gozoso, daquilo que se chama pensamento.[16]

O niilismo pós-moderno nos ensina assim a permanecer no horizonte da existência em devir. Limita-se diante de toda representação da terra prometida. É próximo da linguagem religiosa mítica dos profetas de Israel, que desenvolveu uma aguda

[16] Ibidem.

consciência da insuficiência da palavra humana para dizer o outro, o mundo e sobretudo a Deus. É o caso de Isaías, no relato de sua própria vocação profética, narrada com a metáfora da "impureza dos lábios": os do profeta, mas também de todo o seu povo; impureza que é apagada pela brasa acesa – de novo, outro paradoxo fundacional da lógica diferente – que faz do profeta alguém apto para dizer o divino e, mais ainda, comunicá-lo ao povo rebelde, mas a partir da consciência viva de sua inata inadequação ao mundo divino.

Essa experiência de desconstrução da linguagem profética é abordada por Vattimo, por exemplo, para falar de uma comunidade cristã que poderia encontrar seu papel na sociedade pós-moderna apenas por meio do testemunho desse *Logos* kenótico e não tanto do Cristo Pantocrátor. Ou seja, é necessário passar através das mediações de um discurso desconstruído de maneira permanente, de uma prática não totalitária no seio das instituições na história, bem como de uma ação social e política inspirada pelo "poder do não poder", aquele que emana do Messias crucificado.[17] A memória viva do Crucificado se encontra associada aos "crucificados da história", como compreendeu e atestou até o martírio Ignacio Ellacuría. Essa anamnese nos permite entrar na lógica da *kénosis*,[18] para

[17] Cf. Jürgen Moltmann, *Le Dieu Crucifié. La Croix du Christ, Fondement et Critique de la Théologie Chrétienne*. Paris, Cerf, 1974.

[18] Nesse sentido, Jon Sobrino reconheceu o legado de Ellacuría, após seu assassinato pelos paramilitares salvadorenhos em colisão com o Estado: "Por outro lado, também do mundo de cima pode provir salvação, mas tem de passar por cura e redenção, para o que tem de se abaixar, ainda seja *analogamente*, ao abaixo da história, sem esquecer qual é o *analogatum princeps* desse abaixo e não cair na manipulação que se costuma fazer dos 'pobres de espírito' de Mateus, como se todos pudessem ser pobres, sem deixar de ser ricos. Não se pode estar abaixo sem algum tipo de abaixamento *real* e sem compartilhar *realmente* a pobreza. Mas isso, sim, pode ocorrer *analogamente*. Pode haver *inserção* fática e acompanhante no mundo dos pobres, *trabalho* inequivocamente a seu favor, *aceitação de riscos* para defendê-los, *sofrer* seu destino de perseguição e morte, *participar* de suas alegrias e esperanças. Essas são coisas reais, não intencionais. Então, o mundo de cima pode trazer salvação" (Jon Sobrino, *Carta a Ignacio Ellacuría. "Extra Pauperes Nulla Sallus, Fora dos Pobres Não Há Salvação"*. San Salvador, 21 nov. 2005). Disponível em: http://www.sicsal.net/reflexiones/CartaAEllacuria2005.html.

nos situarmos no coração da história de dominação e de violência, a fim de vislumbrar aí os sinais do Reino de Deus entre os pobres e excluídos para anunciar a Parúsia.

Em suma, trata-se de um cristianismo sem religião,[19] no duplo sentido do ultrapassamento dos sistemas rituais, mas também da rejeição da religião arcaica. Tal expressão pareceria contradizer a essência mesma do cristianismo e, no entanto, designa a brecha da religião sacrificial para alcançar outra forma de *religação* à transcendência centrada na *gratuidade* como a forma mais eminente e perfeita de advento da transcendência na imanência. Em tal estágio da subjetividade, acontece, então, a verdade de uma religião, para além do sacrifício, segundo a lógica da Mesmidade aberta à Alteridade, na terra prometida da "mútua doação",[20] que será sempre um desafio no meio da história violenta e trágica da humanidade. Trata-se, no fundo, do aparecimento do cristianismo como experiência de realização dos sujeitos em comunhão porque a rivalidade foi desativada.

A prática da micro-história

Os relatos típicos do pensamento fraco são marcados por tal vontade de expressão dos sujeitos pós-modernos, que se situam

[19] De feição nova, esse tipo de niilismo místico renuncia às expressões religiosas, mas reafirma o sentido da presença divina redentora através do amor sem condição: "O conhecimento silencioso é a única e verdadeira raiz do amor incondicional a todos os seres; o conhecimento e o sentir silenciosos são a única raiz do amor a tudo. Onde não há conhecimento silencioso, há sujeito, e onde há sujeito há, inevitavelmente, egocentrismo". Marià Corbí, *Para una Espiritualidad Laica. Sin Creencias, sin Religiones, sin Dioses*. Barcelona, Herder, 2007, p. 303.

[20] *Aquém* do mútuo reconhecimento proposto como último estágio da dialética hegeliana, a mútua doação é própria da vida teologal. Dessa maneira, é a expressão transcendental da intersubjetividade, segundo aquilo que John Milbank captou com precisão. Ao mesmo tempo, essa doação extrema designa a existência sem fundamento, até o final, atestada pelo niilismo. Ela é, finalmente, o conteúdo antropológico da escatologia enquanto finalidade discreta da história segundo Cristo.

sempre do outro lado da história oficial. Não a que é contada pelos vencedores segundo a lógica do progresso – como a descreveu Walter Benjamin –,[21] mas a história narrada pelos vencidos, a partir dos escombros: sendo essa outra óptica a que desvela a *outra* verdade dos fatos que em aparência seriam objetivos. Pois bem, os relatos escritos são uma das expressões maiores da memória, mas não a única. Sempre existe na origem a tradição oral da humanidade,[22] ainda mais primitiva e originária, que surge como simbólica estética para expressar um estado de espírito e ao mesmo tempo uma interrogação própria do poeta ou do artista: seja por meio dos escritos mitológicos ou dos símbolos religiosos que conduzem o sentido do real vivido para uma dimensão transcendente.

[21] Considere-se a seguinte descrição do progresso como uma "devastadora tempestade", escrita por Benjamin em 1942: "Há um quadro de Klee que se intitula *Angelus Novus*. Ele representa um anjo que parece prestes a se afastar de algo que ele fixa com o olhar. Seus olhos estão arregalados, sua boca aberta, suas asas também. É a isso que deve parecer-se o Anjo da História. Seu rosto está voltado para o passado. Ali onde nos aparece uma cadeia de acontecimentos, ele, por seu lado, não vê senão uma só e única catástrofe que sem cessar amontoa ruína sobre ruína e as precipita a seus pés. Ele gostaria muito de se atrasar, de despertar os mortos e reunir o que foi desmembrado. Mas do paraíso sopra uma tempestade que se prende a suas asas, tão violentamente que o anjo já não as pode fechar. Essa tempestade o impele irresistivelmente para o futuro para o qual ele dá as costas, enquanto o monte de ruínas diante dele se eleva até o céu. Essa tempestade é o que nós chamamos de progresso" (Walter Benjamin, "Sur le Concept d'Histoire". *Œuvres*, t. III. Paris, Gallimard, 2000, p. 434).

[22] A força da oralidade é bem conhecida pelas sociedades primitivas, mas também pelas novas formas de expressão identitária da sociedade globalizada: oralidade quer dizer relação com a salvaguarda e promoção de uma identidade ameaçada na reconstituição da história de curta duração, como o descreve Fernand Braudel: "A história situa-se em planos diferentes, eu diria de bom grado em três planos, mas essa é uma maneira de falar, demasiado simplificadora (...). Na superfície, a história factual se inscreve no tempo curto: é uma micro-história. A meia altura, uma história conjuntural segue um ritmo mais largo e mais lento. Ela foi estudada sobretudo, até aqui, no âmbito da vida material, dos ciclos ou interciclos econômicos (...). Para além desse 'recitativo' da conjuntura, a história estrutural ou de longa duração põe em causa séculos inteiros; ela se encontra no limite entre o movimento e o imóvel e, por seus valores por muito tempo fixados, cumpre o papel de invariante com respeito das outras histórias, mas vivas para transcorrer e se cumprir, e que, em suma, gravitam em torno dela" (Fernand Braudel, *Les Écrits de Fernand Braudel*, t. II, "Les Ambitions de l'Histoire". Paris, De Fallois, 1997, p. 179-180).

No caso paradoxal do sujeito vulnerável, o binômio oralidade-escrita próprio da estrutura linguística não se destrói, mas, ao contrário, se radicaliza ao extremo de fazer surgir aquela identidade inibida pela visão dominadora por meio de relatos, poemas, mitos, epopeias, cânticos, danças, rituais, símbolos. Uma força locutória inédita, com seus derivados perlocutórios e ilocutórios, libera-se assim na memória dos vencidos, que começam a reconhecer sua possibilidade de dizer *eu*, *nós* existimos.

A teologia autóctone dos povos ameríndios da América Latina é um exemplo eminente de reconstrução da história a partir da exclusão deixada para trás: para além do ressentimento pela injustiça histórica sofrida, esses povos construíram um projeto de afirmação de sua identidade coletiva a partir de suas raízes culturais vivas, abertos também ao enxerto da modernidade. Mas não de maneira ingênua. Desde 1992, os povos originários da América Latina e do Caribe interpelam o conjunto das nações vizinhas para entrar num novo pacto social e político, assumindo as novas ondas da mestiçagem cultural e religiosa que toda interação e todo diálogo fecundo comportam.

Essa ação de afirmação histórica realizada pelos povos originários se constrói e deita raízes no solo de seu universo simbólico vivo, onde a Sabedoria divina toma seu lugar fundacional. Trata-se assim de recuperar aquela antiga concepção do *Logos* simbólico, enraizada naquelas culturas como "*flor y canto*", como recorda o pai da teologia autóctone moderna dos povos ameríndios, Eleazar López:

> Estamos presenciando a irrupção dos pobres na história. Pobres que trazem às costas já não apenas o peso de sua miséria, mas sobretudo sua expectativa com respeito à vida que se deve engendrar para o futuro. As comunidades indígenas se apresentam trazendo em seus *ayates* ou *tilmas* as flores do Tepeyac, que cultivaram na escuridão da noite, no gelo do inverno, entre pedras e

> espinhos, e agora ofertam aos que abrirem seu coração e estiverem dispostos a recebê-los.[23]

A "teologia índia", como se chama em certos meios católicos, representa assim o fruto mais saboroso de sua civilização, porque ela coleta todas as sementes da sabedoria dos antepassados para bordar o tecido da história de outra maneira: no respeito de veneração à terra, na justiça e no reconhecimento mútuo, na prática da autoridade como obediência à comunidade, por meio da ritualidade que une todos os seres do cosmos à sua Fonte, na gratuidade do *Ch'ul Espírito de Cajual Cristo* que anima todos os seres vivos e, de maneira eminente, as vítimas inocentes e seus sobreviventes.[24]

[23] Eleazar López, "Caminos de la Teología India". In: Ramiro Argandona, *Sabiduría India, Fuente de Esperanza. Teología India. Memoria del III Encuentro-Taller Latinoamericano, Cochabamba, 24 al 30 de agosto de 1997*. Cuzco, Imprenta Amauto, 1998. Disponível em: http://www.tinet.org.

[24] A *teologia autóctone* é empreendida pelos povos maias atuais, no meio das sociedades latino-americanas, numa situação de confrontação com as tensões da modernidade. É importante sublinhar, primeiro, a contribuição dos povos indígenas para a construção do espaço público e para a edificação da democracia em Estados pluriétnicos e multiculturais, que são ainda reticentes quanto a honrar o lugar histórico dos povos originários. Mas é ainda mais significativo para nossa investigação o fato de ela valorizar a contribuição dos povos indígenas para o debate teológico no referente à questão da inculturação do Evangelho no contexto local: uma tarefa ainda inacabada para o cristianismo atual. Um exemplo altamente simbólico, por seu testemunho de recepção criadora da renovação conciliar, é o da igreja local de San Cristóbal de Las Casas, em Chiapas, México. Essa diocese teve de enfrentar graves responsabilidades de mediação entre o movimento armado indígena e o governo mexicano, fazendo frente também às críticas da cúria romana sobre os caminhos escolhidos para levar a efeito a inculturação do Evangelho na cultura maia de nossos dias: "A encarnação do Evangelho nas culturas indígenas a ninguém deve causar admiração se se sabe que 80% dos fiéis de nossa Diocese são indígenas. Isso nos levou a trabalhar: por nossa Igreja autóctone, pela valorização de suas tradições e costumes, pela pregação da Palavra em suas línguas maternas, por vigorizar seus cargos e ministérios, entre os quais já surgiram cerca de 10.000 catequistas e várias centenas de servidores, dentre os quais impusemos as mãos a uns trezentos para ordená-los no Diaconato Permanente, como recuperação valiosa do Vaticano II para nossa época" (Samuel Ruíz García e Raúl Vera López, "Presentación de los Acuerdos del III Sínodo Diocesano". In: Diócesis de San Cristóbal de las Casas, *Acuerdos del III Sínodo Diocesano*. San Cristóbal de las Casas, Edición privada, 2000, p. 10-11). Para a justificação teológica e pastoral do diaconato permanente, ver ainda: Diócesis de San Cristóbal de las Casas. *Directorio Diocesano para el Diaconado Indígena Permanente*. San Cristóbal de las Casas, Cenami, 1999. A questão do

Tal potência da linguagem se converte assim, por seu dinamismo próprio, em força histórica dos marginalizados da História. Aqueles que foram excluídos pelos vencedores retomam em suas mãos sua própria maneira de *dizer-se* no mundo.

*

Como se pôde ver até aqui, trata-se de pôr em marcha uma recuperação anamnésica da identidade esquecida. Como no caso de vítimas de guerra, na situação de uma população deportada ou de alguém que viveu a submissão a uma potência de dominação qualquer. A palavra recuperada é um caminho de libertação e de liberdade conquistada.

Casos exemplares de tal prática da micro-história foram, nas últimas décadas, as "comissões da verdade",[25] que foram instituídas depois das guerras e dos conflitos políticos em diversas partes do mundo ao longo do século XX. O traumatismo pessoal e social vivido pelas vítimas exige um tratamento integral da violência sofrida, para tornar possível o momento da reconciliação nacional. O fato de contarem sua própria versão da violência, de *dizerem* o que sucedeu e o de convocarem os sobreviventes a expressar-se superando o medo e o ressentimento são ações de afirmação das identidades negadas. A micro-história supõe, assim, não apenas a afirmação do sujeito vulnerável, mas, mais ainda, a reconstituição do tecido relacional do conjunto, onde a vítima viveu com os sobreviventes, vítimas e verdugos. Assim será possível instaurar um processo real de vida em comum no seio da entidade política respectiva, seja a família, a cidade ou a comunidade de nações.

diaconato permanente e do presbiterato está subordinada, em contexto maia, ao exercício da autoridade, razão por que deve ser conferido por costume a homens casados. Cf. Felipe Alí Modad, *Engrandecer el Corazón de la Comunidad*. México, CRT, 1999.

[25] Ver o seguinte estudo hermenêutico das Comissões da Verdade que tem o mérito de conjugar a descrição histórica com a análise filosófica, dirigindo também alguns questionamentos à teologia: Teresa Godwin Phelps, *Shattered Voices. Language, Violence and the Work of the Truth Commissions*. Filadélfia, University of Pennsylvania Press, 2004.

De um ponto de vista subjetivo, a prática da micro-história[26] desencadeia um dinamismo de autoafirmação que ultrapassa o narcisismo originário, na medida em que a reconstituição do sujeito, superando sua própria marginalização, conserva viva a memória dos mecanismos de exclusão para fazer um uso crítico quando a lógica da Mesmidade tentar impor-se novamente.

Desse modo, o caráter provisório da micro-história nada tira de seu poder linguístico de transformação do mundo, senão que o reforça e lhe dá uma raiz vital na vulnerabilidade despertada de sua letargia, para abrir assim um horizonte na construção política da intersubjetividade. Nesse sentido, Michel de Certeau já havia descrito esse processo, nos anos setenta do século passado, a partir de suas análises do corpo social e sua violência, contexto em que tem de abrir caminho o ofício próprio do historiador:

> É precisamente isso o que o historiador - tal é, afinal de contas, o *nosso* lugar - pode indicar aos analistas literários da cultura. Por função própria, desaloja a estes últimos de seu pretenso estatuto de puros espectadores, manifestando-lhes por todos os lados a presença de mecanismos sociais de eleição, de crítica, de repressão, recordando-lhes que a violência sempre funda um saber. A história é por isso, ainda que não seja mais que isso, o lugar privilegiado onde o olhar se inquieta. Não obstante, seria vão esperar de uma crítica política a libertação das culturas, um surgimento por fim liberado, uma espontaneidade por fim liberada

[26] Trata-se de uma categoria muito apreciada pelos historiadores pós-modernos, que a empregam para evitar as armadilhas do totalitarismo, sem que por isso se tenha de conceder que a forma das micro-histórias garanta por si mesma a verdade, a pertinência e a credibilidade dos relatos. Cf. François Dosse, *L'Histoire en Miettes. Des Annais à la "Nouvelle Histoire"*. Paris, La Découverte, 2005. Ver também uma obra que marcou o debate em seu momento: Roger Chartier et al. (orgs.), *La Nouvelle Histoire*. Paris, Rets-CEPL, 1978.

> tal como o desejam ambiguamente os primeiros folcloristas. A história das antigas divisões nos ensina que nenhum deles é indiferente, que toda organização supõe uma repressão. Simplesmente, não é verdade que essa repressão deva sempre fazer-se segundo uma distribuição social hierárquica das culturas. Aquilo que pode ser é a experiência política viva de mostrar-nos, se soubermos lê-la, o que não é mau recordar no momento em que se apresentam as questões urgentes para uma política e uma ação culturais.[27]

Nesse processo, não existe o relativismo niilista[28] no sentido da impossibilidade de um laço comum entre pessoas e nações, mas, ao contrário, aparece um sujeito com consciência aguda da interação constitutiva de todo tecido relacional, vigilante com respeito às potências destruidoras surgidas do mecanismo mimético e, sobretudo, consciente da possibilidade de viver sua existência *de outro modo*, na realização histórica do mútuo reconhecimento.

A marginalização no centro

O lugar do político no contexto do pensamento vulnerável se situa do lado da construção do espaço público no reconhecimento da diversidade.[29] Conquanto, como se dá na pós-modernidade, se trate da rejeição dos metarrelatos e seus desvios totalitários, não é justificável a evasão na esfera narcisista farta de complacência.

[27] Michel de Certeau et al. "La Beauté du Mort". *Politique Aujourd'Hui*, dez. 1970, p. 23.
[28] Qual o sentido da história e quais os sentidos que ela desvela através das micro-histórias é a verdadeira questão para os pós-modernos. Cf. Michel de Certeau, *L'Écriture de l'Histoire*. Paris, Gallimard, 1975.
[29] Uma política pós-moderna buscará interpretar e tornar realizável, no seio do espaço público local e global, a voz das minorias, com a finalidade de questionar a ordem estabelecida e propor novas configurações do social. Ver nesse sentido: Enrique Domingo Dussel, *Política de la Liberación. Historia Mundial y Crítica*. Madri, Trotta, 2007.

Na linha de Georg Wilhelm Friedrich Hegel, Paul Ricoeur assinala a importância capital da exigência ética que postula que os implicados na reciprocidade da relação dialética não permaneçam presos no estágio do ressentimento.[30] De outro modo ficariam imobilizados pelo desejo de vingança ou de triunfo sobre os verdugos. Trata-se antes, na lógica do Espírito absoluto, de que tais sujeitos possam alcançar a configuração própria do reconhecimento (*Anerkennung*), numa ordem de mutualidade que se expressa como "estado de paz":

> O paradoxo do dom e do contradom constituirá, a esse respeito, o lugar polêmico por excelência, onde a unilateralidade do ágape será capacitada para exercer sua função crítica sobre a reciprocidade que transcende os gestos diretos dos indivíduos na situação própria da troca de bens. Dessa maneira ficará limpo o terreno para uma interpretação da mutualidade do dom fundada na ideia do reconhecimento simbólico.[31]

Foi a leitura reducionista de Hegel feita por Karl Marx o que impediu de ver essa diferença. Com efeito, segundo o mestre de Jena, a dialética do Espírito absoluto leva à superação da oposição de contrários não pelo aniquilamento de um dos adversários, mas por sua integração numa esfera intersubjetiva superior.[32]

[30] Cf. Paul Ricoeur, *Les Parcours de la Reconnaissance. Trois Études*. Paris, Editions Stock, 2004.

[31] Ibidem, p. 320.

[32] A evolução do pensamento de Hegel sobre a questão da reconciliação parece ir no sentido da *revolução* como reversa para uma reconciliação originária cujo modelo idealizado seria a Grécia e sua expressão mais depurada da religião popular. Ele o afirma em *Le Fragment de Tübingen* (1792-1793). Cf. Marc Herceg, "Le Jeune Hegel et la Naissance de la Réconciliation Moderne", em *Les Études Philosophiques*, n. 3, ago. 2004, p. 383-01. A questão da reversibilidade da história permanecerá aberta até o momento em que o velho Hegel, em suas lições de Berlim sobre a filosofia da história, fale do terror que esse sonho trouxe consigo. Mais adiante voltaremos a essa questão, da possível superação da violência.

O *mútuo reconhecimento* é então o verdadeiro sentido da dialética hegeliana. Para alcançá-lo, será necessário que o Estado consiga estabelecer as instituições que garantam a diversidade, desde as primeiras constatações dos sintomas da rivalidade, para conduzir os oponentes a uma identidade compartilhada. A política do reconhecimento se converte então numa característica indispensável da sociedade emancipada, em seu último estágio de evolução. No entanto, é preciso não esquecer o caráter provisório desse estágio, pois ele sempre se encontra ameaçado pela violência arcaica, que ameaça fazer fracassar as diferentes tentativas históricas de estabelecer sociedades justas e pacíficas. Nesse sentido, o cristianismo teria um papel principal para desempenhar, recordando o risco idolátrico do político e a necessária abertura à dimensão transcendente do mútuo reconhecimento, como já foi evocado por John Milbank em sua crítica ao reducionismo sociológico moderno e à violência como dado transcendental da razão secular.

Certamente, a leitura da história feita por Hegel no momento da expansão do Estado moderno e da economia capitalista parece-nos, hoje, completamente errônea e até culpável por justificar a empresa violenta e dominadora da razão ocidental. René Girard[33] e Milbank[34]

[33] "Hegel tirará da Revelação cristã a necessidade de uma dupla reconciliação, de uma dupla *Aufhebung*: a dos homens entre si e a dos homens com Deus. Paz e salvação são assim dois movimentos conjuntos e, como Hegel acredita que as Igrejas fracassaram na aplicação das regras do jogo das vontades humanas, atribuirá essa tarefa ao Estado, "universal concreto" que nada tem a ver com os Estados particulares. A universalidade racional desse Estado, de fato, deve tornar-se uma organização mundial. Mas, *enquanto isso*, os Estados particulares continuarão a ter relações de guerra: nessa sucessão de guerras, temos uma contingência essencial da história. (...) O racionalismo hegeliano visa, portanto, a conjurar a dialética, a fazer com que a razão saia de suas miragens de onipotência. Do cristianismo, ele aprende a reconciliação, a única coisa que pode evitar a abstração, a única coisa que pode levar aos homens paz e salvação. Mas aquilo que Hegel não vê (...) é que a oscilação de posições contrárias, tornadas equivalentes, pode perfeitamente *escalar para os extremos*, que a adversidade pode perfeitamente aproximar-se da hostilidade, que a alternância pode tender para a reciprocidade" (René Girard, *Rematar Clausewitz: Além* Da Guerra. São Paulo, Editora É, 2011, p. 73-74).

[34] "A verdadeira *Sittlichkeit* [moralidade] cristã mal é possível, segundo Hegel, nas circunstâncias do Estado moderno e da economia capitalista desenvolvida." John Milbank, *Teología y Teoría Social. Más Allá de la Razón Secular.* Barcelona, Herder, 2004, p. 233.

insistiram muito nesse profundo erro de Hegel. Mas, se nos ativermos aos textos tardios de sua obra, então consideraremos que o velho Hegel[35] parece ter visto a importância do desmantelamento da violência na história como condição para conseguir a sobrevivência da humanidade. É verdade, não obstante, que a primeira versão de Hegel, cuja dialética projeta de maneira absoluta a luta de contrários, influenciou autores como Friedrich Nietzsche e Marx, os quais conduziram o pensamento ocidental por caminhos próprios de uma consciência da irresolúvel diferença.

Dessa maneira, pudemos delinear o fundo dialético do sujeito vulnerável, para além das interpretações propostas por seus adversários ideológicos contramodernos.

*

Outra crítica à modernidade é possível, desta vez centrada na ideia da necessária reconstrução do tecido social, uma vez que se levam em conta os marginalizados pela lógica do sistema, a fim de garantir o respeito às diferenças no seio da comunidade da *polis* mundializada. Resta saber como será possível levar a efeito tal estratégia, com a finalidade de impedir o retorno da vontade de onipotência, e antes controlando sua domesticação, como condição indispensável para o porvir da humanidade no *aquém* de suas pulsões miméticas, que nos conduzem, de maneira inelutável, à "escalada para os extremos", como a descreveu Girard numa de suas mais recentes obras, dedicada a *pensar* o apocalíptico.[36]

[35] Cf. Georg-Friedrich Hegel, *Principes de la Philosophie du Droit* [1830]. Paris, PUF, 1980. Uma crítica do filósofo de Jena, a partir das fontes judaicas, encontra-se em: Joseph Cohen, *Le Sacrifice de Hegel*. Paris, Galilée, 2007.

[36] "O tratado de Clausewitz, composto fora de todo diálogo, de todo debate, na solidão de um exílio interior, anuncia a iminente ditadura da violência. Há em Clausewitz uma espécie de sacralização da guerra, que só é válida quando ela é violenta a ponto de realizar sua essência. (...) Será preciso renunciar ao círculo vicioso da violência, ao eterno retorno de um sagrado cada vez menos contido pelos ritos, e que agora se confunde com a violência. É no seio desse mimetismo desenfreado que temos de trabalhar. Não existe

Em síntese, a marginalização no centro significa a vigilância crítica dos excessos de poder que marcaram as sociedades humanas "desde a fundação do mundo". É urgente elevar a voz não somente para dizer a *kénosis* do *Logos* divino, mas "uma voz que clama no deserto" para denunciar a mentira da onipotência infantil e anunciar outro modo de existir, já não para si, mas *com* os outros, no respeito à diferença própria de cada um.

O abismo da liberdade delimitada

As críticas dos contramodernos dirigidas à pós-modernidade se centram em três aspectos principais: seu niilismo metafísico, seu relativismo epistemológico e, por fim, o relativismo moral que emana de ambos. Uma tríade que de certo modo tem sentido, não segundo o reducionismo contramoderno, mas segundo um sentido próprio do pensamento fraco mesmo. A questão dos limites da liberdade emancipada[37] se apresenta assim segundo uma forma inédita, própria da evolução atual do pensamento ocidental. Mas ela supõe uma série de questionamentos muito importantes sobre

outro caminho. Será preciso, portanto, voltar àquele tipo de religião que só pode existir no seio da religião desmistificada, isto é, do cristianismo" (René Girard, *Rematar Clausewitz: Além* Da Guerra, op. cit., p. 70).

[37] Dito de outro modo, trata-se da terrível questão da relação entre autonomia e heteronomia, uma temática, aliás, já tratada por Paul Tillich como se fosse algo resolvido, de maneira paradoxal, na instauração de uma "teonomia". Cf. Guido Vergauwen, "Autonomie et Théonomie chez Paul Tillich". In: Carlos-Josafat Pinto de Oliveira, *Autonomie. Dimensions Éthiques de la Liberté*. Friburgo, Éditions Universitaires, 1982, p. 200-12. Ver também a aproximação hermenêutica à potência da subjetividade em: Paul Ricoeur, "Théonomie et / ou Autonomie". In: Marco Maria Olivetti (org.), *Filosofia della Rivelazione*. Pádua, Cedan, 1994, p. 19-36. Sobre o problema da centralidade do ágape nesta difícil tensão, ver: Eric Gaziaux, *Morale de la Foi et Morale Autonome*. Louvain, Leuven University Press, 1995, p. 579-92. Para vislumbrar algum esboço de solução à pergunta sobre a autonomia como *ultrapassamento* da lei e da reciprocidade, ver: Denis Müller, "'Le Christ Relève de la Loi' (Romanos 10,4): la Possibilité d'une Éthique Messianique à la suite de Giorgio Agamben". *Studies in Religion / Sciences Religieuses*, v. 30, n. 1. Toronto, 2001. Disponível em: http://www.wlu.ca.

a maneira de resolver os problemas segundo a lógica do desencanto e do vazio.[38] Quais são os conteúdos dos atos livres? Qual é a solução que propõem para enfrentar as terríveis questões da história violenta e qual é seu valor de realização humana? É possível construir uma ética comum a partir do princípio da diferença, tão caro aos pós-modernos radicais?

São perguntas por resolver por parte de toda interpretação filosófica, se é que se quer que seja uma solução pertinente para a compreensão do real, do mundo e do sagrado. Dito de outro modo, a constituição de uma prática ética permanece como uma das preocupações permanentes de todo pensamento, bem como uma exigência indispensável para a verificação de toda interpretação do real que busque transformar as condições de vida dos sujeitos a que se dirige. No caso que nos ocupa aqui, a pós-modernidade abordou abertamente essas questões e desenvolveu uma análise no campo teórico, conquanto também tenha proposto debates abertos com os especialistas em ética e em teologia, com os cientistas sociais e com os líderes políticos. Assim, vislumbrando uma ação política no marco do espaço público, a pós-modernidade vai atrás de um humanismo não totalitário, de uma ética comum possível e de um espaço social, econômico e cultural que possa garantir o desenvolvimento de todos, cada um segundo sua própria identidade.

[38] Um *vazio* que represente, de fato, para pós-modernos como Jean-François Lyotard, esse fundo da não representabilidade do ser, simbolizado pelo transe típico do êxtase: "É preciso aparentemente compreender o *transe* como a inserção do Absoluto *no* corpo e *no* espírito de tal maneira que estes últimos se perdem no Absoluto. Isso porque o absoluto é o 'sem relação', 'o nome vazio (...) do que excede todas as informações e objetualizações sem estar em outro lugar que elas', o *transe* não tem lugar no tempo. Ele é do infinito, 'não termina, não tem começo'. De todo atemporal, está sempre aí sem estar, porque o *aí* deste *ser* já pressupõe o suporte representativo que se derrubaria com a visitação da presença. O *transe* é, como diz Lyotard em *L'Inhumain*, comparável à 'chama, ao enigma da própria chama. Ele indica seu suporte destruindo-o. Ele desmente sua forma. Ele se evade de sua semelhança consigo mesmo'. Autoapresentação no meio do autoesvanecimento. Ou: 'presença' sem apresentação" (Van Doude, "Les Confusions d'Augustin ou la Confession Inachevable". *Labyrinth*, v. 2. Viena, inverno de 2000). Disponível em: http://h2hobel.phl.univie.ac.at.

Os pós-modernos concentraram boa parte de seus esforços particularmente no âmbito dos direitos sexuais, sem descuidar por isso de outras frentes de batalha no reconhecimento dos direitos dos outros, como é o caso dos migrantes, dos povos originários, das mulheres, das minorias étnicas e religiosas. Na atualidade, o conjunto de tais sujeitos fracos interroga com convicção e força as sociedades fechadas e violentas, conscientes das interconexões no mundo globalizado com que nos deparamos todo dia como possibilidade do humano.

A pergunta sobre a relação entre a ética e a teologia

A pós-modernidade se comprometeu, nas últimas décadas, com um debate profundo contra os defensores da moral religiosa, supostamente superior ao relativismo ético nascido da Ilustração. É possível distinguir duas grandes correntes pós-modernas a esse respeito: a ética do discurso, aprofundada por Jürgen Habermas, e aquela outra, representada por Vattimo e Umberto Eco, centrada na possibilidade de um humanismo niilista. Ambas as correntes mantiveram debates públicos, cada um em seu momento, com os cardeais Joseph Alois Ratzinger e Carlo-Maria Martini, respectivamente, nos quais esses cardeais mostraram aproximações muito parecidas entre os dois representantes de uma razão teológica, por um lado, e da razão secular, por outro.

O primeiro dos dois debates foi o travado por Habermas e Ratzinger em torno dos fundamentos morais do Estado moderno.[39] Ele apresentou a questão de uma ética autônoma que renunciou a seu fundamento transcendente, sem negar a possibilidade, não obstante,

[39] Jürgen Habermas e Joseph Ratzinger, "Les Fondements Prépolitiques de l'État Démocratique". *Esprit*, v. 7, n. 5. Paris, jul. 2004, p. 5-28. [Edição brasileira: Florian Schüller (org.). Jürgen Habermas e Joseph Ratzinger, *Dialética da Secularização: Sobre Razão e Religião*. Trad. Alfred J. Keller. São Paulo, Ideias & Letras, 2007.]

de justificar as ações responsáveis na preocupação com a sobrevivência e com o cumprimento da existência humana. Habermas e Karl-Otto Apel, de fato, tinham argumentado a partir do último estágio da razão instrumental e da consciência de seus próprios limites, impostos pela gestão da natureza, da violência entre pessoas e nações, e da necessidade pragmática de construir uma casa comum onde cada um e todos pudessem coexistir.

Ratzinger, por seu lado, mostrou a insuficiência de tal procedimento a partir da vontade comum que levou ao poder no Ocidente os totalitarismos de grupo. A partir daí insistiu, em consequência, na necessidade urgente do reconhecimento do fundamento metafísico e religioso do poder político. Segundo seu argumento, é preciso mostrar os limites do Estado e sua subordinação ao desígnio universal de vida manifestado por Deus desde a criação do mundo. Dito de modo sumário, é necessário afirmar sem ambiguidade o imperativo urgente de dar uma base teológica à ética.

O debate Martini-Eco – prolongado por outro debate implícito, nunca travado, entre Vattimo e Ratzinger, cujo termômetro foi em seu momento a publicação da encíclica *Fides et Ratio* – centrou-se mais na questão da autonomia da ética individual e da possibilidade de alcançar uma liberdade responsável e humanista a partir da perspectiva niilista conseguida pela modernidade tardia.[40] A pergunta sobre a rejeição do religioso institucional parece, desde então, uma condição de possibilidade para essa opinião pós-moderna radical: nisso radica sua crítica à moral religiosa e sua vontade de propor uma ética individual própria do sujeito fraco, a partir da consciência de seus próprios limites existenciais e daqueles do mundo como hábitat frágil e vulnerável. A crítica do cardeal Martini é próxima, em sua argumentação, da do cardeal Ratzinger, dado que ambas evocam a necessidade de impedir os excessos

[40] Umberto Eco e Carlo-Maria Martini. *In Cosa Crede Chi Non Crede?* Milão, Mondadori, 1999.

de onipotência do indivíduo moderno, que se manifestaram com grande força ao longo do século XX e nos conduziram à possibilidade real de destruição da humanidade e do planeta inteiro. Segundo a opinião do antigo bispo de Milão, só uma ética enraizada no dinamismo da vida teologal pode assegurar tal vigilância crítica diante dos assaltos do totalitarismo da razão. Eco, por seu lado, insistiu nos excessos totalitários do religioso, com o intuito de defender seu argumento, e sublinhou que todo metarrelato implica a tentação da violência e da destruição.

Aquilo que se depreende desses debates, ao menos no horizonte geral, é o reconhecimento do conflito entre as duas possibilidades éticas no tempo da modernidade tardia, cada uma fundada segundo uma racionalidade precisa: uma sobre a ideia de Deus como garantia da liberdade humana, a outra sobre a consciência que o ser humano tem de sua vulnerabilidade o fato de assumir, graças a isso, a responsabilidade da gestão de suas próprias potências e de seus próprios limites. A problemática principal que parece estar em jogo é a da laicidade das instituições na *polis*,[41] numa época em que certos fundamentalismos políticos se aproximam dos fundamentalismos religiosos para pactuar novas expressões de política sacralizada seja no mundo judeu, no mundo cristão ou no mundo muçulmano.

Qual será a opção entre as duas opções? Será por acaso o horizonte apocalíptico do qual nos aproximamos como humanidade presa da loucura da destruição mimética? Ou será o real apocalíptico que decidirá por fim a questão num sentido de retorno ao fundamento ou de uma existência agônica?

[41] Uma difícil questão é a da laicidade do Estado no tempo presente, de ares pós-seculares: por seus oponentes é julgada como um excesso de autossuficiência racionalista; seus defensores, em contrapartida, apelam para seu estatuto de ser coação contra a liberdade humana diante dos limites das instituições religiosas. Para uma apresentação histórica do caso francês, ver: Alain Boyer, *1905: La Séparation Églises-État. De la Guerre au Dialogue*. Paris, Cana, 2004; Guy Bedouelle e Jean-Pierre Costa, *Les Laïcités à la Française*. Paris, PUF, 1998.

O si-mesmo reencontrado

Um terceiro traço da compreensão pós-moderna da liberdade humana é a ordem fenomenológica e niilista. Quando falamos de subjetividade, com efeito, situamo-nos primeiro numa ordem de reflexão filosófica como análise do advento do sujeito em sua autoconsciência e da condução de suas potências de experiência, como a linguagem, o desejo e o poder. Mas tal aproximação não pode partir senão da constatação da vulnerabilidade extrema da subjetividade, primeiramente marcada por um dinamismo relacional que vincula o sujeito de maneira inevitável aos outros.

Desse modo, o sujeito depara com sua própria nudez e vergonha e com a natureza dos demais, como já assinalaram Lévinas e Giorgio Agamben.[42] A gênese da linguagem mesma já havia sido descrita por Hans-Georg Gadamer a partir dessa relação originária.[43] Depois, a gênese do religioso arcaico seria explicada por Girard a partir desse estágio de desejo original.

Os pós-modernos, por seu lado, enfatizaram a consciência aguda da *vulnerabilidade* a partir de sua ideia do sujeito vulnerável, como já dissemos. Mas a ontologia relacional suposta nesse argumento acrescenta um novo elemento de análise, que consiste em mostrar que o desmantelamento do desejo de onipotência é uma condição de possibilidade para o advento vulnerável da subjetividade. Encontramo-nos, portanto, ante a necessidade de desencriptar o código do desejo mimético, a fim de conseguir resolver o mecanismo do desejo violento e abrir assim o horizonte da coexistência possível.

[42] "La honte se fonde sur l'impossibilité pour notre être de se désolidariser de soi, sur son incapacité absolue à rompre avec soi-meme" (Giorgio Agamben, *Ce Qui Reste d'Auschwitz*. Paris, Payot, 1999, p. 135).

[43] Cf. Hans-Georg Gadamer, "III Partie: Tournant Ontologique Pris par l'Herméneutique sous la Conduite du Langage". In: *Vérité et Méthode* [1960]. Paris, Seuil, 1996.

O reconhecimento da *vulnerabilidade* própria de toda subjetividade foi proposto por Ricoeur como um novo estágio da fenomenologia pós-husserliana. Depois, com seu conceito de "labilidade", desenvolvido em sua filosofia da vontade, Ricoeur explica que o desejo originário ambíguo e plurívoco compromete também uma afecção constitutiva que é vivida sob o simbolismo da mancha, da culpa e do pecado. No entanto, a questão de fundo permanece como a do sentido do mal, evocado pela simbólica da fé:

> Se o que a totalização busca é, dessa maneira, a alma da vontade, não se alcançou ainda o fundo do problema do mal, que foi limitado nas bordas de uma reflexão sobre as relações entre o arbitrário e a lei (...), é porque o ser humano é afetado pela totalidade, vontade de cumprimento total, que submerge nos totalitarismos que constituem propriamente a patologia da esperança (...). Mas, de repente, pressentimos que o mal mesmo faz parte da economia da superabundância (...). Tal é o olhar da fé sobre o mal (...). A fé não olha nessa direção [do moralista]; o início do mal não é problema seu, mas sim a *finalidade* do mal (...). É por isso que o olhar da fé sobre os acontecimentos e sobre os homens é essencialmente *benevolente*. A fé, ao fim e ao cabo, dá razão ao homem da Ilustração, para quem, no grande romance da cultura, o mal faz parte da educação do gênero humano, mais que ao puritano, porque este nunca chega a ultrapassar o limite entre a condenação e a misericórdia; encerrado na dimensão ética, nunca entra no ponto de vista do Reino que vem.[44]

[44] Paul Ricoeur, *Le Conflit des Interprétations. Essais d'Herméneutique*. Paris, Seuil, 1969, p. 429-30.

Cada um dos três estágios da simbólica do mal, segundo a fé judaica e cristã, revela assim um grau de apropriação da experiência do mal, que expressa a consciência diferenciada que o sujeito tem de si mesmo, dos outros e da divindade comprometida nesse tipo de experiência. Aquilo que Ricoeur postula como ideia mestra é o caráter propriamente *teológico* desse procedimento: ele explica o estágio do pecado como a abertura do horizonte da experiência da graça, vivida como perdão e reconciliação.

Em tal contexto ainda fenomenológico, Lévinas continuará sua indagação para vir a explicar que essa irrupção da transcendência é anterior a todo discurso e a toda representação da linguagem, na irrupção do outro enquanto proximidade e inquietude:

> A proximidade não é um estado, um repouso, mas precisamente inquietude, um não lugar (...). "Nunca suficientemente perto", a proximidade não permanece fixa numa estrutura, senão que, quando é representada na exigência da justiça, reversível, então caem em simples relação. A proximidade como o "cada vez mais perto" torna-se sujeito. Ela alcança seu superlativo como minha inquietude inacessível, torna-se única, a partir de então una, esquece a reciprocidade como num amor que não espera divisão. A proximidade é o sujeito que se acerca (...). Tal superabundância ou esse defeito me expulsa da objetividade da relação (...). Eu sou um termo irredutível da relação e, no entanto, em recorrência que me esvazia de toda consistência.[45]

O fundo ético é assim desvelado por Lévinas para explicar o advento do sujeito em sua relação constitutiva com os outros. No

[45] Cf. Emmanuel Lévinas, *Autrement Qu'Être ou Au-Delà de l'Essence*. Paris, KA, 1991, p. 131.

entanto, essa análise parece insuficiente para os pós-modernos, já que está ausente a rejeição da totalidade tanto na ordem política como na ética.

Derrida[46] e Nancy, por seu lado, vão desenvolver posteriormente - a partir desse marco fenomenológico - uma audaciosa tese sobre o "si mesmo como outro", mas num sentido em que predominará a *diferença* enquanto *despojo*. Recordemos, nesse sentido, as palavras de adeus pronunciadas por Nancy nas exéquias de Derrida:

> Tu havias compreendido que a necessidade da época estava centrada de novo, como para Hegel, na preocupação com o que fica quando "uma forma da vida envelhece": fica "a vida" subtraída de suas formas, fica o despojo, um vazio pelo qual se passa para outra forma. Já não há "futuro" representado, mas um "por vir", cuja essência está por vir, já não de ser representável nem calculável (...) Teu poder não vem de longe: dessa prodigiosa vontade de captar ao mesmo tempo o insensato e a verdade, o que fica e o porvir, num ato de sentido sempre único e sempre renovado. Uma loucura, sim, Jacques, pode ser dita, e tu não rechaças que seja dita. Uma bela loucura, como o foi sempre desse Planditioneia: *chton*, o "belo risco" da filosofia. A loucura da razão, nada mais nem nada menos. Da razão que exige o *incoacun* como se fosse o mundo e porque o é o mundo. Não posso senão dizer-te: fica, vem.[47]

[46] A questão da diferença predomina na aproximação "deconstrucionista" pós-moderna. Cf. Jacques Derrida, *Psyché. Inventions de l'Autre*, 2 vols. Paris, Galilée, 1998-2003.

[47] Jean-Luc Nancy, "1930-2004. Jacques Derrida. Reste, Viens". *Le Monde*. Paris, 12 out. 2004. Disponível em: http://www.derrida.ws.

Certamente, para os pós-modernos desconstrucionistas trata-se de defender sobretudo a não reciprocidade na relação com o outro, como já havia assinalado Lévinas, mas no sentido de uma *diferença* nunca eliminada. Isso quer dizer que, para os pós-modernos, não se trata tanto de buscar a instauração utópica do *nós* como terra prometida do messianismo religioso, mas de acentuar as diferença se se trata de vivermos juntos em sociedades de inclusão. E isso sempre com a consciência da distância que nos separa uns dos outros. Um respeito teimoso pela diferença seria, assim, o princípio da vida ética e política proposta pelos pós-modernos.

A afirmação da différance

O pensamento da modernidade tardia, nascido do questionamento iniciado por Nietzsche e Martin Heidegger, aprofundou a questão da diferença. Podemos distinguir ao menos duas correntes principais, uma mais fenomenológica, representada por Lévinas, e outra antes desconstrucionista, desenvolvida por Derrida, Vattimo e Nancy. Demos uma olhada nas principais problemáticas de cada uma dessas correntes do pensamento pós-moderno.

A *diferença* fenomenológica consiste em compreender a irredutibilidade da subjetividade segundo a experiência vivida de sua própria labilidade, seja por meio dos limites próprios ou da irrupção do outro: o si mesmo advém pela mediação de uma alteridade inquietante. Nisso podemos descobrir o tecido relacional que constitui a todo sujeito em sua maneira de ser-no-mundo:

> Reconhecer o outro é, portanto, alcançá-lo através do mundo das coisas possuídas, mas também, de maneira simultânea, instaurar, pelo dom, a comunidade e a universalidade (...). É a relação do mesmo com o Outro, é minha acolhida do outro, o que é o fato último e o lugar onde acontecem as coisas, não

> como aquilo que se edifica, mas como aquilo que se dá.[48]

Trate-se do mundo, dos outros como próximos ou até do mesmo Deus transcendente, a *diferença* se instaura com uma estranheza parecida em dois sentidos: o da exterioridade convertida em proximidade enquanto mundo vivido e o sentido próprio do indivíduo inefável e irredutível a qualquer apreensão do juízo ou da vontade.

Não é, portanto, o princípio de identidade, mas o de diferença, o que instaura uma ontologia relacional suscetível de dar conta da pluralidade de sentidos, bem como da ambiguidade das ações e da polissemia da linguagem, contidos todos no mesmo acontecimento.

Por seu lado, a *différance*, típica da desconstrução, parte em outra direção para abrir um novo horizonte. É próxima do gesto ético da fenomenologia de Lévinas, mas se distingue dele pela intencionalidade mais radical de desmantelamento da vontade de onipotência. Para consegui-lo, Derrida tirou as últimas consequências do *Dasein* heideggeriano no referente à subjetividade exposta e, ao mesmo tempo, inevitavelmente orientada à sua agonia de sem-sentido, de falta de fundamento, de não finalidade e de não horizonte:

> O silêncio fenomenológico não pode por isso reconstituir-se senão por meio de uma dupla exclusão ou de uma dupla redução: a da relação com o outro em mim, própria da comunicação indicativa, e a da expressão como camada posterior, superior e exterior à do sentido. É na relação entre as duas exclusões que a instância da voz fará ouvir sua estranha autoridade.[49]

[48] Emmanuel Lévinas, *Totalité et Infini*. Paris, KA, 1990, p. 74-75.
[49] Jacques Derrida, *La Voix et le Phénomène*. Paris, PUF, 1967, p. 78.

É o niilismo representado por um estado de existência no mundo sem utilidade-finalidade. Não no sentido de que se trate do relativismo enquanto negação explícita de todo conteúdo da verdade, mas enquanto é consciência dos permanentes limites em que o sujeito acaricia sem cessar sua própria vulnerabilidade frente ao real, na não presença originária que a fenomenologia é capaz de descrever nestes termos:

> Nós encontramos de novo aqui [na intimidade do pensamento postulado] todas as fontes da não presença originária de que, em muitas ocasiões, já detectamos o florescimento. Ao mesmo tempo que rejeitou a diferença na exterioridade do significante, Husserl não podia deixar de reconhecer a obra que se encontra na origem do sentido e da presença. A autoafecção como operação da voz supunha que uma diferença pura viesse a dividir a presença para si mesmo. É nessa diferença pura que deita raízes a possibilidade de tudo isso que se crê excluir da autoafecção: o espaço, o de fora, o mundo, o corpo, etc. Se se admite que a autoafecção é a condição da presença para si mesmo, nenhuma redução transcendental pura é possível. Não obstante, é preciso passar por ela para retomar a diferença em seu sentido mais próximo: não o de sua identidade, nem o de sua pureza, nem o de sua origem. Porque ela não o tem. Senão o movimento da *différance*.[50]

Derrida postula assim a desconstrução como o método próprio da ontologia enquanto desmantelamento e renuncia à onipotência, para chegar à consciência de si-como-outro no momento em que

[50] Ibidem, p. 92.

já se tornou presente para o espírito e para o corpo a finitude própria da labilidade humana. *Diferença* quer dizer, assim, afirmação de si mesmo pela deposição de si. Por essa razão, Derrida propõe que se fale de "*différance*" enquanto ação de abertura extrema, sem limite, do si-mesmo para os outros, incluído o mundo, a técnica, a ética e a religião.

Esse impulso desconstrucionista permitiu a Nancy desenvolver em seguida o problema da diferença, mas do ângulo místico, enquanto experiência niilista da não representabilidade de Deus, de seu caráter metalinguístico e metapráxico no sentido de uma recusa de toda significação precisa e utilitarista:

> Tudo sucede como se o cristianismo tivesse desenvolvido como nenhum outro o fez uma afirmação de poder, dominação e exploração teológico-econômico-política, da qual Roma seria o pesado símbolo e ao mesmo tempo uma parte da realidade, bem como uma afirmação inversa de despojo e abandono de si, cujo ponto de fuga seria o autodesvanecimento. A questão deve ser então, naturalmente, a da natureza da estrutura desse autodesvanecimento: ultrapassamento dialético, decomposição niilista, abertura do antigo ao absolutamente novo... De uma maneira ou de outra, não se trata não senão disto: como o monoteísmo se engendra como humanismo, e como o humanismo enfrenta a finitude que entrou assim na história.[51]

Deus designa, assim, a *différance* por excelência num mundo de subjetividades expostas e, ao mesmo tempo, ligadas por essa

[51] Jean-Luc Nancy, "Déconstruction du Monothéisme". In: *Déclosion*. Paris, Galilée, 2005, p. 60.

consciência niilista de desapossamento, abertura e, enfim, gratuidade e dom. O cristianismo, por sua lógica kenótica, é chamado a ser, assim, a consciência do ultrapassamento perpétuo da religião, mas também da ciência, da técnica e da ética como pretenso controle do mundo. Tratar-se-ia, em último termo, de salvaguardar a condição *apofática*[52] do discurso, da prática, dos desejos e das ações humanas, dado que elas estão profundamente marcadas por sua dissolução no nada.

A descrença como abertura para a fé

Se a pós-modernidade radical constata a superação da religião e a propõe como condição de possibilidade para a edificação de uma sociedade includente, isso não significa que defenda, por isso mesmo, um desconhecimento da fé como dinamismo da subjetividade exposta.[53] Ao contrário, o apofatismo dos místicos clássicos do cristianismo e de outras religiões vai ao encontro da atual proposta pós-moderna, com o intuito de redescobrir a fé em sua dimensão niilista, certamente, com a conseguinte distância crítica com respeito aos sistemas religiosos. Mas enquanto abertura sem limite, atestada pelos clássicos do cristianismo, como lembra este texto magistral do Pseudo-Dionísio:

> Trindade superessencial e mais que divina
> e mais que boa, tu, que presides a divina

[52] O apofatismo próprio da desconstrução é uma das principais problemáticas para manter o diálogo entre o cristianismo e a razão pós-moderna. Cf. Maurice Blanchot, *L'Instant de Ma Mort*. Paris, Gallimard, 2002; *L'Amitié*. Paris, Gallimard, 2001; *Une Voie Venue d'Ailleurs. Sur les Poèmes de Louis-René des Forêts*. Fontaine-les-Dijon, Virgil, 2001; *L'Attente l'Oubli*. Paris, Gallimard, 2000; *L'Entretien Infini*. Paris, Gallimard, 1997; *Le Dernier Homme*. Paris, Gallimard, 1997.

[53] Cf. François Nault, "Déconstruction et Apophatisme. À Propos d'une Dénégation de Jacques Derrida". *Laval Théologique et Philosophique*, v. 55, n. 3. Quebec, out. 1999, p. 393-11.

> sabedoria cristã, conduz-nos não só para além de toda luz, mas para além do desconhecimento até o mais alto cume das Escrituras místicas, ali onde os mistérios simples, absolutos e incorruptíveis da teologia se revelam na treva mais que luminosa do silêncio. É no silêncio, com efeito, que se aprendem os segredos dessa treva de que é demasiado pouco afirmar que brilha com a luz mais deslumbrante no seio de mais negra obscuridade, e que, permanecendo ela mesma perfeitamente intangível e perfeitamente invisível, cumula dos esplendores mais belos que a beleza mesma as inteligências que sabem fechar os olhos.
>
> Tal é minha oração. Para ti, querido Timóteo, exercita-te sem cessar nas contemplações místicas, abandona as sensações, renuncia às operações intelectuais, rejeita tudo o que pertence ao sensível e ao inteligível, despoja-te totalmente do não ser e do ser, e eleva-te assim, tanto quanto possas, até unir-te na ignorância com Aquele que está além de toda essência e de todo saber. Porque, saindo de tudo e de ti mesmo, de maneira irresistível e perfeita te elevarás num êxtase puro até o raio tenebroso da divina superessência, tendo abandonado tudo e ficando despojado de tudo.[54]

Nesse sentido, a descrença será percebida, pela pós-modernidade extrema, como uma ocasião propícia para o discernimento dos elementos de totalidade que recobriram a fé para trazer à luz

[54] Pseudo Denys, *La Théologie Mystique* I, 1. Paris, Migne, 1991, p. 21.

aquele âmbito sem fundo, existência entregue e abertura da vida, significado pela fé.

Enquanto não crença, portanto, a fé designa por um lado a rejeição de referências religiosas, metafísicas ou morais como fundamento, sentido ou finalidade, porque estão vinculadas a uma ordem de totalidade. Por outro lado, a descrença também significa uma maneira de existir no limite segundo o "conhecimento silencioso", de maneira agônica e sem retorno para uma cidade em chamas.[55] Trata-se antes de designar a saída, o êxodo, a deportação, a condenação à morte, o sacrifício, a aniquilação de si, o ultrapassamento do ego violento porque narcisista e isolado dos outros.

Encontramo-nos, desse modo, confrontados com um aspecto da pós-modernidade que é esquecido com frequência. É verdade que o niilismo pós-moderno ataca os totalitarismos, mas também é indício de uma existência agônica, desocupada e esvaziada de sentido, de sentido egolátrico, de onipotência, de sacrifício.

O advento da transcendência acontece no coração da imanência, como já o havia descrito a fenomenologia, mas sem necessidade de voltar a um fundamento ou a um pensamento *sólido*. Ao contrário, trata-se da abertura ao devir sem retorno de que falam os místicos

[55] A temática do "conhecimento silencioso" se converteu no tema privilegiado de alguns autores católicos niilistas, que reconheceram com gosto no mestre Eckhart seu ancestral espiritual: "Esse conhecimento-experiência as testemunhas e mestres dele costumam chamar de conhecimento silencioso. É conhecimento silencioso porque o mesmo ocorre quando qualquer outro conhecimento foi silenciado e desapareceu, já que qualquer outro conhecimento é interessado, e onde há interesse e necessidade há crença e não há conhecimento gratuito. Tudo isso requer desapego e desinteresse total, e nesse sentido o conhecimento silencioso é muito exigente. Essa exigência era assim expressa pelo mestre Eckhart: 'Enquanto eu for isto ou aquilo, ou tiver isto ou aquilo, não sou tudo, nem tenho tudo. Faz-te puro até que não sejas nem tenhas isto ou aquilo; então onipresente e, não sendo isto nem aquilo, serás tudo'". Amando Robles, "La Religión Hoy: Crisis y Retos". *Contrapunto*, n. 11, 2002, p. 22. Ver também a justificação e o desenvolvimento dessa ideia fundamental segundo, entre outros autores modernos, Carlos Castañeda e Corbí em: Amando Robles, *Repensar la Religión: de la Creencia al Conocimiento*. Heredia, Euna, 2001.

e os poetas de todos os tempos, sobretudo aqueles que já puseram os olhos no abismo do nada. A eles é que deveríamos escutar com maior atenção antes de nos empantanarmos nas águas da lógica da totalidade, do idêntico, do Mesmo.

O niilismo existencial

Na perspectiva existencialista até aqui delineada, é preciso compreender o significado do niilismo pós-moderno, seguindo o caminho aberto por Heidegger quando falava do "*es gibt*" como condição de possibilidade do *Dasein*; ou seja, a abertura do ser que designa o pronome "*es*" em alemão, traduzido nas línguas latinas como "*ceci*", "isto", "*questo*". Antes de nomear a primeira pessoa, designa o mundo como algo indiferenciado:

> Ser – uma pergunta, e suponhamo-lo: a questão do pensamento. / Tempo – uma pergunta, e suponhamo-lo: a questão do pensamento, é tanto como o é no ser assim como "parusia" DIZ (destaco) algo tal como o tempo. / Ser – uma pergunta, mas nada de ente. / Tempo – uma pergunta, mas nada temporal. / Do ente dizemos: é. Pondo o olhar na pergunta "ser" e na pergunta sobre o "tempo", permanecemos vigilantes. Não dizemos: o ser é, o tempo é – mas há [*es gibt*] ser, e há [*es gibt*] tempo. À primeira vista, por esse caminho, não fizemos senão mudar de matiz. Em lugar de "ele é", dizemos "há".[56]

Assim, certa indiferença fundacional instaura o sujeito em sua relação com o mundo, de maneira que tal indeterminação indica a abertura da existência em sua gênese fenomenológica. A gênese da

[56] Martin Heidegger, Conférence "Être et le Temps". In: *Question IV*. Paris, Gallimard, 1967, p. 197.

subjetividade pronominal virá em seguida para tentar ultrapassar essa indeterminação, com a finalidade de ensinar-nos a viver no mundo da vida. Não obstante, o nada permanece como a origem sem origem do devir, *aquém* de toda determinação de significação, de valor, de sentido e até de fundamento.

Segundo essa lógica, e seguindo Heidegger nesse ponto, o niilismo é lido por Vattimo em seu caráter de *falar autêntico*.[57] Trata-se, com efeito, de uma expressão hermenêutica que se converterá na base para articular as consequências antropológicas imediatas da crítica à totalidade, em particular no que se refere ao eu arcaico que se desvela através do processo da desconstrução com seu estatuto de existência *exposta*.

E, de maneira surpreendente, Vattimo não se centra primeiro no político, mas no fundo religioso, para empreender a obra de desmontagem dos mecanismos de poder que o religioso põe em marcha nas sociedades industriais. Assim, o niilismo existencial muito rapidamente terá articulado uma leitura ético-política do real que fará reagir tanto os líderes religiosos como os ideólogos políticos nas sociedades totalitárias do Ocidente.

Dessa maneira será possível afirmar, no momento presente da modernidade tardia, a lógica própria de certo *humanismo niilista*,[58]

[57] "É nesse sentido que se deve compreender também a insistência de Heidegger em noções como o silêncio e a escuta. Em sua essência mais profunda, o apelo ao qual responde a palavra do homem é silêncio. O falar autêntico pode verdadeiramente ser compreendido como 'fazer silêncio sobre o silêncio (*vom Schweigen zu Schweigen*)'. Essas expressões, que parecem definir a predominância de uma ontologia negativa no último Heidegger, mudam porém de sentido se forem entendidas com base na noção do não dito enquanto reserva permanente, reserva no diálogo com a qual o estar-aí se realiza como estar-no-mundo histórico" (Gianni Vattimo, *Introduction à Heidegger*. Paris, Cerf, 1985, p. 147).

[58] Expressão que parece, à primeira vista, contraditória, mas que expressa a compreensão da subjetividade exposta, como a fenomenologia relacional a desenvolveu em seu momento. Em Heidegger se encontra não tanto essa expressão, mas seu conteúdo, numa obra consagrada à crítica da técnica. Ver Martin Heidegger, *Lettre sur l'Humanisme*. Paris, Aubier Montaigne, 1983.

proposta pela pós-modernidade no seio dos debates públicos, para defender os direitos das minorias sexuais, étnicas e migrantes nas sociedades industriais governadas pelos critérios econômicos da eficiência, da rivalidade e da exclusão. Boa parte das críticas ao niilismo pós-moderno provém, de fato, dos policiais do mundo da totalidade, outra face do fundamentalismo ético-político e religioso que caracteriza o declínio do Ocidente.

A agonia do sujeito pós-moderno

Contra o que se poderia crer, a consciência agônica da subjetividade pós-moderna se desenvolveu de maneira concomitante à filosofia no terreno fecundo da hermenêutica e da antropologia social. No entanto, um acordo de fundo tampouco evita o aparecimento de divergências importantes entre as duas aproximações.

É necessário primeiro recordar, nesse sentido, a leitura inovadora de Hegel feita por Ricoeur sobre o tema da consciência niilista da violência e da morte, como o evocamos em páginas precedentes. Embora a guerra seja o caso exemplar das consequências da dialética do senhor e do escravo, Hegel já assinalara com precisão que o advento do Espírito absoluto como história não poderia ter lugar sem o mútuo reconhecimento, com o que se ultrapassa a primeira fase da oposição dos contrários. Essa possibilidade fundou, posteriormente, a leitura crítica de Marx em torno do comunismo como expressão crítica de tal estágio de cumprimento. Diversos autores – incluído Girard em sua mais recente obra sobre a violência – viram em Hegel a perversão do pensamento moderno construído sobre a identidade e não sobre a diferença, sobre a dialética mais que sobre sua superação. Não obstante, a intenção de Ricoeur de fazer ressurgir essa ideia agônica do reconhecimento parece pertinente: viver "até o limite" da consciência da própria vulnerabilidade, da ambiguidade da história e da polissemia da linguagem e das ações humanas. Agonia significa, em suma, a condição vulnerável extrema própria do sujeito em relação que superou a lógica da totalidade.[59] Numa entrevista publicada em 1995, Ricoeur reflete precisamente sobre a "existência para a morte" nos seguintes termos:

> Chego aqui a um ponto de nossa conversa onde evocava eu a esperança, no instante mesmo da morte, como um rasgamento do véu que dissimula a fuga fundamental sob a forma de revelações históricas. Projeto assim não um após-a-morte, mas um morrer que seria a última afirmação da vida. Minha experiência própria de um fim da vida se nutre desse anseio mais profundo de fazer do ato de morrer um ato de vida. Esse voto, eu o estendo à mortalidade mesma, como um morrer que permanece interno à vida. Dessa maneira, a própria mortalidade deve ser pensada *sub specie vitae* e não *sub specie mortis*. Isso explica que eu já não ame nem utilize o vocabulário heideggeriano do ser para a morte. Diria eu em lugar disso: ser até a morte. O que importa é ser um vivente até a morte, levando o desapego até o extremo do luto da preocupação com a vida posterior. Aqui vejo que se fundiram o vocabulário do mestre Eckhart e o de Freud: "desapego" e "trabalho de luto".[60]

Segundo outra aproximação, a antropologia conseguiu evocar esse mesmo estágio de *agonia* que caracteriza a relação intersubjetiva. Segundo o registro próprio do desejo mimético, Girard e seus

[59] Cf. James Alison, "Los Cambios en el Tono de la Voz de Dios". In: Carlos Mendoza-Álvarez (org.), *Cristianismo Postmoderno o Postsecular? Por una Lectura Teológica de la Modernidad Tardía*. México, UIA, 2008, p. 39-53.
[60] Paul Ricoeur, *La Critique et la Conviction. Entretien avec François Azouri et Marc de Launay*. Paris, Calmann-Levy, 1995, p. 236.

comentadores indicaram com grande precisão o caráter violento da lógica da rivalidade expressa como religião arcaica. Ela só é superada por Cristo enquanto sofrente porque ele atravessou os mecanismos miméticos da "escalada para os extremos" ("*montée aux extrêmes*") que existe como mistério de iniquidade desde a fundação do mundo. Recordemos aqui uma parte central da conversa do autor deste livro com Girard, onde o mestre de Avignon explicita sua leitura cristológica:

> C. M.: Embora o senhor diga que não é teólogo, na verdade sua obra, em particular os últimos livros, a partir de *Eu Via Satanás Cair do Céu como um Raio*, contém ideias verdadeiramente teológicas. Aliás, é de sublinhar a preferência que mostra ali pela tradição paulina e lucana, talvez por sua comum insistência no dramatismo da salvação. Sente-se falta, por exemplo, de uma influência joanina mais inspirada pela divinização da criação que pela redenção do pecado.
>
> R. G.: Na verdade, eu teria gostado de trabalhar ainda mais meu último livro, sobretudo com respeito aos textos apocalípticos sinópticos, porque são consequência direta da leitura mimética do real. Teria gostado de me deter mais para mostrar que os textos apocalípticos primitivos do cristianismo, de um ponto de vista estritamente lógico, são consequência direta do mimetismo. A passagem essencial da história que o cristianismo revela consiste na revelação da verdade da vítima. Assim o expliquei anteriormente: "O tempo linear em que Cristo nos faz entrar impossibilita o eterno retorno dos deuses e também as reconciliações sobre os cadáveres das vítimas inocentes. Privados do sacrifício, temos de encarar uma alternativa inevitável: ou reconhecemos

a verdade do cristianismo, ou contribuímos para a escalada para os extremos[61] ao recusar a Revelação. Ninguém é profeta em sua própria terra, porque terra nenhuma quer enxergar a verdade de sua violência. Toda terra sempre tentará dissimulá-la, a fim de manter a paz. E a melhor maneira de manter a paz é fazer a guerra. Foi por isso que Cristo sofreu o destino dos profetas. Ele se aproximou dos homens levando sua violência à loucura, desnudando-a. De certo modo, era impossível que ele tivesse sucesso. O Espírito, por outro lado, continua sua obra no tempo. É ele que nos faz compreender que o cristianismo histórico fracassou, e que os textos apocalípticos agora, mais do que nunca, terão muito a nos dizer" (idem, p. 174-75).

Mas desvela-se então o outro aspecto da verdade de Cristo. A manifestação da vítima impede que a mentira do bode expiatório seja a realidade fundadora. Em suma, a crise já não é tal. Daí que aquela misteriosa palavra de Cristo, "Via Satanás cair do Céu como um ", transmitida por Lucas em seu Evangelho (Lucas 10,18), resume de maneira magistral essa revelação. A perpetuidade da crise mimética foi posta em dúvida: "Cristo 'entrega o jogo' ao revelar a essência da totalidade. Assim, ele coloca a totalidade num estado febril, agora que seu segredo foi exposto à plena luz do dia" (idem, p. 168).

[61] Essa emblemática frase de Girard se inspira na expressão crucial de Carl von Clausewitz quando define o sentimento de hostilidade que preside a guerra: "[...] so gibt jeder dem anderen das Gesetz, es entsteht eine WechselwirKüng, die dem Begriff nach zum äussersten führen muss", que Girard traduz por: "Cada um dos adversários faz a lei do outro, donde resulta uma ação recíproca que, enquanto conceito, deve escalar para os extremos".

Por isso há algo radicalmente mais importante: a crise já não é a última palavra sobre a humanidade. Como escrevi em meu último livro: "Cristo retirou dos homens suas muletas sacrificiais, e deixou-os diante de uma escolha terrível: ou crer na violência, ou não crer mais nela. O cristianismo é a descrença. (...) Cedo ou tarde, ou os homens renunciarão à violência sem sacrifício, ou destruirão o planeta; ou estarão em estado de graça, ou em pecado mortal. Pode-se, portanto, dizer que, se a religião inventa o sacrifício, o cristianismo leva-o embora. (...) Será preciso, portanto, voltar àquele tipo de religião que só pode existir no seio da religião desmistificada, isto é, do cristianismo" (idem, p. 64, 66 e 70).

Essa verdade é, a meu ver, a trazida pela apocalíptica cristã primitiva, em especial pelos textos apocalípticos sinópticos, já que são os mais completos ao revelar a verdade da vítima: "Mas essa destruição só diz respeito ao mundo. Satanás não tem poder sobre Deus" (idem, p. 176). Esses textos descrevem, assim, com grande dramatismo como a violência sempre se dá como rivalidade entre duplos miméticos: cidade contra cidade, nação contra nação, pais contra filhos. Falam de uma catástrofe iminente, mas precedida de um tempo intermédio, de duração quase infinita, que posterga a chegada do dia final. Por isso me parece que tais textos são de uma atualidade extraordinária.[62]

[62] Carlos Mendoza-Álvarez, "Pensar la Esperanza como Apocalipsis. Conversación con René Girard". *Letras Libres*. México, abr. 2008. Disponível em: http://www.letraslibres.com. A versão integral pode ser encontrada no anexo deste livro, nas páginas 323 a 338.

Certamente, trata-se de uma versão niilista *sui generis*, dado que o próprio Girard não a aplica com o mesmo rigor ao desmantelamento do cristianismo como sistema sacrificial. No entanto, trata-se de um procedimento iniciado por ele e depois prosseguido por vários de seus interlocutores, como James Alison. Voltaremos a essa recepção no capítulo seguinte.

Indo mais longe, será necessário levar em conta a interpretação propriamente pós-moderna da agonia. Provavelmente é Nancy quem mais a desenvolverá. Esse autor vai insistir na desconstrução própria do cristianismo segundo sua lógica da *kénosis* do *Logos*, com o conseguinte despojo da potência divina e do papel do cristianismo neste momento particular do Ocidente. Cristo teria inaugurado assim a aguda consciência da agonia enquanto presença-ausência sempre atuante na meta-história. A Igreja não seria senão a continuação histórica dessa agonia, na medida em que ela se incorpora a um corpo ferido e, ao mesmo tempo, intocável, falando assim de um cumprimento sempre diferido no corpo e na linguagem, vindo da parte de Deus, mas sempre escondido e inacessível para o mundo.

A recusa das mediações

A descrença como retrocesso da lógica da totalidade e como advento do pensamento fraco nos coloca diante de uma abertura inédita da fé, mas também se encontra vinculada a outras expressões iconoclastas da história do cristianismo e das religiões da humanidade.

De fato, nas diversas tradições sapienciais e proféticas da humanidade sempre houve pessoas livres de espírito que se opuseram às tentativas de controle, vigilância, manipulação e comércio do mistério do real. Foram os profetas inspirados pelo dinamismo da existência outra, gratuita, livre e amorosa, que desmascararam a corrupção, a cobiça e a sede de poder que com frequência se escondem atrás das fachadas de legalidade, virtude e até santidade.

Isso explica, por um lado, a rejeição das instituições desenvolvida pela pós-modernidade provavelmente como estratégia antissistêmica, com a finalidade de desmascarar sua lógica do proveito e dos resultados mensuráveis, verificáveis, experimentáveis segundo a racionalidade instrumental.

Mas existe também outra via possível para rejeitar as mediações institucionais, em nome da consciência aguda da transcendência: com efeito, desde as origens da humanidade até onde temos notícia, existiram seres humanos preparados para romper a lógica da Mesmidade, da violência e do sacrifício, ainda que isso tivesse de custar-lhes a vida.

Como lembrou Peukert há algumas décadas, no meio das histórias de violência repetidas uma infinidade de vezes na história da humanidade, na qual os verdugos continuam triunfando, sempre houve também justos preparados e prontos para dar a vida por outra existência possível. São precisamente eles, os justos da história, quem nos sustenta na consciência agônica vivida como experiência de viver até o último suspiro. Uma existência *niilista* enquanto é vivida nos limites de si mesmo. Uma existência vivida como tal por um sujeito *vulnerável* porque se confrontou por experiência própria com uma vida que não cessa de olhar de frente para a morte.

Em suma, o niilismo vivido ao extremo, enquanto possibilidade de um mundo outro, não o da Mesmidade, mas o da *Différance* conduzida como vida até o final. Mundos aquém do fundamento, da significação, do sentido e do valor, convertidos em verdadeiros ídolos nos sistemas de totalidade. Um mundo, afinal de contas, de frente para o nada.

capítulo 4
a esperança discreta

Chegamos ao momento crucial para expor nosso pensamento sobre a pertinência do cristianismo nesta idade da modernidade tardia, depois de termos apresentado as problemáticas filosóficas e teológicas do momento presente na história do Ocidente.

Mais adiante, no último capítulo desta obra, faremos uma descrição mais precisa da teologia fundamental que se depreende da presente análise. Basta por ora que nos detenhamos um pouco para olhar de perto os elementos fundadores da *fides* cristã em sua articulação pós-moderna. Em particular, acentuaremos o vínculo que a une às outras virtudes teologais em seu dinamismo intrínseco: primeiro a esperança,[1] enquanto virtude do porvir, como recordou Charles Péguy:

> A pequena esperança caminha no meio de suas duas irmãs mais velhas e não é levada muito a sério...
> É ela, aquela pequena, quem leva tudo.

[1] Neste capítulo sugerimos ir além da compreensão cartesiana da esperança como espera do porvir construído pelo sujeito: "A esperança é uma disposição da alma a se persuadir de que o que ela deseja advirá (...). E o temor é outra disposição da alma, que a persuade de que ele não advirá; e deve-se assinalar que, conquanto essas duas paixões sejam contrárias, podem-se ter, porém, as duas juntas, a saber, quando se representam ao mesmo tempo razões diversas, algumas das quais fazem julgar que o cumprimento do desejo é fácil, enquanto as outras o fazem parecer difícil" (René Descartes, *Œuvres*. Paris, La Pléiade, 1952, p. 775).

Porque a fé vê o que é, e vê o que será.
A caridade não ama senão aquilo que é,
e ama o que será.[2]

Se as outras duas virtudes se centram sobretudo no presente da doação, a esperança se encontra aberta para o futuro.

Para alcançar nosso propósito, é preciso primeiro olhar na direção da aguda consciência de vulnerabilidade que foi desenvolvida pela fenomenologia. Mas se trata de uma consciência habitada pela presença de alteridade que é a fonte da relação criadora de sentido. Se no capítulo precedente pudemos estender o olhar para a compreensão da vulnerabilidade segundo a análise pós-moderna, é hora, agora, de lançar a *pergunta* sobre a salvação,[3] para saber como se constitui a comunhão relacional no coração da finitude.

Nesse contexto, as críticas do pensamento contramoderno são pertinentes porque nos permitem permanecer vigilantes diante das pretensões dos fundamentalismos próprios de certa tendência religiosa, mas ao mesmo tempo também críticos diante dos

[2] Charles Péguy, "Le Porche du Mystère de la Deuxième Vertu". *Cahiers de la Quinzaine*, 22.10.1911. Apud Johannes-Baptist Brantschen, *Renouveler l'Espérance Chrétienne*. Paris, Cerf, 1999, p. 20.

[3] A correlação sentido-salvação é uma das principais problemáticas da relação entre a fé e a razão. De fato, trata-se da questão da seguinte analogia de proporção: o sentido está para a razão assim como a salvação está para a fé. O sentido dessa analogia reside na obra de *deificação*. Desse modo, o cristianismo compreende a salvação como a experiência do resgate da morte e a conseguinte deificação que advém graças à ação do Deus uno e trino na criação. Uma aplicação dessa ideia mestra da teologia fundamental como busca permanente de significação, consciente de que nunca poderá alcançar plenamente seu objetivo, pode ser vista como traço comum aos tratados de teologia fundamental moderna. Recorda-o, por exemplo, o dominicano flamengo, antigo professor de teologia em Nimega: "O valor noético de nosso conhecimento conceitual de Deus consiste tipicamente num ato projetivo pelo qual, *através dos conteúdos conceituais*, 'tendemos' para Deus, sem poder captá-lo conceitualmente, embora se saiba que Deus se situa precisamente na direção objetiva indicada pelo conteúdo conceitual" (Edward Schillebeeckx, *Révélation et Théologie. Approches Théologiques*. Paris, Cerf, 1965, p. 235). Ver também, nesse sentido hermenêutico, as seguintes obras de referência: François Dartigues, *La Révélation: du Sens au Salut*. Paris, Desclée, 1985; Claude Geffré, *Croire et Interpréter*. Paris, Cerf, 1990; *Le Christianisme au Risque de l'Interprétation*. Paris, Cerf, 1980; Francis Fiorenza, *Foundational Theology. Jesus and the Church*. Nova York, Crossroad, 1986.

excessos niilistas que se convertem, de fato, em apologia da diferença sem solução possível para uma convivência humana.

Pois bem, a constatação do fracasso do Ocidente – e do cristianismo como mediador de sentido e de salvação[4] – já não pode ser camuflada numa discussão séria sobre o sentido no âmbito filosófico, sob pena de poder recair num pensamento ingênuo que mascararia sem sucesso sua vontade de domínio.

Enfrentemos esse fracasso cultural e histórico para balbuciar em seu seio um pensamento teológico discreto e ousado ao mesmo tempo, sempre consciente da importância de falar de Deus no meio dos escombros da totalidade. Mas uma teologia também cheia de audácia em virtude do anúncio do fim dos tempos e do advento do Reino de Deus na era messiânica.

O tempo messiânico comporta a superação da cronologia para sermos introduzidos em "um tempo curto" (cf. 1 Coríntios 7), segundo esta expressão de São Paulo que foi pensada em seu alcance filosófico por Giorgio Agamben para reconstituir a gênese da existência vivida em seu próprio limite.[5]

Tais tempos chegam discretamente, segundo os gestos fundacionais da gramática bíblica sobre a vida que vence a morte: comer, hospedar-se, ser elevado da terra.[6]

[4] "Mas talvez seja tarde demais. O cristianismo histórico, e com ele a sociedade moderna, fracassaram. A denúncia feita por Cristo dos mecanismos sacrificiais não para de irritar a violência. Mais uma vez, o que isso quer dizer, se não que a vinda do Outro está explodindo a totalidade? Penso que esse é o custo da escatologia. É porque o modelo de santidade apareceu uma vez na história dos homens que tantos heroísmos tentam sufocá-lo" (René Girard, *Rematar Clausewitz: Além* Da Guerra. São Paulo, Editora É, 2011, p. 177).
[5] "Podemos então propor uma primeira definição do tempo messiânico: *é o tempo que o tempo leva para terminar* – ou, mais exatamente, o tempo que nós empregamos para fazer terminar, para acabar nossa representação do tempo (...). É o tempo de que temos necessidade para fazer terminar o tempo – neste sentido: *o tempo que nos resta.*" Giorgio Agamben, *Le Temps qui Reste. Un Commentaire de l'Épître aux Romains.* Paris, Payot, 2000, p. 112-13.
[6] O messianismo seria então uma *gramática* inscrita desde os mais antigos relatos do

Não se trata, com efeito, de permanecer mudo diante da "escalada para os extremos" própria da guerra total, como assinalou René Girard. Porque, se o fizéssemos, estaríamos negando precisamente a salvação. Ao contrário, é tempo de fazer surgir de novo a força profética do cristianismo numa nova configuração da história, tendo-se depurado primeiramente a mensagem messiânica de seus traços totalitários e violentos.

Tal propósito exige muita lucidez, para que se possa distinguir de maneira adequada a vigilância pós-moderna contra a lógica da totalidade da impossibilidade de falar de Deus no coração dessa lógica do idêntico. Justamente aí se encontra o miolo do presente capítulo: "dar razão da esperança cristã" (cf. 1 Pedro 3,15), no mesmo momento da derrubada do sujeito moderno tardio. Com esse objetivo, empreenderemos neste capítulo um caminho de memória, desejo e imaginação, trilogia por excelência da fenomenologia para falar de Deus hoje no meio de nossos próprios escombros.

O princípio pragmático: a memória das vítimas

Uma corrente de filosofia pós-metafísica centrou suas reflexões na pergunta acerca da sorte dos inocentes sacrificados pelos totalitarismos do século XX. Com efeito, no contexto posterior

Primeiro Testamento hebreu, que chegaria a seu apogeu em Jesus de Nazaré, por meio dos atos mais fundamentais da condição humana: "Sustentar-se e alojar-se constituem, pois, dois fios condutores para pensar esse acréscimo de vida que Deus concede. Se se pode comer enquanto a vida parece extinguir-se e quando se tem mais apetite que nada, é porque a carne ainda se abre, porque 'algo' nela crê num desdobramento vindouro. Em seu cântico, Ana retoma os componentes de sua própria experiência (esterilidade, anorexia/fecundidade, saciedade) e os abre à fundamental experiência de um Deus, inscrito poderosamente no coração da vida: 'Os que viviam na fartura se empregam por comida, e os que tinham fome não precisam trabalhar. A mulher estéril dá à luz sete vezes, e a mãe de muitos filhos se exaure. É Yahweh quem faz morrer e viver, faz descer ao Xeol e dele subir'" (Phillipe Lefebvre, *Livres de Samuel et Récits de Résurrection*. Paris, Cerf, 2004, p. 410).

ao racionalismo ilustrado que se rebelava contra o formalismo de uma ética abstrata de fundo kantiano e de uma teoria política de sabor hegeliano, Theodor Adorno propôs a negação da injustiça como a expressão mais adequada da verdade.[7] Assim, graças ao pensamento proposto pela Escola de Frankfurt, pudemos ver com clareza a importância de uma virada pragmática do discurso, a fim de interpretar a história em seu caráter conflituoso de rivalidade, mas sempre no seio do espaço público, principal expressão intersubjetiva em que é possível instaurar a comunidade de vida. A ética do discurso lançou, ademais, a questão sobre as condições de possibilidade de tal comunidade *ilimitada* de discurso e de prática suscetível de construir – no seio das sociedades democráticas liberais – a justiça como prática do mútuo reconhecimento. A questão reside em saber como agir de maneira que todos os indivíduos e grupos de qualquer comunidade possam ser reconhecidos em sua própria identidade para conseguir alcançar o bem de todos.

Algumas décadas atrás, ao lado do pensamento filosófico judeu, o princípio anamnésico que torna possível o espaço público já havia sido claramente enunciado por Franz Rosenzweig,[8] e depois desenvolvido por Walter Benjamin como pedra de tropeço de toda teoria política e do religioso. Certamente, ancorado no terreno fecundo do *tsikkaron*[9] hebraico (a *anamnesis* grega, a *memoria* latina), tal princípio hermenêutico desempenhou um papel principal

[7] Segundo a crítica pragmática da dominação, trata-se do seguinte: "É justamente o insaciável princípio de identidade que eterniza o antagonismo oprimindo o que é contraditório. O que não tolera nada que não seja semelhante a ele mesmo contra-arresta uma reconciliação pela qual ele se toma falsamente. A violência do tornar-semelhante reproduz a contradição que ela elimina" (Theodor Adorno, *Dialectique Négative*. Paris, Payot, 1978, p. 176). Considere-se também o impacto da razão anamnésica na filosofia espanhola do início do século XXI: Reyes Mate, *La Razón de los Vencidos*. Barcelona, Anthropos, 1992; "Mémoire et Barbarie. L'Impératif Catégorique d'Adorno". *Les Temps Modernes*, n. 630-31, mar./jun. 2005, p. 36-55.

[8] Cf. Franz Rosenzweig, *L'Étoile de la Rédemption*. Paris, Seuil, 2003.

[9] Uma expressão hebraica com grande riqueza de sentido que a teologia cristã da Eucaristia assumiu com grande criatividade para expressar o caráter martirial da Ceia do Senhor. Cf. Max Thurian, *L'Eucharistie*. Neuchatel/Paris, Delachaux et Niestle, 1959, p. 21-49; Jean-Marie-Roger Tillard, *Église d'Églises. L'Ecclésiologie de Communion*. Paris, Cerf, 1987, p. 182.

na consolidação da identidade hebraica primeiro, mas depois no conhecimento de suas origens miméticas, como o mostraria depois Girard do ponto de vista antropológico:

> Nas interpretações religiosas a violência fundadora é desconhecida, mas sua existência é afirmada. Nas interpretações modernas, sua existência é negada. É a violência fundadora, no entanto, que continua governando tudo como sol distante e invisível em torno do qual gravitam não só os planetas, mas também os satélites e os satélites dos satélites. Pouco importa. É até necessário que a natureza desse sol seja desconhecida ou, mais ainda, que sua realidade seja considerada nula e não alcançada.[10]

As marcas da violência mimética estão presentes na literatura e nos ritos de todas as culturas. Por isso, Girard se propôs a levar a efeito uma análise interdisciplinar, a fim de unir a estética à antropologia e com isso esclarecer o caminho para uma interpretação do cristianismo na idade da crise da modernidade.

Em continuidade com essa análise, em particular dentro da linhagem de pensamento fenomenológica moderna, Paul Ricoeur descobriu, por seu lado, que a memória dos inocentes assassinados é o nó que ata a história com o Infinito: essa memória torna possível a abertura para a transcendência. Com efeito, *a memória das vítimas* é uma das expressões do complexo processo da memória, dado que esta se estende num vasto "horizonte" existencial: seja como amnésia, quando é impedida pelas inibições da psique, seja como anistia, quando é manipulada por algum acordo social, segundo a rigorosa análise hermenêutica de Ricoeur:

[10] René Girard, "La Violence et le Sacré". In: *De la Violence à la Divinité*. Paris, Grasset, 2007, p. 693.

> O esquecimento e o perdão designam de maneira separada e conjunta o horizonte de nossa investigação. De maneira separada, na medida na qual cada um revela uma problemática diferente: o esquecimento, como a da memória e da fidelidade ao passado; o perdão, como a culpabilidade e a reconciliação com o passado. De maneira conjunta, na medida em que seus respectivos itinerários voltam a se cruzar num lugar que não é um lugar, e se designa melhor com o termo "horizonte". Horizonte de uma memória apaziguada, caminho para um esquecimento feliz.[11]

Não obstante, a memória também pode desdobrar-se de maneira *profética*, segundo o que já viveu o povo de Israel, ou num sentido propriamente escatológico, segundo o anúncio cristão da cruz de Jesus de Nazaré.

Ademais, a dimensão política de tal rememoração é colocada no centro dos debates em todas as sociedades modernas que viveram guerras fratricidas. Fazer justiça às vítimas – seja as do holocausto, dos gulags, dos khmers vermelhos, das ditaduras sul-americanas, das guerras tribais africanas, dos genocídios da Eurásia e tantos outros exemplos atrozes do século XX – revela-se a condição de possibilidade da reconciliação nacional e internacional. Acordamos angustiados dos pesadelos totalitários imediatamente depois de haver captado a "escalada para os extremos" do fratricídio, como expressão última dos excessos da dialética da reciprocidade violenta.

A teologia depois de Auschwitz, anunciada por Dietrich Bonhoeffer, ensejou, nas últimas décadas do século XX, um pensamento *pragmático* que busca encontrar uma brecha nos becos sem saída da

[11] Paul Ricoeur, *La Mémoire, l'Histoire, l'Oubli*. Paris, Seuil, 2000, p. 536.

totalidade, desmascarando sua face de totalitarismo político: "Deus deixa que ele seja expulso do mundo e seja pregado numa cruz. Deus é impotente e fraco no mundo e somente assim está conosco e nos ajuda. Mateus 8,17 indica claramente que Cristo não nos ajuda por sua onipotência, mas por sua fraqueza e seus sofrimentos".[12]

A famosa sentença de Bonhoeffer nos lembra, assim, o sentido da teologia moderna da *kénosis*, enquanto pilar de toda a teologia cristã que anseia dar testemunho da força do Evangelho no momento preciso do derrumbamento da História.

Apesar de todas as advertências, o totalitarismo do mercado prosseguiu sua carreira até o extremo nestes tempos da globalização do primado do capital e seus ídolos de competitividade, performatividade e eficácia macroeconômica, apesar dos gritos de alarme lançados pelos especialistas em ciências sociais, pelo Parlamento das Religiões do mundo e pelas diversas teologias da libertação. Hoje mais que nunca, o pensamento teológico anglo-saxão[13] se esgotou

[12] Dietrich Bonhoeffer, *Resistencia y Sumisión. Cartas y Apuntes desde el Cautiverio.* Salamanca, Sigueme, 2001.

[13] Uma das principais vozes da teologia fundamental nos Estados Unidos, que levou a seus limites com agudeza e precisão a crítica ao Iluminismo, sem por isso renunciar a seu relato de autonomia, é sem dúvida a obra de David Tracy. Esse professor de Chicago insiste nas dimensões *apofática* e *apocalíptica* do cristianismo como garantias de seu olhar crítico sobre o mundo a partir da revelação. Assim o descreve numa conversa muito reveladora: "Grande parte da discussão sobre Deus, incluindo minha abordagem em *Blessed Rage*, trata do panenteísmo. Embora seja uma discussão importante, já não parto desse ponto – especialmente se o aspecto espiritual estiver profundamente envolvido no teológico. Parto das categorias de 'vazio' e 'aberto'. Estou inclinado a pensar em Deus não apenas em termos modernos, mas em termos de categorias de fé. Quando se fala de Deus, fala-se de duas opções 'impossíveis'. Lucrécio e Nietzsche falam do vazio, mas ninguém trata melhor desse assunto que Lutero. Para ele, a História é apocalíptica, uma série de aberturas para o abismo. A Natureza também é assim. O 'vazio' se relaciona a experiências de extremo sofrimento, injustiça, terror, desespero ou alienação. E ninguém melhor que os místicos apofáticos quando se trata de considerar a Deus como 'aberto'. Eu primeiramente havia chamado essa categoria de 'vazio sagrado', mas percebi que se tratava de um termo muito cristão. Portanto, agora utilizo o termo 'o aberto'. A experiência do aberto ocorre quando você 'se deixa levar'. Por isso, o budismo exerce tamanha atração sobre tantas pessoas contemporâneas, incluindo pensadores pós-modernos. É o aspecto de 'deixar-se levar' da fé. Mesmo Aristóteles fala do

com relação à pergunta sobre o porvir, a tal ponto que parece já não ter nada que dizer para falar hoje de esperança possível.

No entanto, no coração de tal devastação do pensamento ocidental e teológico, a partir desses mesmos escombros nasceu uma teologia da esperança apocalíptica[14] que não renuncia à memória das vítimas, mas, muito pelo contrário, faz dessa memória a fonte do anúncio da reconciliação possível para a humanidade, entre as pessoas, entre os povos da Terra e de todos com Deus como dador de vida.

A subversão da fatalidade

A teologia política de Johann-Baptist Metz,[15] e depois a da libertação de Gustavo Gutiérrez,[16] cada uma em seu respectivo contexto, mostraram a força própria da indignação ética que ultrapassa os efeitos perversos da modernidade tecnocientífica. Não obstante, como já o assinalou Christian Duquoc[17] de maneira precisa nos anos oitenta, seus instrumentos de análise foram radicalmente opostos. Por um lado, a teologia progressista europeia se centrou na problemática da emancipação do indivíduo nascido do Iluminismo, segundo a lógica da liberdade e dos direitos

mistério da religião como uma experiência genuína. A experiência do 'aberto' pode ocorrer ou não – ou ocorrer de forma repentina –, mas as disciplinas espirituais são capazes de prepará-lo para ela. O 'aberto' se relaciona a experiências da simples dádiva da vida – a sensação de assombro e maravilha que se pode ter quanto à beleza do mundo natural ou a pura felicidade que se pode encontrar nos relacionamentos humanos" (Lois Malcolm, "A Interview with David Tracy". *The Christian Century*, 13-20 de fev. 2002, p. 24-30). Disponível em: http://www.religion-online.org.

[14] Cf. Rosino Gibelini, *Panorama de la Théologie au XXe Siècle*. Paris, Cerf, 2004.

[15] Cf. Johann-Baptist Metz, *La Foi dans l'Histoire et la Société*. Paris, Cerf, 1979.

[16] Indignação ética que encontra sua fonte, para a teologia da libertação, na práxis de Jesus de Nazaré: "A vida e a morte de Jesus não são menos evangélicas devido a suas conotações políticas. Seu testemunho e sua mensagem adquirem essa dimensão precisamente pela radicalidade de seu caráter salvífico; pregar o amor universal do Pai vai inevitavelmente contra toda injustiça, privilégio, opressão ou nacionalismo estreito" (Gustavo Gutiérrez, *Teología de la Liberación. Perspectivas*. Lima, CEP, 1971, p. 295).

[17] Cf. Christian Duquoc, *Libération et Progressisme. Un Dialogue Théologique entre l'Amérique Latine et l'Europe*. Paris, Cerf, 1987.

individuais no seio de uma democracia liberal, enquanto a teologia da libertação buscava justamente a crítica desse modelo individualista, assinalando os efeitos de morte produzidos pela primazia do indivíduo. De certo modo, a corrente latino-americana representava um sério questionamento à modernidade ilustrada *avant la lettre* pós-moderna, sem haver atualizado suas ferramentas epistemológicas e analíticas do real.[18] Com efeito, sua visão da salvação na história era demasiado dependente de certa visão hegeliana do progresso e da dialética da história. Enquanto a teologia liberal,[19] por seu lado, desejava aprofundar-se na secularização para encontrar nela o fundo místico do indivíduo, como a pós-modernidade niilista o descobriria extasiada depois.

Em todo caso, ambas as correntes teológicas posteriores a Auschwitz, tanto no mundo protestante como no católico, marcaram o desejo de *aggiornamento* da Igreja e sua relação com as sociedades modernas ocidentais. O impulso de renovação típico do Concílio Vaticano II na Igreja Católica e a fundação do Conselho Ecumênico de Igrejas no mundo protestante e ortodoxo, por exemplo, marcaram a consciência cristã da última parte do século XX.

Por outro lado, certo sentimento de rebeldia contra a morte do inocente presidiu também a teologia moderna e promoveu nela um

[18] Desde os anos setenta do século passado, o debate sobre o método da teologia da libertação já havia assinalado essa problemática própria da polissemia do termo *pobre*. Mas foi preciso que passassem ao menos duas décadas para sua recepção explícita. Cf. Enrique Ruiz Maldonado (org.), *Liberación y Cautiverio*. México, CUC, 1975. Segundo suas próprias palavras, o fundador da teologia da libertação o reconheceu depois: "A pobreza é uma realidade complexa que não se limita ao aspecto econômico, por mais importante que ele seja. Desde o início de sua reflexão sobre a pobreza, a teologia da libertação percebeu essa diversidade, pois a realidade de países multiculturais (que são a maioria na América Latina) oferece uma experiência direta e inevitável dela, e a Bíblia representa o pobre de formas diversas (...). As expressões iniciais *não pessoas* e *insignificantes*, usadas pela teologia da libertação para se referir aos pobres, já apontavam para essa complexidade. Eram usadas para evocar todos aqueles não reconhecidos em sua plena dignidade humana" (Gustavo Gutiérrez, "Memory & Prophecy". In: Daniel Groody (org.), *The Option for the Poor in Christian Theology*. Notre Dame, University of Notre Dame Press, 2007, p. 26).
[19] Cf. Christian Duquoc, *Je Crois en l'Église. Précarité Institutionnelle et Royaume de Dieu*. Paris, Cerf, 1999.

agudo senso de ação, de responsabilidade e de condução da história, sempre em busca de agir na contramão da história de dominação. Se se levar em conta tal projeto de emancipação - de uma retrospectiva pós-moderna -, poder-se-á dizer hoje que essas utopias cristãs do século XX foram marcadas por uma busca ingênua com o fim de desviar o sentido da injustiça e da violência, próprias da história, e introduzir aqui embaixo uma esperança de vida para todos os seres humanos.

A tarefa não era fácil. Depois da queda do muro de Berlim, em 1989, e do fracasso do socialismo europeu, o otimismo cedeu lugar progressivamente ao sentimento de fracasso, à retirada e até, às vezes, ao exílio por parte de uma geração de cristãos que abandonaram sua prática eclesial para migrar para a ação humanitária e assim tentar traduzir, num mundo secularizado - marcado pela voracidade do mercado-, a mensagem cristã de salvação e de reconciliação, sem pensar muito por ora na transcendência.

Mas, por outro lado, o retorno do religioso sob a forma do pentecostalismo nas Américas, e depois do islã na Europa,[20] modificou de maneira sensível o sentido da secularização crescente que fora previsto pela racionalidade moderna ilustrada. Esses movimentos profundos de reacomodação da simbólica da transcendência no mundo moderno tomaram de surpresa a maior parte dos intelectuais do Ocidente, salvo aqueles que já tinham visto aparecer, no tempo do pós-guerra, o despertar inevitável do religioso arcaico com sua violência extrema, tais como Rudolph Otto e Girard. Mas outros autores também perceberam a força da transformação da

[20] Uma característica fundamental do pentecostalismo em diferentes países da América consiste no vínculo entre religião e espera de um melhor porvir no meio das sociedades fragmentadas: "Os movimentos milenares representam para uma cultura o mesmo que os ritos de passagem para um indivíduo. (...) Eles permitem à pessoa ou à sociedade entrar em contato com o passado e com suas raízes simbólicas mais profundas, a fim de preparar-se para dar o próximo - e por vezes aterrador - passo rumo ao futuro" (Harvey Gallagher Cox, *Fire from Heaven: the Tise of Pentecostal Spirituality and the Reshaping of Religion in the Twenty-First Century.* Massachusetts, Addison-Wesley, 1995, p. 117).

representação da transcendência própria da religião que estava acontecendo, como foi o caso de Ludwig Wittgenstein, e anunciaram assim o retorno do religioso.

Ao longo de toda essa trajetória do pensamento sobre a religião no século XX, uma leitura antropológica, unida à interpretação simbólica e à aproximação linguística ao religioso, começou a se impor, na modernidade tardia, como a melhor maneira de tentar explicar a potência da experiência representada hoje pelo religioso na sociedade planetária.

O realismo pragmático

No mundo de fala alemã, Helmut Peukert[21] é o teólogo católico que melhor captou, a nosso ver, o miolo pragmático da teologia. Consagrou a esse objetivo mais de três décadas de investigação, com a finalidade de construir cuidadosamente um debate a fundo com Jürgen Habermas e Karl-Otto Apel, em particular, sobre as condições necessárias para o cumprimento da comunicação. Aceitando a pertinência da pergunta acerca da base ética do discurso, que reside em se questionar sobre "o que é preciso fazer para que os verdugos não continuem triunfando", Peukert aprofunda a problemática dos *impasses* da comunicação em toda sociedade diferenciada, ou seja, hierárquica, bem como a necessidade de superar o estágio formal e abstrato da discussão, como já havia sido proposto por alguns autores pragmáticos ao falar em lugar das vítimas.

No coração desse debate aparecerá precisamente, segundo Peukert, a pertinência da teologia:

> A questão reside evidentemente em saber se a teologia pode compreender o discurso da

[21] Sua principal obra está traduzida ao espanhol: Helmut Peukert, *Teoría de la Ciencia y Teología Fundamental. Análisis del Enfoque y de la Naturaleza de la Formación de la Teoría Teológica*. Barcelona, Herder, 2000.

> reconciliação, da emancipação salvadora e da força transcendente da ação comunicativa, no sentido em que o entende Habermas. Ou se a teologia deveria ser entendida como TAC [Teoria da Ação Comunicativa], que libera os mecanismos da autoafirmação e de aumento do poder rival, e que leva em conta a ação de Deus, aqui e agora, enquanto amor de prevenção absoluta pelo outro e por si mesmo, na recordação e na antecipação.[22]

De fato, o problema da comunicação bloqueada pelas estruturas de poder não pode ser resolvido senão pelo chamado a um princípio transcendente de comunicação realizada. Esse princípio é afirmado justamente pelo cristianismo segundo a lógica da *kénosis* do *Logos* divino: para que a comunicação com o outro se realize respeitando sua diferença, é necessário um *ato de ultrapassamento de si*, cujo protótipo se realizou historicamente pela encarnação do Verbo de Deus. Tal princípio de autoultrapassamento também já foi percebido de maneira parcial pelos sábios deste mundo e comunicado por meio de suas tradições religiosas mais desenvolvidas. Mas foi o cristianismo que captou o alcance universal desse acontecimento graças à revelação plenamente realizada em Jesus Cristo.

Apesar disso, não se trata de fazer uma apologética da Igreja enquanto instituição da Cristandade. Sem cair nesse extremo, a teologia em chave pragmática tenta pensar no dinamismo da comunicação realizada, primeiro graças à *kénosis* do Verbo, depois na pregação do Galileu como profeta escatológico, e por último no acontecimento principal de sua condenação à morte e sua ressurreição, atestadas pelos discípulos à luz da Ruah divina como princípio *pascal* de uma comunidade nova. Ela é possível para a humanidade

[22] Helmut Peukert, "Agir Communicationnel, Systèmes de l'Accroissement de Puissance et les Projets Inachevés des Lumières et de la Théologie". In: Edmund Arens (dir.), *Habermas et la Théologie*. Paris, Cerf, 1989, p. 63-64.

quando as diferenças já não desempenham o papel determinante para construir uma hierarquia de forças, senão que se convertem em possibilidade de encontro na medida em que foram depuradas de seu caráter de rivalidade violenta.

Ao contrário, a lógica da *doação*[23] preside essa compreensão pascal, de maneira que brota dela uma experiência de comunhão na diferença. A doação implica, ao menos, três dimensões constitutivas: um fundo fenomenológico que descreve a constituição do sujeito em sua relação ao outro; uma finalidade ética que orienta o agir humano no sentido da compaixão realizada; e uma abertura transcendente propriamente teológica que vincula a pessoa ao mistério divino, doação extrema enquanto fonte do amor criador e redentor.

Com efeito, seria possível descrever a teologia trinitária como a teoria da comunicação realizada entre as pessoas divinas em sua mútua reciprocidade. Dito de outro modo, trata-se da teoria da comunicação plena, no seio das diferenças entre sujeitos diversos que vivem a abertura extrema de um para com o outro: o Pai para com seu Filho, no reconhecimento mútuo do Espírito que os une.

Por tudo isso, é possível para a teologia fundamental pragmática dar conta da esperança significativa para a sociedade pós-moderna, enquanto faz o ato comunicativo no dinamismo trinitário revelado em e por Cristo deitar raízes. Tal anúncio kerigmático próprio do cristianismo se realiza não como a apologia de uma doutrina, mas como estando inserido na história ambígua dos seres humanos e propondo aí uma resposta performativa ao fatalismo da história violenta, fratricida e idolátrica.

[23] Cf. Jean-Luc Marion, *Le Visible et le Révélé*. Paris, Cerf, 2005; *Étant Donné. Essai d'une Phénoménologie de la Donation*. Paris, PUF, 1998; *Du Surcroît. Études sur les Phénomènes Saturés*. Paris, PUF, 2001; *Dieu sans l'Être: Hors Texte*. Paris, Fayard, 1982; "Saint Thomas et l'Onto-théo-logie". *Revue Thomiste*, v. XCV. Toulouse, 2005; "La Phénoménalité du Sacrement: Être et Donation". *Communio*, v. XXVI, n. 5. Paris, set./out. 2001.

A comunicação plenamente realizada passa, assim, pela mediação existencial da doação enquanto renúncia ao si-mesmo totalitário, para colocar-se na lógica da subversão descrita por Emmanuel Lévinas, mas por meio da instauração de relações sociais diferentes das da posse e da objetivação do real, típicas da razão instrumental.

A memória das vítimas é pensada, dessa maneira, num marco político e teológico preciso, mas sempre relacionado diretamente com a vida trinitária, de modo que seja possível defender a ideia de uma plena realização da comunicação em sua mesma fonte transcendente, não imanente à história entregue a suas próprias contradições. Ela se expressa por uma presença vinda de mais longe, ou seja, aquela que procede do rosto[24] do outro reconhecido como próximo, das vítimas recordadas para além do ressentimento. Em suma, trata-se de relações fundadoras de sentido e de salvação segundo o olhar procedente da misericórdia.

Nesse contexto, é possível compreender mais cabalmente a importância do "princípio misericórdia", proposto por Jon Sobrino no contexto da segunda fase da teologia da libertação latino-americana.[25] Com efeito, desde Ernst Bloch[26] e seu "princípio esperança" até

[24] Um tema central para Lévinas, seguindo a Franz Rosenzweig no que, com anterioridade, já havia postulado em sua obra capital: "Assim como a estrutura do rosto é dominada pela testa, assim também sua vida, ou seja, tudo o que gira em torno dos olhos e que daí se irradia, se concentra na boca. A boca é o que cumpre e consome toda expressão de que o rosto é capaz, tanto no discurso como no silêncio onde finalmente o discurso veio abismar-se: ou seja, no beijo. É nos olhos que brilha o eterno rosto do homem, é das palavras da boca que o homem vive; mas, para nosso mestre Moisés, que em vida pôde somente contemplar e não pisar o país da nostalgia, Ele sela esta vida acabada com um beijo de Sua boca. É o selo de Deus e é também o selo do homem" (Franz Rosenzweig, *L'Étoile de la Rédemption*. Paris, Seuil, 2003, p. 587).

[25] Cf. Jon Sobrino. *A Fé em Jesus Cristo. Ensaio desde as Vítimas*. Madri, Trotta, 1998.

[26] Esperança que está unida ao sofrimento na história, mesmo sem ter uma explícita referência religiosa: "O Essencial sofre no homem todo como no mundo, este Essencial está à espera, no temor do fracasso, na esperança do êxito. Pois o que é possível pode perfeitamente tanto soçobrar no Nada como alcançar o Ser: o possível, enquanto ainda não está completamente condicionado, não se detém. Por conseguinte, tanto o temor quanto a esperança, o temor na esperança, a esperança no temor estão no princípio, quando o homem não intervém em face deste 'em-suspenso' real (...). No entanto, como a faculdade ativa do homem pertence ao domínio do possível, o pôr em obra desta atividade faz pender a balança para o lado da esperança" (Ernst Bloch, *Le Principe Espérance*, v. I. Paris, Gallimard, 1976, p. 297).

Jürgen Moltmann[27] e Sobrino, há um desenvolvimento silencioso de uma visão moderna da ação como domínio da liberdade e suas potências. Mas, graças aos dados próprios da ideia judia e cristã de revelação, foi possível captar o caráter fundacional do primado do Outro na instauração dessa nova ordem de intersubjetividade, ordem que o cristianismo chama de *koinonía*.[28]

No fundo, a teologia pragmática não fez senão pensar, por mediação de uma gramática própria da ética do discurso, todas as implicações da comunidade ilimitada de vida que caracteriza a ordem divina trinitária e seu impulso redentor na vida dos seres humanos e das criaturas. A memória das vítimas se converte assim no princípio maior do *realismo pragmático*,[29] pensado pela filosofia nos

[27] Segundo uma visão cristã da esperança, que é marcada pela consciência aguda do caráter subjetivo da salvação em que tanto insistiu a tradição protestante reformada: "O homem chega a si mesmo em esperança, pois ele ainda não se encontra subtraído à contradição e à morte. Ele encontra a vida, mas oculta no futuro do Cristo prometido e ainda não aparecido. O crente torna-se o esperante. Ele ainda é para si mesmo um futuro. Ele é prometido a si mesmo (...) e se põe de acordo consigo mesmo *in spe* e não *in re*. Aquele que se confia à promessa se torna para si mesmo um enigma e uma questão aberta, um *Homo absconditus* (...). O esperante não está centrado em si: ele se mantém, ao contrário, excêntrico com relação a si, no que Lutero chama de esta capacidade de se manter fora de si mesmo diante de Deus (...). Ele está adiante de si mesmo (...) o evento da promessa não o faz entrar numa Pátria ou na Morada da identidade, mas o introduz nas tensões da exteriorização (...). Ela o abre à dor, à paciência e ao prodigioso poder do negativo" (Jürgen Moltmann, *Théologie de l'Espérance*. Paris, Cerf, 1978, p. 97).

[28] A categoria teológica da *koinonía* é a pedra angular da eclesiologia de comunhão, como a desenvolveu com fino conhecimento das fontes bíblicas e patrísticas o padre Jean-Marie-Roger Tillard: "Entrar na *comunhão* é participar desta obra de Deus, e pois pertencer ao mistério dos tempos escatológicos, os do 'futuro' da aventura humana. Talvez não seja vão recordar que, relendo à luz da Páscoa os *acta* e *dicta* do ministério de Jesus, se perceberá, então, seu sentido autêntico. Os tempos do Espírito se anunciavam então, e germinavam. O Evento que muda a visão anterior da ordem do mundo era preparado na mutação qualitativa que Jesus provocava no mais profundo da consciência e no laço das relações humanas" (Jean-Marie-Roger Tillard, *Église d'Églises. L'Ecclésiologie de Communion*. Paris, Cerf, 1987, p. 20).

[29] Expressão que aqui empregamos para dar conta da primazia das experiências históricas em que os seres humanos vivem uma autêntica resistência à lógica da violência, com o que se inaugura o mundo novo, apercebido pela subjetividade como cumprimento escatológico da temporalidade.

limites da razão histórica, conduzida à sua realização transcendente na vida trinitária pelo olhar teológico de que o cristianismo estaria chamado supostamente a ser o portador fundamental.

Atrás de uma memória feliz

O realismo pragmático evoca a profundidade teológica para situar nela o sofrimento do inocente na perspectiva própria da transcendência do Deus próximo. Tal abismo é bem conhecido pela memória como potência do ser humano modelado pela temporalidade. O conhecimento de si, o do mundo e o de Deus se encontram, desse modo, ligados por essa íntima experiência do real que não cessa de pedir uma relação com o passado para compreender melhor a consciência do presente em sua densidade, bem como o anúncio de um porvir possível para todos.

De Santo Agostinho a Pascal, passando por Friedrich Hölderlin e Ricoeur,[30] a memória é interrogada em seus meandros, nos quais surgem, de maneira concomitante, o gozo das origens, a culpabilidade da queda, a humildade da espera e da esperança do reencontro. São todas etapas próprias de um itinerário espiritual sempre inédito e, ao mesmo tempo, conhecido há muitas gerações: quando os justos, à força de apaziguar seu coração e de fortalecer sua luta contra o mal, conseguiram habitar o mundo atravessando para a outra margem da violência...

No contexto hermenêutico moderno, Ricoeur é sem dúvida o filósofo e crente cristão que mais rigorosamente analisou a memória em sua filosofia da vontade, com três obras-primas. Para fins de nosso

[30] A memória, com efeito, é um caminho de rememoração que sempre se encontra unido a certo esquecimento: "De um lado, o esquecimento nos dá medo. Não estamos condenados a esquecer tudo? Do outro, saudamos como a uma pequena felicidade o rebento de um fragmento de passado arrancado, como se diz, do esquecimento" (Paul Ricoeur, *La Mémoire, l'Histoire, l'Oubli*. Paris, Seuil, 2000, p. 542).

propósito, é importante sublinhar a fenomenologia que se depreende, na qual a simbólica da memória infeliz, marcada pela mancha, pela culpa e pelo pecado, cede lugar progressivamente à "memória feliz", que é possível porque ultrapassou a consciência da finitude, para abrir-se plenamente ao dom vindo do outro.

Com efeito, para o olhar hermenêutico próprio da memória, enquanto potência da experiência, não é possível alcançar o estágio de apaziguamento sem ter passado antes pela reivindicação dos inocentes e pelo desmascaramento do ódio que os matou. A justiça para as vítimas é, portanto, apresentada como condição de possibilidade histórica do perdão, estágio da intersubjetividade a partir do qual é possível em seguida passar à reconciliação.

No entanto, a implantação da justiça requer uma potência narrativa específica: aprender a recordar os acontecimentos passados com suas lutas, seus fracassos e seus mortos. Contar assim a história de nossos mortos, com toda a complexidade que tal reconstrução de suas vidas implica, representa não só uma terapia própria de todo trabalho de luto, mas, mais ainda, uma abertura própria da potência gramatical da experiência da recordação, para então permitir, assim, que advenha o perdão. Tal reconstrução terá implicações sociais e políticas evidentes, como mostraram os trabalhos das diversas "comissões da verdade" instituídas em diversos países que viveram guerras ao longo do século XX.[31]

Nesse sentido, Jean-Marc Ferry,[32] dando prosseguimento às ideias e intuições linguísticas de Ricoeur, propôs uma análise filosófica detalhada da maneira como a memória própria toma lugar como gramática verbal da inteligência humana. Sua contribuição principal para nossa investigação consiste em mostrar a estrutura linguística, em particular gramatical, de toda experiência de

[31] Cf. Teresa Phelps, *Shattered Voices. Language, Violence and the Work of the Truth Commissions*. Filadélfia, Pennsylvania University Press, 2004.
[32] Cf. Jean-Marc Ferry, *Les Grammaires de l'Intelligence*. Paris, Cerf, 2005.

rememoração, de linguagem e de presença no mundo, diante dos outros e de Deus, que caracteriza todo ato anamnésico. O advento do estágio intersubjetivo do mútuo reconhecimento, estudado em sua genealogia hegeliana por Ricoeur, não é possível senão graças à ação de uma mediação narrativa complexa. Nela os modos verbais virão a significar estados de presença para si mesmo (individual ou coletiva) capazes de controlar a *labilidade* própria da subjetividade humana, como potências de experiência próprias da condição histórica do ser humano.

"Que se deve fazer com os nossos mortos?"[33] é o questionamento de toda civilização, incluída a da modernidade pós-iluminista, quando vê seu navio naufragar, para encontrar o sentido da existência. A pergunta permanece intacta, trate-se dos sobreviventes das guerras ou das catástrofes naturais amplificadas pela irresponsabilidade da gestão política, trate-se dos filhos do niilismo pós-moderno, que elevam seu clamor pelo fim da história.

A única possibilidade anamnésica que nos resta em tempos de escombros desencadeia um dinamismo triplo na história e suas *circunstâncias*: os relatos dos sobreviventes enquanto vítimas da história;[34] o reconhecimento dos limites do saber, do poder e do

[33] Cf. Paul Ricoeur, *La Critique et la Conviction. Entretiens avec François Azouri et Marc de Launay*. Paris, Calmann-Lévy, 1995, 288 p.

[34] Nesse contexto, vale a pena recordar a famosa frase de Ricoeur na qual ele fala do papel da memória no meio de situações de ódio e violência: "Ou se contam cadáveres, ou se conta a história das vítimas" (Paul Ricoeur, *Temps et Récit*, v. III. Paris, Seuil, 1985). Nessa mesma obra, quando Ricoeur reflete sobre "o ser-afetado-pelo-passado", anota: "É a proposta mesma de 'fazer a história' que chama o passo atrás do futuro para o passado; a humanidade, dissemos nós com Marx, não faz sua história senão em *circunstâncias* que ela não fez. A noção de *circunstância* torna-se assim o índice de uma relação inversa à história: nós não somos os agentes da história; somos antes seus pacientes. As vítimas da história e as multidões incontáveis que, ainda hoje em dia, a sofrem infinitamente mais do que a fazem são as testemunhas por excelência dessa estrutura maior da condição histórica; e aqueles que são – ou creem ser – os agentes mais ativos da história não *sofrem* menos a história que as vítimas ou suas vítimas, ainda que tal se dê pelos efeitos não queridos de seus empreendimentos mais bem calculados" (Paul Ricoeur, *Temps et Récit*, v. III: "Le Temps Raconté". Paris, Seuil, 1985, p. 313).

desejar humanos; a apercepção mais nítida da abertura à transcendência que constitui toda existência consciente de si na relação com os outros, sempre no seio da história narrada.

Encarregarmo-nos dessa memória supõe também prevenir o fracasso, na medida de nossas possibilidades, para desmantelar os mecanismos de onipotência, instaurar relações já não baseadas na eterna diferença que nos separa uns de outros, mas antes no reconhecimento do chamado a assumir de novo o pensamento do comum que nos vincula uns a outros. Isso não significa que se quererá negar doravante todas as diferenças, mas sim que é urgente situá-las num conjunto mais amplo de reconhecimento mútuo para evitar o niilismo extremo.

Dessa maneira, a memória alcançará o estágio da "felicidade", em seu sentido de cumprimento, na medida em que ela poderá passar da arquitetura do relato de reivindicação justa, enquanto história narrada, para o estágio do esquecimento. Com efeito, somente no reino do perdão é que o nó do ressentimento poderá ser desatado. Aí, o naufrágio do ego moderno poderá permitir-nos iniciar uma *segunda travessia*. Diante de tal horizonte da história, já não é pertinente falar de utopia, mas de *promessa*, já que esta nos situa de saída na relação constitutiva ao Outro. Essa instauração da transcendência no seio da imanência é uma necessidade, não enquanto alienação da história, nem enquanto relato narcisista do progresso, mas enquanto aceitação da vulnerabilidade constitutiva de todo sujeito em relação e, por isso, possibilidade de encontrar-se com o outro enquanto outro, para receber aí uma identidade nova.

Chegamos assim, por meio da passagem anamnésica, ao horizonte da fé enquanto cumprimento da ontologia relacional. Não como evasão do mundo, mas como anúncio apocalíptico de seu fim. Não o fim, mas o anúncio do Reino de Deus, onde o Outro advém sempre enquanto esquecimento, desatamento, "ferida que se torna luz", abertura e perdão, ou seja, *koinonía* tornada realidade.

Os jogos da linguagem

A diferenciação dos jogos de linguagem é uma condição *sine qua non* do novo ponto de partida do qual se poderá chegar à outra margem. Mas para consegui-lo será necessário distinguir entre a eficácia do domínio do mundo própria da linguagem tecnocientífica, por um lado, e a doação do mundo própria da linguagem poética e religiosa, por outro.

Com efeito, a pertinência do formalismo da objetividade tecnocientífica não é posta em dúvida pelo *Logos* analítico, ainda que seu caráter absoluto já não seja defensável no meio dos escombros da devastação planetária, produzida pela civilização derivada da razão instrumental.

Segundo John Milbank, Wittgenstein abriu caminho para essa passagem para o religioso, no seio da filosofia analítica paralisada pelo rigor e pelo formalismo da ciência empírica e matemática.[35] Uma vez captada a importância do domínio de tal objetividade, ele pôde redescobrir o papel da intuição, do sentimento e da fé religiosa em seu rigor linguístico próprio, marcado pelo poder do símbolo.

A representação da transcendência na diversidade de regras simbólicas desempenhará, a partir de então, um papel principal na desconstrução da suposta objetividade instrumental. Uma análise precisa da potência gramatical dos símbolos religiosos será, por

[35] Milbank apela à crítica moderna da linguagem para denunciar a perversão da razão secular. Ele o faz também para criticar a teologia política e a teologia da libertação do século XX, já que para ele ambas capitularam diante da primazia da dialética da violência e cederam diante do reducionismo empírico do mundo promovido pela Ilustração. A seu ver, Ludwig Wittgenstein, em *Culture and Value*, dirige "a atenção para essa assunção onipresente [*poiesis*]: 'É verdadeiramente notável o fato de sermos inclinados a pensar a civilização – casas, árvores, carros, etc. – como separada de suas origens, do que é nobre e eterno' (...). O que sucedeu é que, como já vimos, a autonomia laica, a 'sede' da razão, se instalou a ponto de a *poiesis* ser definida publicamente como *techné*" (John Milbank, *Teología y Teoría Social. Más Allá de la Razón Secular*, cap. 8, n. 4. Barcelona, Herder, 2004).

exemplo, o caminho seguido por toda uma corrente teológica aberta ao diálogo inter-religioso, que não separa os símbolos de seu enraizamento na justiça de Deus.[36]

Com efeito, a sensibilidade ocidental havia bloqueado previamente o desenvolvimento de tal apercepção da transcendência seguida pela lógica da metáfora, da analogia e do símbolo. Mas o retorno do religioso no Ocidente decadente tomou a dianteira com respeito às reflexões dos sábios e entendidos, e foi além dos preconceitos dos sistemas de pensamento pretensiosos e arrogantes que pareciam dominar o mundo a partir de um *Logos* objetivista.

Redescobrir o papel da "metáfora viva"[37] e sua relação com a analogia do discurso foi o grande êxito da filosofia da linguagem do velho Wittgenstein, bem como da teoria da interpretação estabelecida por Ricoeur. Ser-no-mundo quer dizer, nesse sentido, habitar um mundo de significação que constrói o sentido no limite da história enquanto realização da transcendência na ordem do verdadeiro, mas *também* enquanto rigor próprio da vivência autêntica e da esperança possível no meio de um mundo caótico.

Nesse sentido, a teologia cristã ocidental teve de ir aprendendo pouco a pouco a receber de maneira inteligente o giro linguístico do pensamento, com sua concomitante abertura à ordem simbólica do real. Graças a tal descoberta teórica, que acompanhou a renovação religiosa na modernidade tardia, conseguimos compreender no Ocidente *de outra maneira* a força perlocutória do discurso

[36] Nesse sentido, pode-se ver o esboço de uma teologia inculturada na Ásia, onde se leva em conta ao mesmo tempo a simbólica cristã, a hindu e a budista em sua relação fundamental com a mensagem de salvação de Deus dirigida a todos a partir dos pobres. Ver como exemplo uma breve síntese dos trabalhos do conhecido teólogo jesuíta do Ceilão: Aloysius Pieris, "The Option for the Poor & the Recovery of Identity. Toward an Asian Theology of Religions Dictated by the Poor". In: *The Option for the Poor in Christian Theology*. Notre Dame, University of Notre Dame Press, 2007, p. 271-89.
[37] O paradoxo como potência de compreensão é desenvolvido precisamente por Ricoeur enquanto fonte de que brota o sentido. Cf. Paul Ricoeur, *La Métaphore Vive*. Paris, Seuil, 1975.

religioso, bem como a captar de maneira mais adequada a amplitude de seu dinamismo ilocutório na representação do mundo realizado através do rito que acompanha o pensamento da transcendência: evocação de uma presença ativa, mas discreta, abertura do sujeito a uma Alteridade não manipulável, recepção da presença dos outros como chamado ético e convite ao descentramento, eficácia dessa presença no coração do drama histórico e, por fim, indignação ética vinda de além. Todas elas são expressões típicas da gramática própria da ordem simbólica.

O cristianismo, em seu terceiro milênio de história, terá de desempenhar um papel próprio nessa sinfonia de memórias e relatos simbólicos típicos do religioso. Trata-se de afirmar a transcendência no coração da imanência para mostrar seu radical inacabamento e sua profunda orientação para uma alteridade que a ultrapassa. Consciência do ultrapassamento certamente, como já o sublinhou de maneira unilateral o pensamento vulnerável. Mas também *êxodo* que torna o crente capaz de receber a vida de Outro. Não se trata de um mero aniquilamento, mas de uma abertura e de um vazio que serão então "hospitalidade"[38] vivida como espera, acolhida, fecundidade. No fundo, trata-se de voltar a encontrar a significação dos tempos messiânicos no seio da imanência do fim do mundo, concentrado em sua própria vaidade e ao mesmo tempo fecundado por uma presença outra.

Para habitar esse espaço, será necessário compreender de maneira adequada o jogo de linguagem próprio da mística, enquanto experiência do umbral do divino, a dos pés nus que acariciam a terra santa, a dos lábios impuros purificados pelo carvão do outro, a das feridas que nada exigem do verdugo, senão que antes lhe oferecem o coração: todas elas metáforas poderosas de Cristo enquanto

[38] Trata-se de uma experiência bíblica que se converteu num imperativo moral para o mundo judeu. Depois também foi pensada como categoria teológica pela tradição cristã. Para ver suas raízes na profecia de Israel, pode-se consultar: Hermann Cohen, *La Religion dans les Limites de la Philosophie*. Paris, Cerf, 1990.

mistério desse autoultrapassamento cumprido de maneira feliz num momento crucial e definitivo para a humanidade inteira.

A lógica do desejo mimético: a superação da violência

"Pensar a esperança"[39] é um projeto temível por sua complexidade e pelas armadilhas que implica como possível evasão do real. Em especial no marco da modernidade tardia – depois do naufrágio do ego moderno e suas vicissitudes, como a ciência, a tecnologia e a revolução social –, é quase impossível sugerir a ideia de um porvir para a humanidade. Parece que nos aproximamos de um estágio de aniquilação tanto de toda ideia da história como das possibilidades da razão de conhecer o real. O horizonte aparece mais ainda desconcertante quando ouvimos a proposta dos niilistas radicais, e até quando atendemos ao discurso apocalíptico de certos antropólogos como Girard e tantos outros clássicos da literatura que nos falam do fim do mundo.[40]

[39] "Pensar a esperança" é uma das antigas e sempre urgentes tarefas da teologia fundamental, dado que é uma disciplina teológica do umbral da fé em situações históricas de risco de falta de humanidade e de idolatria para distinguir os signos do Reino e a linguagem pertinente para comunicar o ágape de Cristo. Nesse sentido, ver a entrevista do autor com Girard, já citada: Carlos Mendoza-Álvarez, "Pensar la Esperanza Como Apocalipsis. Conversación con René Girard". *Letras Livres*. México, abr. 2008. Disponível em: http://www.letraslibres.com. [A entrevista encontra-se transcrita no final deste volume.]

[40] Louis-Ferdinand Céline, em seu famoso romance – e como um dos grandes mestres da literatura francesa do século XX –, descreve de maneira magistral a loucura da guerra, essa famosa "escalada para os extremos", na cena em que Bardamu escapa entre os soldados alemães em plena ocupação nazista: "'Seria eu, portanto, o único covarde na Terra?', pensava eu. E com que pavor! Perdido entre dois milhões de loucos heroicos e soltos e armados até os dentes? Com capacete, sem capacete, sem cavalo, de moto, uivando, de carro, assobiando, atiradores, conspiradores, voadores, de joelhos, cavando, esquivando-nos, caracolando nos caminhos, petardeando, encerrados na Terra como num manicômio, para tudo destruir aí, Alemanha, França e Continentes, tudo o que respira, destruir, mais raivosos que os cães, adorando sua raiva (o que os cães não fazem), centenas, milhares de vezes mais raivosos que milhares de cães e ainda mais viciosos! Nós éramos bonitos! Decididamente, concebia-o, eu embarcara numa cruzada apocalíptica. Somos virgens do Horreur tal como somos da volúpia. Como eu teria podido suspeitar desse horror ao deixar a Place Clichy? Quem teria

Para onde seria possível dirigir hoje o olhar, nesta hora de estupor? Com que gramática da inteligência poderemos encontrar um vislumbre de resposta à pergunta sobre um porvir razoável para a humanidade? Que potência de experiência será pertinente desenvolver de maneira que possamos encontrar solução para o beco sem saída destes tempos incertos?

Embora tenhamos postulado, na seção anterior deste capítulo, a necessidade de conservar viva a memória das vítimas para falar da imanência da história em sua própria lógica sacrificial e pensar aí a transcendência divina como a superação dessa violência, tal proposta não parece suficiente para encontrar uma significação razoável. Ainda que levemos em conta a possibilidade do mútuo reconhecimento entre sujeitos em conflito, tal estágio harmonioso de intersubjetividade aparece em tal grau diferido na história, que nos escapa como verdadeira possibilidade de experiência de si, dos outros e de Deus.

Mais ainda, nesse sentido, também a "memória feliz" não parece ser senão um índice subjetivo de um acontecimento meta-histórico que nos ultrapassa. O sentido teológico da memória, segundo Ricoeur, seria aquilo que os gregos já tinham captado como *eudaimonia*, transformada depois pelos cristãos em *beatitude*, e pelos modernos em *memória dos sobreviventes*. As três interpretações estão ligadas pela consciência do ultrapassamento do egocentrismo:

> Detenho-me propositalmente (...) numa expressão bíblica que fala da memória de Deus (cito aqui a tradução da Bíblia de Jerusalém, pela qual tenho uma preferência especial). "Que é o homem, para dele te lembrares, e um filho de Adão, para vires visitá-lo?" (Salmos 8,5). Notem

podido prever, antes de entrar verdadeiramente na guerra, tudo o que continha a má alma heroica e indolente dos homens? Agora, eu era levado nessa fuga em massa, para o homicídio em comum, para o fogo... Isso vinha das profundezas e tinha chegado" (Louis-Ferdinand Céline, *Voyage au Bout de la Nuit*. Paris, Gallimard, 1952, p. 21).

> vocês o tom interrogativo que conservo em minha especulação (...). Então, na linha desse versículo, ponho-me a meditar - *Andenken*! - sobre um Deus que se lembra de mim, para além das categorias do tempo (passado, presente, futuro) (...). Em última instância, minha posição diante da questão da vida pessoal depois da morte está em plena concordância com minha interpretação da ressurreição de Cristo. É sob o signo dessa ressurreição, que une o dom de sua própria vida com o serviço aos outros, que situo a presente especulação (...) onde é dado certo conteúdo não temporal à ideia temporal do além, não gostaria eu de que essa ideia servisse de pretexto para atenuar o rigor exigido pela renúncia à ideia de sobrevivência, sob o duplo signo do "desapego" eckhartiano e do "trabalho do luto" freudiano. Para empregar uma linguagem que permanece ainda mítica, eu diria o seguinte: que Deus, na minha morte, faça de mim o que quiser. Não reclamo nada, não peço nenhum "depois". Entrego aos outros, meus sobreviventes, a tarefa de tomar o relevo de meu desejo de ser, de meu esforço por existir, no tempo dos vivos.[41]

Seria possível nesta reflexão, não obstante, encontrar um vínculo entre a subjetividade exposta e a irrupção do outro enquanto promessa de nascimento de um mundo novo, como o propuseram em seu momento Lévinas e Hannah Arendt. Mas isso suporia ainda uma ordem de utopia messiânica própria da ordem religiosa. E, se essa ordem não fosse senão a continuação perpétua da mentira, da ilusão ou, pior ainda, da violência sacrificial?

[41] Paul Ricoeur, *La Critique et la Conviction. Entretiens avec François Azouri et Marc de Launay*. Paris, Calmann-Lévy, 1995, p. 238-39.

Nesse sentido, é-nos necessário buscar uma chave de leitura antropológica para poder afinal explicar a violência fundadora da intersubjetividade na história humana, com o fim de dar sustentação a um pensamento teológico pertinente sobre a experiência da vulnerabilidade e das contradicções extremas sofridas por todo ser humano em sua relação com os outros. Um pensamento apto, portanto, para dar conta da esperança cristã nesta hora incerta da modernidade tardia.

Por isso, sugerimos aqui a teoria do desejo mimético como a análise mais pertinente e significativa na hora presente para dar razão do conteúdo *antropológico* da relação com o outro. Isso supõe, certamente, levar em conta as aquisições do pensamento fenomenológico da subjetividade apresentado previamente por Lévinas e Ricoeur, mas conscientes da insuficiência radical de tais propostas, se por acaso for esquecida a radicalidade da violência fundadora da intersubjetividade.

Será necessário então – com o fim de situar de maneira adequada uma teologia fundamental da esperança possível – radicalizar a questão intersubjetiva até seu limite máximo, para assim poder dar melhor conta do *novum* do cristianismo como experiência de um triplo ultrapassamento: de si, do outro como inimigo e do mundo violento, como condição de possibilidade da instauração do Reino de Deus enquanto experiência salvífica de sentido realizado como reconciliação.

O realismo antropológico

A teoria mimética é entendida por Girard[42] como uma interpretação antropológica do real. Não se trata de uma filosofia da

[42] Na primeira parte das investigações de Cheektowaga nos anos setenta do século passado, publicadas parcialmente depois pela *Revue Esprit*, Girard desenvolve o que ele chama de "anthropologie fondamentale" nos seguintes termos: "A indiferença e a desconfiança de nossos contemporâneos a respeito da imitação repousam na concepção que eles têm dela, ancorada numa tradição que remonta a Platão. Já em Platão, a problemática

subjetividade violenta, nem de uma teologia da reconciliação, conquanto ofereça elementos de sumo valor para responder a ambos os questionamentos.

De fato, a teoria mimética nasce, antes de tudo, de uma preocupação estética e antropológica para explicar a memória arcaica da humanidade que conta a existência de um assassinato fundador. Com efeito, todas as culturas da humanidade conservam um relato das origens que conta o assassinato que preside a memória de nossa vida em sociedade. Seja nas culturas primitivas da Oceania, seja nas mitologias elaboradas das grandes civilizações, como o Egito, a Babilônia, Atenas ou Roma, seja nas magnas cosmogonias ameríndias e asiáticas de Teotihuacán a Benares, "houve um momento em que um irmão matou o irmão" para assegurar a subsistência da tribo, da humanidade e até do cosmos inteiro.

Tal constatação literária revela um *continuum* antropológico que consiste em expressar uma simbólica da configuração conflituosa das relações humanas. Poder-se-ia chamar tais relatos, nesse sentido, de etiologia de violência. O que Girard mostrou com suas análises é o triplo significado da violência: enquanto antropólogo, analisou o caráter mimético, ou seja, imitativo, do desejo; enquanto esteta, abriu a via para uma leitura comparada dos textos religiosos sacrificiais: nesses relatos descobrirá uma linha de interpretação dessa mesma simbólica fratricida centrada no olhar da vítima; para finalmente chegar como crente a uma interpretação cristã de tal assassinato fundador, leitura *a posteriori* que só será possível graças à revelação da iniquidade do ato mimético feita por Jesus Cristo.

Através desses três eixos lógicos de interpretação, Girard falará de *realismo antropológico* do religioso, criticando de maneira direta a

da imitação é amputada de uma dimensão essencial (...) é uma problemática mutilada, amputada de uma dimensão essencial, a dimensão aquisitiva que é também a dimensão conflituosa" (René Girard, "Les Choses Cachées Depuis la Fondation du Monde". In: *De la Violence à la Divinité*. Paris, Grasset, 2007, p. 713).

cegueira da razão moderna, que caiu na armadilha do racionalismo hegeliano, ao confundir a razão com o real, mas a um alto preço: a eliminação do realismo histórico próprio do olhar atento sobre os conflitos entre indivíduos e nações. Contra a interpretação idealista de Georg Wilhelm Friedrich Hegel, resumida em seu adágio "todo o real é racional", Girard proporá uma leitura alternativa, para muitos algo em verdade desconcertante e de caráter provocador:

> De minha parte, não me canso de insistir em que *o real não é racional,* como o pretendia Hegel e como o leram seus discípulos idealistas, senão que *o real é religioso,* como sublinhei em meu último livro, e religioso arcaico, ou seja, violento e sacrificial. Aí reside a compreensão da história, da condição humana e do sentido da existência.[43]

Em suma, esse religioso arcaico e sacrificial nos está levando à destruição do mundo.

Detenhamo-nos um momento primeiro para explicar a gênese da teoria mimética, como seu autor a explica. Uma vez percorrido o caminho de seus primeiros trabalhos estéticos, ele chegou a um tipo de reflexão abertamente cristã, mas de um cristianismo segundo sua intuição antropológica. Foi construindo assim um tipo de *sabedoria* interdisciplinar que ultrapassa as barreiras da razão moderna, racionalista.

i. O ser humano, enquanto ser em relação, é marcado pela presença do outro enquanto outro.[44] Mas conseguir a compreensão

[43] Carlos Mendoza-Álvarez, "Pensar la Esperanza como Apocalipsis. Conversación con René Girard". *Letras Livres*. México, abr. 2008. Disponível em: http://www.letraslibres.com.
[44] "O Outro no Mesmo da subjetividade é a inquietude do Mesmo inquietado pelo Outro. Nem correlação nem intencionalidade, nem sequer a do diálogo que atesta a essência em sua reciprocidade essencial (...) Alívio que se descreverá como responsabilidade do Mesmo pelo Outro, como resposta à sua proximidade antes de qualquer questão (...). O ser não seria, pois, a construção de um sujeito (...). O ser não viria do conhecimento (...). O ser

e a acolhida de tal alteridade na existência se manifesta como uma das empresas mais difíceis do viver, levando-se em conta o caráter mimético de nossa relação com o mundo. Tal mimetismo tem raízes neurológicas, psicológicas, sociais e espirituais. A imitação do outro constitui um mecanismo relacional fundador tanto do sujeito como da consciência. O nascimento da linguagem, dos comportamentos, dos ritos e dos valores nas diferentes culturas atesta esse *efeito espelho*, típico do conhecimento de si, do mundo e da transcendência, próprio de todo ser humano.

Esse processo de relação é marcado pelo que Girard chama de "o duplo mimético", ou seja, o outro que serve como referência de significação e de sentido, segundo a ordem do desejo. Trata-se, antes de tudo, nunca de uma relação de inveja: relação sob o signo do desejo de posse do objeto pertencente a algum outro. Depois esse desejo primitivo pode desviar-se do objeto do desejo para seu proprietário mesmo: é o desejo de posse do outro enquanto objeto. Mas a força do desejo pode chegar até a desejar o desejo do outro, com o que se chega a certo tipo de obsessão de complacência, já analisada por Lévinas na ordem da fenomenologia da subjetividade como uma loucura do idêntico.

Em todo caso, o duplo mimético virá a desempenhar sempre um papel determinante na constituição da pessoa, em particular na maneira de colocar-se diante dos outros. Assim, o duplo mimético - marcado pela vontade de apropriação universal - nunca chegará à transmissão dessa mesma cobiça. Uma vez estabelecido o princípio do mimetismo, a pergunta consiste em saber como é possível viver a imitação: se se deve fazer isso no círculo fatal da rivalidade ou se é preciso aprender a viver segundo outra ordem do desejo, para além do círculo vicioso da complacência.

significaria a partir do Um-pelo-outro, da substituição do outro pelo Mesmo" (Emmanuel Lévinas, *Autrement Qu'Être ou Au-Delà de l'Essence*. Paris, KA, 1984, p. 47).

ii. As análises do mimetismo levaram Girard à pergunta sobre a simbólica desse processo, com as consequências próprias no correspondente à coesão social e à representação da transcendência. Nesse sentido, os rituais religiosos expressam com uma força inusitada a radicalidade desse desejo e projetam na esfera divina aquele mecanismo do desejo: a mesma luta pelo reconhecimento passa pelo sacrifício do duplo mimético. Graças à sua morte de *substituição*, o conflito nascido da impossibilidade da apropriação é exorcizado, e então a paz pode voltar ao seio do grupo. Dessa forma, o sacrifício da vítima é interpretado como algo necessário para a sobrevivência de todos.

O rito do bode expiatório, atestado pela cultura hebreia primitiva, bem como pelos mitos gregos, é assinalado por Girard[45] como o *princeps analogatum* daquela paradoxal simbólica que é possível encontrar em todas as culturas e religiões da humanidade. Precisamente, as religiões seriam baseadas na interpretação *salvífica* desse assassinato fundador, de maneira que a própria divindade se encontra presente como aquela que ordena e aceita o sacrifício, e em certas tradições até se representa a própria vítima em seu alcance universal: foi necessário sacrificá-la para assegurar a permanência da linhagem humana.

A religião se converte então, para Girard, naquele fundo de verdade do real mimético. Nesse sentido, para o autor de Avignon *o real não é racional*, como o havia pretendido explicar Hegel de maneira

[45] "A conjunção perpétua nos mitos de uma vítima muito culpável e de uma conclusão simultaneamente violenta e libertadora não pode ser explicada senão pela força extrema do mecanismo do bode expiatório" (René Girard, "Le Bouc Émissaire". In: *De la Violence à la Divinité*. Paris, Grasset, 2007, p. 1278). Para ponderar a crítica, podem-se ver alguns estudiosos da Bíblia a respeito dessa interpretação girardiana: Adrian Schenker, *Chemins Bibliques de la Non-Violence*. Chambray, CLD, 1987. Um debate com os teólogos da libertação teve lugar há mais de vinte anos no Brasil, onde se criticou de maneira surpreendente a visão girardiana como uma interpretação pessimista que não levaria em conta, supostamente, a bondade original da criação e, portanto, da condição humana: Hugo Assman (org.), *Sobre Ídolos y Sacrificios. René Girard con Teólogos de la Liberación*. San José, DEI, 1991.

ingênua; *o real é religioso, e religioso sacrificial.* Tal é a chave de interpretação antropológica da condição humana descoberta por Girard. Essa leitura nos permite interpretar também a origem da sociedade violenta de que temos memória "desde a fundação do mundo". No fundo, essa chave de leitura nos torna capazes de explicar o papel fundador das religiões sacrificiais que justificam o assassinato dos inocentes para garantir a sobrevivência do grupo.

iii. Pois bem, a Bíblia judaica e cristã virá a revolucionar essa lógica do mecanismo mimético para mostrar sua mentira profunda e desvelar a verdade de Deus enquanto superação da violência fratricida:

> O essencial da revelação em seu aspecto antropológico é a crise de toda representação persecutória que ela provoca. Na própria paixão [de Cristo] não há nada original no tema da perseguição. Não há nada original na coalizão de todos os poderes deste mundo. Essa mesma coalizão está na origem de todos os mitos. O surpreendente é que os Evangelhos sublinham a unanimidade não para inclinar-se diante dela e submeter-se a seu veredicto, como o fariam todos os textos mitológicos, todos os textos políticos e até todos os textos filosóficos, mas para denunciar nela um completo erro, a não verdade por excelência.[46]

Com sua complexidade literária própria, a Bíblia conta a mesma história fratricida, mas de um modo absolutamente inovador: a partir da vítima e não de seu duplo mimético, ou seja, do verdugo que sempre tenta justificar a execução do inocente. Com efeito, a revelação da inocência da vítima será descoberta *in crescendo* pela Bíblia, de maneira especial graças à sua tradição

[46] René Girard, "Le Bouc Émissaire". In: *De la Violence à la Divinité*. Paris, Grasset, 2007, p. 1368.

profética e messiânica. Esse anúncio tomará o lugar desde o relato do assassinato de Abel pelas mãos de seu irmão Caim até sua culminação nos relatos da Paixão de Cristo, onde o Messias será sacrificado na lógica de Caifás: "É melhor que um só homem morra pelo povo".[47]

Mas o essencial da perspectiva bíblica[48] quanto ao desejo mimético consiste na afirmação da superação do estágio vítimário graças a uma experiência que nada tem que ver com o ressentimento e com o desejo de vingança, marcado pela reivindicação do inocente diante do tribunal de Deus, como foi o caso das vítimas ressentidas, por exemplo, aquelas vítimas da Guerra Santa empreendida por homens zelosos de Deus em Israel. O triunfo da cruz consiste na mudança total dessa lógica de Satã:

> Antes de Cristo, a acusação satânica era sempre vitoriosa, em virtude do contágio violento que encerrava os homens nos sistemas mítico-rituais. A crucificação reduz a mitologia à impotência ao revelar o contágio cuja eficácia demasiado grande nos mitos sempre impede as comunidades de encontrar a verdade, a saber, a inocência de suas vítimas.[49]

[47] O Evangelho de João dá conta desse julgamento de Caifás (18,14). É importante notar que esse texto está próximo de Lucas 11,50, onde Jesus lança invectivas contra os fariseus ao recordar aquela inelutável lei da morte dos profetas, cujo sacrifício "foi derramado desde a criação do mundo".
[48] É o que afirma Adrian Schenker em sua crítica a uma interpretação do ritual judeu de expiação, como o caso do bode expiatório, a qual restringiria demasiado a iniciativa divina: "Importa precisar que a reconciliação não significa o deslocamento de uma pena para um terceiro inocente. A pena (na liturgia de reconciliação de Israel) é suprimida e não deslocada. Em vez de ter de suportar um castigo, o pecador pode ir ao encontro do perdão oferecido. A única coisa que Deus exige é a aceitação da reconciliação proposta. O homem poderia esquivar-se disso; se aceita a iniciativa divina, ele o manifesta celebrando a liturgia assim oferecida" (Adrian Schenker, *Chemins Bibliques de la Non-Violence*. Chambray, CLD, 1987, p. 122).
[49] René Girard, *Je Vois Satan Tomber Comme l'Éclair*. Paris, Grasset, 1999, p. 214.

Desde seu início e de maneira totalmente clara, a Bíblia mostra que, mesmo que o sangue dos inocentes seja um clamor que se eleva até o céu como o sangue de Abel ou dos sete jovens macabeus, o oferecimento do perdão que vem da própria vítima transgride toda lógica mortífera e nos permite ter acesso a uma ordem do desejo totalmente nova, chamada pelo apóstolo Paulo de "*agapè*" em sua primeira carta aos Coríntios.

O retorno de Abel[50] se cumpre em Cristo ressuscitado. Ele simboliza de maneira plena a passagem da era do ódio à do perdão, sem esquecer em nenhum momento o caráter trágico da história.

[50] Uma ideia muito querida pela tradição patrística é a de *Ecclesia ab Abel*, cheia de sentido universal. Essa expressão teocêntrica expressa claramente a convicção vivida pela Igreja de não ser uma realidade temporal, mas, ao contrário, uma realidade ligada à eternidade da memória de Deus, porque "a fonte da Encarnação e a da Igreja não estão na história; essas realidades espirituais e perfeitas entram e se manifestam na história, não procedem dela" (Yves Congar, "Ecclesia ab Abel". In: Elfers Heinrich (org.), *Abhandlungen über Theologie und Kirche*. Düsseldorf, Patmos Verlag, 1952, p. 80). Não obstante, uma interpretação mais centrada na antropologia teológica, vinculada de maneira íntima ao mistério do Pai, será proposta recentemente por James Alison para mostrar que Abel é o símbolo da primeira vítima da história fratricida, a partir do qual Deus confirma a maneira de conduzir-nos à sua morada: "Quero enfatizar mais uma vez: Jesus não veio dizer-nos que Deus é nosso Pai. Isso é excessivamente banal. Ele veio criar a possibilidade de que Deus seja de fato nosso Pai, ou melhor, de que realmente nos tornemos filhos de Deus, o que é, em todo caso, algo rigorosamente impossível de ser alcançado pelos seres humanos de forma natural, uma vez que estamos todos presos a uma identificação equivocada de Deus com uma figura ambígua ou satânica. É isso o que João dá a entender quando fala do 'mundo', do 'príncipe deste mundo' e assim por diante. Ele fala da vida sob a paternidade da mentira homicida. A leitura de João 15,18-16,4 por essa perspectiva fará mais sentido que antes: 'Virá a hora em que aquele que vos matar julgará realizar ato de culto a Deus. E isso farão porque não reconheceram o Pai nem a mim' (João 16,2-3). Temos aqui as duas espécies de paternidade especificadas com total clareza: a paternidade que mata e persegue a fim de servir a 'deus', e a paternidade demonstrada pela renúncia em meio à violência, como testemunho da plena vitalidade do Deus que desconhece a morte. Isso, por sua vez, põe em questão qualquer noção universal de Deus com que possamos concordar em conversas amenas, com expressões do tipo: 'Afinal, somos todos filhos de Deus'. De que deus somos filhos? Pode-se deduzir com base em nosso comportamento prático: a revelação da plena vitalidade de Deus é o mesmo que tornar possível a vida prática a partir de uma forma de testemunho dessa vitalidade, o estilo de vida de uma testemunha, ou, em grego, de um *martyr*, um estilo de vida sempre pronto a correr o risco de ser banido, em vez de participar de qualquer solidariedade humana de expulsão. Parece importante enfatizar isso, pois, se não o fizermos, talvez tenhamos uma noção excessivamente familiar e domesticada de Deus, tornando difícil acordar para a estranheza do fato de que alguém precisou morrer para possibilitar

Nesse sentido, a expressão clássica de Santo Ambrósio e de Santo Agostinho "*Ecclesia ab Abel*" expressa a consciência profunda da universalidade de Cristo e da Igreja em termos da eficácia da salvação a partir dos "inocentes vitimados":

> Assim, neste século, no meio destes dias maus, não somente no tempo de Cristo e de seus Apóstolos, mas desde o próprio Abel, que foi o primeiro justo a ser assassinado por seu irmão, e até os últimos tempos, a Igreja continua caminhando no meio das perseguições do mundo e das consolações de Deus.[51]

Essa antiga ideia é retomada em seu fundo pela antropologia moderna de Girard. Para esse autor, só o cristianismo conseguiu alcançar tal revelação da verdade antropológica. O pensador de Avignon o afirma sublinhando que, apesar dessa verdade, o próprio cristianismo fracassou em sua missão de fazer a humanidade passar a um estágio adulto, acima da reciprocidade violenta:

> Eu mesmo pensei durante algum tempo que, além de todos os obstáculos, estava essa ideia do idêntico, e que sua evidência intelectual poderia por si só produzir aquela epifania. Ela tinha de reconciliar os irmãos inimigos. Eu esquecia a lição da tragédia grega: Etéocles e Polinices jamais se reconciliarão. Só a esperança democrática pre-

nosso entendimento de quão diferente é nosso Pai e Criador real. Não há acesso a ele senão a partir desse processo de renúncia" (James Alison, *Raising Abel. The Recovery of Eschatological Imagination*. Nova York, Crossroad, 1996, p. 64-65).

[51] "Sic in hoc sæculo, in his diebus malis, non solum a tempore corporalis prasentiæ Christi et Apostolorum ejus, sed ab ipso Abel, quem primum justum impius frater occidit, et deinceps usque in hujus sæculi finem, inter persecutiones mundi et consolationes Dei peregrinando procurrit Ecclesia" (*Civ. Dei*. lib. XVIII, c. 51, apud Yves Congar, "Ecclesia ab Abel". In: Heinrich Elfers (org.), *Abhandlungen über Theologie und Kirche*. Düsseldorf, Patmos, 1952, p. 84).

> tende pôr um fim à tragédia, mas agora vemos que isso não passa de uma platitude moderna. O homem, por si, não consegue triunfar sobre si mesmo. A oportunidade do paraíso terrestre é continuamente perdida. A paciência de Deus é inconcebível, mas não é infinita.
>
> Eis por que acho que, por ter nascido do judaísmo, o cristianismo não é uma filosofia como outra qualquer, e sim que é a filosofia original da identidade. É por isso que é preciso recorrer a ele, por mais que isso desagrade a seus detratores. Foi ele o primeiro a enxergar a convergência da história para uma reciprocidade conflituosa que tem de transformar-se em reciprocidade pacífica – do contrário, ela vai degenerar em violência absoluta. Foi ele o primeiro a ver que nada sério, que nada real se opõe a essa transformação, conclamada e exigida por tudo à nossa volta. Mas ele afirma, e é nesse ponto que ele se distingue das filosofias modernas da identidade, que o momento dessa reconciliação já se apresentou uma vez, e que ela não aconteceu.[52]

Nesse sentido, somos obrigados a constatar que a razão ocidental – tanto quanto o cristianismo, que é sua raiz – naufragou na travessia para conseguir a instauração de tal estágio intersubjetivo de reconciliação. Depois de tal fracasso, só nos resta a *paciência*, esperando a vinda do Senhor em sua Parúsia, mas constatando também o fim do mundo abismado em sua própria vaidade. Os relatos apocalípticos de Jesus teriam, assim, uma importância capital para a compreensão destes tempos da "escalada para os extremos", próprios da civilização ocidental presente, caracterizada

[52] René Girard, *Rematar Clausewitz: Além* Da Guerra. São Paulo, Editora É, 2011, p. 99.

por sua violência planetária e de terrorismo enlouquecido: a violência de uns contra outros, de nações entre si, de Potestades e Principados, da humanidade contra sua própria casa.

*

Esse tipo de realismo antropológico de que fala Girard é muito valioso para nosso estudo sobre a pertinência da experiência cristã nos tempos da modernidade tardia. E isso porque é necessário enraizar essa reflexão propriamente teológica no contexto dos dados derivados das ciências humanas e da filosofia, com o fim de não perder o *sentido do real* que aparece hoje para a consciência da modernidade tardia com todo o dramatismo histórico que até aqui descrevemos.

No seio dessa experiência de naufrágio do ego moderno, é preciso perguntar se ainda é possível esperar um porvir para a humanidade, bem como sobre a maneira de chegar a ele, sem ingenuidade nem amargura, mas com "a inteligência fixa nas coisas de cima", como escreveu São Paulo aos Colossenses (Colossenses 1,16), quando era urgente estimulá-los a viver na espera do retorno do Messias.

A bomba desativada

Através da criativa recepção teológica da obra de Girard, proposta por James Alison, chegamos em nossa análise ao momento propriamente teológico do presente livro. Ocupa-nos neste momento a pergunta sobre o conhecimento que podemos ter de Deus, dos outros e do mundo, no interior do mecanismo mimético, como expressão da boa notícia trazida por Jesus Cristo graças à inteligência da vítima que nos é possível pela obra do Espírito em nós.

Trata-se de uma nova expressão apologética do cristianismo em certo sentido, mas depurada de seu caráter totalitário, como foi o caso do sistema de cristandade. Queremos propor a ideia de uma apologia da *vulnerabilidade* como espaço intersubjetivo de realização do desígnio divino, mas segundo o testemunho que o Messias Jesus e seus discípulos ofereceram como resposta à crise mimética em que se encontraram presos e interpelados. Dito de outro modo, trata-se de aprender a viver o desejo mimético de maneira alternativa, não na lógica da reciprocidade, mas da relação de *gratuidade* na imitação de Cristo.

Tracemos de novo a gênese dessa revelação. Primeiro é preciso considerar que o mecanismo do bode expiatório se instalou para desencadear também a morte de Jesus de Nazaré. Assim como foi o caso de toda execução emissária. Pôs-se em marcha o contágio mimético devido, em parte, à maneira como Jesus falava de Deus, segundo uma tradição típica do *profeta escatológico*, com alguns elementos apocalípticos e davídicos próprios do messianismo da época. Essa leitura havia caído em desuso, aliás, durante a ocupação romana da Palestina.

Com efeito, o olhar apocalíptico de Jesus para falar do advento do Reino de Deus, que inspirou também sua visão do sistema sacrificial e o anúncio de seu fim, assentou as bases para o aparecimento do típico círculo vitimário. Nesse marco, a liberdade suprema que Cristo manifestou no coração de tal acontecimento desatou, em consequência, a violência mimética contra ele, através tanto das autoridades religiosas como da multidão, que havia esperado da parte de Jesus uma tomada de posição contra a ocupação romana no sentido de um Messias davídico.

Nesse contexto, a atitude de *renúncia* à violência que muito provavelmente Jesus tomou,[53] animado pela convicção de uma *doação* extrema

[53] Diversos autores da *Third Quest* sublinham a importância da consciência de Jesus em três âmbitos: o conflito, a renúncia de si e a entrega no amor do Abba, como traços particulares do chamado de Jesus a seus discípulos. No que concerne à renúncia, John Meier comenta o seguinte: "Jesus utilizou amiúde símbolos chocantes para fazer penetrar sua mensagem (por exemplo, Mateus 19,12: 'Há eunucos que se fizeram eunucos por causa do Reino dos Céus'; Marcos 14,22: 'Tomai, isto é o meu corpo'), mas nenhum símbolo podia ser mais chocante que aquele (tomar sua cruz). A ideia é clara: as pessoas que têm a intenção de seguir a Jesus como discípulos devem previamente avaliar o

de si no momento crucial de sua detenção arbitrária e de seu processo judicial, e a *paciência* com que enfrentou as afrontas de seus verdugos são elementos que fizeram explodir a cólera do sistema posto em dúvida por tão contundente testemunho profético e messiânico.

A posteriori, é possível afirmar que era necessário para os discípulos buscar um sentido para esses acontecimentos nos textos antigos e enigmáticos do segundo Isaías, bem como nos relatos apocalípticos do livro de Daniel. Isso era necessário para captar finalmente o que havia sucedido na crise de Jerusalém e seu desenlace fatal na crucificação de Jesus: o fim do poder de Satã e a instauração do Reino de Deus.

Um novo horizonte de vida e de compreensão podia então desdobrar-se para expressar a vivência pascal. Graças sobretudo aos relatos das aparições do Crucificado-vivo aos discípulos, nos albores da manhã do novo dia, *a inteligência da vítima* apareceu como uma chave de leitura suprema e indispensável para desmantelar os mecanismos da violência, a partir da superação do ressentimento por parte da vítima. Com efeito, os relatos das aparições são a nova potência de experiência nascida do perdão que desencadeia uma nova gramática. Os discípulos são chamados a balbuciar essa nova linguagem para além do círculo mimético. Isso significa que eles

preço disso com muita ponderação. Não existe caminho fácil para tornar-se discípulo. Seguir a Jesus é dizer não a si mesmo como centro de sua existência ('negar-se a si mesmo'), com uma severidade tão radical, que esse engajamento podia ser assimilado à morte mais pavorosa e mais humilhante ('que tome sua cruz')" (John Meier, *Un Certain Juif Jésus. Les Données de l'Histoire*, v. III: *Attachements, Affrontements, Ruptures*. Paris, Cerf, 2005, p. 67-68). Num sentido mais sistemático, Christian Duquoc sublinha, por seu lado, o sentido da opção pela renúncia: "Jesus escolheu um caminho mais árduo e mais enigmático: romper o círculo da vingança, erradicar a cumplicidade latente com os poderosos por uma solidariedade sem segundas intenções com os esmagados de nossa história. Refugiando-se em sua própria infelicidade, ainda que a trazendo à luz por sua palavra, ele opera a inversão de interesses exigida pela religião mosaica e cujas virtualidades positivas ele havia tentado mostrar em sua pregação (...). A confiança em Deus exibe sua eficácia nesta relegação que lhe foi imposta pela dinâmica mundana. Jesus, assumindo, até o trágico da condenação e da morte, a anticultura de que a Aliança mosaica foi o vetor, longe de a abolir, define-a em sua plenitude" (Christian Duquoc, *L'Unique Christ. La Symphonie Différée*. Paris, Cerf, 2002, p. 65-66).

são conduzidos e convidados a ir além do ressentimento e do desejo de vingança, na experiência inusitada da itinerância na Galileia: na fração do pão, na leitura das Escrituras e na espera do retorno do Messias. Assim, passamos claramente da apologia da vítima ao estágio de uma nova hermenêutica do real, possível apenas enquanto desmantelamento dos poderes de rivalidade e na instauração de uma ontologia relacional marcada pela *gratuidade*.

Aquilo que Cristo realizou em sua vida terrestre desvelou a verdade do Reino de Deus e, também, desmascarou a mentira de Satã enquanto falso desejo mimético. Não se trata, em consequência, para o crente de evadir-se do mundo, muito pelo contrário. Trata-se de anunciar o querigma fundador do mundo novo que a Igreja de Cristo recebeu como herança. E, ainda que agora, em plena era da modernidade tardia, estejamos plenamente conscientes do fracasso histórico do cristianismo – e de sua visão secularizada, que é o Iluminismo –, hoje mais que nunca o *anúncio do fim do mundo* e o do *advento da salvação da parte de Deus* se tornam urgentes.

Como veremos no último capítulo deste livro, repensar a história para além de sua contradição mimética violenta será a tarefa permanente da teologia fundamental, em face dos relatos niilista e fundamentalista de nossos dias, que descrevemos nos capítulos precedentes. O princípio cristológico virá a desempenhar o papel principal para desmontar o mecanismo do real mimético. Aquele consiste em afirmar a superação da violência fratricida por meio da oferenda do perdão.

Nesse ponto, é necessário avançar ainda mais no caminho e esclarecer os elementos constitutivos desse processo salvífico que se realiza na subjetividade, segundo seu triplo movimento de reconstituição, depois da derrubada do sacrifício: ultrapassamento de si, o afrontar a própria morte e o nascimento para a gratuidade vinda de mais longe.

i. Se o desejo mimético é a forma histórica do ser-no-mundo, como nos é ensinado e transmitido na relação com os demais,

Cristo teria tornado possível outra maneira de viver o desejo, não sobre a base da autoafirmação narcisista, mas do descentramento permanente do ego, nascido da profunda experiência e consciência de sua filiação divina, aquém de toda rivalidade.

Do ponto de vista da reconstrução da consciência do Jesus histórico, no marco de sua identidade judia, é possível repassar seu itinerário de descoberta da intimidade com seu Pai. Ele teria atravessado diferentes etapas em seu ministério na Galileia: primeiro como pregador itinerante parecido com o profeta Elias, depois como profeta apocalíptico na crítica à religião do Templo, e por fim com o discernimento de sua vocação messiânica na subida para Jerusalém. A crise do Templo[54] representaria aqui a inflexão que teria permitido a Jesus captar a renúncia ao modelo davídico para assumir o inevitável destino de servidor sofrente, inspirado no qual, de maneira misteriosa, o dêutero-Isaías anunciou como a culminação da manifestação divina do Primeiro Testamento.

Deitando raízes nesse testemunho apostólico, mas segundo a lógica própria do olhar teórico trazido pela dogmática trinitária própria do cristianismo helênico, poderíamos dizer que a fonte desse *desejo outro*, vivido por Cristo Jesus, é a experiência fundacional do Verbo. Há de ser na imitação não narcisista do Pai, na comunicação realizada e na eterna comunhão do Espírito que se encontra a possibilidade que Cristo oferece à humanidade de sair do círculo vicioso do mimetismo sacrificial. Tal imitação se instaura no coração da divindade enquanto princípio de *pericóresis* divina, compartilhar eterno do amor na diferença. Essa fonte inextinguível de identidade das pessoas divinas se traduz, na economia da salvação da encarnação do Verbo, na missão do Filho como aquele que comunica a vida em plenitude à humanidade e à criação inteira.

[54] Tema muito apreciado pelos teólogos contextuais que analisam o político. Cf. Jon Sobrino, *Jesucristo Liberador. Lectura Histórico-Teológica de Jesús de Nazaré*. Madri, Trotta, 1991; Albert Nolan, *Dieu en Afrique du Sud*. Paris, Cerf, 1991.

ii. A condenação à morte de Jesus no marco de um processo jurídico romano – por instigação das autoridades religiosas judias – é o marco histórico de uma revelação que irá além da crise de um movimento profético minoritário na Palestina do século I. A consciência de Jesus[55] de sua própria morte parece ter-se desenvolvido durante sua viagem da Galileia a Jerusalém; essa tomada de consciência dá fé de uma escolha pessoal de Jesus, por um lado, mas também ultrapassa esse momento preciso da história judia porque revela o advento dos tempos últimos, messiânicos, na medida em que o fim do mundo é acelerado pelo sangue do inocente vertido no Gólgota, e porque é um ato associado a todos os outros altares sacrificiais da história.

Daí se explica o alcance de significado universal do cristianismo: a morte de qualquer inocente desmascara a iniquidade do mundo, ao mesmo tempo que revela a ausência de Deus no meio desse drama enquanto responsável pelo sacrifício da vítima e sua presença enquanto doação extrema. Assim, a maneira como Jesus de Nazaré fez frente à sua própria morte – na renúncia a defender-se e na escolha da oferenda de sua própria vida como porta de saída do círculo sacrificial – designa o advento dos tempos apocalípticos e escatológicos que ele mesmo já havia evocado desde suas primeiras parábolas, pelas quais anunciou a vinda do Reino de Deus. A Boa Nova consiste nisto: já não é necessário sacrificar ao outro, senão que, para deter esse círculo vicioso, é preciso escolher a oferenda de si mesmo, sem vontade de vingança, para assim então abrir uma porta no muro do ódio que separa a humanidade e receber o dom da vida eterna na ordem da gratuidade.

iii. Graças a esse ato de doação extrema vivida por Jesus no coração do processo vitimário que o afrontou em sua Paixão,

[55] Segundo diversos autores da *Third Quest*, nisso reside o deslocamento do debate sobre a "consciência de Jesus": a passagem de um questionamento psico-ontológico para uma busca de ordem histórica, política e carismática. Cf. John Meier, *Un Certain Juif Jésus. Les Données de l'Histoire*, v. II. Paris, Cerf, 2005.

inauguraram-se os tempos definitivos, vindos não da vontade de homem algum, mas de Deus. Imitando a seu Pai, que criou o mundo e se retirou no sétimo dia para deixá-lo ser, Cristo inaugura a nova criação mostrando-se como *Crucificado-vivo* diante de seus discípulos. Leva consigo, no corpo, as chagas de sua crucificação, e as mostra sem a menor ponta de censura. Tudo culmina no acontecimento de seu retorno ao mundo da esfera mística celeste, não sem ele designar antes a seus discípulos o horizonte da Galileia como o lugar de realização da promessa. O Crucificado-ressuscitado instaura, assim, uma distância significativa apta para que o mundo novo possa realizar-se plenamente. Tal *espaço existencial de gratuidade* se converte, portanto, em condição de possibilidade da intersubjetividade liberada do desejo mimético de rivalidade graças à vítima não ressentida, que, enquanto "retorno de Abel", insere no coração do mundo violento outra maneira de existir, que se torna fonte de vida.

Como corolário desse dinamismo, é preciso dizer que não se trata então de compreender a fé como fuga do mundo violento, mas de sublinhar seu caráter de envio: habitar o mundo com uma força nova, a partir de um verdadeiro *poder do não poder*, que procede da gratuidade ou, dito em outros termos, do mimetismo depurado de sua rivalidade.

Poderemos chegar a esse estágio por meio da práxis de imitação não recíproca, marcada para sempre pela rivalidade, mas sobretudo por meio da imitação do Outro, que não é senão doação perpétua: esta é possível se se segue a Cristo, que o fez imitando a seu Pai no dinamismo da relação não recíproca do Espírito que une a ambos.

A culminação dessa vida nova é chamada pelo cristianismo de "graça",[56] ou seja, acontecimento salvífico que transfigura o

[56] O sentido antropológico e ao mesmo tempo teologal do termo "graça" foi retomado pelas cristologias modernas atentas a dar conta da força histórica da salvação: Edward Schillebeeckx, *Cristo y los Cristianos. Gracia y Liberación.* Madri, Cristiandad, 1983.

mundo a partir de um dinamismo antropológico preciso: revela-se como gratuidade no seio da rivalidade, como oferenda de perdão dirigido ao verdugo, como chamado a um reconhecimento para além do ressentimento e, por conseguinte, como verdadeira instauração do Reino de Deus no colapso do fim do mundo.

Uma nova potência de experiência

Segundo o testemunho do cristianismo primitivo, a experiência fundacional de Jesus de Nazaré abriu um espaço existencial novo e desdobrou assim uma nova potência de experiência chamada pela tradição cristã de "vida teologal", cujo núcleo vivo é a doação trinitária mútua, a mesma que se comunica ao crente como experiência de perdão e de comunhão.

Integrada numa antropologia clássica grega, essa vida teologal foi interpretada com relação a três virtudes principais, enquanto conhecimento de uma vida nova e atuante no coração do mundo (*pistis/fides*), como força histórica na consciência da precariedade dos tempos revoltos, mas com o olhar posto no horizonte final (*elpis/spes*), sempre com a preocupação da eficácia do amor sem limites (*ágape/caritas*).

Num sentido fenomenológico e hermenêutico, seria necessário ainda traduzir esse dinamismo segundo a gramática existencial da intersubjetividade: a fé enquanto *inteligência da vítima*, no seio do círculo mimético, para ultrapassá-lo com o poder do não poder. Uma esperança que é como uma *convicção do triunfo escatológico* da cruz, apesar do aparente triunfo apocalíptico de Satã nos tempos desencadeados do fim do mundo. E a caridade como experiência de

Salvação que passa pela humanização a partir dos excluídos. Ver: Leonardo Boff, *Gracia y Experiencia Humana*. Madri, Trotta, 2001. Mas o matiz que nos parece importante sublinhar nesse momento da modernidade é o caráter *fenomenológico* e *subjetivo* da graça como lugar fundacional do cumprimento da salvação.

compaixão extrema, primeiro recebida da parte de Deus e em seguida oferecida pela vítima não ressentida. Tal dinamismo relacional, derivado da vida teologal, nos torna capazes de dar testemunho dos tempos messiânicos ao desmantelar as pulsões destrutivas do desejo mimético e oferecer, assim, aos demais a própria vida como doação.

Tal gramática do Reino de Deus poderá dizer o *si mesmo como outro*, o mundo enquanto cidade de Deus que desce, e Deus enquanto alteridade não totalitária nem indiferente. Para além do religioso arcaico, a vida teologal surgida do Crucificado vivo, do Cordeiro-que-reina-degolado, não deita raízes no sacrifício, mas, pelo contrário, em sua superação. Cristo tirou todo o poder a Satã, viu-o "cair como um relâmpago", como o diz o Evangelho de Lucas (Lucas 10,18), ao preço de seu sangue oferecido, não para apaziguar a cólera dos Principados e das Potestades, figuras da ordem estabelecida pelos sistemas de totalidade, mas para fazer surgir a vida dos inocentes sacrificados numa nova ordem de relação, ganhando para si o coração dos verdugos. Vida nova enquanto experiência alternativa ao mundo narcisista da Ipseidade. Tempos messiânicos[57]

[57] A pergunta sobre o messianismo já foi muito debatida pela teologia moderna. Aqui nos centramos apenas em seu aspecto histórico e teológico veterotestamentário e cristológico, com o fim de aprofudar nossa investigação. No referente ao primeiro, num sentido mais sociológico, Gerd Theissen diz: "Jesus foi o fundador de um movimento de renovação no interior do judaísmo que só se tornou uma nova religião após sua morte. Seus adeptos, carismáticos itinerantes e grupos de simpatizantes sedentários, constituíam um 'movimento', ou seja, uma tentativa coletiva de realizar um fim comum fora das instituições estabelecidas graças a adeptos cada vez mais numerosos (...). O fim do movimento de Jesus era uma transformação do conjunto da sociedade, e até do mundo inteiro, designado de modo visionário pela metáfora 'reino de Deus', ainda que o reino de Deus não devesse ser realizado pelos homens, mas por Deus" (Gerd Theissen, *Le Mouvement de Jésus. Histoire Sociales d'une Révolution des Valeurs*. Paris, Cerf, 2006, p. 111-12). No que diz respeito ao segundo aspecto, de ordem veterotestamentária, Philippe Lefebvre afirma: "Falar do messias em *Samuel* é falar de sua vida: por-se-á a mão sobre ele para matá-lo? Golpeará ele mesmo os que mostraram uma hostilidade assassina para com ele? A palavra é empregada com tanta precisão, com tanta precaução, que, mais que fixar um conteúdo ou a base de uma definição, ela abre uma pesquisa. (...) Como seremos levados a verificá-lo, é para a carne do Messias que nossos textos nos dirigem; essa carne aparece como lugar de confluências dessas contradições" (Philippe Lefebvre, *Livres de Samuel et Récits de Résurrection*. Paris, Cerf, 2004). E, no referente ao último aspecto, convém recordar aqui o

cumpridos na vida de um Crucificado-que-vive (*ho stauroménos egertè*), sempre na discrição do Deus que se retira (*Shabbat*) em seu silêncio para tornar novas todas as coisas pela unção eficaz de sua Ruah divina, que faz surgir sempre seu sinal de aliança: como arco-íris pendurado no céu que renuncia à violência, após o naufrágio da arca, para ratificar seu desejo perene de dar vida a todos. Primícias da vida em plenitude que nos aguarda

O horizonte da fé como nova inteligência do sujeito: imaginação e "poiesis"

Agora centremos a atenção na *fides* enquanto potência de experiência própria da subjetividade exposta pela presença da vítima que sabe perdoar. Se as demais potências da experiência do divino – como a esperança e a caridade – são indispensáveis para a compreensão do dinamismo fenomenológico da vida teologal, é preciso centrar primeiro a atenção no elemento gnosiológico, com o fim de apresentar de maneira adequada a explicação da recepção da revelação no meio da crise de sentido, típica do sujeito pós-moderno e sua racionalidade correspondente, seja niilista ou fundamentalista, que analisamos nos capítulos precedentes.

Essa problemática da racionalidade enquanto crise de sentido já havia sido evocada por Lévinas[58] ao explicar o fundo da crise da modernidade não em sua significação niilista, mas com relação à sobrecarga de sentido que se constata na sociedade de mercado

assinalado por Christian Duquoc: "É esse desafio histórico, e já não filosófico ou antropológico, que é o sustentáculo da elaboração cristológica proposta" (Christian Duquoc, *L'Unique Christ. La Symphonie Différée*. Paris, Cerf, 2002, p. 25).

[58] "À crise de sentido, atestada pela 'disseminação' de signos verbais que o significado já não consegue dominar (...), opõe-se o sentido prévio ao 'dito', repelindo as palavras e o irrecusável na nudeza do rosto, na miséria proletária do outro e na ofensa sofrida por ele" (Emmanuel Lévinas, *De Dieu Qui Vient à l'Idée*. Paris, Vrin, 1982, p. 32-33).

hoje predominante. Como discernir, no meio da multiplicidade de sentidos oferecidos pelas sociedades modernas, qual é a verdade do sentido? Esse será justamente o questionamento que vamos abordar seguindo a gramática possibilitada pela vítima não ressentida.

Num contexto propriamente teológico, a encíclica *Fides et Ratio,* publicada pelo papa João Paulo II, lança a mesma pergunta acerca da relação existente entre verdade e sentido, e sublinha o papel da fé como conhecimento do mundo à luz da revelação divina:

> Nessa perspectiva a razão é valorizada, mas não supervalorizada. Com efeito, o que ela alcança pode ser verdadeiro, mas adquire significado pleno somente se seu conteúdo se situa num horizonte mais amplo, que é o da fé: "Iahweh dirige os passos do homem: como, pois, poderá o homem compreender o seu caminho?" (Provérbios 20,24). Para o Antigo Testamento, pois, a fé liberta a razão enquanto lhe permite alcançar coerentemente seu objeto de conhecimento e colocá-lo na ordem suprema em que tudo adquire sentido. Em definitivo, o homem com a razão alcança a verdade, porque iluminado pela fé descobre o sentido profundo de cada coisa e, em particular, da própria existência. Portanto, com razão, o autor sagrado fundamenta o verdadeiro conhecimento precisamente no temor de Deus: "O temor de Iahweh é princípio de conhecimento" (Provérbios 1,7; cf. Salmos 1,14).[59]

Essa resposta parece problemática – ou ao menos de difícil recepção – pela modernidade tardia em que nos situamos na atualidade, dado que

[59] João Paulo II, *Encíclica Fides et Ratio*, cap. II, n. 20, 14 set. 1998. Disponível em: http://www.vatican.va.

ela depende de uma afirmação da verdade que deixa um papel subordinado à autonomia da inteligência. É preciso, portanto, buscar uma interpretação alternativa para *dizer* a profundidade cristã.

Segundo o que já explicamos - seguindo o triplo registro fenomenológico, hermenêutico e pragmático –, a *fides*, enquanto potência gnosiológica da experiência, implica a recepção da salvação e a construção do sentido a partir da imaginação profética e escatológica nascida da inteligência da vítima. Sentido que vem a desvelar-se agora, não tanto como conteúdo fixo de proposições verdadeiras, abstratas e formais, mas antes de tudo como *significação* antropológica e ética fundacional, já que ambas abrem um horizonte de vida e de compreensão. Tal sentido de salvação só advém pela morte do inocente, cuja verdade plena foi mostrada por Cristo Jesus:

> O grande paradoxo disso é que o cristianismo provoca a escalada para os extremos ao revelar aos homens essa violência. Ele impede os homens de colocar sua violência na conta dos deuses, e coloca-os diante de sua responsabilidade. São Paulo não é de modo algum um revolucionário, no sentido que o mundo moderno deu a esse termo: ele diz aos Tessalonicenses que eles têm de manter a paciência, isto é, obedecer às Potestades e aos Principados, que serão destruídos *de todas as maneiras*. Essa destruição um dia virá, por causa do império cada vez maior da violência, privada agora de uma válvula de escape sacrificial, incapaz de fazer a ordem reinar senão por uma violência ainda maior: cada vez mais vítimas serão necessárias para criar uma ordem cada vez mais precária. É esse o devir enlouquecido do mundo, pelo qual os cristãos são responsáveis. Cristo teria tentado fazer a humanidade passar à condição adulta, mas a humanidade terá recusado essa possibilidade. Uso

propositalmente o futuro do pretérito composto, porque falo de um fracasso fundamental.[60]

Nesse horizonte, o sujeito desenvolve uma nova autoconsciência da relação constitutiva com o outro, de maneira que o *descentramento*[61] operado pela crise mimética abre outra possibilidade de ser-no-mundo, não tanto marcada pelo desejo violento, mas pelo reconhecimento escatológico do rival e inimigo como irmão. A significação da fé se torna assim uma reapropriação do *si-mesmo como outro*, e supera a lógica da totalidade e do ressentimento no próprio coração da rede intersubjetiva, depurada de seu caráter dialético. Processo que vamos analisar com maior detença agora.

Um conhecimento "do alto"

A *imaginação escatológica* própria da fé como potência de experiência salvífica não é simplesmente uma representação aleatória de certas imagens provenientes da sensibilidade, como foi com frequência interpretado por algumas teorias escolásticas do

[60] René Girard, *Rematar Clausewitz*, op. cit., p. 195-96.

[61] Experiência de *descentramento* que foi descrita de maneira rigorosa pela fenomenologia moderna, mas experimentada e descrita em outros termos pela mística cristã do "desapego", como já o mostrou em seu momento o mestre Eckhart, quando falava em seus sermões e tratados sobre a deificação: "Da mesma maneira, portanto, eu falo do homem que se anulou em si mesmo, em Deus e em todas as criaturas: esse homem ocupou o lugar mais baixo, e nesse homem é preciso que Deus se difunda totalmente, ou ele não é Deus" (Mestre Eckhart, "Sermon 48". In: *Sermons*, v. II. Paris, Seuil, 1978, p. 112). Também em seu sermão sobre o fundo da alma, unida ao fundo de Deus: "Como diz Santo Agostinho: Deus está mais próximo da alma do que ela de si mesma. A proximidade entre Deus e a alma não conhece distinção, verdade. O conhecimento em que Deus se conhece a si mesmo interiormente é o conhecimento de todo espírito desprendido, e não nenhum outro. A alma toma seu ser diretamente de Deus, razão por que Deus está mais próximo da alma do que ela de si mesma, razão por que Deus está no fundo da alma com toda a sua Deidade" ("Sermon 10". In: *Sermons*, v. I. Paris, Seuil, 1974, p. 107). Ou, também, o sermão sobre os efeitos da união na destruição: "Se pudesses anular-te a ti mesmo por um instante, e digo até mais brevemente que um instante, tudo o que é em si mesmo te pertenceria propriamente" ("Sermon 28". In: *Sermons*, v. I. Paris, Seuil, 1974, p. 233-34).

conhecimento. É necessário precisar, aliás, que com relação a essa problemática Tomás de Aquino[62] levou a feliz termo uma síntese extraordinária para sua época – na qual articulou elementos vindos do pensamento grego e árabe sobre o tema – para explicar o papel ativo do profeta na elaboração de imagens no momento da inspiração divina, sem renunciar ao caráter velado e nunca plenamente dominado do conhecimento profético.

Num contexto completamente diferente, o próprio da fenomenologia moderna, a *imaginação*[63] é uma potência da subjetividade que permite a instauração de um mundo da vida (*die Lebenswelt*) no

[62] "Similiter etiam cum spiritus sanctus movet mentem alicuius ad aliquid faciendum quandoque quidem intelligit quid hoc significet, sicut patet de leremia, qui abscondit lumbare in Euphraten, ut habetur lerem. XIII, quandoque vero non intelligunt, sicut milites dividentes vestimenta Christi non intelligebant quid significaret. Cum ergo aliquis cognoscit se moveri a spiritu sancto ad aliquid aestimandum, vel significandum verbo vel fato, hoc proprie ad prophetiam pertinet. Cum autem movetur, sed non cognoscit, non est perfeita prophetia, sed quidam instinctus propheticus. *Sciendum tamen quod, quia mens prophetæ est instrumentum deficiens, sicut dictum est et veri prophetæ non omnia cognoscunt quæ in eorum visis aut verbis aut etiam factis spiritus sanctus intendit*" (Thomas D'Aquin, St II^{a}-II^{ae}, 173-74. Ver também a análise das ideias da profecia ligadas à problemática da subjetividade: Carlos Mendoza-Álvarez, *Deus Liberans. La Revelación Cristiana en Diálogo con la Modernidad. Los Elementos Fundacionales de la Estética Teológica*. Friburgo, Éditions Universitaires, 1996, p. 259-73).

[63] James Alison a chama de "imaginação escatológica", seguindo os grandes mestres do século XX. Ver: James Alison, *Raising Abel. The Recovery of Eschatological Imagination*. Nova York, Crossroad, 1996. Para ver uma versão desse problema com relação ao debate da teologia depois de Auschwitz, recordemos aqui o sonho de Johannes-Baptist Brantschen sobre o juízo final: "Tenho um sonho. Jesus vem para o Juízo, acompanhado de seus santos. No Juízo aparece o assassino de Anne Frank, um homem que, em menino, não conheceu o amor e, depois, se tornou um criminoso por oportunismo ou para fazer carreira. Arrependendo-se, ele se prostrou no chão, aos pés de Jesus, e espera, angustiado, o veredicto que o condenará. E eis que, das fileiras dos santos, avança uma mocinha que lhe estende a mão e o levanta. A mocinha se chama Anne Frank. Seu antigo verdugo está confuso até a medula de seu ser. Anne Frank o abraça e lhe dá um beijo. Que fará o juiz? Ele está certo de que não os separará. Que deve acontecer para que esse sonho se realize? Tal reconciliação é teologicamente pensável? (...) Porque Deus – loucura do amor divino! – se vinculou a nós, se tornou dependente de nós, a reconciliação de suas filhas e de seus filhos é também sua alegria. Não seriam justamente as vítimas, favoritos de Deus, que querem tornar perfeita a alegria do Pai?" (Johannes-Baptist Brantschen, *Renouveler l'Espérance Chrétienne*. Paris, Cerf, 1999, p. 152-55).

seio do qual se realiza a ação do sujeito, com todas as suas conotações históricas, linguísticas, éticas e simbólicas.

A imaginação escatológica implica, assim, pelo menos três elementos estruturais como parte de sua identidade profunda: um apocalíptico, outro propriamente escatológico e um apofático.

i. A visão do fim do mundo[64] presidiu a pregação itinerante de Jesus de Nazaré, em particular na crise de Jerusalém, quando com clareza percebeu o conflito que se anunciava com as autoridades do Templo na Cidade Santa. Diante de tal ameaça de morte, que se desenhava no horizonte provocada por sua ação profética na Galileia, Jesus buscará compreender o sentido desse conflito: o anúncio da destruição do Templo – figura por excelência do sagrado – virá a desempenhar assim uma dupla significação: de acabamento com relação ao religioso arcaico e também com relação ao mundo terrestre preso na rivalidade.[65] Tal é o duplo sentido da expressão *fim do mundo.*

ii. A metáfora dos "céus abertos" com que se anuncia a chegada do Filho do Homem designa um horizonte ainda mais radical do que a catástrofe cósmica que o acompanha: é a chegada

[64] A questão do fim do mundo é tratada pelos exegetas da *Third Quest* com muita precaução e matizes, segundo o caso de cada um dos *logion* dos Evangelhos, como Mateus 10,23: "Quando vos perseguirem numa cidade, fugi para outra (...). Em verdade vos digo que não acabareis de percorrer as cidades de Israel até que venha o Filho do Homem", John Meier conclui: "O *logion* fixa de fato uma data-limite para a vinda final do reino (que os cristãos traduziam, muito naturalmente, pela vinda do Filho do Homem). Mas é uma data-limite fixada pelos profetas cristãos para reconfortar e instruir os missionários cristãos esgotados e perseguidos, vivendo à espera da vinda do Reino, que seria o sinal de sua libertação. Isso nada tem que ver com o Jesus histórico" (John Meier, *Un Certain Juif Jésus. Les Données de l'Histoire*, v. II. *A Parole et lhes Gestes*, Paris, Cerf, 2005, p. 297).
[65] "A Paixão revela os mecanismos vitimários: ela se enrola "nas voltas" do pecado original e faz com que elas apareçam à luz do dia. Cristo impõe assim uma alternativa terrível: ou segui-lo, renunciando à violência, ou acelerar o fim dos tempos. Nos dois casos, ele nos coloca diante do pecado original, e nos obriga a encarar esse "abismo". Que significa isso, senão que o cristianismo tem o religioso arcaico como seu único horizonte?" (René Girard, *Rematar Clausewitz*, op. cit., p. 141).

iminente do Reino de Deus pregada pelo Jesus histórico.[66] Se esse título messiânico próprio à tradição apocalíptica judaica foi empregado pelos evangelistas para codificar o anúncio do fim do mundo e as boas novas da instauração do Reino, parece claro que essa figura do livro de Daniel ficará integrada pelos sinópticos numa ordem mais ampla de reconstrução do mundo a partir de Deus. Isso é o que a escatologia das cartas paulinas desenvolverá posteriormente com uma série de expressões paradoxais, como verdadeiras metáforas vivas, para designar aquela realidade de todo nova: "homem espiritual" (1 Coríntios 2,14), que tem um "corpo espiritual" (1 Coríntios 15,44), sujeito de uma esperança viva num mundo onde "então conhecerei como sou conhecido" (1 Coríntios 13,12), vivendo desde agora nesse descentramento fundador da vida nova, pois "já não sou eu que vivo, mas é Cristo que vive em mim" (Gálatas 2,20).

iii. Por último, a expressão de São Paulo ao falar do conhecimento presente de Deus: "porque agora vemos em espelho" (1 Coríntios 13,12a) foi a expressão prototípica aplicada pelos teólogos

[66] Nesse sentido, Meier defende a ideia de uma escatologia futura atuante na pregação do Jesus histórico, seguindo os passos de João Batista. Contra isso pensam Marcus J. Borg e John Dominic Crossan: "Sabe-se que Jesus deslocou o acento de sua pregação, para passar do julgamento iminente de Deus pelo fogo à oferta da misericórdia do Pai. Em razão disso, enquanto ação simbólica destinada a extinguir o fogo vindouro, o batismo naturalmente refluiu para segundo plano no ministério de Jesus. No entanto, apesar de sua insistência na misericórdia e no perdão de Deus, já nas curas e nas refeições em comum, Jesus, em seguida a João, nunca renunciou a anunciar uma vinda futura de Deus para julgar o mundo, uma vinda iminente. De fato, antes e depois de Jesus, tem-se, por um lado, um Batista que proclama uma mensagem de escatologia futura, e, por outro, uma Igreja que porta também tal mensagem; preso entre esses dois polos, um Jesus que não falasse de escatologia atrairia suspeitas desde o início. Isso põe grandemente em causa a maneira como Marcus J. Borg e John Dominic Crossan tratam a questão: ambos pretendem eliminar da pregação de Jesus toda e qualquer escatologia futura. Qualquer que seja a distância tomada por Jesus com relação a João, ele sempre foi portador de grande parte da mensagem de seu antigo mestre. Em certo sentido, Jesus nunca esteve sem João" (John Meier, *Un Certain Juif Jésus. Les Données de l'Histoire*, vol. II: *La Parole et les Gestes*. Paris, Cerf, 2005, p. 19).

medievais para falar do conhecimento dos bem-aventurados na glória "*in speculum æternitatis*".

Essa frase denota finalmente o que será o próprio da visão beatífica, interpretada segundo este modelo metamoderno: uma contemplação indireta do mistério divino, sempre em retirada com relação a toda vontade de apropriação e de onipotência, mesmo para aqueles que creem.

Assim, a afirmação da impossível apropriação de Deus implica, de fato, a advertência contra toda religião sacrificial e contra todo totalitarismo do pensamento ou da ação. Um caminho de grande valor para a mística de todos os tempos, sedenta de comunhão e, ao mesmo tempo, sempre consciente da fragilidade de sua condição vulnerável. E, apesar disso, foram os místicos que desde sempre se deixaram impulsionar sem cessar por esse desejo de Deus.

Os becos sem saída da reconciliação

O conhecimento divino de que viemos falando – aquele que é participado por Deus ao crente enquanto inteligência da vítima – representa uma verdadeira potência de experiência. Apesar disso, não se deve incorrer de novo numa leitura romântica da fé, no sentido da alienação do mundo violento e contingente como condição para sermos elevados ao mundo celeste pela mera inspiração divina. Porque nada há mais afastado do sentido próprio da crise dos metarrelatos expressa pela pós-modernidade. Com efeito, conscientes que somos do poder devastador do desejo mimético, é absolutamente necessário, nesta época pós-moderna, falar de *pistis* como de um claro-escuro. Os *impasses* próprios do desejo mimético sempre estarão aí até o fim apocalíptico do mundo. Seríamos ingênuos, e até cúmplices, da cegueira própria do sonho de onipotência se não estivéssemos alerta contra as resistências e as oposições à fé.

Girard já mostrou de maneira suficiente, a nosso ver, em sua última obra consagrada à guerra, que "a escalada para os extremos" típica da violência mimética nos conduz, mais cedo ou mais tarde, ao colapso total. Só a escolha da *paciência*, no coração do "tempo dos pagãos", nos fará capazes de captar a verdade que o cristianismo anuncia, sem mascarar a loucura do mundo caído, segundo aquelas palavras magistrais escritas por Pascal:

> Estranha e longa é a guerra com que a violência tenta oprimir a verdade. Nenhum esforço da violência consegue debilitar a verdade, mas apenas fortalecê-la. Todas as luzes da verdade nada podem para deter a violência, e só conseguem deixá-la ainda mais irritada.[67]

A *fides* requer, portanto, o expressar-se como compreensão alternativa do mundo fratricida. Mas ela negaria sua condição de inteligência da vítima se não desmascarasse os ídolos da onipotência. Em suma, no seio dos escombros da modernidade colapsada, a *fides* é a coragem de dizer a si mesmo, o mundo e Deus como *abertura*[68] de gratuidade e, portanto, como inauguração dos tempos messiânicos para além de todo triunfalismo.

[67] Blaise Pascal, *Œuvres Complètes*. Paris, Gallimard, 1954, p. 805, apud René Girard, *Rematar Clausewitz*, op. cit., p. 141.

[68] A interpretação niilista da fé nos faz estar atentos e sensíveis à *abertura* da subjetividade enquanto permanente disponibilidade para a hospitalidade com o outro: "Essa fé – ou melhor, a fé judaico-cristã e também islâmica – seria o ato de um não saber enquanto não saber da necessidade do outro em todo ato e em todo saber do ato que se mantém à altura do que São Tiago (a epístola) chama aqui (V 21 e 24-25) de 'justificação': a que torna justo, a que faz um justo (o qual não pode estar na adequação do saber de sua própria justiça). Esse ato dependeria antes de tudo da fé no outro – o que o outro Jacques chama de 'relação ao outro como segredo da experiência testemunhal' – se por 'testemunho' se quer entender, como ele, a atestação de verdade que toda palavra postula no outro ou do outro, e em mim enquanto outro para mim mesmo (enquanto platônico 'diálogo comigo mesmo'). O justo ou justificado seria aquele que se deixa atestar no outro" (Jean-Luc Nancy, *La Déclosion, Déconstruction du Christianisme, I*. Paris, Galilée, 2005, p. 80).

A dimensão criadora do perdão

O impulso vital do "conhecimento das coisas do alto" (Colossenses 3,2) próprio da *fides* cristã inaugura um novo estágio da subjetividade e, por essa via, torna possível outro tipo de dinamismo intersubjetivo. Com efeito, se a inteligência da vítima fala da verdade do não ressentimento[69] como verdadeira dissolução do mundo caduco destinado a seu próprio fracasso, ela também capacita o crente para transfigurar esse mundo com a força inusitada do esquecimento e do perdão.

Se a análise fenomenológica de Ricoeur sobre a memória, a história e o esquecimento nos mostrou a trama da intersubjetividade exposta e reconciliada, os relatos de ressurreição,[70] na mesma perspectiva, afirmam sem equívoco a força transformadora instaurada pelo olhar do perdão que provém da vítima: palavra de graça e absolvição vinda apenas da parte da vítima, já que é ela quem desata os nós do ressentimento e torna livres seus verdugos por meio do chamado à conversão. Nesse sentido, a insistência de Girard[71] na *conversão*,

[69] A virada própria da superação do ressentimento é sublinhada por Alison como um traço próprio da novidade do Crucificado-ressuscitado: "Você se lembrará de que o fator fundamental ao longo deste livro foi a inteligência da vítima (...). Enfatizei repetidamente que isso envolve uma prévia renúncia à liberdade. Portanto, todo o processo da vida de Jesus não foi simplesmente a história de um linchamento, mas a história de um homem que agiu livremente de certas maneiras que, sabia, o levariam a ser morto. Ele não queria ser executado, mas sabia que o seria. Ele não permitiu que esse fato alterasse sua forma de agir ou ensinar. E essa mesma conduta estava presente em seus ensinamentos: ele ensinou as pessoas a agir livremente, a não ter sua vida guiada pelo vínculo pernicioso ou rancoroso à vida de outra pessoa ou à vida do grupo que as doutrinou. O símbolo dessa liberdade é a capacidade de dar a outra face, de caminhar a segunda milha e assim por diante" (James Alison, *Knowing Jesus*. Londres, SPCK, 1993, p. 80).

[70] A interpretação niilista vai privilegiar, ao contrário, o caráter irredutível desta experiência: "Um corpo glorificado se apresenta e se recusa a um corpo sensível, cada um dos dois expondo a verdade do outro, um sentido roçando o outro, permanecendo, porém, as duas verdades inconciliáveis e repelindo-se uma à outra. Para trás! Recua!" (Jean-Luc Nancy, *Noli Me Tangere. Essai sur la Levée du Corps*. Paris, Bayard, 2003, p. 89).

[71] "A verdade da violência foi enunciada de uma vez por todas. Cristo revelou a verdade que os profetas anunciaram, a da fundação violenta de todas as culturas. Essa recusa de escutar uma verdade essencial nos expõe aos retornos de um arcaísmo que não terá mais

semelhante à maneira como Cristo se enfrentou com a violência, é essencial para compreender melhor a dimensão criadora do perdão. Trata-se, com efeito, da gênese da existência nova, surgida da cruz, sob um triplo aspecto enquanto criação nova:

i. Uma conversão da *inteligência sobre o mundo* em sua imanência própria, o que permite ao crente desmantelar a lógica da violência com a força de um realismo radical que desmascara o princípio mimético.

ii. Também implica uma conversão do olhar sobre os outros para além do ressentimento vivido pela pessoa em seu tecido relacional, tanto interpessoal como social.

iii. E, sobretudo, implica uma conversão na *relação com Deus*, segundo a potência da gratuidade, pela qual se desvela sua verdadeira condição de ser fonte de compaixão, já que seu mistério nada tem que ver com o sacrifício fundador, senão que, muito pelo contrário, seu ser insondável é justamente sua indigência radical, da qual procede sua doação.

Dessa maneira, o perdão é recebido e oferecido como *gratuidade* absoluta num dinamismo de transmissão da vida teologal que inclui em seu seio o sujeito vulnerável, exposto diante da presença do Outro enquanto outro, mas ao mesmo tempo convoca aquele que havia naufragado nas águas caudalosas da onipotência a uma existência nova.

Trata-se, em síntese, de aprender a viver o desejo mimético certamente, mas como imitação alternativa: de um amor não recíproco e assimétrico porque é doação pura.

o rosto de Dioniso, como Nietzsche ainda esperava, porque agora a destruição será total. O caos dionisíaco era um caos fundador. O caos que nos ameaça é radical. É preciso ter uma certa coragem para dizê-lo, assim como é preciso ter uma certa coragem para não ceder ao fascínio da violência" (René Girard, *Rematar Clausewitz*, op. cit., p. 177).

capítulo 5
o papel da teologia fundamental pós-moderna

A teologia fundamental na idade da razão pós-moderna[1] deve dar conta da esperança possível no contexto do colapso de um modelo moderno de civilização, derivado tanto do cristianismo como da cultura ocidental greco-romana. Já não parece possível para o pensamento teológico na hora presente afirmar a revelação divina fora do marco da subjetividade frágil que se abre à transcendência como experiência de gratuidade. Para consegui-lo, foi necessário primeiro passar por um processo de construção da catedral da cristandade e do arranha-céu do Iluminismo. Cada um desses metarrelatos, em

[1] O termo pós-modernidade suscita reações opostas entre os teólogos. Alguns, como Andrés Torres-Queiruga, falam da última fase do desenvolvimento da modernidade. Outros, como Claude Geffré, insistem no caráter inédito desse paradigma cultural na história da civilização: "Até aqui, falei do desafio da modernidade ao cristianismo no quadro clássico no Ocidente de uma exclusão recíproca da religião e da modernidade compreendida como processo de secularização de todos os registros da vida humana. Mas, já desde dois decênios, nossa paisagem cultural mudou profundamente e o verdadeiro desafio é o da pós-modernidade. Pode-se com razão expressar alguma reserva a respeito dessa palavra tão imprecisa, 'pós-modernidade'. Mas ele não é abusivo para designar a contestação de uma modernidade que se define por uma razão demasiado segura de si mesma e necessariamente em conflito com toda e qualquer forma de religião. Essa pós-modernidade terá justamente duas saídas que não se devem confundir, a do retorno do religioso e a de um niilismo neopagão" (Claude Geffré, "La Modernité: un Défi pour le Christianisme et l'Islam". *Chemins du Dialogue*, v. X, n. 18. Paris, 2001, p. 25). De nossa parte, situamos nossa reflexão na fronteira entre o olhar crítico diante dos excessos da modernidade ilustrada, reconhecemos suas irrenunciáveis aquisições e, ao mesmo tempo, o desafio de pensar o mistério de Deus no meio dos *escombros* dos sonhos de onipotência.

seu momento respectivo e a partir de seus pressupostos teocêntrico e antropocêntrico, propôs a ideia de uma manifestação do divino por meio de um Messias glorioso, seja religioso ou laico.

Mas o *naufrágio* da arca da civilização ocidental, herdado das duas grandes tradições humanistas evocadas acima, deu lugar, no final do século XX, ao niilismo pós-moderno, que não cessa de proclamar o fim do mundo como o único horizonte de vida que nos resta. Aliás, esse naufrágio é evocado com frequência pelo fundamentalismo religioso como exemplo e prova tangível do egoísmo narcisista predominante. Em consequência, ele proclama com ardor a necessidade de invocar ao Deus salvador para resgatar a humanidade da tempestade desencadeada em que ela está prestes a se afogar com toda a criação.

Nestes tempos de diversos clamores,[2] é o momento oportuno para não ceder à devastação que acompanha a destruição do sonho moderno, nem à ilusão de um resgate milagroso. Quando as águas se encontram mais agitadas, é necessário apelar para a calma a fim de vislumbrar uma rota segura que permita sobreviver, utilizando os instrumentos que nos permitirão não sucumbir ao pânico diante do abismo e do naufrágio.

O chamado à razão neste momento veio paradoxalmente da teologia e dirigido às ciências humanas. Tal chamado é um salva-vidas indispensável para não ceder ao pânico: trata-se de encontrar a ocasião propícia para uma "segunda navegação"[3] que mostre a

[2] A crise ecológica atual já foi anunciada pelos cientistas há mais de meio século. Após a catástrofe de Chernobyl em 26 de abril de 1986, o chamado à ação foi ainda mais urgente no mundo inteiro. A expressão desse grito de alarme veio de um cientista alemão em seu manifesto "Die Zeit Drangt" ("O Tempo Urge"), dirigido à sociedade mundial, aos governos e aos líderes das religiões para reagir de maneira rápida diante da catástrofe iminente. Cf. Carl Friedrich von Weizsacker, *Le Temps Presse*. Paris, Cerf, 1987.
[3] Tal foi o principal tema da conferência inaugural do reitorado de Guido Vergauwen na Universidade de Friburgo, na Suíça, na qual recordou aos universitários esse horizonte apocalíptico pós-moderno em que os saberes têm um papel insubstituível para pensar o

viabilidade da razão, capaz de conhecer o real apesar de tudo. Uma razão, naturalmente, sensível tanto ao desamparo humano como ao mistério divino, onde se descobre como razão criadora de sentido. Chegou o momento de propor uma maiêutica[4] da razão, cuja força é o questionamento perpétuo de si mesmo. Uma razão, em última instância, capaz de *falar de Deus no seio da vulnerabilidade extrema*, enquanto gratuidade que advém através da superação da rivalidade.

No entanto, não se deve esquecer que a razão isolada já não existe como tal na pós-modernidade. Hoje estamos conscientes do profundo enraizamento da razão no subsolo das pulsões fundamentais do dinamismo relacional da pessoa: uma *razão senciente* segundo o que afirmaram alguns filósofos do limite, como Xavier Zubiri[5] e María Zambrano,[6] no contexto do totalitarismo político e religioso derivado do franquismo na Espanha e na América ibérica.

mundo e a história após o naufrágio do ego cartesiano. Cf. Guido Vergauwen, "Wenn Die Arche Schiffbruch Erleidet... La Tâche de l'Université Face aux Limites du Savoir". *Universitas*, n. 12. Friburgo, dez. 2007, p. 39. A versão integral da conferência se encontra no portal da Universidade de Friburgo na Internet, disponível em: www.unifr.ch.

[4] Método empregado em teologia fundamental por Torres-Queiruga, que conseguiu articular uma reflexão teológica sobre a questão antropológica em debate com a razão moderna. Cf. Andrés Torres-Queiruga, *La Revelación de Dios en la Realización del Hombre*. Madri, Cristiandad, 1987, 505 p. A mesma obra, corrigida e aumentada 20 anos depois, traz precisões à problemática que se desenvolveu posteriormente, no contexto da crise da modernidade: *Repensar la Revelación. La Revelación Divina en la Realización Humana*. Madri, Trotta, 2008, 576 p.

[5] Cf. Xavier Zubiri, *La Inteligencia Sentiente*. Madri, 1983 [Em português: Inteligência Senciente. São Paulo, Editora É, 2011]; "En Torno al Problema de Dios", *Revista de Occidente*, n. 149. Madri, 1935, p. 129-59. O papel da "inteligência senciente" na aproximação à pergunta sobre Deus explica também uma correlação com a transcendência a partir da apercepção emocional e racional da "realidade última" que todo ser humano cumpre em sua história. Cf. Germán Marquínez Argote, "Paul Tillich e Xavier Zubiri: Planteamiento del Problema de Dios". *The Xavier Zubiri Review*, v. 8. Washington, 2006, p. 103-10.

[6] Pode-se ver a aguda crítica de María Zambrano ao orgulho da filosofia moderna, em especial no caso de Georg Wilhelm Friedrich Hegel: "Os breves passos em que acompanhamos a razão em seu caminhar por nosso estreito mundo do Ocidente são suficientes, creio eu, para poder perceber que a razão se ensoberbeceu. Não ouso dizer que em sua raiz; creio, ao contrário, que em seus luminosos e arriscados começos com Parmênides e Platão a razão pôde pecar por outras coisas, mas não por soberba. A soberba chegou com o racionalismo europeu em sua forma idealista e muito especialmente com Hegel. Soberba da razão

A *fides* revela, assim, sua potência de significação no coração da problemática pós-moderna não tanto para trazer aí a resposta ao questionamento da razão, mas para submergir mais ainda na *densidade* do real. E, se o real é mimético, como já o mostrou René Girard, então a *fides* será verdadeira na medida em que se fundar nesse mimetismo até desvelar sua verdade e sua mentira.

Se escolhermos a via fenomenológica, diremos antes que o real é marcado pela intersubjetividade diferida.[7] Nesse caso, a *fides* não pode existir senão como compreensão da instauração latente do *nós* na história, a partir da correlação *eu-tu*, mas sempre através da gramática da gratuidade como superação da reciprocidade, marcada de maneira inexorável pela dialética da rivalidade. Em ambos os casos, a *fides* poderá ser significativa e crível nesse momento crítico da história, já não como apologia de um sistema religioso, mas enquanto horizonte de vida, de compreensão e de ação de pessoas e comunidades vulneráveis, conscientes da vida teologal que as anima, graças ao *poder do não poder* que o Crucificado-vivo lhes revelou.

Ao longo deste último capítulo, iremos desenvolvendo os elementos constitutivos de uma teologia *pós-moderna*[8] apta para pensar

é soberba da filosofia, é soberba do homem que parte em busca do conhecimento e que crê tê-lo, porque a filosofia busca o todo e o idealista hegeliano crê que já o tem desde o começo. Não crê estar num todo, mas possuí-lo totalitariamente. A vida se rebela e se revela por diversos caminhos diante desse ensoberbecimento e vai-se manifestando. O último período do pensamento europeu pode ser chamado de rebelião da vida. A vida se rebela e se manifesta, mas imediatamente corremos outro risco: a vida segue pelos mesmos leitos da razão hegeliana e a substitui simplesmente, e ali onde antes se dissera 'razão' diz-se depois 'vida', e a situação fica substancialmente a mesma. Crê-se possuir a totalidade, crê-se ter o todo" (María Zambrano, "La Soberbia de la Razón". In: *Filosofía y Poesía*. México, FCE, 1939).

[7] Trata-se de dar conta, por meio dessa expressão, do inacabamento da história e de seu caráter conflituoso, num sentido que a dialética hegeliana não parece resolver. Com efeito, a ideia do *mútuo reconhecimento* aparece como um projeto contraditório, se se considera a noção teológica de *mútua doação* como a única saída possível para o *impasse* do desejo mimético.

[8] O termo pós-moderno designa aqui a assunção da modernidade em sua lógica emancipadora, sem excluir a abertura constitutiva da subjetividade à transcendência, seja por meio da doação ao outro, seja pela irrupção do divino no coração do humano como

de maneira diferente a revelação e a tradição cristãs segundo a lógica da gratuidade.

Por meio do termo "pós-moderno" tentamos honrar ao mesmo tempo a herança válida da Cristandade e do Iluminismo, no entendimento de seu mútuo esgotamento histórico, para descobrir aí uma ruptura certamente, mas também alguma continuidade. Pós-moderno significa para nós ao menos quatro coisas:

i. Uma crítica aos sistemas de totalidade como garantias da vontade de onipotência.

ii. A consciência da *superação* daquela lógica, que traz a fé como compreensão do religioso não arcaico e não sacrificial, consciência despertada na história graças a Cristo.

iii. O pôr em marcha uma potência de *gratuidade*, que, enquanto relação com o outro não presa na reciprocidade, é solução para o ódio por meio do perdão.

iv. O despertar da subjetividade extrema no seio dos processos vitimários onde ela dará testemunho de uma esperança possível para a humanidade que está prestes a naufragar.

Detenhamo-nos um momento aqui para analisar cada um desses quatro elementos em sua irredutibilidade própria, dado parecer-nos que eles representam as problemáticas principais da teologia fundamental enquanto disciplina das *fundações da fides*, preâmbulo e metadiscurso ao mesmo tempo tanto da incorporação ao mistério de Cristo como de toda experiência de vulnerabilidade assumida.

gratuidade. À diferença das numerosas críticas contramodernas analisadas previamente neste livro, a interpretação que aqui propomos assume as aquisições da modernidade e reorienta o horizonte de cumprimento da transcendência divina através do devir da subjetividade vivida como *doação* da própria vida.

A necessária desconstrução

A filosofia pós-moderna da *diferença* sublinhou a pergunta sobre a desconstrução como condição metodológica de possibilidade de todo pensamento crítico, após o fracasso do Iluminismo. Ao menos dois períodos desse pensamento, representados por Jacques Derrida e Jean-Luc Nancy, serão de grande valor para compreender a importância dessa primeira problemática da teologia fundamental pós-moderna, que consiste na crítica aos sistemas de totalidade.

É preciso sublinhar, antes de tudo, a contribuição de Derrida e Maurice Blanchot para o desmantelamento das estruturas linguísticas e pragmáticas da razão instrumental. Esse ponto é crucial se se deseja verdadeiramente dar conta dos *impasses* da civilização moderna, como os sistemas de objetivação próprios da técnica, a política parlamentar e a moral religiosa que se impõem como totalidade. Não só é justo criticar os efeitos sociais de exclusão que disso derivam, mas é preciso tentar rastrear a intencionalidade epistemológica da interpretação: esclarecer a pretensão de absoluto que subjaz a toda estrutura de significação.

Pois bem, algumas interpretações pós-modernas se basearam nesse princípio gnosiológico para afirmar a impossibilidade do sentido. Basta concentrar-se nas obras do próprio Derrida para mostrar que, para esse autor, situado na linhagem de Martin Heidegger, se trata antes de assinalar a *abertura* própria da significação enquanto preâmbulo e prólogo do verbo, e deter-se no justo momento em que o ser brota enquanto devir, antes que a significação surja como construção de sentido, ou seja, como substantivo.

Sobre essa base, um exemplo da desconstrução do cristianismo será desenvolvido posteriormente por Nancy ao falar da ressurreição de Cristo. Trata-se do segundo momento do desmantelamento do significado, quando se leve em conta o *vazio da* abertura e de sua função de intriga, posta em questão, do sentido objetivo. A finalidade dessa operação de desconstrução reside em preservar o caráter *originário* da experiência fundacional, para não desviar-se de sua "ek-sistência", ou seja, de sua essência-em-devir, e manter assim a tensão existencial por excelência.

Tal processo da desconstrução terá consequências imediatas para o sujeito pós-moderno, para seu objeto de conhecimento e ação, e também para a relação que os une. Depois de tal inversão, a *fides*, transmitida pelo cristianismo, sairá depurada de suas pretensões abstratas de objetivação e poderá assim dar melhor conta do umbral de compreensão do real que ela leva em seu seio, como testemunho profundo, a saber: o anúncio do divino como ultrapassamento perpétuo de si, *vivência* do crente como *aquele que imita o desejo de Cristo* de esvaziar-se de si mesmo para dar a vida pelos outros e com os outros. Trata-se de uma potência do desejo própria do crente - sobretudo do místico - que anseia uma relação nova, cumprida graças ao primado do divino. Por fim, trata-se de uma condição identitária própria da *Ecclesia* como comunidade profética e apocalíptica[9] que anuncia tal cumprimento da comunicação divina na lógica do Reino de Deus.

Percorramos agora, passo a passo, as etapas dessa inversão própria da desconstrução pós-moderna.

[9] René Girard e David Tracy, um antropólogo e um teólogo, respectivamente, que em certo sentido poderíamos chamar de pós-modernos, convergem numa análise análoga do caráter apocalíptico do cristianismo, quase esquecido pela teologia moderna. Tal acento é essencial para a adequada compreensão da tensão da história e do fim do mundo, como parte constitutiva do anúncio cristão. Assim, por exemplo, o teólogo de Chicago escreve: "Não posso compartilhar leituras fundamentalistas do livro do Apocalipse. Mas vejo agora como os demais cristãos foram tolos por ignorar esse livro e a Segunda Vinda apocalíptica. Por que ignoramos isso quando o nome que atribuímos à temporada litúrgica do Advento é, pelo que me consta, a única palavra em inglês que fala daquela outra noção de futuro, da vinda de Deus do futuro para o presente? Como pode o Advento tornar-se mera preparação para a Encarnação e o Natal? E quanto a todas as leituras da Segunda Vinda? O que se deve concluir delas?" (David Tracy, "The Christian Option for the Poor". In: Daniel Groody (ed.), *The Option for the Poor in Christian Theology*. Notre Dame, University of Notre Dame Press, 2007, p. 129-30).

A desmontagem do fundamento

Antes de proceder à elaboração do discurso teológico, é necessário iniciar a reflexão sublinhando os excessos de significação e de sentido que a religião, em sua figura mitológica, propõe na ordem do fundamento e da finalidade da história e da criação. Há um excesso de sentido que encontra suas origens na projeção do desejo dentro da esfera do divino, quando a religião fala de cumprimento da criação em Deus. A significação metafísica e moral constrói sobre esses alicerces o edifício da ritualidade e das mediações necessárias para conseguir a salvação. Assim, a experiência da redenção mediada pelas religiões é transmitida por uma série de significados que vão secar pouco a pouco – ou ao menos torná-lo inacessível – o manancial sem fundamento próprio do mistério divino do real.

Desconstruir significa, nesse contexto preciso, o desbloqueio do manancial divino antes que fique coberto pelas mediações simbólicas. Isso implica certamente um *retorno às fontes*, mas não no sentido de reencontro com o fato histórico fundador em sua objetividade empírica, nem, menos ainda, com seu enigma mitológico, mas no sentido de um retorno fenomenológico à *coisa mesma*.

Tal processo significa concretamente, para o cristianismo, o retorno à experiência fundacional pascal de Cristo, no coração do tecido relacional mimético e intersubjetivo em que aconteceu sua pregação, mas sem esquecer seu conflito com o templo, sua condenação à morte e sua ressurreição. A coisa mesma do acontecimento pascal indica assim, de um ponto de vista antropológico, a superação do ódio. E, de um ponto de vista fenomenológico, significa o nascimento de uma identidade relacional já não marcada pela reciprocidade violenta, mas pela gratuidade vinda do Pai dos céus. Assim, sobre a base de uma ontologia relacional, a verdade teológica se apresenta, de fato, como narração escatológica: "O Reino de Deus esta próximo de vós" (Lucas 10,9), como o coração da pregação do Jesus histórico.[10] Trata-se do futuro que vem ao presente para reverter a história dos poderosos.

Em consequência, desmontar o fundamento quer dizer para o cristianismo ir *aquém* dos significados rituais e morais, para chegar ao coração da coisa mesma da Páscoa de Jesus, enquanto *distância* entre o mundo humano violento e o pacífico de Deus: coabitação enigmática do sacrifício e a doação até o fim do mundo. Trata-se não tanto de afirmar, como lugar originário fenomenológico, um conteúdo preciso da fé como formulação lógica de verdades, mas de reencontrar seu enraizamento fenomenológico no devir salvífico, para conseguir descrever a salvação em sua fonte originária: Deus se revela como amor sem condição no seio do processo de aniquilação das vítimas para anunciar justamente aí uma criação nova.

A crise do fundamento, característica da pós-modernidade, centra-se então nas mediações culturais com pretensão de absoluto que marcaram a história do Ocidente. E, mais especificamente ainda, centra-se em algumas expressões totalitárias do cristianismo greco-romano e da razão secularizada surgida da Ilustração.

Esse fundamento primeiro havia tomado a forma metafísica da causalidade e da finalidade objetiva como verdade última, na qual se identificariam razão e fé. Esse fundo foi em seguida reapropriado pelas ideologias totalitárias do fideísmo ou do racionalismo, o que provocou o *colapso* cultural que conhecemos agora. Embora a passagem

[10] A busca do núcleo da pregação do Jesus histórico se converteu no símbolo do desenvolvimento da exegese moderna, desde o Iluminismo até a *Third Quest* pós-moderna ou, dito de outro modo, desde Hermann Samuel Reimarus até John P. Meier. Haveria duas correntes que pareceriam opor-se em torno do problema da centralidade do Reino de Deus na pregação do Jesus histórico: a do profeta escatológico, representada por Robert W. Funk e "the Jesus Seminar", que afirmam essa centralidade; a que insiste no caráter antes messiânico da pregação de Jesus dentro da simbologia do Segundo Templo, representada por E. P. Sanders. Cf. Russel Morton, "Quest of the Historical Jesus". In: Craig Evans (org.), *Encyclopedia of the Historical Jesus*. Nova York/Londres, Routledge, 2008, p. 472-79.

de certa ideia de metafísica do Ser ao totalitarismo do Estado tenha tido muitas variantes ao longo da história do Ocidente, é possível afirmar que sua fonte comum se encontra na vontade de onipotência.

O assim chamado *fundamento* se converteu então num projeto colonizador,[11] em que a ontoteologia e o progresso foram as duas faces de um único relato narcisista ocidental: seja como idolatria da substância ou como idolatria do mercado, tratou-se, afinal de contas, de uma substituição do Indizível por um discurso e por uma prática que buscavam a uniformização doutrinal, moral, econômica ou política.

Nesse contexto, a desconstrução do fundamento implica a necessária libertação do domínio da onipotência infantil, o mesmo que marcou tanto a razão ocidental como a fé de cristandade, em suas respectivas versões sacrificiais e violentas, como imposição de uma ordem cultural ou religiosa, exportada para outras civilizações a partir da primeira globalização da técnica no albor dos tempos modernos.[12] Diante da constatação do fracasso terrível desse projeto de civilização, como é possível vislumbrá-lo nos impasses da modernidade tardia, encontramo-nos agora no momento oportuno que nos permitirá chegar ao *fundo místico do*

[11] O uso político dos metarrelatos é uma das críticas mais polêmicas próprias da pós-modernidade. Não obstante, resta ainda avaliar o vínculo existente entre a pretensão de verdade e o exercício do poder, em particular no referente à racionalidade ocidental eurocêntrica que predominou desde 1492. Cf. Enrique Domingo Dussel, *Política de la Liberación. Historia Mundial y Crisis*. Madri, Trotta, 2008.

[12] A modernidade como civilização surgida da rejeição do outro foi iniciada, segundo Enrique Dussel, em 1492, como um ano fatídico para a história de Ocidente, quando se põe em ação a dialética do mesmo (europeu, cristão, macho e branco) e se instaura a rejeição do outro (judeu, muçulmano e cristão). Cf. Enrique Domingo Dussel, "De la Invención al Descubrimiento del Nuevo Mundo". *Freiburger Zeitschrift für Philosophie und Theologie*, v. 39, n. 3. Friburgo, 1992, p. 264-78. Sua mais recente crítica a essa filosofia eurocêntrica da história foi desenvolvida numa de suas obras mais recentes: *Política de la Liberación. História Mundial y Crítica*. Madri, Trotta, 2008. Pode-se ver também uma aproximação complementar a essa rejeição da racionalidade instrumental da perspectiva libertacionista em: Franz Hinkelammert, *La Crítica de la Razón Utópica*. Bilbao, Desclée, 2002.

real, sempre mais exigente que nossos próprios relatos infantis de onipotência.

Com efeito, "falar de Deus"[13] após o desmantelamento do fundamento nos tornará capazes ao fim de evocar o mistério transcendente como horizonte último de realização do cosmos e da humanidade, evitando, no entanto, as armadilhas do desejo de apropriação do fogo divino. Fracasso que parece estender-se de maneira inexorável para a humanidade, segundo o que já foi contado pelos antigos: pelo mito grego do semideus Ícaro, que pretendeu roubar o fogo dos deuses voando para o céu com asas de cera, ou pelo mito mesoamericano do arrogante Deus Tecuiciztécatl, que não se atreveu a lançar-se à fogueira para dar ensejo ao nascimento do Quinto Sol em Teotihuacán, iluminaria o cosmos.

Diante de tal naufrágio do sujeito preso em seu próprio desejo temerário, Cristo simboliza a alternativa para dizer o real humano-divino segundo uma lógica diferente: a da *doação*. E, mediante isso, ele mostrou a *abertura* constitutiva do sujeito à sua própria finitude e vulnerabilidade, ao mesmo tempo que inaugurou a possibilidade da criação nova por meio do perdão.

[13] Falar de Deus é um ato de significação que implica uma experiência de finitude onde acontece a graça, assumindo todas as dimensões da existência presente. Uma obra que marcou época, justamente no pós-concílio, por sua ousadia em aprofundar a dimensão psicanalítica da fé é o livro do padre Jacques Pohier. Ainda que 40 anos depois tenha sido superada por certas análises psicológicas, essa obra continua a ser uma aproximação válida para explorar os meandros da subjetividade crente inserta na temporalidade: "De modo que a criação se dá tanto hoje e amanhã como ontem ou no primeiro dia. Quanto aos últimos tempos, já começaram. É o espaço aberto entre os dois, o espaço aberto pelo movimento de que um e outro são o princípio (pois não se trata de passar de um ao outro, porque ambos têm lugar hoje em dia), que é o espaço da presença de Deus. Nosso Deus é um Deus que vem, e sua glória não será consumada de fato senão no dia em que Ele enfim já não tiver necessidade de vir; sua glória consiste em ser reconhecido quando vem como vindo. Coisificando a presença de Deus como se ela fosse mais real a partir do momento em que fosse fixada, desconhece-se que Deus-conosco é um Deus vivo e que é o Deus dos vivos, e que por conseguinte o espaço privilegiado de sua presença é a vida enquanto processo e não deste lado da vida, ainda que se trate de sua origem, ou do lado de lá da vida, ainda que se trate de sua consumação e de seu fim" (Jacques Pohier, *Quand Je Dis Dieu*. Paris, Cerf, 1968, p. 35-36).

A queda do sujeito onipotente

No entanto, a desconstrução não afeta apenas o fundamento: nem aquele que foi identificado pela metafísica com a substância divina, nem o projetado pela antropologia nietzschiana como imagem do mestre guerreiro e vencedor. A desconstrução se volta para o sujeito mesmo em suas pretensões totalitárias, de sorte que lhe possibilita descobrir suas potências de experiência suscetíveis de ser vivenciadas depois do *colapso*, e de conduzi-lo de maneira progressiva à sua reconstituição fenomenológica, uma vez superado o estágio narcisista de onipotência sacrificial.

Já antes evocamos esse processo da subjetividade para falar, dessa maneira, sobre a crise do sujeito moderno. É importante agora que nos aproximemos de nova maneira desse fenômeno, mas agora da perspectiva teológica, própria da questão da esperança. Será possível a esse sujeito esperar um porvir de maneira razoável e sustentável? E, mais ainda, que figura de salvação meta-histórica pode surgir dessa experiência de vulnerabilidade? Existem significações antropológicas e teológicas pertinentes para comunicar tal vivência, de modo que seja possível dizer o humano e o divino segundo uma nova gramática surgida do *Logos* escatológico?[14] A esperança messiânica anunciada pelo judaísmo e assumida pelo cristianismo será, por acaso, uma solução para os enigmas do fim do mundo?

Com a finalidade de sugerir uma hipótese para responder a tais interrogações, é necessário partir primeiro da constatação das consequências sociopolíticas do colapso do sujeito moderno até aqui descrito. Com efeito, a objetivação do mundo operada pela razão instrumental levou à redução do campo de significação do real à

[14] O tom específico dessa linguagem escatológica é descrito por James Alison como uma "presença agônica" que não é da ordem da onipotência, mas da superação do ressentimento e do ódio. Cf. James Alison, "Los Cambios de Tono en la Voz de Dios: entre el Deseo Divino y la Marea Humana". In: Carlos Mendoza-Álvarez (org.), *¿Cristianismo Posmoderno o Postsecular? Dos Interpretaciones de la Modernidad Tardía*. México, UIA, 2008, p. 39-53.

sua dimensão mensurável. O domínio do mundo se converteu, assim, no metarrelato por excelência do poderio tecnológico moderno. Pois bem, a substituição da dimensão interior do conhecimento por sua pura exterioridade objetivante provocou o disfuncionamento das potências de experiência nascidas da subjetividade, como a arte, a ética e a religião. A partir daí, é possível traçar de novo a história da instrumentalização do mundo, a mesma que levou a humanidade a saquear o planeta (seus recursos naturais, a força de trabalho humano e a gestão da energia) em benefício de uma minoria da população mundial.

Do ponto de vista antropológico, portanto, o *colapso* do sujeito moderno passa pela crescente obsessão de apropriação, sendo a cobiça do mercado o novo ídolo da religião sacrificial. O desejo mimético encontrou, assim, nas relações econômicas uma expressão altamente eficaz e imediata da complacência já descrita pela análise fenomenológica ao falar da subjetividade. A violência se transfere então do domínio militar e político para o campo econômico mundial. É o que Franz Hinkelammert chamou de "religião do mercado", contexto em que levou a efeito sua crítica da razão utópica.[15] É o que, por seu lado, Enrique Dussel criticou como "a moral dominante do capital", de onde pôde desvelar a urgência de uma ética e de uma política da libertação, baseadas na defesa das condições materiais de sobrevivência para todos, como condição de possibilidade de uma ética do discurso nas sociedades democráticas em tempos da globalização e a exclusão.

Articulemos outro elemento a esse argumento. No registro propriamente fenomenológico, o colapso do sujeito em seus sonhos de onipotência infantil implica uma oportunidade de recuperar a subjetividade em sua relação constitutiva com o outro como única condição de existência autêntica, baseada na afirmação de uma ontologia relacional como interpretação pertinente do mundo vivido.

[15] Cf. Franz Hinkelammert, *Crítica de la Razón Utópica*. Barcelona, Desclée de Brouwer, 2002.

Segundo essa aproximação descritiva, o acesso ao estágio originário da subjetividade é possível na medida em que a *labilidade* do sujeito toma seu lugar como verdadeira potência de experiência, de memória, de linguagem e de prática.[16] Tudo isso na medida em que o sujeito, por fim depurado de suas fantasias infantis, consegue alcançar o estágio adulto da relação *assimétrica* com o outro, como o assinalou fortemente Emmanuel Lévinas, segundo a lógica do dom:

> Reconhecer o outro é então esperá-lo através do mundo das coisas possuídas, mas de maneira simultânea, instaurar, por meio do dom, a comunidade e a universalidade (...). É a relação do Mesmo com o Outro, é minha acolhida do outro o que será o fato último e aonde chegarão as coisas não como aquilo que se edifica, mas como aquilo que se doa.[17]

Nesse marco de referência próprio da inversão fenomenológica do sujeito pós-moderno a fé deita raízes, num duplo aspecto segundo a gramática de seu único dinamismo teologal:

i. Primeiro, enquanto potência de experiência emancipadora do desejo de onipotência. A *fides* exime a subjetividade de seu círculo perverso de manipulação (do mundo-objeto, dos outros-inimigos, de Deus-juiz-vingador) e a torna livre para passar da reciprocidade violenta para a relação.

ii. A *fides* é um conhecimento do outro a partir de Deus, segundo o que Cristo tornou possível graças à compreensão da corrupção do mimetismo, a partir do desvelamento da mentira do mundo

[16] Noção-chave na filosofia da vontade de Paul Ricoeur, a *labilidade* designa a afecção da subjetividade na relação dialética com o outro, sua experiência de finitude, sua consciência de culpabilidade e seu desejo de reconhecimento cumprido. Cf. Paul Ricoeur, *Finitude et Culpabilité*. Paris, Aubier, 1993.
[17] Emmanuel Lévinas, *Totalité et Infini. Essai sur l'Extériorité*. Paris, LP, 1990, p. 74-75.

> violento e da revelação da verdade do perdão. É o que James Alison denomina, seguindo Girard, "a inteligência da vítima".[18]

Por todo o dito anteriormente, em lugar de falar de afirmação narcisista de si, a *fides* anuncia a realização plena da relação com o outro como *fraternidade* – indo ainda mais longe do que o judaísmo já havia anunciado, a saber: o reconhecimento do outro como próximo – através da doação da própria vida na lógica "do pão partido e da taça oferecida".[19] Essa vertente simbólica típica da subjetividade exposta será a base fenomenológica para levar a efeito uma leitura renovada da sacramentalidade do corpo de Cristo, no coração da história, como signo de um mundo diferente nascido não da rivalidade mimética, mas da *gratuidade* da vítima não ressentida.

A verdade como acontecimento discreto[20]

A *fides* se converte, assim, numa verdade que se desvela no seio do desejo mimético e no coração do advento da subjetividade exposta. Enquanto verdade, a fé denota a ordem do conhecimento das coisas

[18] James Alison, *El Retorno de Abel. Las Huellas de la Imaginación Escatológica*. Barcelona, Herder, 1999.

[19] Cf. Edward Schillebeeckx, *L'Histoire des Hommes, Récit de Dieu*. Paris, Cerf, 1990; Jean-Marie-Roger Tillard, *Chair de l'Église, Chair du Christ: aux Sources de l'Ecclésiologie de Communion*. Paris, Cerf, 1992; Louis-Marie Chauvet, "Le Pain Rompu Comme Figure Théologique de la Présence Eucharistique". *Questions Liturgiques*, v. 82. Louvain, 2001, p. 9-33.

[20] Retomamos aqui o termo *discrição* no sentido *teológico* proposto por Christian Duquoc, a fim de falar da presença do Deus revelado em Cristo a partir de sua *kénosis*, de sua práxis e de sua palavra de compaixão perto dos pobres e, por fim, no silêncio da cruz: "O Novo Testamento introduz uma dimensão diferente e original: o Pai se retira diante do Filho. Essa leitura implica que o silêncio do Pai seja consequência do modo de manifestação do Filho. Com efeito, se se confessa a fé de Niceia, como interpretação autêntica da contribuição neotestamentária sobre a identidade de Jesus: ele é o Filho eterno. Deve-se admitir que essa identidade filial, que designa sua divindade, se traduz humanamente, no percurso escolhido, na forma de uma denegação de poder. A doutrina paulina da *kénosis* em Filipenses 2 constitui a síntese do percurso crístico: Jesus se revela divino por ruptura com o que o desejo anela do divino.

mundanas à luz da vida de Cristo, de modo análogo à esperança, que se centra no cumprimento final do mundo, segundo a Ruah divina, e da caridade, que instaura o reconhecimento como *koinonía* de Deus no meio da finitude da criação.

Segundo essa ordem propriamente epistemológica, é-nos preciso distinguir os elementos constitutivos de tal aproximação à verdade: o caráter de desvelamento da mentira; a revelação propriamente dita da verdade da vítima não ressentida e, finalmente, a discrição própria desse anúncio profético e messiânico. Vejamos cada um destes três elementos.

i. O primeiro elemento da verdade da *fides*, segundo uma aproximação fenomenológico-antropológica que aqui propomos, é um desvelamento da cobiça que imprime seu selo no desejo mimético. Não se trata senão de uma nova expressão, já não mitológica como a da queda, do relato do pecado original. De fato, graças à antropologia moderna é possível chegar à mesma constatação a que chegaram as sabedorias antigas em torno da condição assassina da humanidade, conquanto acrescentando um *plus*: o valor crítico da modernidade tardia que explica essa condição como desejo mimético. Portanto, o desvelamento da mentira não é, em primeiro lugar, de ordem moral, mas antropológica. E poderia-se dizer, mais ainda, *ontológica*, enquanto verdade constitutiva de toda subjetividade com relação ao curso de sua existência histórica.

ii. Depois aparece o segundo estágio da verdade da *fides*, que consiste no momento revelador por excelência, ou seja,

O silêncio do Pai, quando tem lugar o percurso de Jesus pelo qual Ele é reconhecido e invocado sem precisar em nada seu modo de intervenção neste mundo, é um correlato da escolha do Filho de não entrar nas expectativas do povo ao qual ele anuncia o Reino de Deus" (Christian Duquoc, "Discretion Trinitaire et Mission Chrétienne". *Mission*, v. 1, n. 1, 1999). Disponível em: http://www.sedos.org/french/Duquoc.html. O desenvolvimento cristológico dessa ideia da discrição divina foi proposto pelo autor há tres décadas; ver: *Messianisme de Jésus et Discrétion de Dieu*. Genebra, Labor et Fides, 1984.

na afirmação do *poder do não poder*. A brecha aberta pela exposição ao outro da subjetividade assinala o caminho de uma presença diferente, só possível porque vem da vítima, do excluído, e já não do poderoso nem do verdugo triunfador. E isso porque, de fato, estes já não têm o poder de perdoar. Só a vítima tem a capacidade de desatar o que foi atado e revolto pela vontade de onipotência convertida em fratricídio.[21] O perdão se manifesta, assim, não como fraqueza, e sim como potência discreta mas eficaz, que rompe o círculo mimético do ressentimento para inaugurar, assim, um estágio de relação de todo inaudito.

iii. No coração desse impulso intersubjetivo próprio da potência do perdão, já não se trata de situar um novo metarrelato narcisista, vindo agora da vítima erguida contra seu verdugo. Pelo

[21] O *poder do não poder* aparece como o coração da não violência, uma sabedoria compartilhada por muitas tradições religiosas, desde o budismo até o cristianismo, inspiração que se converteu em força histórica dos crentes e dos pobres. Como exemplo da vasta literatura teológica sobre o tema, podem-se ver as obras clássicas dos tempos modernos. Uma visão hindu também foi proposta por Mahatma Gandhi nos seguintes termos: "Diversos incidentes em minha vida conspiraram para meu contato próximo com pessoas de vários credos e comunidades, e minha experiência com todas elas justifica a afirmação de que jamais fiz distinção entre parentes e estranhos, conterrâneos e estrangeiros, brancos e não brancos, hindus e indianos de outras crenças, quer fossem muçulmanos, parses, cristãos ou judeus. Posso dizer que meu coração foi incapaz de fazer tais distinções. Não posso afirmar que se trate de uma virtude especial, por ser algo de minha própria natureza, e não resultado de qualquer esforço de minha parte. Já no caso de *ahimsa* (não violência), *brahmacharya* (celibato), *aparigraha* (ausência de posses) e outras virtudes cardeais, tenho total consciência da batalha constante por seu cultivo." (Mahatma Gandhi, *An Autobiography or the Story of My Experiments with the Truth*. Bombaim, Navajivan Publishing House, 1980, p. 145). Num contexto de cristianismo social, o famoso discurso de Martin Luther King Jr. sublinha, por seu lado, a necessária superação do ódio: "Não busquemos estancar nossa sede de liberdade bebendo do corte da amargura e do ódio. Travemos sempre nossa batalha nos planaltos da dignidade e da disciplina. Não é preciso que nossa reivindicação criativa degenere em violência física. Agora e sempre, é preciso elevar-nos às alturas majestosas em que oporemos as forças da alma à força material" (Martin Luther King Jr., *I Have a Dream* (discurso em Washington, 28 ago. 1963). A não violência faz parte também da sabedoria budista; cf. Thich Nhat Hanh, *Bouddha Vivant, Christ Vivant Les Enseignements Pratiques Spirituels et les Correspondances entre les Deux Traditions*. Paris, J. C. Latès, 1996.

contrário, a exposição de si, concomitante ao oferecimento do perdão, mostra de maneira adequada a permanente vigilância crítica exigida da vítima, para fazer surgir uma correlação com o outro completamente nova: uma relação nascida de outro tipo de desejo mimético, distinto do da rivalidade, um desejo instaurado na relação-na-diferença, como nova expressão da antiga *Imitatio Christi.*

A discrição própria da verdade da vítima não ressentida denota, desse modo, um estágio não totalitário da subjetividade. Aquela que logrou por fim derrubar "em seu próprio corpo" o muro do ódio, como diz São Paulo em sua carta aos Efésios:

> Mas agora, em Cristo Jesus, vós, que outrora estáveis longe, fostes trazidos para perto, pelo sangue de Cristo. Ele é nossa paz: de ambos os povos fez um só, tendo derrubado o muro de separação e suprimido em sua carne a inimizade, a Lei dos mandamentos expressa em preceitos, a fim de criar em si mesmo um só Homem Novo, estabelecendo a paz, e de reconciliar a ambos com Deus em um só Corpo, por meio da cruz, na qual ele matou a inimizade.[22]

A partir dessa revelação da potência de Cristo, o ser humano é inspirado por uma compreensão diferente do processo vitimário, possibilitada pela travessia pela terra do não ressentimento. Desse modo, a *fides* pode dar testemunho da verdade enquanto relação cumprida não segundo a linguagem triunfalista dos relatos totalitários, mas enquanto enraizada num anúncio discreto do fim do mundo e da instauração dos tempos novos: querigma que será convocatória dirigida a todos para alcançar o ultrapassamento da rivalidade narcisista.

[22] Efésios 2,13-14.

Por fim, graças a Cristo Jesus ter-se revelado como a vítima não ressentida nos relatos das aparições posteriores à sua morte na cruz, a partir de agora é possível chamar de verdade tal estágio da subjetividade em sua significação messiânica, a expressão mais ousada e universal da verdade que for possível imaginar: *Deus-conosco* e manifestação do Messias de Deus.

Por uma prática gramatical da diversidade

A teologia fundamental pós-moderna aqui proposta em suas linhas gerais torna possível um desdobramento da subjetividade a partir da *imaginação escatológica*[23] da experiência de Jesus Cristo em sua relação com o Pai, segundo a potência da *Ruah* que o vivifica. Esse dinamismo escatológico é pensado e comunicado por meio da vida teologal em seu conjunto à subjetividade desconstruída. Converte-se numa *prática gramatical da diversidade*,[24] no sentido de que desenvolve jogos de linguagem, de significação e de práxis histórica que comunicam, no coração da complexidade humana e da criação inteira, a vida nova do Messias.

A gramática[25] própria da *fides* é, de fato, escatológica porque é uma linguagem do fim dos tempos, no sentido literal de acabamento

[23] O sentido teológico da escatologia é marcado pela experiência do *kairós*, o momento oportuno de graça quando Deus passa: desse modo Deus dá cumprimento a seu Reino no profundo da temporalidade, superando assim a simples ideia de uma plenitude cronológica para chegar ao fim dos tempos. Cf. Johannes Brantschen, *Renouveler l'Espérance Chrétienne*. Paris, Cerf, 1999. Num sentido mais marcadamente antropológico, segundo a teoria do desejo mimético aplicado à cristologia, ver James Alison, *El Retorno de Abel. Las Huellas de la Imaginación Escatológica*. Barcelona, Herder, 1999.

[24] Cf. Jean-Marc Ferry, *Habermas: l'Éthique de la Communication*. Paris, PUF, 1987. Ver também uma perspectiva latino-americana em: Enrique Domingo Dussel, *Ética de la Liberación em la Edad de la Globalización y la Exclusión*. Madri, Trotta, 1998.

[25] Trata-se de uma expressão teológica derivada das análises de Jean-Marc Ferry sobre as potências da experiência, a mesma que designa a existência vivida na lógica da doação extrema tornada possível pelo testemunho de Cristo. Cf. Jean-Marc Ferry, *Les Puissances*

do mundo presente e no sentido metafórico de promessa de outro mundo possível vindo de Deus. O fim dos tempos não retira dramatismo à história. Pelo contrário, ele a conduz até seu limite na consciência do nada, como já havia pensado o niilismo pós-moderno de maneira trágica. Mas, ali onde o niilismo designa o fim, essa nova gramática pronuncia o cumprimento da promessa: quando a violência é desmantelada pelo justo ao preço de sua própria vida.

Tal *gramática escatológica* emprega os mesmos tempos verbais que a gramática da imanência, mas segundo uma perspectiva nova: o modo indicativo como designação do Reino de Deus escondido e, ao mesmo tempo, ativo no meio de nós; o futuro do presente segundo a consciência da ambiguidade do desejo conduzido pela inteligência da vítima a outro tipo de mimetismo; o subjuntivo como anseio do fim do mundo violento aqui e agora posto em marcha em virtude do outro desejo mimético, no seguimento de Cristo, característico da chegada do Reino; por fim, o imperativo como perdão oferecido pela *vítima que sabe perdoar*,[26] já que ela conseguiu chegar ao não ressentimento e aprendeu a confiar nesse mundo outro que vive graças ao Deus vivo.

Segundo essa gramática, é pois possível habitar este mundo tal como ele é, marcado pelo mimetismo de maneira inexorável, mas também fecundado pelas sementes de gratuidade. Um mundo fratricida, mas também um terreno de compaixão onde a vida dos justos brilha como vislumbre no meio das trevas.

A construção do espaço público – tão ansiada pelas sociedades e pelas disciplinas moderno-tardias que já descrevemos – será,

de l'Expérience. Essai sur l'Identité Contemporaine, t. II: *Les Ordres de la Reconnaissance*. Paris, Cerf, 1991. Uma aplicação de suas análises filosóficas ao papel das religiões nas sociedades democráticas pode ser vista em seu artigo: "Éthique et Religion". *Revue de Théologie et de Philosophie*, v. 132, n. IV. Genebra/Lausanne/Neuchatel, 2000.

[26] Expressão empregada por Alison para dar conta do caráter de superação do ressentimento próprio da inteligência da vítima. Cf. James Alison, *Faith Beyond Resentment. Fragments Catholic and Gay*. Londres, DLT, 2001. [Em português: *Fé Além do Ressentimento*, São Paulo, Editora É, 2010.]

portanto, o palco onde a gramática escatológica desempenhará seu papel próprio. Não se deve esquecer que se trata de um espaço público conflituoso, lugar de todos os clamores e todas as reivindicações, mas também casa principal da doação e do diálogo entre iguais assimétricos que reconhecem cada vez mais suas diferenças e sua comum espera dos tempos novos vindos de Deus.

Nesse *espaço intersubjetivo*, poderá entrar em cena a teologia fundamental pós-moderna, para levar aí seu testemunho como *fides quærens gratuitatem*, ou seja, a fé que busca vivenciar a gratuidade enquanto modo de existência. A fé que busca não apenas compreender, mas amar aquilo que compreende e em que crê, como já o havia descrito de maneira magistral Santo Anselmo no século XI, quando falou da presença divina no coração do crente, onde a inteligência desempenha um papel correlato ao da fé:

> Reconheço, Senhor, e te dou graças, que criaste em mim esta imagem para que eu me lembre de ti, para que eu pense em ti, para que eu te ame. Mas essa imagem se acha tão deteriorada pela ação dos vícios, tão obscurecida pelo vapor do pecado, que não pode alcançar o fim que se lhe havia determinado desde o princípio se não te preocupares em renová-la e reformá-la. Não tento, Senhor, penetrar tua profundidade, porque de maneira alguma posso comparar com ela minha inteligência; mas desejo compreender tua verdade, ainda que seja imperfeitamente, essa verdade que meu coração crê e ama. Porque não busco compreender para crer, mas creio para chegar a compreender. Creio, com efeito, porque, se não cresse, não chegaria a compreender.[27]

[27] "Fateor, Domine, et gratia ago, quia creasti in me hanc imaginem tuam, ut tui memor cogitem, te amem. Sed sic est abolita attritione vitiorum, sic est offuscata fumo peccatorum, ut non possit facere ad quod facta est, nisi tu renoves et reformes eam. Non tento,

Não se trata, então, apenas de uma *fides quærens amorem*, como o sugeriu Jon Sobrino[28] há alguns anos, segundo uma interpretação própria à sua cristologia da libertação. Ambas as expressões, a de Santo Anselmo e a de Sobrino, são corretas enquanto designam a formalidade e a inspiração do ato de fé, respectivamente, mas ficam a meio caminho ao tentar decifrar a subjetividade. Para sair da dialética irredutível entre compreensão e amor, parece-nos necessário voltar à coisa mesma, ou seja, à experiência da subjetividade exposta. Então, *a fé de que fala a teologia fundamental pós-moderna será aquela que busca habitar a subjetividade segundo a potência diferente própria da experiência pascal do Crucificado vivo.* E isso incluindo todo o procedimento fenomenológico que evocamos mais acima.

Pois bem, essa aproximação permaneceria um argumento racionalista se não levasse em conta um conteúdo antropológico. Ou seja, se não considerasse o caráter conflituoso da história, marcada pelo signo de Caim. Tal realismo não pode faltar na análise da fé; ao contrário, é o que lhe dá sua agudeza propriamente *teologal.*

Dessa maneira, a prática gramatical da diversidade enquanto discurso da subjetividade exposta, própria da *fides*, situa-nos *do outro lado* da história violenta, a partir do olhar das vítimas dessa mesma história, olhar que foi submetido primeiro à sua própria desconstrução da pulsão de onipotência. A diversidade própria da *fides* não é por si mesma um assunto ideológico de promoção da diversidade humana, nem apenas uma prática política de promoção e defesa dos direitos das minorias que têm seu justo valor, mas uma *diversidade transcendente* enquanto se desvela como rosto, clamor e chamado vindo do Outro como Infinito.

Domine, penetrare altitudinem tuam, quia nullatenus comparo illi intellectum meum; sed desidero aliquatenus intelligere veritatem tuam, quam credit et arrat cor meum. Neque enim quæro intellegere ut credam, sed credo ut intelligam. Nam et hoc credo; quia nisi credidero, non intelligam" (Santo Anselmo, "Proslogion" I, 12-18. *Opera Omnia*, v. I. Edimburgo, Thomas Nelson & Sons, 1946, p. 100).

[28] Cf. Jon Sobrino, *La Fe en Jesucristo. Ensayo desde las Víctimas*. Madri, Trotta, 2002.

Com efeito, no seio da subjetividade exposta advém o Infinito como *presença da diferença* que oferece a vida, e não como diferença que se afunda nos pântanos da rivalidade. A profundidade teologal da *fides* aparece então como princípio de práxis alternativa, no coração dos metarrelatos totalitários, incluídos o da religião sacrificial e do racionalismo econômico e político, para anunciar justamente aí o fim do mundo preso em sua própria vaidade e o advento do Reino de Deus.

O espaço público conflituoso

Se, graças à Escola de Frankfurt, nos conscientizamos no século XX dos problemas de uma ética secularizada, objeto do desejo das sociedades ocidentais liberais, também nos encontramos de repente diante de seus *impasses* epistemológicos e antropológicos. O primeiro questionamento se apresenta em relação com o difícil problema do fundamento ontológico e religioso do Estado moderno e da ética mundial. O segundo põe sobre a mesa a pergunta acerca do reverso da moeda do progresso e dos direitos individuais: a vida ameaçada das vítimas que exigem uma ética do discurso e da práxis que leve em conta a exclusão, como já assinalou Dussel.

Diante de tais problemáticas, próprias do espaço público mundializado, ter-se-ia de perguntar se a fé teologal teria algo que dizer além de uma simples apologia da metafísica ou da instituição eclesiástica como mediadora de salvação. É necessário postular uma leitura teológica pertinente para a construção do espaço público em tempos da razão pós-moderna, vinculada à análise antropológica e à fenomenológica para voltar à coisa mesma.

Para responder a essa pergunta, primeiro vejamos de perto a proposta pragmática referente ao espaço público e à questão da utopia. Desde os trabalhos de Theodor Adorno e Max Horkheimer, a razão ocidental se centrou nas condições de possibilidade de dar corpo histórico e social a uma ética comum que fosse aceita por todos os membros da sociedade das nações.

Certa corrente jurídica clássica havia insistido previamente na necessidade de reconhecer um código de direito internacional para garantir a paz entre as nações. Mas todos conhecemos os contínuos tropeços que esse sistema jurídico implica desde a criação das Nações Unidas, mais concretamente nos momentos de crise internacional em que essa instituição se revelou impotente para assinalar o colonialismo das grandes potências e dos sistemas totalitários.

Ademais, o debate propriamente ético se centrou na questão do fundamento de tal ética mundial. Alguns autores propuseram naquele momento, como Jacques Maritain, depois da Segunda Guerra Mundial, designar a Deus como fundamento dos direitos humanos. Tal proposta foi rejeitada em 1948 pelos Estados membros da ONU recém-fundada, num clima de laicidade radical.

A questão continuou evoluindo num sentido próximo desse clima de laicidade, ao longo das décadas seguintes, graças à crescente secularização das sociedades modernas. O processo chegou a tal ponto que hoje alguns, como Jürgen Habermas,[29] propõem uma ética sem teologia, ou um humanismo sem cristianismo, como Umberto Eco[30] e Gianni Vattimo.[31]

O lugar da revelação cristã neste debate da ética moderna foi antes rechaçado pelas sociedades liberais fundadas num preconceito racionalista e ateu, não sem a resistência ativa das igrejas e de alguns poucos intelectuais crentes que perceberam com grande agudeza nessa rejeição racionalista o último dos sintomas do fim do Ocidente, que resiste a despertar de seu sonho de onipotência.

[29] Cf. Jürgen Habermas, *L'Éthique de la Discussion et la Question de la Vérité*. Paris, Grasset, 2003.
[30] Umberto Eco e Carlo-Maria Martini, *Croire en Quoi?*. Paris, Payot & Rivages, 1998.
[31] Cf. Gianni Vattimo, *Espérer Croire*. Paris, Seuil, 1998.

Do murmúrio fraco ao grito da vítima

Nesse contexto liberal moderno da ética do discurso, resta saber se, *antes* do debate sobre o fundamento religioso objetivo dos direitos humanos, não seria por acaso necessário propor uma leitura crítica - e com isso pretendemos dizer racional, no seio do ambiente contemporâneo marcado pelo pensamento fraco - para melhor dar conta das implicações epistemológica e teológica da questão do espaço público.

Como já assinalou em seu momento Dussel contra Karl-Otto Apel,[32] a busca da construção de uma ética mundial, "no tempo da globalização e da exclusão", deve partir da questão prioritária e preliminar sobre a vida ameaçada e, portanto, do conteúdo *material* da ética, anterior a todo questionamento sobre as condições formais do debate público ou sobre o código positivo por acordar como norma reconhecida por todos.

A partir de uma aproximação fenomenológica levinasiana, Dussel sugere a ideia de uma ética que pense a ação responsável a partir do "ser que tem fome". De outro modo, qualquer discurso cai mais cedo ou mais tarde na ideologia tribal que busca garantir o bem-estar de alguns grupos dominantes. A questão do espaço público deve ser fundada no reconhecimento da exclusão provocada pelos sistemas de totalidade na economia, na política e na cultura, de onde se postula o propósito de articular interpretações e dispositivos de reconhecimento mútuo no seio do espaço público mundializado.

Como filósofo e historiador da Igreja, Dussel propõe também uma série de reflexões compartilhadas com seus colegas latino-americanos, surgida da leitura libertadora da *kénosis* do Verbo.[33] Com efeito, a

[32] Cf. Enrique Domingo Dussel, *La Ética de la Liberación ante el Desafío de Apel, Taylor y Vattimo. Con Respuesta Inédita de Apel*. Toluca, UAEM, 1988. Disponível em: http://www.misioncultura.gob.ve.

[33] Desde os primeiros trabalhos de Gustavo Gutiérrez e Rubem Alves, no meio católico e no protestante latino-americanos, respectivamente, a teologia da libertação passou, ao

práxis e a palavra de Jesus de Nazaré são a realização da "inclusão do outro excluído" na comunidade querida por Deus. Em consequência, já não se trata da lógica da acumulação, mas do compartilhar que prevalece nas relações sociais. Dessa maneira, a economia divina aparece como fonte de inspiração para uma práxis e uma ética da libertação. O sentido transcendente dessa afirmação escapou a muitos dos teólogos da libertação. Mas é tempo de atualizar essa intuição teológica fundacional do espaço público em tempos pós-modernos.

Nesse sentido, a teologia pragmática implica uma continuidade com a problemática indicada pela teologia da libertação, conquanto suponha também certa ruptura no que concerne aos instrumentos de análise da intersubjetividade e ao sentido da proposta para sair de seus *impasses*.

Do grito da vítima ao murmúrio de Deus

O princípio kenótico revela a potência divina como fonte de alteridade e de comunhão na diferença. Com efeito, o *Logos* se fez carne para que a carne se deificasse segundo aquela máxima de Santo Irineu de Lyon[34] que sintetiza o movimento salvífico: a *kénosis* se encontra profundamente orientada para a *theosis* ou deificação. Trata-se de um dinamismo de transcendência que dá pleno sentido e força final à imanência. A encarnação torna atual a deificação pela intermediação da humanização, ou, dito de outro modo, o despojamento da condição divina aponta para a inclusão de toda a criação pelo ato de amor que a conduz à vida divina. Aí está um sentido ao mesmo tempo transcendente e fenomenológico da pola-

menos, por três etapas de evolução: o debate sobre o método teológico que articula práxis-reflexão-práxis e, posteriormente, a resposta às duas instruções romanas de 1984 e 1986; a etapa do desenvolvimento de uma teologia sistemática e ética; a última década viu aparecer novas problemáticas próprias da pós-modernidade. Cf. Rosino Gibelini, *Panorama de la Théologie au XXe Siècle*. Paris, Cerf, 1994; Daniel Groody (org.), *The Option for the Poor in Christian Theology*. Notre Dame, Notre Dame University Press, 2007, p. 1-13.

[34] "Gloria Dei vivens homo et vita hominis visio Dei" (Irenée de Lyon, *Contra Haereses*, IV, 20, 7).

ridade criadora *kénosis-theosis* que nos situa no coração da inteligência teológica do real.

Pois bem, essa inteligência teológica não pode ignorar o conteúdo conflituoso do real, descrito em seu sentido antropológico pela teoria do desejo mimético. Em consequência, a inteligência teológica deve ser profundamente inspirada pelo olhar da *vítima que sabe perdoar*,[35] como já dissemos, a única capaz de absolver seu verdugo e, por isso, a única suscetível de desencadear por esse ato os tempos messiânicos.

O espaço público conflituoso, por seu lado, permanece ancorado na imanência com seu caráter dramático. Mas o relato do *Crucificado vivo* abre uma nova e inédita via de sentido, marcada pela possibilidade do reconhecimento para além da rivalidade, naquele espaço intersubjetivo próprio da relação não recíproca, acessível na ordem da doação e da gratuidade.

Uma leitura teológica pós-moderna do espaço público se concentrará, em consequência, ao menos em duas vertentes do real, para dar conta da esperança cristã, a saber:

i. A vertente *antropológica* do realismo mimético, pela qual é possível constatar a rivalidade narcisista que preside toda relação intersubjetiva, seja entre os indivíduos, seja entre as coletividades.

[35] Trata-se outra vez de um neologismo que traduz a expressão "the forgiving victim", cunhada por Alison: "Podemos expressar isso de uma forma mais simples ao dizer que a presença do Senhor crucificado e ressuscitado aos discípulos revelou que os humanos estão errados sobre Deus e sobre a humanidade, não simplesmente errados por mero equívoco, mas errados ao estarem ativa e passionalmente envolvidos na morte. E esse estar errado não mais importa, pois agora podemos receber a verdade e, portanto, a vida, a partir da vítima que nos perdoa. Isso pode ser tido como uma primeira aproximação ao pecado original: que a doutrina do pecado original é a doutrina segundo a qual o perdão divino torna conhecida a natureza acidental da mortalidade humana, permitindo, assim, uma compreensão antropológica completamente nova" (James Alison, *O Pecado Original à Luz da Ressurreição: A Alegria de Descobrir-se Equivocado*. São Paulo, Editora É, 2011, p. 198).

ii. A vertente *fenomenológica* em que se desvela de maneira progressiva o aparecimento do estágio pronominal do *nós-outros*, não como utopia inalcançável, mas como projeto ético do mútuo reconhecimento na diferença.

Não obstante, as aporias de tal espaço público não encontram solução nesta história presa em sua finitude. Será, pois, pertinente manifestar a importância do chamado teologal vindo de Deus como *outro murmúrio*, não aquele do pensamento fraco que designa, sem esperança, o nada, mas o murmúrio daquele *último suspiro*. Pela mediação dessa existência agônica vivida pelas vítimas da história – e em particular e de modo sumo pelo Crucificado, que se entrega como oferenda da possibilidade de se encontrar com o outro –, é possível ir além da história violenta e de seu inevitável apocalipse.

Em síntese, a teologia fundamental pós-moderna se desdobra no horizonte da *fides*, que é negação do mundo como último sentido do real e afirmação do Reino de Deus como promessa cumprida, porque foi realizada em Deus e não na vontade humana: para reunir o clamor dos inocentes num murmúrio, para além do ressentimento ganhar tanto o coração dos verdugos como o das vítimas ressentidas, e instaurar assim a Cidade de Deus.

Um discurso preliminar da transcendência apercebida como *gratuidade*

A teologia fundamental no século XX se consolidou como disciplina autônoma[36] no conjunto da arquitetura do pensamento teológico.

[36] De fato, denomina-se "teologia fundamental" – já não "apologética" – até depois do Concílio Vaticano I: "O nome de Teologia fundamental foi insinuado pelo Concílio Vaticano I quando disse: 'a reta razão demonstra os fundamentos da fé' (Denz. Sch. 3019). Cunhado imediatamente depois, foi usado por destacados autores desde o começo de nosso século, como Ottiger (1897), A. Stummer (1907), P. Mannens (1910), H. van Laak (1910), C. Carmigniani (1911), G.

No contexto da cristandade, agora colapsada, a apologética como preâmbulo da dogmática e da moral tinha como tarefa pensar a revelação da Palavra de Deus e a tradição viva da fé para comunicá-las depois como elementos fundamentais do desenvolvimento da verdade católica. Os manuais de apologética do século XIX são testemunhas desssa aproximação apologética da fé que enfrentou, entre outras, a crise modernista daquela época.

A obra do cardeal jesuíta Johann-Baptist Franzelin[37] ou a do teólogo dominicano Reginald Garrigou-Lagrange[38] são exemplos

Reinhold (1915), A. Dorsch (1916-28), J. Stadler (1917), H. Dieckmann (1925-30). Outros, em contrapartida, recorrem a outras denominações afins, como as de Propedêutica à Teologia (P. Schaff, 1912, e C. Pesch, 1921), ou a de Doutrina dos Princípios da Teologia (A. Schill, 1923). A partir da década de 1930, prevaleceu definitivamente a expressão 'teologia fundamental'; e assim a S. Congregação de Estudos, nas Ordenações para executar a Const. 'Deus scientiarum' de Pio XI (1931), ao enumerar, em seu art. 27, as disciplinas que deve haver nas faculdades teológicas, inclui entre as disciplinas principais, e em primeiro lugar, a *Theologia Fundamentalis*. Não é, pois, de estranhar que dali em diante os autores seguissem esse exemplo na denominação de sua disciplina. Assim, H. Straubinger (1936), A. C. Cotter (1940), A. M. Horvath (1947), F. X. Calcagno (1948), A. Tanquerey (1949), M. Nicolau e J. Salaverri (1950-62), F. Vizmanos e I. Riudor (1953), G. Sohngem (1960), Iragui (1959), J. Hasenfuss (1963), A. Lang (1967), A. Darlap (1969)" (*Enciclopedia GER*, verbete: Teologia Fundamental. Madri, Rialp, 1991). Para conhecer o desenvolvimento temático posterior dessa disciplina teológica, podem-se consultar: Latourelle René e Gerard O'Collins (orgs.), *Problèmes et Perspectives de Théologie Fondamentale*. Montreal, Belarmin, 1982; Latourelle René e Rino Fisichella (orgs.), *Dictionnaire de Théologie Fondamentale*. Paris, Cerf, 1992. Para ponderar uma perspectiva histórica e crítica da evolução dessa disciplina nas duas décadas posteriores ao Concílio Vaticano II, segundo uma rigorosa análise tomasiana, ver: Jean-Pierre Torrell, "Chronique de Théologie Fondamentale". *Revue Thomiste*, t. LXIV. Paris, 1964, p. 91-127; t. LXVI. Paris, 1966, p. 63-103; t. LXVII. Paris, 1967, p. 439-65; t. LXXI. Paris, 1971, p. 61-98; t. LXXV. Paris, 1975, p. 599-24; t. LXXVI. Paris, 1976, p. 97-127; t. LXXVIII: "Révélation et Expérience". Paris, 1978, p. 430-63; t. LXXIX: "Questions de Théologie Fondamentale". Paris, 1979, p. 273-14; t. LXXXI: "Méthode en Théologie et en Théologie Fondamentale". Paris, 1981, p. 447-76; e, para encerrar esse ciclo de 20 anos, a última "Chronique de Théologie Fondamentale", t. LXXXIV. Paris, 1984, p. 625-39. Finalmente, de uma perspectiva pragmática, Helmut Peukert analisa os quatro modelos predominantes de teologia fundamental no século XX (transcendental, hermenêutico, político e pragmático) em: Helmut Peukert, *Teoría de la Ciencia y Teología Fundamental*. Barcelona, Herder, 2000.

[37] Cf. Johann-Baptist Franzelin, *Tractatus de Divina Traditione et Scriptura*, thesis XXII: "Revelatio Catholica per Iesum Christum et per Spiritum Sanctum in Apostolis Completa Est', n. VI. Roma, SC De Propaganda Fidei, 1870, p. 263-77.

[38] Cf. Reginald Garrigou-Lagrange, "La Surnaturalité de la Foi". *Revue Thomiste*, v. 22. Toulouse, 1914, p. 17-38; *Apologétique de la Foi Catholique I*. Paris, Beauchesne, 1924, p. 189-25.

acabados desse moderno fundamental que predominou na teologia e no ensino católico daquela época, no qual revelação era sinônimo de conhecimento objetivo da verdade:

> Porque, como foi demonstrado, o apostolado foi instituído na primeira fundação da Igreja por meio da pregação de toda a verdade da fé; razão por que o ofício dos sucessores não pode ser outro senão a manifestação desta verdade; esta "verdade toda" foi aceita pelos Apóstolos em sua integridade e por eles é conservada e pregada em seu genuíno sentido.[39]

Os temas privilegiados eram aqueles do conhecimento objetivo de Deus, da credibilidade da revelação comprovada pelos milagres de Cristo e, por fim, da mediação absoluta da Igreja como depositária fiel da herança integral do depósito da fé.

A crise modernista de fins do século XIX mostrou o esgotamento do modelo apologético, ao mesmo tempo que tornou mais candentes certas questões lançadas pela apologética católica, como foi mostrado no segundo capítulo, ao falar do tomismo crítico. Em especial, devem-se reter as problemáticas da ontologia da pessoa e do realismo epistemológico.

No impulso da modernidade posterior, a teologia fundamental assumiu a tripla virada moderna, a saber, fenomenológica, hermenêutica e pragmática, para falar da esperança cristã no coração do metarrelato de emancipação típico da razão crítica. Isso trouxe consigo a realização de enormes esforços de investigação para encontrar as mediações teóricas aptas para a formulação do *sentido* da salvação cristã, sem detrimento da autonomia da razão e da vontade humana, aquisição irrenunciável da modernidade.

[39] Johann-Baptist Franzelin, *Tractatus de Divina Traditione et Scriptura*, thesis XXII: "Revelatio Catholica per Iesum Christum et per Spiritum Sanctum in Apostolis Completa Est'", n. VI. Roma, SC De Propaganda Fidei, 1870, p. 270.

A teologia fundamental moderna se caracterizou, assim, ao longo do século XX pela vontade de dar prioridade a temáticas, como a significação da revelação, a constituição da subjetividade crente, a comunicação da fé enquanto acontecimento de sentido, a possibilidade da salvação na história e o papel da Igreja como testemunha da esperança no seio dos processos de libertação vividos pelos seres humanos.

No entanto, o colapso da modernidade pôs em evidência as pretensões prometeicas da cristandade, bem como as próprias da modernidade, e seu respectivo fracasso. A teologia fundamental pós-moderna nasce neste contexto: ela é interpelada para fazer um balanço crítico desse duplo derrubamento, para fazer surgir *o sentido da salvação possível* para a humanidade e, a partir daí, comunicá-lo ao mundo por meio do testemunho dos crentes no coração da história fragmentada.

É preciso agora desenvolver os elementos maiores de uma nova constituição da teologia fundamental como disciplina pós-moderna encarregada de pensar o despertar da subjetividade extrema - segundo aquela gramática do perdão oferecido como princípio de mútuo reconhecimento, aquém da reciprocidade fratricida - enquanto apercepção da transcendência como *gratuidade*. Tal despertar chega à história da humanidade como oferecimento gratuito da parte de Deus por meio da doação do último suspiro do Crucificado, com o que se abre um âmbito de transcendência na intersubjetividade, ali onde a comunhão é vivida na diferença. Isso é possível graças à força pneumatológica que a Igreja recebe, celebra e atesta em comunhão com as vítimas de todo sistema de totalidade, à espera da Parúsia, para convocar todo o mundo, tanto as vítimas como os verdugos de diferente maneira, para a mesa comum do banquete escatológico.

A credibilidade e a significação ultrapassadas

Mas não se deve esquecer que a teologia fundamental é por natureza um discurso preliminar, uma palavra crente pronunciada no umbral. Isso significa que ela permanece sempre no questionamento da fé, para identificar aí as marcas do mistério último do real e aperceber a transcendência que se desvela na imanência: no rosto do outro, no clamor dos inocentes, na inspiração do poeta, na honestidade do justo e no arrependimento do pecador.

Em lugar de centrar sua atenção na objetividade do real – com tanta frequência identificada com uma máscara que esconde o rosto em vez de revelá-lo –, a teologia fundamental na idade da pós-modernidade já não lança a pergunta sobre a credibilidade como primeira mediação do sentido, nem aquela outra da significação que se situa na ordem da representação formal. *A teologia fundamental pós-moderna se interroga sobre a apercepção da gratuidade extrema e sem condição que é possível para o sujeito exposto viver.*

Já assumiu a mudança no registro do pensamento ou, melhor ainda, na gramática da inteligência, a fim de poder dar melhor razão da potência do Crucificado vivo. Esse desdobramento da força de Deus na fraqueza do inocente é uma verdadeira boa nova para todos, para as vítimas e para os verdugos encarniçados: para os fracos ressentidos ao convocá-los à superação da sede de vingança sem renunciar à justiça, mas também para os guerreiros vencedores que vivem a ilusão narcisista, que mais cedo ou mais tarde se evapora.

Mesmo de um ponto de vista social, tanto a credibilidade da fé como a da Igreja foram superadas como principal chave de interpretação nestes tempos da razão da modernidade tardia, em particular nas sociedades secularizadas. Pois bem, apesar do fato de hoje constatarmos o retorno do religioso com suas pretensões de inspirar de novo a política e a moral – como o vimos no primeiro capítulo desta obra–, a credibilidade desempenha um papel antes estratégico e não tanto fundamental para a constituição do sentido da salvação.

Levando em conta essa situação, o *kairós* permite apresentar uma tentativa de arquitetura do pensamento teológico fundamental centrado na apercepção da transcendência na imanência, como primeiro momento fenomenológico, para em seguida articulá-lo com a dimensão antropológica da experiência pascal fundacional. Então é possível descobrir a *experiência de gratuidade* como o coração e a luz do sentido último do real. Certamente, trata-se de uma experiência universal na medida em que é uma possibilidade oferecida a todos, mas de maneira mais específica aos inocentes e às vítimas da história que fizeram do perdão sua morada.

O centro do acontecimento pascal na vida de Cristo Jesus dá testemunho da força de tal experiência, que se desdobra em sua tripla força linguística como *fides*: enquanto força locutória do querigma; enquanto força ilocutória própria do perdão oferecido e recebido; e, por último, enquanto força perlocutória como reconhecimento realizado. Vejamos brevemente cada um desses elementos teológicos:

i. A primeira potência gramatical própria da *fides* é da ordem querigmática, ou seja, da enunciação do mundo novo no seio da devastação surgida pelo sacrifício vicário do inocente. Não enquanto evasão do mundo, mas, pelo contrário, enquanto sua consagração como lugar e tempo da vida oferecida até o limite e, por essa doação, cumprimento da história, ao mesmo tempo que seu ultrapassamento. Um anúncio de ordem profética e messiânica que implica também, naturalmente, a interpelação dos sistemas de totalidade e de seus responsáveis. Denúncia que é desmascaramento de suas mentiras para mostrar que a verdade se encontra mais longe, naquele terreno da intersubjetividade que é preciso receber e construir de maneira sempre provisória à espera da Parúsia.

ii. A força ilocutória dessa experiência fundacional e querigmática da *fides* consiste no estabelecimento do perdão como princípio de relação, enquanto superação de reciprocidade violenta. Troca dolorosa e progressiva do ressentimento pelo perdão graças ao procedimento da memória, da narração e do esquecimento. Trata-se de uma experiência de despojo de si que concerne a todos os envolvidos, de maneira que o Si-mesmo ceda lugar a Um-outro. Instauração da intersubjetividade na relação com os outros e indicação do "Infinito que vem à ideia" (Lévinas) e da experiência de vida nova como *vítima que sabe perdoar*.

iii. Por fim, a força perlocutória da *fides* consiste na experiência pascal que cumpre de maneira plena o reconhecimento do outro no porvir do Reino de Deus. Trata-se de uma força escatológica e não histórica, porque a história está a ponto de acabar-se. Nesse sentido, a experiência cristã é apocalíptica, dado que anuncia o fim do mundo e o advento do Reino, sem por isso tirar nada do compromisso para melhorar as estruturas sociais, políticas e religiosas, nem da defesa da vida ameaçada, em particular a vida dos pobres. Ao contrário, esse olhar escatológico é uma fonte de inspiração ainda mais profunda e radical nos momentos de crise, de colapso e de derrubamento. E isso porque ele abre uma perspectiva para o momento presente: no coração do desamparo brota o aparecimento de um porvir vindo de Deus e não dos homens.

Cabe esclarecer que afirmar que a credibilidade e a significação foram superadas não significa negar a questão da autoridade nem a do significado para pensar a fé. Ambas são restituídas num dinamismo anterior ainda mais vasto: o da possibilidade da experiência da *gratuidade* como horizonte de vida e de compreensão certamente, mas sobretudo como verdadeira gramática apta para conjugar o Verbo encarnado no seio de nossos limites subjetivos e intersubjetivos e aí encontrar uma força de esperança possível em tempos do fragmento.

A significação assumida

Contrariamente ao que poderia propor o pensamento vulnerável com respeito às duas vertentes até aqui analisadas – o niilismo extremo de Vattimo e o niilismo da abertura de Nancy –, a teologia fundamental pós-moderna assume a significação a partir de sua mesma fonte fenomenológica. Isso quer dizer que, de certo modo, reconhecemos a pertinência do niilismo em sua rejeição da objetivação e da manipulação do real que a objetivação implica. O niilismo tem a virtude de levar ao extremo a lógica iconoclasta: seja para desmascarar a idolatria do conceito no âmbito da inteligência ou no da moral, seja para fazê-lo com respeito à religião na ordem da vontade.

Pois bem, o problema do niilismo reside justamente em sua esterilidade. Deixa a tal ponto desprovido o sujeito vulnerável, que ele já não consegue pensar sequer uma possível compreensão do real, e ainda menos postular uma ação afirmativa de si, do mundo e da transcendência. Seu apofatismo para a meio caminho entre a derrubada da substância e o nada do *Dasein*.

Nessa perspectiva, será necessário assumir esse horizonte, já que nos coloca *de maneira diferente* diante do real, aquém do mesmo-idêntico; mas também será preciso lê-lo com as ferramentas fenomenológica e antropológica, já que nos permitiram postular uma heurística da esperança. Por isso, mais que ficarmos paralisados com o olhar diante do abismo, necessitamos descobrir a potência dessa experiência *diferente* tornada possível pelo cristianismo como ultrapassamento perpétuo de si enquanto doação e gratuidade e, em última instância, afirmação da vida.

Nesse sentido, será importante sublinhar a significação assumida na ordem do reconhecimento, não aquele que vem da afirmação de Si-mesmo, como foi o caso do racionalismo moderno e de sua antecessora, a apologética escolástica, mas um reconhecimento proveniente da *inteligência da vítima*. Esta nos permite olhar para o "Si-mesmo como Outro", segundo a feliz expressão de Paul Ricoeur,[40] para

[40] Cf. Paul Ricoeur, *Soi-Même Comme un Autre*. Paris, Seuil, 1996.

compreender o mundo como criação não suscetível de ser dominada, e poder assim contemplar a Deus aquém da objetivação do sonho de onipotência.

Aproximar-se do real implica então um chamado de ordem ética fundacional, como já o mostrou Lévinas. Mas se trata de um chamado de correlação marcado, do ponto de vista cristão, pela doação, pela vida oferecida, pela reconciliação não recíproca, em suma, pelo amor ao inimigo. A significação teológica do real é assim referida à sua fonte fenomenológica, de modo que é possível afirmar sem equívoco algum que *o real é teologal*, enquanto se refere à relação originária de doação divina que preside o ato de criação-revelação-redenção que nos foi revelado em Cristo como *Logos* feito carne: um único dinamismo de correlação *divino-criatural* que nos torna capazes de contemplar o mundo de maneira completamente nova e diferente, ao contrário do que sucederia se apenas o olhássemos em sua finitude e em seu caráter sacrificial.

A gramática da gratuidade

Uma vez designado pela *fides/pistis* esse *fundo sem fundo* que é próprio do divino - enquanto fonte inextinguível de gratuidade -, aparece então a subjetividade exposta que é capaz de falar uma linguagem nova. Ela buscará entabular uma *comunidade sempre em ato* nas relações intersubjetivas, na reverência à criação como alteridade não manipulada e na comunhão trinitária, que é a fonte de tal *koinonía*.

A gratuidade evocada pela *fides* como fonte é também horizonte na história, ao recordar-lhe sempre seu fim iminente, no sentido duplo de acabamento temporal e de superação no Reinado meta-histórico.

Com relação ao sujeito, a gratuidade desenvolve nele três potências de experiência: com relação a si mesmo, ao percebê-lo como vulnerabilidade; com relação aos outros inimigos, ao convertê-los em irmãos; e com relação a Deus, que se revela como mistério de doação extrema.

i. Um verdadeiro poder do não poder é manifesto de maneira sempre mais paradoxal graças àqueles que vivem o princípio da não violência ativa no coração dos conflitos deste mundo. Eles nos mostram que o destronamento do poder do mundo não será possível senão quando se tiver perdido o medo da própria morte primeiramente, já que este é o último refúgio do amor de si que preside os sonhos narcisistas de onipotência. A gratuidade recebida por parte dessas testemunhas implica, assim, a aceitação da própria morte e, mais ainda, a necessidade de morrer para si para nascer para o Reino de Deus.

ii. Essa lógica subverte, por isso mesmo, a relação com o outro, mais cedo ou mais tarde percebido no interior do jogo do mimetismo como rival e inimigo por vencer para obter a posse do bem desejado. Já vimos de perto, nos capítulos anteriores, essa rivalidade, quando analisamos a lógica do desejo mimético. A renúncia de si implica a morte com relação ao outro como meu rival e a possibilidade de uma inteligência nova da relação com os demais. Esse é um segundo aspecto da gratuidade que surge enquanto convocatória para passar do estágio da reciprocidade ao da *relação*, imagem da vida intratrinitária que os antigos cristãos chamaram de *pericóresis* e que nós chamamos aqui de *reconhecimento mútuo realizado*, segundo o vocabulário fenomenológico até aqui utilizado.

iii. Por fim, a gratuidade é a fonte viva do próprio acontecimento originário e lhe dá sua consistência ontológica e transcendente: o amor das pessoas divinas precede à criação do mundo e lhe dá um horizonte de correlação para ultrapassar a finitude do criado. Já não se trata, em princípio, de um *além*, mas de um *aquém* da história que indica, ao mesmo tempo, seu fim e seu cumprimento meta-histórico. A gratuidade divina se mostra finalmente como cumprimento de toda relação. As imagens apocalípticas e escatológicas do Reinado de Deus por chegar – pregado por Jesus na Galileia segundo sua poética única e magistral – falam-nos, com eloquência e em verdade, desses tempos novos, diferidos em nossa história, mas ativos de maneira discreta na profundidade da trama espaço-temporal para instaurar os tempos messiânicos.

A disciplina do despertar da subjetividade extrema

A teologia fundamental pós-moderna tem por objetivo estabelecer um trabalho de análise no meio dos escombros da cristandade e da modernidade, a fim de aprender a tocar a orla do manto do mistério divino.

Alguns autores, como Michel de Certeau[41] e Mariano Corbí,[42] já viram há pelo menos três décadas a relação existente entre o fracasso sociológico do cristianismo e o fim do modelo greco-romano, e aí interpretaram a possibilidade de uma nova expressão do cristianismo. Outros, como Claude Geffré[43] ou Jacques Dupuis,[44]

[41] Cf. Michel de Certeau e Jean-Marie Domenach, *Le Christianisme Éclaté*. Paris, Seuil 1974; *La Faiblesse de Croire*. Editado por Luce Giard. Paris, Seuil, 1987. Ver também: Claude Geffré (org.), *Michel de Certeau ou la Différence Chrétienne*. Paris, Cerf, 1991.

[42] Cf. Mariano Corbí, *Para una Espiritualidad Laica. Sin Creencias, sin Religionees, sin Dioses*. Barcelona, Herder, 2007.

[43] Cf. Claude Geffré, "Le Non-Lieu de la Théologie". In: Claude Geffré (org.), *Michel de Certeau ou la Différence Chrétienne*. Paris, Cerf, 1991.

[44] Depois da publicação da obra de Jacques Dupuis, a Congregação para a Doutrina da Fé publicou uma nota doutrinal para esclarecer alguns pontos essenciais da teologia da única economia salvífica (da salvação, de Cristo e de sua Igreja) nos seguintes termos: "A fé da Igreja ensina que o Espírito Santo, em ação após a ressurreição de Jesus Cristo, é ainda o Espírito do Cristo enviado pelo Pai que opera de maneira salvífica tanto nos cristãos como nos não cristãos. É pois contrário à fé católica considerar que a ação salvífica do Espírito Santo possa estender-se para além da única economia salvífica universal do Verbo encarnado" (Congregation pour la Doctrine de la Foi, *Notificatión sur le Livre du P. Jacques Dupuis, sj, Vers une Théologie Chrétienne du Pluralisme Religieux*. Paris, Cerf, 1997.

mais interessados no diálogo inter-religioso na ordem das ideias teológicas, sugerem um caminho de abertura epistemológica e hermenêutica que nos faça capazes de captar a intencionalidade teológica das religiões asiáticas em particular. Ademais, numa linha mais próxima da interculturalidade, Raimon Panikkar[45] percorreu, há mais de meio século, o caminho do diálogo entre Jerusalém, Atenas e Benares, ou seja, deu prosseguimento à busca de uma nova síntese do cristianismo greco-romano com uma racionalidade asiática precisa, a surgida do hinduísmo, para articular uma proposta de racionalidade "cosmoteândrica", como ele a denomina, centrada em especial na potência da divinização do cosmos inteiro operada pela encarnação do *Logos* divino, com seus efeitos concomitantes nas culturas e religiões do mundo.

É verdade que nos encontramos agora diante de *terra incognita*, às vezes espaço arriscado e desconcertante. Um horizonte onde a cultura da modernidade tardia se mescla com o retorno do religioso, com um marcado acento apocalíptico, sobretudo graças aos movimentos religiosos fundamentalistas. No entanto, na ordem da discussão teórica, tenta-se identificar problemáticas fundamentais a partir da indagação sobre a subjetividade, a transcendência, o sentido da história, a ética mundial, a comunicação no espaço público e, por fim, a terrível questão da esperança num porvir da humanidade.

Nesse contexto incerto de questionamentos diversos, a teologia fundamental pós-moderna há de manifestar seu sentido heurístico para propor interpretações pertinentes para esse sujeito fraco. Não enquanto resposta passageira à cultura ambiente, mas como com-

Roma, 24 jan. 2001, n. 5. Disponível em: http://www.vatican.va. A resposta de Dupuis sublinha essa unicidade da economia salvífica. Foi integrada na segunda edição de sua obra principal, pouco antes de sua morte: *La Rencontre du Christianisme et des Religions. De l'Affrontement au Dialogue*. Paris, Cerf, 2002.

[45] Cf. Raimon Pannikar, *The Cosmotheandric Experience. Emerging Religious Consciousness*. Nova York, Orbis Books, 1993.

preensão dos "sinais dos tempos" pelos quais o Espírito continua a inspirar os justos da história viva da humanidade, segundo o seguimento do Messias Jesus.

Esse último ponto de nossa investigação atual é dedicado a uma descrição sintética da identidade, da estrutura e da função da teologia fundamental em contexto de modernidade tardia. Devemos levar em conta, com efeito, as correntes propostas ao longo do século XX, em especial os modelos transcendental, fenomenológico, hermenêutico e pragmático. Mas insistiremos, sobretudo, no *húmus* antropológico, porque ele nos permitirá não perder de vista os indicadores do realismo crítico que propusemos desde o princípio como critério epistemológico de referência capital.

Não se deve esquecer que o *tempo dos pagãos* nos apressa a dar razão da esperança messiânica com maior clareza, autenticidade e ousadia.

A tradição como memória feliz

A identidade da teologia fundamental pós-moderna é a da *memória feliz*. Com isso queremos assinalar todo o procedimento fenomenológico e hermenêutico da vontade, confrontada com suas potências de linguagem e de ação, marcadas ambas pelo signo da temporalidade e do desejo.

Ricoeur, tendo iniciado essa colossal tarefa do pensamento crítico, logrou edificar uma filosofia da vontade apta para dar conta da importância capital do *esquecimento* na constituição da subjetividade, da sociedade e da história. Desde as suas primeiras investigações sobre a vontade até suas últimas obras sobre a memória, a história e a política do reconhecimento, passando pelo debate do dinamismo da linguagem, um fio condutor foi aparecendo cada vez com maior nitidez e caráter consistente em sua reflexão: a busca de si mesmo na relação com o outro é o lugar principal em que se pode manifestar a transcendência. A intuição fenomenológica do professor de Nanterre se mostrou, assim, como a camada mais profunda de sua identidade de filósofo, crente protestante e ser humano lúcido.

Retomando a vertente fenomenológica, situamos ao longo desta obra a constituição da subjetividade como base da identidade pós-moderna. Em seu devir, mostramos também como o sujeito moderno se torna cada vez mais consciente de suas potências e de seus limites: os do desejo mimético, da finitude ontológica, da culpabilidade moral e da religião sacrificial.

A identidade da teologia fundamental, ao manter-se sempre no umbral entre a razão e a fé, deita raízes justamente no aparecimento da subjetividade exposta e capacitada para o divino (*homo capax Dei*), graças à presença *perdoadora* do outro, que lhe permite viver na lógica da gratuidade. Mas, para advir a esse estágio da subjetividade, é preciso entrelaçar, passo a passo, o tecido do mútuo reconhecimento por meio do esquecimento, ou seja, do perdão que desata os nós do ressentimento, do ódio e da rivalidade.

Dessa maneira, a teologia fundamental na hora presente não pode ser compreendida senão como a análise crítica da memória feliz em seu cumprimento teologal. Isso significa então que o olhar teológico não consiste apenas na constatação do acontecer fenomenológico, mas antes na realização de seu cumprimento, na imprecação apocalíptica contra a mentira do sonho prometeico e no pacífico anúncio messiânico do advento de Deus como perdão.

Tal verdade libertadora instaura, desse modo, no seio das sociedades violentas uma distância profética em face da loucura sacrificial e torna possível o reconhecimento daquela outra potência ativa, mas escondida, da força da reconciliação. Experiência que em linguagem hebreia Cristo designa como advento do Reino.

A dimensão espiritual do despertar

A estrutura da teologia fundamental pós-moderna se constitui assim, segundo a lógica do perdão recebido e oferecido, na *dimensão espiritual da subjetividade exposta e aberta à irrupção do outro.* Tal estado de vigilância, de vigília e inquietude vivido pela subjetividade já foi descrito em seu sentido fenomenológico por Lévinas. O autor lituano sublinhou então o sentido propriamente filosófico desse estado de alteração nascido pela irrupção do outro na Ipseidade: irrupção que se converte em mandato do rosto, em ideia de Deus e, ao final, em chamado do Infinito.

A luz da *fides* cristã ilumina esse húmus da subjetividade exposta e aberta ao encontro, mas para plantar nele, no coração de sua inquietude, o chamado ao reconhecimento: "Diz-lhe Jesus: 'Maria!'. Voltando-se, ela lhe diz em hebraico: 'Rabbuni!', que quer dizer 'Mestre!'" (João 20,16). Tal foi o diálogo admirável entre Maria Madalena e Cristo na manhã do primeiro dia da semana, diante do túmulo vazio. Então já não se trata de luto, mas de núpcias; já não de história, mas de último (*esjatón*), ou seja, escatológico, e de dia novo; mas sempre numa proximidade inabarcável. Com efeito, será à luz da aurora da Páscoa que será possível dizer esse estágio da subjetividade: não na claridade do dia, mas no amanhecer; não no encontro de posse, mas na distância da diferença: "*Noli me tangere*", disse em seguida Cristo a Maria Madalena, antes de anunciar-lhe seu retorno ao Pai.

O despertar da subjetividade se converte assim em verdadeira potência de experiência, esquadrinhada pela teologia fundamental com o fim de experimentar, pensar e dizer o real. Sem triunfalismo algum, a *fides* é proposta então como verdade: em sua tripla vertente de exposição, doação e encontro. Verdade sempre diferida do Messias que chega. De "tempos novos" o chamaram os primeiros cristãos, em especial São Paulo, porque tentava afirmar com essa expressão uma temporalidade inédita própria do ser divino e não do devir humano.

É necessário precisar ainda mais: a subjetividade iluminada pelo resplendor da Páscoa não é tirada do mundo, mas é ainda mais afundada nele. Simone Weil descreveu a *fides* de maneira magistral dizendo que "é a experiência vivida pela inteligência de ser iluminada pelo amor".[46] Nessa perspectiva, a *fides* se instaura como o olhar crente que pousa sobre o desejo mimético para conduzi-lo para além do mero ressentimento. Uma inteligência do processo vitimário que lhe tira seu poder. Enfim, uma contemplação *in speculum æternitatis*, segundo a expressão medieval que comentava a São Paulo, a mesma que sempre salvaguarda a vigilância contra os ídolos da razão ou da emoção que dominam sem referente crítico.

O despertar que brota da fé é um estágio da subjetividade extrema enquanto abertura permanente ao outro, consciência do niilismo do mundo criado, vigilância crítica que nos preserva do desesperar, inteligência do mundo a partir do desejo mimético de Deus. E isso segundo o que Cristo revelou: não um desejo de apropriação, mas um de *doação* que visa a estabelecer a *koinonía*. À luz de tal acontecimento, é possível habitar o mundo *de outra maneira*: na exposição da finitude, segundo a lógica não totalitária da gratuidade. No coração dessa profundidade de experiência, será possível afirmar que os verdugos já não triunfam sem ser ingênuos, na medida em que a vítima é a única capaz de exercer a potência de conduzi-lo para além da rivalidade e do ressentimento. Recordemos aquele sonho de Johannes Brantschen ao falar da pequena Anne Frank.

"Fides quærens gratuitatem"

Chegamos ao final de nosso percurso pelos meandros do rio caudaloso da subjetividade moderna e suas possibilidades de experimentar a salvação vinda de Deus. A constituição moderna da

[46] "La foi c'est l'expérience que l'intelligence est eclairée par l'amour" (Simone Weil, *La Pesanteur et la Grâce*. Paris, Plon, 1948, p. 130).

subjetividade nos mostrou que ela continua sendo a sede de nossa presença no mundo e, também, na chave do pensamento vulnerável. Uma das primeiras referências inevitáveis de tal existência é a consciência de si.

Mas a irrupção do outro, seu desejo mimético sacrificial e "a escalada para os extremos" própria dessa nossa história nos levaram a descobrir o rosto oculto da violência, latente como lógica perversa e pecaminosa *desde a fundação do mundo.*

A vida teologal, em particular o lume da fé como *fides*, oferece-nos uma possibilidade de experiência do todo inédita, para desmantelar o sistema sacrificial e para nos fazer capazes de dizer o real com uma potência admirável, sempre discreta, vinda de Deus. A inteligência da vítima nos revelou o sentido do mimetismo. A memória feliz nos recordou, por fim, as fontes fenomenológicas desse movimento interior.

O que a teologia fundamental pode afirmar neste momento da modernidade tardia consiste no despertar da dimensão espiritual da subjetividade exposta e sua responsabilidade em habitar o mundo com o *poder do não poder.* Senhorio de Cristo, sim, mas sem o menor indício de triunfalismo, porque está sempre consciente das armadilhas do desejo de onipotência, de seus metarrelatos prometeicos e de suas histórias sacrificiais.

Segundo essa aproximação que aqui desenvolvemos, podemos propor, em suma, a prática da teologia fundamental pós-moderna como *fides quærens gratuitatem.* Isso significa que a *fides*, enquanto virtude teologal que acolhe a revelação divina, é uma força de compreensão e de ação, mas, sobretudo, e antes de tudo, designa a subjetividade inspirada pela heurística da gratuidade, enquanto estágio plenamente realizado no encontro com o outro como com um irmão, com o que se ultrapassa o estágio da reciprocidade sacrificial. A *fides* não busca apenas compreender a mensagem da revelação, mas se prepara de maneira contínua para descobrir a *gratuidade* como expressão mais acabada da subjetividade, de maneira provisória, nessa história finita, segundo o testemunho dado por Jesus Cristo em sua pregação na Galileia, até chegar ao momento crucial de sua execução em Jerusalém.

Esse cumprimento da história é marcado pela força do real, ou seja, pelo mimetismo violento, mas anunciando em seu seio seu fracasso e, ao mesmo tempo, o resplendor de um novo dia que nos escapa sempre. Um dia novo inaugurado na manhã de Páscoa.

Pensar a gratuidade como relação com o Deus vivo desdobra em nós uma potência de experiência que, longe de nos separar do mundo, nos insere com uma força messiânica nele, discreta mas eficaz.

É tempo de estimular a *paciência* dos crentes à espera da Parúsia.

epílogo

Chegamos ao final deste percurso de exploração da teologia fundamental pós-moderna.

Desde o início quisemos prevenir nossos leitores da difícil tarefa em que nos arriscaríamos juntos, dado o caráter fragmentário da razão moderna nestes tempos da pós-modernidade.

Como parte de uma geração de cristãos nascidos na segunda metade do século XX, fomos animados pelos movimentos utópicos de libertação social e pelo entusiasmo evangélico do Concílio Vaticano II. Ambos nos prometiam então deixar para trás os horrores das guerras e revoluções da primeira metade do século passado.

Desconhecíamos naquele momento as proporções da crise de civilização que nos esperava para anos depois, crise que ia causar estragos, com toda certeza, incluída a de um porvir para a vida. A esperança de salvação na imanência da história se converteu então numa *difícil esperança*, parecendo-se cada vez mais com um fantasma sem carne nem ossos para os cidadãos da sociedade mundializada e, de maneira paradoxal, também para os crentes das diversas religiões da humanidade.

O rumor da violência

A crise da modernidade explodiu diante de nós quando as sociedades e as igrejas modernas se encontravam debatendo e negociando a vida em comum no planeta, reconhecido afinal como casa comum, pela via de um ecumenismo nos âmbitos econômico, político ou religioso. Mas de repente vimos reaparecer o fantasma da onipotência com força inusitada: a violência do mercado globalizado que submete nações inteiras a relações de dependência econômica dos grandes capitais, e a violência profunda que surge como efeito do choque entre o Ocidente e o Islã, conflito que trouxe novamente à tona a pergunta sobre o papel da religião na constituição da sociedade mundializada.

O murmúrio dos inocentes

A crise da onipotência moderna já havia mostrado alguns sintomas claros antes de sua irrupção, mas apenas alguns sábios e místicos os perceberam em seu momento com grande agudeza. Alguns desses exilados do sonho da modernidade vieram do judaísmo, outros da filosofia da Ilustração, e alguns mais do cristianismo social, preocupado com a resistência aos regimes totalitários que pulularam em todas as latitudes do planeta no século XX.

Agora é preciso viver algo semelhante ao que em seu momento fizeram Blaise Pascal e Friedrich Hölderlin, em momentos cruciais da instauração e consolidação da modernidade. Em nossos tempos, quando a *espiral da violência* pareceu prevalecer no século XX, algumas pessoas lúcidas – como Dietrich Bonhoeffer, Simone Weil, María Zambrano e Óscar Romero – se concentraram também no essencial da fé: a vivência da compaixão. Fizeram-no como práxis no meio dos mais vulneráveis, ao mesmo tempo que se retiravam no *ático* da contemplação e do pensamento de face para o Amor sem condição, para permanecer aí. Mas deve-se precisar que não o fizeram para fugir do mundo, mas para fazer surgir de novo, a partir dessa distância crítica e mística diante do real mimético, uma palavra de indignação como "voz do que grita no deserto: preparai o caminho do Senhor, tornai retas suas veredas" (Isaías 40,3; Mateus 3,3 e João 1,23). Tratava-se, para aqueles visionários do Reino de Deus, de comunicar uma centelha de esperança *com* e *no meio dos* sobreviventes. Não se retiraram do mundo, conquanto tampouco se tenham deixado prender pelo mundo em seus pesadelos de onipotência. Ao contrário, o *desapego* que caracterizou suas vidas não teria sido possível senão enquanto *seguimento* da *kénosis* do Verbo de Deus, cumprida plenamente na encarnação e paixão de Jesus de Nazaré.

Uma potência de experiência: a imaginação escatológica

Foi graças a esses mestres do século XX que a sabedoria divina nos abriu a inteligência à imaginação *escatológica* nestes tempos incertos, para aprender a viver no meio dos escombros da modernidade com a força inaudita dos justos da história. Com efeito, trata-se de uma força escatológica que se vai desdobrando *in crescendo* desde Abel, o justo, até Jesus de Nazaré, "homem sujeito à dor" (Isaías 53,3b), segundo aquela intuição que o segundo Isaías captou como culminação da revelação divina no Primeiro Testamento: um messias sofrente. Culminação porque nele a luz enceguecedora do perdão se transmite de maneira paradoxal através das feridas "fomos curados" (5c). De onde procede esse poder-do-não-poder? A hermenêutica mimético-pragmática não encontra outra explicação senão a da *doação extrema* como expressão plena do Amor sem condição que procede do Pai e que se revelou plenamente no Filho por meio da *koinonía* que é sua *Ruah* divina.

Nestes tempos de escombros aprendemos a descrever assim, com assombro e não sem certo temor, que a história da Cidade de Deus se encaminha sempre a contrapelo da cidade terrestre e que *não pode ser de outra maneira*. Com efeito, a consistência *mimética* do real se acha a tal ponto marcada pela lógica da reciprocidade "desde a fundação do mundo", que não pode senão empantanar-se cada vez mais no abismo da rivalidade, do ressentimento e da vingança sem limite.

Foi preciso Deus encarnar-se para assumir sua amada criação e resgatá-la da espiral da violência, ao desarticular a rivalidade por meio da *doação* de sua própria vida até o limite de sua morte na cruz. A mentira de Satã foi enfim, desse modo, desvelada por Cristo, conquanto nós, os cristãos, não tenhamos querido aceitar e reconhecer tal verdade.

Uma linguagem apocalíptica

Estes tempos pós-modernos foram descritos aqui como tempos apocalípticos. Seguindo as análises de Paul Ricoeur e René Girard, compreendemos quão importante é encontrar novamente o tom escatológico da teologia, razão por que o apocalíptico se torna inevitável para *falar do ser humano* e *falar de Deus*, cada um em seu lugar: o primeiro, acorrentado por seus sonhos de onipotência; o segundo, liberdade suprema no amor sem medida e, por isso, verdade da vítima que sabe perdoar. Tal é a *verdade* do cristianismo, que leva em seu seio a *fides quærens gratuitatem*, aquela que ainda deve ressoar no coração da vulnerabilidade pós-moderna.

Os diferentes caminhos para buscar uma resposta à vulnerabilidade pós-moderna já foram evocados neste livro em sua irredutibilidade formal: o niilismo pós-moderno e o retorno ao fundamento. Um orientado para o *nada*, em estado de alerta diante de toda e qualquer nova idolatria, com o risco de ficar mudo diante da realidade; o outro, obcecado pela *objetividade do real* e seu estatuto metafísico que daria solidez à busca humana da verdade, do sentido e da salvação. Tentamos mostrar, ao longo destas páginas, os questionamentos próprios de cada caminho para discernir suas respostas e delinear um campo de trabalho para a teologia fundamental em seu porvir.

Dessa maneira, desejamos propor alguns elementos significativos para um pensamento teológico fundamental *pós*-moderno: uma expressão problemática, mas necessária para falar da atualidade de algumas aquisições da modernidade, enquanto se reconhece ao mesmo tempo seu esgotamento com relação à constituição *teologal* do real. Trata-se de um novo paradigma de pensamento? Não cremos nisso, na medida em que não capitulamos na batalha para falar do ser humano, do mundo e de Deus em sua correlação constitutiva.

Propusemos os elementos fundacionais para declinar o verbo *crer* segundo uma gramática nascida da experiência do amor de doação. Um modelo, ao fim e ao cabo, para captar a *fides* como busca de *gratuidade*, ou seja, enquanto experiência fundacional em seu devir como *fundo sem fundo* primeiramente, mas também enquanto sentido de compreensão da subjetividade aquém de seu egocentrismo. A *gratuidade* seria então a experiência pertinente para viver e pensar um destino de porvir esperançoso para a humanidade.

Para a redescoberta da *fides*

É tempo de deixar que estas páginas empreendam seu voo, ainda que nunca fiquemos satisfeitos com os resultados: os matizes por precisar, por exemplo, sobre a atualidade de uma metafísica do ser superessencial. Ou também o desejo de consultar novas fontes, entre as quais a sabedoria teológica autóctone do povo maia tseltal, com o qual fomos aprendendo a descobrir um rosto matricial da gratuidade. Afinal, ideias descobertas nos últimos tempos que vale a pena aprofundar, como as dos filósofos russos do século passado com sua poderosa crítica à modernidade.

Como obra de um cristão pós-moderno, este trabalho busca compreender a própria condição de vulnerabilidade e de imaginação criadora, no intercâmbio com os contemporâneos. Uma condição que não existe sem os vínculos com os estudantes e colegas, amigos e irmãos na *fides*. Todos eles acompanharam estas reflexões ao longo de três lustros, por meio de cursos e intercâmbios, presenciais ou cibernéticos, de sessões de meditação e de pregações litúrgicas.

Pensar a fé enquanto gratuidade parece ser, enfim, uma via pertinente para nós na aproximação ao mistério divino. Esse *Deus absconditus* de nossos antepassados na fé que se desvela e ao mesmo tempo nos escapa. Que acontece sempre de maneira inquietante e paradoxal, uma vez que os ídolos dos metarrelatos foram desmascarados e que desenvolvemos a capacidade, por meio da gratuidade do Deus inefável, de aperceber sua salvação no claro-escuro da existência e da história.

referências bibliográficas

Adorno, Theodor. *Dialectique Négative*. Paris: Payot, 1978, 348 p.

Agamben, Giorgio. *Ce Qui Reste d'Auschwitz*. Paris: Payot, 1998, 234 p.

_______. *Le Temps Qui Reste*. Paris: Payot, 2000, 272 p.

Aguiar Retes, Carlos e Leopoldo González, José. "Carta de Presentación". In: *Memoria del XV Aniversario de Relaciones entre la Santa Sede y el Estado Mexicano*. México: CEM, 2008. Disponível em: http:// www.cem.org.mx/prensa/comunicados/2008/CEM080228.htm.

Ali Modad, Felipe. *Engrandecer el Corazón de la Comunidad*. México: CRT, 1999, 264 p.

Alison, James. *Knowing Jesus. An Excerpt on Justification by Faith*. Londres: SPCK, 1993, 128 p.

_______. *Raising Abel. The Recovery of Eschatological Imagination*. Nova York: Crossroad, 1996, 203 p. Versão castelhana: Alison, James. *El Retorno de Abel. Las Huellas de la Imaginación Escatológica*. Barcelona: Herder, 1999, 264 p.

_______. *The Joy of Being Wrong. Original sin Through Eastern Eyes*. Nova York: Crossroad, 1998, 336 p.

_______. *Faith Beyond Resentment. Fragments Catholic and Gay*. Londres: DLT, 2001, 256 p.

_______. "Los Cambios en el Tono de la Voz de Dios". In: Mendoza-Álvarez, Carlos (org.). *¿Cristianismo Postmoderno o Postsecular? Por una Lectura Teológica de la Modernidad Tardía*. México: UIA, 2008, p. 39-53.

________. "Letter to a Young Gay Catholic". *Concilium*, v. 324, n. 1, "Homosexualities", jan;/mar. 2008. Disponível em castelhano em: http://www.jamesalison.co.uk/texts/cas52.html.

ALONSO, Jorge. "El Contexto de una Carta: la Conflictiva Relación de dos Filósofos Católicos". *Dianoia*, v. LII, n. 59, nov. 2007. Disponível em: http://dianoia.filosoficas.unam.mx/info/2007/d59-Alonso.pdf.

ANDRADE, Barbara. *Dios en Medio de Nosotros. Esbozo de una Teología Trinitaria Kerigmática.* Salamanca: Secretariado Trinitario, 1999, 566 p.

ANSELME. "Proslogion". *Opera Omnia*, v. I. Edimburgo: Thomas Nelson & Sons, 1946, 290 p.

ARENDT, Hannah. *Le Système Totalitaire. Les Origines du Totalitarisme*, t. 3. Paris: Seuil, 2005, 382 p.

ASSMAN, Hugo (org.). *Sobre Ídolos y Sacrificios. René Girard con Teólogos de la Liberación.* San José: DEI, 1991, 189 p.

BADIOU, Alan. *Saint Paul. La Fondation de l'Universalisme.* Paris: PUF, 1997, 119 p.

BARRANCO, Bernardo. *Avance Evangélico en Brasil; Fin del Triunfalismo Católico.* In: *La Jornada.* México, 11 maio 2007. Disponível em: http://www.jornada.unam.mx/2007/05/11/index.php?section=opinion&article=019a2pol.

BASTIEN, Jean-Pierre. *Le Protestantisme en Amérique Latine. Une Approche Socio-Historique.* Genebra: Labor et Fides, 1994, 324 p.

BEAUDET, Jean-François. *Pour une Théologie de la Non-Violence.* Montreal: Les Éditions Fides, 1989, 110 p.

BEDOUELLE, Guy e COSTA, Jean-Pierre. *Les Laïcités à la Française.* Paris: PUF, 1998, 272 p.

BENJAMIN, Walter. "Sur le Concept d'Histoire". *Œuvres*, t. III. Paris: Gallimard, 2000, 480 p.

BENOIT XVI. *Discours devant l'Assemblée Générale des Nations Unies.* Nova York, 18 abr. 2008. Disponível em: http://www.vatican.va/holy_father/benedict_xvi/speeches/2008/april/documents/hf_ben-xvi_spe_20080418_un-visit_fr.html.

BERKMAN, Gisele. "Presence de Maurice Blanchot dans *La Déclosion* de Jean-Luc Nancy". In: *Espace Maurice Blanchot* Disponível em: http://www.blanchot.fr/fr/index.php?option=content&task=view&id=122&Itemid=.

Beuchot, Mauricio. *Tratado de Hermenéutica Analógica*. México: Unam, 1997, 146 p.

_______. "Hermenéutica Analógica y Crisis de la Modernidad". *Universidad de México*, n. 567-68. México, abr./maio 1998, p. 13-16.

_______. "El Compromiso Filosófico del Tomista Actual", comunicação apresentada no Seminário Internacional Dominicano, organizado pelo *Angelicum*, em Roma, 2 a 4 maio 2003. Disponível em: http://philo.pust.op.org/agenda/2002/role/beuchotpdf.pdf.

_______. "Hermenéutica y Sociedad en Gianni Vattimo". *A Parte Rei. Revista de Filosofía*, v. 54. Madri, nov. 2007, p. 1-8. Disponível em: http://serbal.pntic.mec.es/~cmunoz11/beuchot54.pdf. Versão impressa: Beuchot, Mauricio, el al. *Hermenéutica Analógica y Hermenéutica Débil*. México: Unam, 2006.

Blancarte, Roberto J. *Historia de la Iglesia Católica en México 1929-1982*. México: FCE, 1993, 447 p. Disponível em: http://www.modemmujer.org/docs/18.100.htm.

Blanchot, Maurice. *L'Entretien Infini*. Paris: Gallimard, 1997. 640 p.

_______. *Le Dernier Homme*. Paris: Gallimard, 1997, 146 p.

_______. *L'Attente l'Oubli*. Paris: Gallimard, 2000, 121 p.

_______. *L'Amitié*. Paris: Gallimard, 2001, 332 p.

_______. *Une Voie Venue d'Ailleurs. Sur les Poèmes de Louis-René des Forêts*. Fontaine-les-Dijon: Virgil, 2001, 43 p.

_______. *L'Instant de Ma Mort*. Paris: Gallimard, 2002. 19 p.

Blankenhorn, Bernhard. "The Instrumental Causality of the Sacraments: Thomas Aquinas and Louis-Marie Chauvet". *Nova et Vetera*, edição em inglês, v. IV, n. 2. Ypsilanti, 2006, p. 255-94.

Bloch, Ernst. *Le Principe Espérance*, v. I. Paris: Gallimard, 1976, 544 p.

Boff, Leonardo. *Gracia y Experiencia Humana*. Madri: Trotta, 2001, 304 p.

Böhm, Irmingard. "Modernismo y Antimodernismo. El Pensamiento de los Modernistas Más Importantes". In: Coreth, Emerich e Neidl, Walter (dirs.). *Filosofía Cristiana en el Pensamiento Católico de los Siglos XIX y XX*, v. II. Madri: Encuentro, 1988, 630 p.

BONHOEFFER, Dietrich. *Résistance et Soumission. Lettres et Notes de Captivité.* Genebra: Labor et Fides, 1967, 207 p. Versão castelhana: *Resistencia y Sumisión. Cartas y Apuntes desde el Cautiverio.* Salamanca: Sígueme, 2001, 299 p.

BONINO, Serge-Thomas. "Être Thomiste". In: BONINO, Serge-Thomas (org.). *Thomistes ou de l'Actualité de Saint Thomas d'Aquin*; Paris: Parole et Silence, 2003.

BOQUETE YEGROS, Fernando. "La Importancia de la Analogía Tomista en la Hermenéutica de Mauricio Beuchot". *Anámnesis*, v. 25. México, 2003, p. 139-86.

Britannica Concise Encyclopedia. Londres: 2007. "Thomism".

BOURG, Daniel et al. (orgs.). *L'Être et Dieu. Travaux du Cerit.* Paris: Cerf, 1986, 252 p.

BOYER, Alain, *1905: La Séparation Églises-État, De la Guerre au Dialogue.* Paris: Cana, 2004, 187 p.

BRANTSCHEN, Johannes-Baptist. *Renouveler l'Espérance Chrétienne.* Paris: Cerf, 1999, 160 p.

BRAUDEL, Fernand. *Les Écrits de Fernand Braudel*, t. II. *Les Ambitions de l'Histoire.* Paris: De Fallois, 1997, 529 p.

CATÓLICAS POR EL DERECHO A DECIDIR Y POPULATION COUNCIL. *Encuesta de Opinión Católica en México.* México: CDD, 2003. Disponível em: http://www.popcouncil.org/pdfs/EncuestaOpinionCatolicas-Summary.pdf.

CÉLINE, Louis-Ferdinand. *Voyage au Bout de la Nuit.* Paris: Gallimard, 1952, 446 p.

CERTEAU, Michel de. *Le christianisme éclaté.* Paris: Seuil, 1974, 120 p.

_______. *L'écriture de l'Histoire.* Paris: Gallimard, 1975, 358 p.

_______. *La Faiblesse de Croire.* Paris: Seuil, 1987, 322 p.

CERTEAU, Michel de e DOMENACH, Jean-Marie. *Le Christianisme Éclaté.* Paris: Seuil 1974, 118 p.

CERTEAU, Michel de et al. "La Beauté du Mort". *Politique Aujourd'Hui.* Paris, dez. 1970, p. 3-23.

CESSARIO, Romanus. *Le Thomisme et les Thomistes.* Paris: Cerf, 1999, 125 p.

CHARTIER, Roger et al. (orgs.). *La Nouvelle Histoire.* Paris: Rets-CEPL, 1978, 574 p.

CHAUVET, Louis-Marie. "Le Pain Rompu Comme Figure Théologique de la Présence Eucharistique".

Questions Liturgiques, v. 82. Louvain, 2001, p. 9-33.

CHENU, Marie-Dominique. *La Théologie comme Science au XIIIe siècle*. Paris: Vrin, 1957, 110 p.

_______. *Saint Thomas d'Aquin et la Théologie*. Paris: Seuil, 2005, 192 p.

_______. *Une École de Théologie: Le Saulchoir*. Paris: Cerf, 1985, 178 p.

COHEN, Hermann. *L'Éthique du Judaïsme: la Vocation Universelle d'Israël*. Paris: Cerf, 1994, 364 p.

_______. *La Religion dans les Limites de la Philosophie*. Paris: Cerf, 1990, 176 p.

COHEN, Joseph. *Le Sacrifice de Hege.*, Paris: Galilée, 2007, 213 p.

CONCILE VATICAN II. *Constitution Dogmatique sur la Divine Révélation*. Disponível em: http://www.vatican.va/archive/hist_councils/ii_vatican_council/documents/vat-ii_const_19651118_dei-verbum_fr.html.

CONGAR, Yves. "Ecclesia ab Abel". In: ELFERS, Heinrich (org.). *Abhandlungen Über Theologie und Kirche*. Düsseldorf: Patmos, 1952, p. 79-108.

CONGREGATION POUR LA DOCTRINE DE LA FOI. *Déclaration "Dominus Iesus" sur l'Unicité et de l'Église*. 6 ago. 2000, n. 4, AAS 92. Paris: Téqui, 2000, p. 742-65.

_______. *Notification sur le Livre du P. Jacques Dupuis, sj, "Vers une Théologie Chrétienne du Pluralisme Religieux"*. Paris: Cerf, 1997. Roma: 24 jan. 2001, n. 5. Disponível em: http://www.vatican.va/roman_curia/congregations/cfaith/documents/rc_con_cfaith_doc_20010124_dupuis_fr.html.

CORBÍ, Marià. *Religión sin Religión*. Madri: PPC, 1996, 291 p.

_______. *Hacia una Espiritualidad Laica. Sin Creencias, sin Religiones, sin Dioses*. Barcelona: Herder, 2007, 350 p.

COSCIA, Luis. "Nuevos Acentos de la Vida Religiosa en América Latina". Disponível em: www.cirm.org.mex/portal/documentos/aciertos.doc.

COSTE, René. "Une Théologie de la Paix pour Aujourd'Hui". *Bulletin de Littérature Ecclésiastique*, v. 103, n. 3. Toulouse, 2002, p. 213-26.

COUNCIL FOR A PARLIAMENT OF THE WORLD'S RELIGIONS. Disponível em: http://www.parliamentofreligions2009.org/whatisparliament.php.

Courcelles, Dominique de (org.). *Les Enjeux Philosophiques de la Mystique*. Paris: Éditions Jerôme Million, 2007, 261 p.

Cox, Harvey Gallagher. *La Cité Séculaire. Essai Théologique sur la Sécularisation et l'Urbanisation*. Tournai: Casterman, 1965, 288 p.

_______. *La Fête des Fous. Essai Théologique sur les Notions de Fête et de Fantaisie*. Paris: Seuil, 1971, 237 p.

_______. *Le Retour de Dieu. Voyage en Pays Pentecôtiste*. Paris: Desclée, 1995, 296 p.

_______. *Fire from Heaven: The Rise of Pentecostal Spirituality and the Reshaping of Religion in the Twenty-First Century*. Massachusetts: Addison-Wesley, 1995, 346 p.

Dartigues, François. *La Révélation: du Sens au Salut*. Paris: Desclée, 1985, 288 p.

Derrida, Jacques. *La Voix et le Phénomène. Introduction au Problème du Signe dans la Phénoménologie de Husserl*. Paris: Quadrige, 1998, 117 p.

_______. *Psyché. Inventions de l'Autre*, 2 vols. Paris: Galilée, 1998-2003, 651 p.

_______. *Sauf le Nom*. Paris: Galilée, 2006, 115 p.

Derrida, Jacques e Vattimo, Gianni. *La Religion. Séminaire de Capri*. Paris: Seuil, 1996, 232 p.

Descartes, René. *Œuvres*. Paris: La Pléiade, 1952, p. 775.

Diócesis de San Cristóbal de Las Casas. *Directorio Diocesano para el Diaconado Indígena Permanente*. San Cristóbal de Las Casas: Cenami, 1999, 172 p.

Dosse, François. "Paul Ricoeur, Michel de Certeau et l'Histoire: entre le Dire et le Faire". *Conférences de l'École de Chartes*. Éditions en Ligne, n. 6. Paris, 22 abr. 2003. Disponível em: http://elec.enc.sorbonne.fr/document8.html.

_______. *L'Histoire en Miettes. Des Annales à la "Nouvelle Histoire"*. Paris: La Découverte, 2005, 268 p.

Doude Van Troostwijk, Chris. "Les Confusions d'Augustin ou la Confession Inachevable". *Labyrinth. An International Journal for Philosophy, Feminist Theory and Cultural Hermeneutics*, v. 2, "On the Crossroad of Philosophy and Theology". Viena, inverno de 2000. Disponível em: http://h2hobel.phl.univie.ac.at/~iaf/Labyrinth/2000/troostwijk.html#_ftn4.

DUPUIS, Jacques. *Vers une Théologie Chrétienne du Pluralisme Religieux*. Paris: Cerf, 2002, 777 p.
_______. *La Rencontre du Christianisme et des Religions. De l'Affrontement au Dialogue*. Paris: Cerf, 2002, 410 p.
DUQUESNE, Jacques e CHENU, Marie-Dominique. *Un Théologien en Liberté. Jean Duquesne Interroge le P. Chenu*. Paris: Centurion, 1975, 201 p.
DUQUOC, Christian. *Messianisme de Jésus et Discrétion de Dieu*. Genebra: Labor et Fides, 1984, 256 p.
_______. *Libération et Progressisme. Un Dialogue Théologique entre l'Amérique Latine et l'Europe*. Paris: Cerf, 1987, 152 p.
_______. *Je Crois en l'Église. Précarité Institutionnelle et Royaume de Dieu*. Paris: Cerf, 1999, 304 p.
_______. "Discrétion Trinitaire et Mission chrétienne". *Mission*, v. 1, n. 1, 1999. Disponível em: http://www.sedos.org/french/Duquoc.html.
_______. *L'Unique Christ. La Symphonie Différée*. Paris: Cerf, 2002, 362 p.
_______. "La Légèreté du Rien". *Lumière et Vie*, n. 258, "Le Nihilisme, Défi pour la Foi". Lyon, jun. 2003, p. 67-74.
DUSSEL, Enrique Domingo. *La Ética de la Liberación ante el Desafío de Apel, Taylor y Vattimo*. Toluca: UAEM, 1988. Disponível em: http://www.misioncultura.gob.ve/descarga/01/desc11.pdf.
_______. "De la Invención al Descubrimiento del Nuevo Mundo". *Freiburger Zeitschrift für Philosophie und Theologie*, v. 39, n. 3. Friburgo, 1992, p. 264-78.
_______. *Ética de la Liberación en la Edad de la Globalización y la Exclusión*. Madri: Trotta, 1998, 661 p.
_______. *Posmodernidad y Transmodernidad. Diálogos con la Filosofía de Gianni Vattimo*. Guadalajara: Iteso, 2002, 65 p.
_______. *Política de la Liberación. Historia Mundial y Crítica*. Madri: Trotta, 2007, 592 p.
_______. *Política de la Liberación*. México: UAM, 2008, 721 p.
_______. *Política de la Liberación. Historia Mundial y Crítica*. Madri: Trotta, 2008, 592 p.
ECO, Umberto e MARTINI, Carlo-María. *In Cosa Crede Chi Non Crede?*. Milão: Mondadori, 1997, 143 p. Versão francesa: *Croire en Quoi?*. Paris: Payot & Rivages, 1998, 128 p.

ELIADE, Mircea. *Traité d'Histoire des Religions.* Paris: Payot, 1953, 405 p.

_______. *Le Sacré et le Profane.* Paris: Gallimard, 2003, 185 p.

ESTRADA, Juan Antonio. *La Pregunta por Dios: entre la Metafísica, el Nihilismo y la Religión.* Bilbao: Desclée de Brouwer, 2005, 428 p.

EVANS, Craig (org.). *Encyclopedia of the Historical Jesus.* Nova York/Londres: Routledge, 2008, 752 p.

FERRY, Jean-Marc. *Habermas, l'Éthique de la Communication.* Paris: PUF, 1987, 587 p.

_______. *Les Puissances de l'Expérience. Essai sur l'Identité Contemporaine*, t. II, *Les Ordres de la Reconnaissance.* Paris: Cerf, 1991, 254 p.

_______. "Éthique et Religion". *Revue de Théologie et de Philosophie*, v. 132, n. IV. Genebra-Lausanne-Neuchatel, 2000, p. 325-60.

_______. *Les Grammaires de l'Intelligence.* Paris: Cerf, 2004, 224 p.

FIORENZA, Francis. *Foundational Theology. Jesus and the Church.* Nova York: Crossroad/Continuum, 1986, 326 p.

FISSETTE, Denis. "Husserl et Fichte. Remarques sur l'Apport de l'Idéalisme dans le Développement de la Phénoménologie". In: *Symposium.* Disponível em: http://www.philo.umontreal.ca/textes/Fisette1.pdf, p.21.

FOUCAULT, Michel. "Qu'Est-Ce Que les Lumières?". *Magazine Littéraire*, v. 309. Paris, abr. 1993, p. 61-74 Disponível em: http://foucault.info/documents/whatIsEnlightenment/foucault.questceque-LesLumieres.fr.html.

FRANZELIN, Johann-Baptist. *Tractatus de Divina Traditione et Scriptura*, thesis XXII: "Revelatio Catholica per Iesum Christum et per Spiritum Sanctum in Apostolis Completa Est', n. VI. Roma: SC De Propaganda Fidei, 1870, 742 p.

GADAMER, Hans-Georg. "III Partie: Tournant Ontologique Pris par l'Herméneutique sous la Conduite du Langage". In: *Vérité et Méthode* [1960]. Paris: Seuil, 1996, 533 p.

GANDHI, Mohandas K. *Autobiographie ou Mes Expériences de Vérité.* Paris: PUF, 1990, 676 p.

GARRIGOU-LAGRANGE, Reginald. "La Surnaturalité de la Foi". *Revue Thomiste*, v. 22. Toulouse, 1914, p. 17-38; *Apologétique de la Foi Catholique I.* Paris: Beauchesne, 1924, p. 189-25.

GAZIAUX, Eric. *Morale de la Foi et Morale Autonome*. Louvain: Leuven University Press, 1995, p. 579-92.

GEFFRÉ, Claude. *Croire et Interpréter. Le Tournant Herméneutique de la Théologie*. Paris: Cerf, 1990, 176 p.

_______. "Le Non-Lieu de la Theologie". In: *Michel de Certeau ou la Différence Chrétienne*. Paris: Cerf, 1991, 182 p.

_______. "La Modernité: un Défi pour le Christianisme et l'Islam". *Chemins du Dialogue*, v. X, n. 18. Paris, 2001. *Théologiques*, v. 9, n. 2. Paris, 2001, p. 135-56. Disponível em: http://www.erudit.org/revue/theologi/2001/v9/n2/007299ar.pdf.

GEFFRÉ, Claude (org.). *Michel de Certeau ou la Différence Chrétienne*. Paris: Cerf, 1991, 182 p.

GIBELLINI, Rosino. *Panorama de la Théologie au XXe Siècle*. Paris: Cerf, 2004, 688 p.

GILLINGHAM, Richard. "Praxis and the Content of Theology in Gustavo Gutiérrez's Theological Methodology: A Comparative Critique". *Quodlibet. On Line Journal of Christian Theology & Philosophy*, v. VII, n. 2, abr./jun. 2005. Disponível em: http://www.quodlibet.net/gillingham-gutierrez.shtml.

GIRARD, René. *Je Vois Satan Tomber Comme l'Éclair*. Paris: Grasset, 1999, 297 p.

_______. *Achever Clausewitz*. Paris: Carnets du Nord, 2007, 365 p.

_______. *De la Violence à la Divinité*. Paris: Grasset, 2007, 1.487 p.

_______. *Recherches Mimétiques*. Disponível em: http://www.all-in-web.fr/mimetique.

GISEL, Pierre. *Qu'Est-Ce Qu'une Religion?*. Paris: Vrin, 2007, 128 p.

GROODY, Daniel (org.). *The Option for the Poor in Christian Theology*. Notre Dame: Notre Dame University Press, 2007, 328 p.

GUTIÉRREZ, Gustavo. *Teología de la Liberación. Perspectivas*. Lima: CEP, 1971, 389 p.

_______. *La Force Historique des Pauvres*. Paris: Cerf, 1986, 256 p.

_______. "Memory & Prophecy". In: Groody, Daniel (ed.). *The Option for the Poor in Christian Theology*. Notre Dame: University of Notre Dame Press, 2007, p. 17-38.

HABERMAS, Jürgen. *Théorie de l'Agir Communicationnel*, v. II, *Critique de la Raison Fonctionnaliste*. Paris: Fayard, 1987, 480 p.

_______. *L'Éthique de la Discussion et la Question de la Vérité*. Paris: Grasset, 2003, 80 p.

Habermas, Jürgen; Ratzinger, Joseph. "Les Fondements Prépolitiques de l'État Démocratique". *Esprit*. Paris, jul. 2004, p. 5-28.

Hegel, Georg Friedrich. *L'Esprit du Christianisme et Son Destin*. Paris: Vrin, 1971, 174 p.

_______. *Les Principes de la Philosophie du Droit*. Paris: Vrin, 1987, 352 p.

_______. *Leçons sur la Philosophie de la Religion*. Paris: PUF, 2004, 298 p.

Heidegger, Martin. *L'Être et le Temps*. Paris: Gallimard, 1964, 328 p.

_______. Conférence "Être et le Temps". In: *Questions*. Paris: Gallimard, 1968, 310 p.

_______. *Lettre sur l'Humanisme*. Paris: Aubier Montaigne, 1983, 188 p.

Heisig, James. *Filósofos de la Nada. Un Ensayo sobre la Escuela de Kyoto*. Barcelona: Herder, 2002, 464 p.

Herceg, Marc. "Le Jeune Hegel et la Naissance de la Réconciliation Moderne". *Les Études Philosophiques*, n. 3. Paris, ago. 2004, p. 383-401.

Hervieu-Leger, Danièle. *Vers un Nouveau Christianisme? Introduction à la Sociologie du Christianisme Occidental*. Paris: Cerf, 1988, 395 p.

Hinkelammert, Franz. *La Crítica de la Razón Utópica*. Bilbao: Desclée, 2002, 412 p.

Huntington, Samuel. *The Clash of Civilizations and the Remaking of World Order*. Nova York: Simon & Schuster, 1996. Versão francesa: *Le Choc des Civilizations*. Paris: O. Jacob, 2007, 402 p.

Husserl, Edmund. *Husserliana*, v. VI: *La Crise des Sciences Européennes et la Philosophie Transcendantale*. Paris: Gallimard, 1976, 589 p.

_______. *Méditations Cartésiennes*. Paris: PUF, 1994, 237 p.

João Paulo II. *Encíclica Fides et Ratio*, 14 set. 1998. Disponível em: http://www.vatican.va/edocs/ESL0036/_INDEX.HTM.

Jonas, Hans. *Le Concept de Dieu après Auschwitz*. Paris: Payot & Rivages, 1994, 88 p.

Kant, Emmanuel. "Qu'Est-Ce Que les Lumières ?" [1784]. *Œuvres*, t. II. Paris: Gallimard, 1985, § 1, 1603 p.

Knauer, Peter. *Der Glaube Kommt vom Hören. Ökumenische Fundamentaltheologie*. Bamberg:

Schadel, 1986, 382 p. Versão castelhana: *Para Comprender Nuestra Fe*. México: UIA, 1989. Disponível em: http://www.jesuiten.org/peter.knauer/pcnf.pdf.

Kochler, Hans. *Philosophical Foundations of Civilizational Dialogue*. Innsbruck: IPO, 1998. Disponível em: http://hanskoechler.com/civ-dial.htm.

Küng, Hans. *Petit Traité du Commencement de Toutes Choses*. Paris: Seuil, 2008, 275 p.

_______. *Projet d'Éthique Planétaire, La Paix Mondiale par la Paix entre les Religions*. Paris: Seuil, 1991, 252 p.

Latourelle, René; O'Collins, Gerard (orgs.). *Problèmes et Perspectives de Théologie Fondamentale*. Montreal: Bellarmin, 1982, 482 p.

_______ e Fisichella, Rino (orgs.). *Dictionnaire de Théologie Fondamentale*. Paris: Cerf, 1992, 1.315 p.

Lefebvre, Philippe. *Livres de Samuel et Récits de Résurrection*. Paris: Cerf, 2004, 504 p.

Legrand, Hervé. "La Théologie des Églises Soeurs". *Revue des Sciences Philosophiques et Théologiques*, t. LXXXVIII. Paris, 2004, p. 461-96.

_______. "Communautés Locales, Laïcs et Charges Ecclésiales". *La Maison Dieu*, v. 215, n. 3. Paris, 1998, p. 9-32.

Lévinas, Emmanuel. "La Révélation Juive". In: Ricoeur, Paul et al. *La Révélation*. Bruxelas: FUSL, 1984, 238 p.

_______. *Totalité et Infini. Essai sur l'Extériorité*. Paris: KA, 1990, 348 p.

_______. *Autrement Qu'Être ou Au-Delà de l'Essence*. Paris: LP, 1991, 286 p.

_______. *De Dieu Qui Vient à l'Idée*. Paris: Vrin, 1982, 271 p.

Liddell, Henry G.; Scott, Robert. *Greek English Lexicon*. Oxford: University Press, 1948, 2.111 p.

Lipovetsky, Gilles. *L'Ère du Vide*. Paris: Gallimard, 1983, 256 p.

Loisy, Alfred. *L'Évangile et l'Église*. Bellevue: Chez l'auteur, 1904, 279 p.

Lonergan, Bernard J. F. *Insight. A Study of Human Understanding*. Nova York: Philosophical Library, 1957, 785 p.

_______. *Pour une Méthode en Théologie*. Paris: Cerf, 1978, 468 p.

Lonergan Institute. *Entrevue avec Gilles Mongeau*. Washington: The Lonergan Institute, nov. 2006.

Disponível em: http://www.lonergan.org/francais/egm.htm.
LÓPEZ, Eleazar. "Caminos de la Teología India". In: ARGANDONA, Ramiro. *Sabiduría India, Fuente de Esperanza. Teología India. Memoria del III Encuentro-Taller Latinoamericano, Cochabamba, 24 al 30 de agosto de 1997*. Cusco: Imprenta Amauto, 1998. Disponível em: http://www.tinet.org/~fqi_sp02/cochab97.htm#ponencias.
LUTHER KING JR., Martin. *J'Ai Fait un Rêve*. Paris: Bayard, 2008, 251 p.
LYON, Irenée de. *Contra Haereses*, IV. Paris: Garnier, 1882, 2.019 p.
MAÎTRE ECKHART. "Sermon 48". In: *Sermons*, v. II. Paris: Seuil, 1978, 195 p.
_______. "Sermon 10". In: *Sermons*, v. I. Paris: Seuil, 1974, 251 p.
_______. "Sermon 28". In: *Sermons*, v. I. Paris: Seuil, 1974, 251 p.
MALCOLM, Lois. "A Interview with David Tracy". *The Christian Century*. Chicago, 13 a 20 fev. 2002, p. 24-30. Disponível em: http://www.religion-online.org/showarticle.asp?title=2269.
MARCEL, Gabriel. *La Dignité Humaine et Ses Assises Existentielles*. Paris: Aubier, 1964, 219 p.
MARDONES, José María. *El Desafío de la Postmodernidad al Cristianismo*. Santander: Sal Terrae, 2000, 65 p.
MARION, Jean-Luc. *Dieu sans l'Être: Hors Texte*. Paris: Fayard, 1982, 287 p.
_______. "Saint Thomas d'Aquin et l'Onto-theologie". *Revue Thomiste*, v. XCV. Toulouse, 1995, p. 31-66.
_______. *Étant Donné. Essai d'une Phénoménologie de la Donation*. Paris: PUF, 1998, 452 p.
_______. "La Phénoménalité du Sacrement: Être et Donation". *Communio*, v. XXVI, n. 5: *Miettes Théologiques*. Paris, set./out. 2000, p. 59-75.
_______. *Du Surcroît. Études sur les Phénomènes Saturés*. Paris: PUF, 2001, 224 p.
_______. *Le Visible et le Révélé*. Paris: Cerf, 2005, 194 p.
_______. "Saint Thomas et l'Onto-theo-logie". *Revue Thomiste*, v. XCV. Toulouse, 2005, p. 31-66.
MARITAIN, Jacques. "Humanisme Intégral" [1936]. *Œuvres Complètes*, vol. VI [1935-1938]. Friburgo/Paris: Éditions Universitaires/Cerf, 1984, 1.317 p.

Marquínez Argote, Germán. "Paul Tillich y Xavier Zubiri: Planteamiento del Problema de Dios". *The Xavier Zubiri Review*, v. 8. Washington, 2006, p. 103-10.
Mate, Reyes. *La Razón de los Vencidos*. Barcelona: Anthropos, 1992.
_______. "Mémoire et Barbarie. L'Impératif Catégorique d'Adorno". *Les Temps Modernes*, n. 630-31. Paris, mar./jun. 2005, p. 36-55.
Mate, Reyes e Zamora, Juan Antonio. *Nuevas Teologías Políticas. Pablo de Tarso en la Construcción de Occidente*. Madri: Anthropos, 2006, 318 p.
Meier, John. *Un Certain Juif Jésus. Les Données de l'Histoire*, v. II: *La Parole et les Gestes*. Paris: Cerf, 2005, 1.329 p.
_______. *Un Certain Juif Jésus. Les Données de l'Histoire*, v. III: *Attachements, Affrontements, Ruptures*. Paris: Cerf, 2005, 739 p.
Mendoza-Álvarez, Carlos. *Deus Liberans. La Revelación Cristiana en Diálogo con la Modernidad. Los Elementos Fundacionales de la Estética Teológica*. Friburgo: Éditions Universitaires, 1996, 477 p.
_______. *El Dios Otro. Un Acercamiento a lo Sagrado en el Mundo Posmoderno*. México: UIA, 2003, 191 p.
_______. "El Colapso del Sujeto Moderno: Nihilismo y Mística. La Ruta Fenomenológica de la Subjetividad Expuesta". In: Mendoza-Álvarez, Carlos (org.). *Subjetividad y Experiencia Religiosa Posmoderna*. México: UIA, 2007, p. 81-113.
_______. "Pensar la Esperanza como Apocalipsis. Conversación con René Girard". *Letras Libres*. México, abr. 2008. Disponível em: http://www.letraslibres.com/index.php?art=12884. Versão completa no anexo.
_______. (org.). *¿Cristianismo Posmoderno o Postsecular? Dos Interpretaciones de la Modernidad Tardía*. México: UIA, 2008, 180 p.
Metz, Johann-Baptist. *La Foi dans l'Histoire et la Société*. Paris: Cerf, 1979, 278 p.
Milbank, John. *The Word Made Strange. Theology, Language & Culture*. Oxford: Blackwell, 1997, 312.
_______. *Theology & Social Theory. Beyond Secular Raison*. Oxford: Blackwell, 1993, 443 p. Versão castelhana: *Teología y Teoría Social. Más Allá de la Razón Secular*. Barcelona: Herder, 2004, 592 p.

Milbank, John et al. (orgs.). *Radical Orthodoxy: a New Theology.* Londres: Routledge, 1999, 285 p. [Uma bibliografia de mais de 40 páginas do pai da "Ortodoxia Radical", atualizada até agosto de 2007, encontra-se disponível na Internet.] Disponível em: http://www.calvin.edu/~jks4/ro/robib.pdf.

Moltmann, Jürgen. *Le Dieu Crucifié. La Croix du Christ, Fondement et Critique de la Théologie Chrétienne.* Paris: Cerf, 1974, 392 p.

_______. *Théologie de l'Espérance.* Paris: Cerf, 1978, 424 p.

Monsiváis, Carlos. *Salvador Novo: lo Marginal en el Centro.* México: Era, 2001, 192 p.

Montag, John. "The False Legacy of Suárez". In: Milbank, John et al. *Radical Orthodoxy: a New Theology.* Londres: Routledge, 1999, p. 53-54.

Montagnes, Bernard. *Marie-Joseph Lagrange: une Biographie Critique.* Paris: Cerf, 2004, 625 p.

_______. *La Doctrine de l'Analogie de l'Être d'après Saint Thomas d'Aquin.* Louvain: Publications Universitaires, 1963, 212 p.

Müller, Denis. "'Le Christ Relève de la Loi' (Romanos 10:4): la Possibilité d'une Éthique Messianique à la Suite de Giorgio Agamben". *Studies in Religion/Sciences Religieuses*, v. 30, n. 1. Toronto, 2001. Disponível em: http://www.wlu.ca/press/Journals/sr/issues-full/30_1/muller.shtml.

Nancy, Jean-Luc. *Une Pensé Finie.* Paris: Galilée, 1990, 363 p.

_______. *La Pensée Dérobée.* Paris: Galilée, 2001, 189 p.

_______. *Noli Me Tangere. Essai sur la Levée du Corps.* Paris: Bayard, 2003, 93 p.

_______. "1930-2004 Jacques Derrida. Reste, Viens". *Le Monde.* Paris, 2 out. 2004. Disponível em: http://www.derrida.ws/index.php?option=com_content&task=view&id=3&Itemid=7.

_______. *La Déclosion. Déconstruction du Christianisme I.* Paris: Galilée, 2005, 233 p.

Nault, François. "Déconstruction et Apophatisme. À Propos d'une Dénégation de Jacques Derrida". *Laval Théologique et Philosophique*, v. 55, n. 3. Quebec, outubro de 1999, p. 393-11.

Neher, André. *L'Existence Juive.* Paris: Seuil, 1962, 283 p.

Neidl, Walter (org.). *Filosofía Cristiana en el Pensamiento Católico de los Siglos XIX y XX*, v. II. Madri: Encuentro, 1988, 800 p.

Nolan, Albert. *Dieu en Afrique du Sud*. Paris: Cerf, 1991, 300 p.

Otto, Rudolph. *Le Sacré*. Paris: Payot/Rivages, 1994, 238 p.

Pannikar, Raimon. *The Cosmotheandric Experience. Emerging Religious Consciousness*. Nova York: Orbis Books, 1993, 160 p.

_______. *Entre Dieu et Cosmos. Une Vision Non-Dualiste de la Réalité. Entretiens avec Gwendoline Jarczyk*. Paris: Albin Michel, 1997, 288 p.

_______. *La Trinidad: una Experiencia Humana Primordial*. Madri: Siruela, 1998, 104 p.

_______. *El Mundanal Silencio: una Interpretación del Tiempo Presente*. Barcelona: Martinez Roca, 1999, 174 p.

_______. *La Intuición Cosmoteándrica: las Tres Dimensiones de la Realidad*. Madri: Trotta, 1999, 192 p.

_______. *La Plenitud del Hombre: una Cristofanía*. Madri: Siruela, 2004, 284 p.

_______. *De la Mística: Experiencia Plena de la Vida*. Barcelona: Herder, 2005, 304 p.

Parlement des Religions du Monde. *Manifeste pour une Éthique Planétaire*. Paris: Cerf, 1995, 128 p.

Pascal, Blaise. *Œuvres Complètes*. Paris: Gallimard, 1954, 676 p.

Péguy, Charles. *Le Porche du Mystère de la Deuxième Vertu*. Paris: Gallimard, 1986, 188 p.

Peukert, Helmut. *Wissenschaftstheorie-Handlungtheorie-Fundamentale Theologie. Analysen zu Ansatz und Status Theologischer Theoriebildung*. Düsseldorf: Patmos, 1976, 367 p. Versão castelhana: *Teoría de la Ciencia y Teología Fundamental*. Barcelona: Herder, 2000, 446 p.

_______. "Agir Communicationnel, Systèmes de l'Accroissement de Puissance et les Projets Inachevés des Lumières et de la Théologie". In: Arens, Edmund (org.). *Habermas et la Théologie*. Paris: Cerf, 1989, p. 45-73.

Phelps, Teresa Godwin. *Shattered Voices. Language, Violence and the Work of the Truth Commissions*. Filadélfia: University of Pennsylvania Press, 2004, 192 p.

PICKSTOCK, Catherine. *Truth in Aquinas*. Londres: Routledge, 2001, 144 p.
PIERIS, Aloysius. "The Option for the Poor & the Recovery of Identity. Toward an Asian Theology of Religions Dictated by the Poor". In: *The Option for the Poor in Christian Theology*. Notre Dame: University of Notre Dame Press, 2007, p. 271-89.
PINKAERS, Servais. *Les Sources de la Morale Chrétienne: Sa Méthode, Son Contenu, Son Histoire*. Friburgo/Paris: Éditions Universitaires / Cerf, 1985, 523 p.
_______. *Jésus Christ, Rédempteur de l'Homme*. Paris: Éditions du Carmel, 1986, p. 2.
PIO IX. *Lettre Encyclique Quanta Cura*, n. 6, 8 dez. 1864, § IV. Disponível em: http://www.salve-regina.com/Magistere/PIE_IX_quanta_cura.htm.
POHIER, Jacques. *Quand Je Dis Dieu*. Paris: Seuil, 1977, 246 p.
POUIVET, Roger. *Après Wittgenstein, Saint Thomas*. Paris: PUF, 1997, 128 p.
_______. "Wittgenstein et les Croyances Religieuses". *Revue d'Histoire et de Philosophie Religieuses*, v. 86, n. 3. Paris, 2006, p. 357-75.
PSEUDO DENYS. *La Théologie Mystique* I, 1. Paris: Migne, 1991, 132 p.
RAHNER, Karl. *Geist in Welt*. Innsbruck: Rauch, 1939, 296 p. Edição francesa: *L'Esprit dans le Monde: la Métaphysique de la Connaissance Finie chez Saint Thomas d'Aquin*. Tours: Mame, 1968, 398 p.
RAMÍREZ, Santiago María. "De Analogia Secundum Doctrinam Aristotelico-Thomisticam". In: *Ciencia Tomista*. Madri: 1921-1922, p. 17-38.
RED IBEROAMERICANA POR LAS LIBERTADES LAICAS. *Declaración Universal de la Laicidad en el Siglo XXI*. Zinacantepec: El Colegio Mexiquense, 2007. Disponível em: http://www.libertadeslaicas.org.mx/paginas/DocuEspeciales/Declaracion.pdf.
REINHARDT, Elisabeth. "Conversación en Fribourg con Jean-Pierre Torrell". *Anuario de Historia de la Iglesia*, v.15. Pamplona: Universidad de Navarra, 2006, p. 305-32.
RICOEUR, Paul. *Le Conflit des Interprétations. Essais d'Herméneutique*. Paris: Seuil, 1969, 550 p.
_______. *La Métaphore Vive*. Paris: Seuil, 1975, 413 p.
_______. *Temps et Récit*, v. III: *Le Temps Raconté*. Paris: Seuil, 1985, 430 p.

_______. *Finitude et Culpabilité*. Paris: Aubier, 1993, 492 p.
_______. "Théonomie et / ou Autonomie". In: Olivetti, M. M. (ed.). *Filosofia della Rivelazione*. Pádua: Cedan, 1994, p. 19-36.
_______. *La Critique et la Conviction. Entretiens avec François Azouri et Marc de Launay*. Paris: Calmann-Lévy, 1995, 288 p.
_______. *La Mémoire, l'Histoire, l'Oubli*. Paris: Seuil, 2000, 675 p.
_______. *Soi-même Comme un Autre*. Paris: Seuil, 1996, 424 p.
_______. *Les Parcours de la Reconnaissance. Trois Études*. Paris: Éditions Stock, 2004, 387 p. Versão castelhana: *Caminos del Reconocimiento*. México: FCE, 2006, 330 p.
_______. Página *web* do *Fonds Ricoeur*. Disponível em: http://www.fondsricoeur.fr/index.php?m=22&dev=&lang=fr&rub=2&ssrub=.
Robles, Amando. "La Religión Hoy: Crisis y Retos". *Contrapunto*, n. 11. Madri: 2002, p. 19-23.
_______. *Repensar la Religión. De la Creencia al Conocimiento*. Heredia, Costa Rica: Euna, 2001, 380 p.
Rosenzweig, Franz. *L'Étoile de la Rédemption*. Paris: Cerf, 1984, 522 p.
Routhier, Gilles e Villemin, Laurent (orgs.). *Nouveaux Apprentissages pour l'Église*. Paris: Cerf, 2006, 545 p.
Roy, Louis. *Le Sentiment de Transcendance. Expérience de Dieu?*. Paris: Cerf, 2000, 136 p. [Suas observações críticas também podem ser encontradas publicadas na Internet. Disponível em: http://francais.lonergan.org/elr.htm.
Ruiz García, Samuel e Vera López, Raúl. "Presentación de los Acuerdos del III Sínodo Diocesano". In: Diócesis de San Cristóbal de Las Casas. *Acuerdos del III Sínodo*
Diocesano. San Cristóbal de Las Casas: Edição privada, 2000, 237 p.
Ruiz Maldonado, Enrique (org.). *Liberación y Cautiverio*. México: CUC, 1975, 480 p.
Sayre, Eleanor. "Goya and the Spirit of Enlightment". In: *Catalogue*. Boston: Museum of Fine Arts, 1989, 109 p.
Scannone, Juan Carlos. *Religión y Nuevo Pensamiento*. Madri: Anthropos, 2005, 303 p.

SCHENKER, Adrian. *Chemins Bibliques de la Non-Violence*. Genebra: CLD, 1987, 175 p.

SCHILLEBEECKX, Edward. *Révélation et Théologie. Approches Théologiques*. Paris: Cerf, 1965, 390 p.

_______. *Expérience Humaine et Foi en Jésus Christ*. Paris: Cerf, 1981, 148 p.

_______. *Cristo y los Cristianos. Gracia y Liberación*. Madri: Cristiandad, 1983, 745 p.

_______. *L'histoire des Hommes, Récit de Dieu*. Paris: Cerf, 1990, 381 p.

SCHLEIERMACHER, Friedrich. *Le Statut de la Théologie. Bref Exposé*. Genebra/Paris: Labor et Fides/Cerf, 1994, 144 p.

_______. *De la Religion. Discours aux Personnes Cultivées d'entre Ses Mépriseurs*. Paris: Van Dieren Éditeur, 2004, 184 p.

SCHWAGER, R. "Religionswissenschaft und Theologie: Wolfhart Pannenberg und Rene Girard". *Kerygma und Dogma*, v. 44, n. 3. Göttingen, 1998, p. 172-92.

SEGUNDO, Juan Luis. *Teología de la Liberación. Respuesta al Cardenal Ratzinger*. Madri: Cristiandad, 1985, 195 p.

SEQUERI, Pierangelo. *Il Dio Affidabile. Saggio di Teologia Fondamentale*. Brescia: Queriniana, 1996, 848 p.

SHESTOV, Lev. "Prologue". In: *Athènes et Jérusalem. Un Essai de Philosophie Religieuse*. Paris: Vrin, 1938, 346 p. [Pode-se encontrar uma versão em inglês, disponível em: http://www.angelfire.com/nb/shestov/aaj/aj_2.html].

SOBRINO, Jon. *Jesucristo Liberador. Lectura Histórico-Teológica de Jesús de Nazaret*. Madri: Trotta, 1991, 352 p.

_______. *La Fe en Jesucristo. Ensayo desde las Víctimas*. Madri: Trotta, 1998, 512 p.

_______. *Carta a Ignacio Ellacuría. "Extra Pauperes Nulla Sallus, Fuera de los Pobres no Hay Salvación"*. San Salvador: 21 nov. 2005. Disponível em: http://www.sicsal.net/reflexiones/CartaAEllacuria2005.html.

_______. *Carta de Jon Sobrino al P. Peter-Hans Kolvenbach*. 15 mar. 2007. Disponível em: http://alainet.org/active/16346.

STRAUSS, Leo. "Jerusalem and Athens: Some Preliminary Reflections". In: *Studies in Platonic Political Philosophy*. Chicago: University of Chicago Press, 1983, 268 p.

SUÁREZ, Francisco. *Disputatio Metaphysica xlii.* Milwakee: Marquette University Press, 2006, 431 p.

THEISSEN, Gerd. *Le Mouvement de Jésus. Histoire Sociale d'une Révolution des Valeurs.* Paris: Cerf, 2006, 368 p.

THEOBALD, Christoph (org.). *Vatican II sous le Regard des Historiens.* Paris: Centre Sevres, 2006, 157 p.

THICH NHAT HANH. *Bouddha Vivant, Christ Vivant. Les Enseignements Pratiques Spirituels et les Correspondances entre les Deux Traditions.* Paris: J. C. Latès, 1996, 189 p.

THOMAS D'AQUIN. *Summa Theologiae* [ed. Ottaw]. Roma, 1988.

_______. *"De Ueritate" Quaestiones Disputatae* [ed. Marietti]. Turim, 1964.

_______. *Summa contra Gentiles* [ed. Marietti]. Turim, 1961.

THOMPSON, Brian. "'Le XXIe Siècle Sera Religieux ou Ne Sera Pas': le Sens de Cette Phrase Prononcée, Démentie, Controversée". Disponível em: http://www.andremalraux.com/malraux/articles/21emesiecle.pdf.

THURIAN, Max. *L'Eucharistie: Memorial du Seigneur, Sacrifice d'Action de Grâce et d'Intercession.* Neuchatel/Paris: 1959, 278 p.

TILLARD, Jean-Marie-Roger. *Chair de l'Église, Chair du Christ: aux Sources de l'Ecclésiologie de Communion.* Paris: Cerf, 1992, 168 p.

_______. *Église d'Églises L'Ecclésiologie de Communion.* Paris: Cerf, 1984, 415 p.

TORRELL, Jean-Pierre. "Chronique de Théologie Fondamentale". *Revue Thomiste*, t. LXIV. Paris, 1964, p. 91-127; t. LXVI. Paris, 1966, p. 63-103; t. LXVII. Paris, 1967, p. 439-65; t. LXXI. Paris, 1971, p. 61-98; t. LXXV. Paris, 1975, p. 599-24; t. LXXVI. Paris,1976, p. 97-127; t. LXXVIII: "Révélation et Expérience". Paris, 1978, p. 430-63; t. LXXIX: "Questions de Théologie Fondamentale". Paris, 1979, p. 273-14; t. LXXXI: "Méthode en Théologie et en Théologie Fondamentale". Paris, 1981, p. 447-76; e, para encerrar esse ciclo de 20 anos, a última "Chronique de Théologie Fondamentale", t. LXXXIV. Paris, 1984, p. 625-39.

_______. *Initiation à Saint Thomas d'Aquin. Sa Personne et Son Œuvre.* Paris: Cerf, 2002, 646 p.

Torres-Queiruga, Andrés. *La Revelación de Dios en la Realización del Hombre*. Madri: Cristiandad, 1980, 499 p.

_______. *La Constitución Moderna de la Razón Religiosa*. Estella: Verbo Divino, 1994, 320 p.

_______. "Cristianismo y Religiones: 'Inreligionación' y Cristianismo Asimétrico". *Sal Terrae*, v. 997. Comillas, jan. 1997, p. 3-19.

_______. "La Salvación de Jesús el Cristo en el Diálogo de las Religiones". *Iglesia Viva*, v. 233. Valência, jan./mar. 2008, p. 12-21.

_______. *Repensar la Revelación. La Revelación Divina en la Realización Humana*. Madri: Trotta, 2008, 576 p.

Tracy, David. *Pluralité et Ambigüité. Herméneutique, Religion, Espérance*. Paris: Cerf, 1999, 206 p.

_______. "The Christian Option for the Poor". In: Groody, Daniel (org.). *The Option for the Poor in Christian Theology*. Notre Dame: University of Notre Dame Press, 2007, p. 129-30.

Troeltsch, Ernst. *Histoire des Religions et Destin de la Théologie*. Paris: Cerf, 1996, 680 p.

Tutu, Desmond. *Prisonnier de l'Espérance*. Paris: Le Centurion, 1984, 157 p.

Tyrrel, George. *Through Scylla and Charybdis. Or the Old Theology and the New*. Longmans: Green and Co., 1907, 386 p.

Vattimo, Gianni. *Introduction à Heidegger*. Paris: Cerf, 1985, 181 p.

_______. *Les Aventures de la Différence*. Paris: Éditions de Minuit, 1985, 208 p.

_______. *La Fin de la Modernité. Nihilisme et Herméneutique dans la Culture Post-Moderne*. Paris: Seuil, 1987, 184 p.

_______. *Espérer Croire*. Paris: Seuil, 1998, 112 p.

_______. "Nihilisme et Émancipation". *Lumière et Vie*, n. 258: "Le Nihilisme, Défi pour la Foi". Lyon, jun. 2003, p. 7-12.

_______. *Après la Chrétienté. Pour un Christianisme Non Religieux*. Paris: Calmann-Lévy, 2004, 202 p.

_______ e Rorty, Richard. *L'Avenir de la Religion. Solidarité, Charité, Ironie*. Paris: Bayard, 2005, 138 p.

_______ e Girard, René. *Verità o Fede Debole. Dialogo su Cristianesimo e Relativismo*. Massa: Transeuropa Edizioni, 2006, 98 p.

VERGAUWEN, Guido. "Autonomie et Théonomie chez Paul Tillich". In: PINTO DE OLIVEIRA, Carlos-Josafat (org.). *Autonomie. Dimensions Éthiques de la Liberté*. Friburgo: Éditions Universitaires, 1982, p. 200-12.

_______. "Wenn Die Arche Schiffbruch Erleidet... La Tache de l'Universitè Face aux Limites du Davoir". *Universitas*, n. 12, dez. 2007, p. 39. [A versão integral da conferência se encontra na página da Universidade de Friburgo, disponível em: www.unifr.ch].

VIRGOULAY, René. "Dieu ou l'Être. Relecture de Heidegger en Marge de Jean-Luc Marion, Dieu sans l'Être". *Revue des Sciences Religieuses*, v. 72, n. 2. Estrasburgo, 1984, p. 103-30.

VON WEIZSACKER, Carl Friedrich. *Le Temps Presse*. Paris: Cerf, 1987, 112 p.WALDENFELS, Hans. *Manuel de Théologie Contextuelle*. Paris: Cerf, 1990, 874 p.

WEBER, Marx. *Sociologie des Religions*. Paris: Gallimard, 1996, 576 p.

WEIL, Simone. *La Pesanteur et la Grâce*. Paris: Plon, 1947, 229 p.

_______. *Attente de Dieu*. Paris: La Colombe, 1950, 238 p.

_______. *Lettre à un Religieux*. Paris: Gallimard, 1974, 96 p.

_______. *Œuvres Complètes*, v. II. Paris: Gallimard, 1988.

YEHYA, Naief. *Nuevos Entornos, Nueva Carne. Reconfiguración y Personalización Tecnológica de la Cultura*. México: Catedra Kino/SUJ, 2008, 103 p.

ZAMBRANO, María. "La Soberbia de la Razón". In: *Filosofía y Poesía*. México: FCE, 1939, 121 p.

_______. *República de las Letras*, n. 84-85. Número especial: "María Zambrano: la Hora de la Penumbra". Madri, 2004.

ZARKA, Yves Charles re LANGLOIS, Luc. *Les Philosophes et la Question de Dieu*. Paris: PUF, 2006, 416 p.

ZUBIRI, Xavier. *La Inteligencia Sentiente*. Madri: Alianza, 1983, 456 p.

_______. "En Torno al Problema de Dios". *Revista de Occidente*, n. 149. Madri, 1935, p. 129-59.

anexo

"Pensar a esperança como apocalipse". Conversa com René Girard[1]

Em meados do outono de 2007, o antropólogo francês René Girard, professor emérito da Universidade Stanford, na Califórnia, e membro da Academia Francesa lançou seu último livro, intitulado *Rematar Clausewitz: Além* Da Guerra, no qual o autor dirige uma pergunta crucial à civilização moderna sobre o final dos tempos, a partir de um pensamento que ele não hesita em chamar de apocalíptico.

A obra de Girard é conhecida desde os anos sessenta nos meios literários e da antropologia cultural por desentranhar a lógica da violência nas sociedades arcaicas, que expressaram com diversos mitos o assassinato fundador que preside a história da humanidade. Ao longo de quatro décadas, o pensador de Avignon foi construindo sua teoria mimética do sacrifício, a partir do rito do bode expiatório e sua eficácia simbólica para conter a rivalidade entre adversários ávidos de possuir o mesmo objeto do desejo e, mais ainda, o próprio desejo do outro. A religião arcaica, sacrificial e vitimária foi adquirindo assim maior importância nas análises girardianas, até que ele

[1] Uma versão resumida dessa entrevista foi publicada na revista eletrônica *Letras Libres* em abril de 2009. Disponível em: http://www.letraslibres.com.

conseguiu descobrir a leitura alternativa desse mito fundador construído em filigrana pela Bíblia hebraica e cristã: desde o relato do assassinato de Abel, o justo, até a crucificação de Jesus de Nazaré, o Filho de Deus, revelação que adquire especial clareza com o pensamento profético de Israel e se descobre como verdade nos relatos apocalípticos dos Evangelhos.

Assim, Girard, em seu momento de maturidade, fala de Cristo como aquele que revela a verdade da vítima e que manifesta a mentira própria da violência sacrificial. Não hesita em insistir que esse desvelamento tem caráter apocalíptico porque a mentira de Satã com seu poder devastador, mentira que não é outra senão a dos sacrifícios dos inocentes em todo sistema de totalidade, adquire maior virulência ao ser desmascarada em sua perversão.

Tal é a lógica que, no contexto do mundo moderno nascido com o Iluminismo, Georg Wilhelm Friedrich Hegel pensou como dialética dos contrários que aspiram a uma elevação, mas que não é, em verdade, senão a consagração da violência como lei da história. Tal é também a verdade que paradoxalmente Carl von Clausewitz descobriu na espiral da violência, própria dos conflitos armados do Império Prussiano contra Napoleão Bonaparte. Esse teórico prussiano da guerra, contemporâneo do filósofo de Jena e rival mimético de Napoleão, em seu célebre tratado *Da Guerra,* publicado por sua esposa de maneira póstuma após 1831, desenvolve com rigor implacável o sentido da rivalidade mimética.

Apresentamos agora o diálogo que, em sua residência de Paris, tivemos com René Girard, no outrono de 2007. Trata-se de uma conversa que entrelaça as histórias pessoais do autor com seu pensamento antropológico e teológico, e evoca às vezes de maneira literal sua última obra publicada, sempre em busca da compreensão da esperança no meio de situações cada vez mais violentas. Para Girard trata-se, com efeito, de pensar aquela esperança possível no meio do realismo da religião violenta. Tal compreensão passa primeiramente pela crítica ao racionalismo moderno que invadiu a política, a técnica, a economia e a própria religião enquanto consagração do desejo violento. Pensar a esperança como apocalipse significará então desmantelar a lógica da religião arcaica por meio de outro olhar sobre o mundo, olhar que nasce da verdade de Cristo, mas que não se esconde diante do apocalipse que nos aguarda e que é um incessante chamado à conversão.

*

Carlos Mendoza: O senhor foi recebido na Academia Françesa há alguns anos para ocupar o lugar do padre Robert-Ambroise-Marie Carré, dominicano francês, capelão de artistas em Paris e personagem notável por seu itinerário social na Resistência durante a ocupação nazista, mas conhecido também por sua obra espiritual e por seu vivo senso de amizade com diversas personalidades do mundo intelectual e cultural francês do século XX.

René Girard: Nunca conheci pessoalmente o padre Carré, mas li seus livros. Com efeito, quando ocupei seu lugar na Academia Francesa, coube-me fazer o elogio dele segundo a tradição dessa venerável instituição da minha pátria. Algumas pessoas próximas não ficaram muito satisfeitas com minhas palavras, porque centrei a atenção naquela experiência mística que ele viveu como jovem crente quando tinha apenas 14 anos: essa vivência mudou sua vida, embora depois ele tenha experimentado grandes períodos de seca interior, como sucedeu com a maioria dos místicos. Chamou-me a atenção de maneira particular o olhar retrospectivo que ele mesmo tinha sobre seu próprio itinerário, em especial sobre certa *hybris* moderna que pouco a pouco ele foi contemplando com olhar crítico. Com efeito, os últimos escritos do padre Carré mostram que ele foi se dando conta de uma espécie de círculo vicioso moderno a que cedeu de maneira progressiva pela preocupação de dialogar com o mundo que ele servia e amava, até extraviar em algumas ocasiões o mistério da fé. Penso que essas minhas palavras foram interpretadas de maneira negativa por alguns dominicanos, que se sentiram criticados, mas não era essa a minha intenção. Meu desejo era ressaltar o olhar lúcido do padre Carré ao final de sua vida e mostrar em sua obra a coragem da autocrítica da racionalidade moderna.

C. M.: Certamente, no século XX, na França, um grupo de católicos ilustrados quis ir a fundo nesse diálogo com a herança do iluminismo do século XIX, às vezes no sentido de certo racionalismo da fé que parecia diferir o sentido do mistério e da transcendência, como foi o caso do padre Jacques Pohier, falecido recentemente, ao assumir a psicanálise como principal ferramenta para pensar a experiência de fé. Outros chegaram a realizar extraordinárias sínteses entre a racionalidade moderna autônoma e a intuição do Evangelho sobre o ser humano, o mundo e Deus, como foi o caso dos padres Marie Domenique Chenu e Yves Congar, que tanto colaboraram para a atualização da Igreja no Concílio Vaticano II, de cujo dinamismo evangelizador e de diálogo com o mundo moderno hoje sentimos saudade.

R. G.: O catolicismo tanto na França como nos Estados Unidos sofreu uma perda significativa neste debate com a modernidade. De certo modo, foi-se esclerosando a generosidade que procede da caridade, e foi-se criando uma geração marcada por certo desânimo e até por alguma amargura. As reivindicações sociais foram dando passagem à indiferença religiosa nas sociedades secularizadas. A crise começou na França já no século XIX. Então ainda existia uma multidão de homens e mulheres que se entregava a um ideal de serviço, através, por exemplo, da vida religiosa muito ativa em hospitais e escolas, cujo espírito não foi substituído depois pelas instituições laicas promovidas pelo Estado. No final do século XIX, o *Seminário das Missões Estrangeiras* da Rua de Bac, em Paris, enviava uma quantidade impressionante de missionários a países de religiosidade arcaica, mas esse processo se interrompeu completamente na segunda metade do século XX. Agora, em contrapartida, são os sacerdotes da Índia, das Filipinas, da Polônia e da Colômbia que vêm para a Europa racionalista e secularizada como missionários, com uma bagagem cultural e espiritual que é muito distinta da vivida pela maioria da população europeia.

C. M.: Embora se tenha de assinalar que esses novos missionários frequentemente conhecem mais o Ocidente ilustrado do que conheciam os missionários europeus do século XIX as culturas a que chegavam. O surpreendente agora é a consciência da analogia de problemáticas no tempo da globalização. Por exemplo, graças à obra de jovens pensadores, o intercâmbio entre culturas é fecundo. Tal é o caso de James Alison, que se formou na Inglaterra e no Brasil. É um tipo de pensamento que põe para dialogar diversas mentalidades e disciplinas. Graças a esse tipo de trabalho, começamos a compreender, por exemplo, com maior profundidade as consequências teológicas do pensamento antropológico de René Girard e sua teoria mimética, em particular a partir da intuição do que, seguindo suas investigações, o teólogo inglês denomina "a inteligência da vítima".

R. G.: Com efeito, conheci James Alison no Brasil há mais de 20 anos, durante um encontro com teólogos da libertação organizado por Hugo Assmann. Estavam presentes muitos dos grandes autores da teologia da libertação. Era a época de certa surpresa para a mentalidade europeia por causa da insistência dos teólogos latino-americanos na ação para transformar o ambiente social, econômico e político como condição para o anúncio do Evangelho. Mas os que mais me impressionaram foram os sacerdotes da base que estavam vivendo e trabalhando nos meios populares. Seu testemunho era comovente, e mais ainda o era seu olhar crítico sobre o fracasso do cristianismo, incluída às vezes a própria teologia da libertação, no referente à catequese, ao serviço e ao apostolado cada vez mais afastado das vivências dessas comunidades de excluídos. Com atordoamento, constatavam esses sacerdotes a crescente presença das igrejas pentecostais. Talvez essas novas igrejas tenham compreendido melhor desde então o que a cultura popular buscava e não encontrava em suas igrejas tradicionais, não sei.

Há poucos meses encontrei o editor de Alison em Londres e me chamou a atenção saber que é um teólogo católico cada vez mais conhecido e apreciado no meio anglicano. A expressão original que ele forjou seguindo meu pensamento para falar da verdade de Cristo, *the intelligence of the victim*, é difícil de traduzir para outras línguas porque designa ao mesmo tempo a intelecção ou compreensão que temos da vítima no meio do processo violento, bem como a compreensão da vítima, ela mesma, quando consegue ir além de seu ressentimento. Alison tem conseguimentos verbais de uma força extraordinária.

C. M.: O problema da vítima tem uma grande significação no pensamento hebreu, tanto em sua versão religiosa com as instituições jurídicas de Israel quanto em sua versão filosófica moderna do pensamento em torno do holocausto. Uma linhagem admirável de pensadores judeus modernos, desde Hermann Cohen até Emmanuel Lévinas, insistiu em pensar esses símbolos religiosos expressos séculos atrás mediante a gramática hebraica, mas agora com o rigor da filosofia "que se fala em grego". Em seu último livro, o senhor fala de Lévinas como daquele pensador moderno que, de maneira coincidente com sua teoria mimética, captou a necessidade de ultrapassar a violência da identidade.

R. G.: Conheci Lévinas de maneira ocasional nos encontros com editores e em alguns lançamentos de livros em Paris, mas sempre lamentei não ter tido com ele uma relação mais próxima. Em meu último livro sublinho a proximidade com sua apresentação da alteridade como solução para o desejo mimético nestes termos: "Lévinas vem em boa hora ajudar-nos a pensar o duelo. (...) Mas Lévinas não é um belicista, é claro que não crê numa regeneração pela guerra. Pelo contrário, podemos enxergar em sua posição uma crítica ao pacifismo. Ele *remata* Hegel, assim como tentamos rematar Clausewitz. Ele leva até o fim uma tendência filosófica, assim como nós levamos até o fim uma tendência antropológica. Para além da guerra, Lévinas pensa uma relação com o Outro que seria purificada de toda reciprocidade. Para além da indiferenciação, com sua lógica implacável, tentamos pensar o Reino. O texto de Lévinas parece assustador se o lemos como apologia da guerra. Ele interessa mais se for lido como teoria da transcendência, no sentido etimológico do termo, isto é, de uma *saída* da totalidade. Lévinas volta-se contra o Estado e contra o totalitarismo. Está claro que o hegelianismo é diretamente visado. (...) uma teoria do Outro assusta a totalidade. Ao afirmar que o duelo já é uma relação com o Outro, ela revela que a relação está no cerne da reciprocidade violenta" (*Rematar Clausewitz*, p. 166, 168).

O problema de fundo que considero em minha obra é precisamente como interpretar a saída da totalidade. Nesse sentido, "Lévinas talvez esteja no coração dessa misteriosa semelhança entre a violência e a reconciliação de que acabamos de falar, mas deixando claro que o amor violenta a totalidade, que ele faz em mil pedacinhos as Potestades e os Principados. Na minha opinião, a totalidade é antes de tudo o mito, mas também o sistema regulado de trocas, e tudo que dissimula o princípio de reciprocidade. 'Sair da totalidade', para mim, significa duas coisas: ou regressar ao caos da violência indiferenciada, ou dar um salto para a comunidade harmônica dos 'outros enquanto outros'" (idem, p. 169).

C. M.: A crise do sujeito moderno tardio tem relação direta com essa crítica da totalidade; é pensada por alguns autores segundo o niilismo místico, como é o caso de Gianni Vattimo e alguns filósofos pós-modernos. Para outros, como o teólogo anglicano John Milbank, a saída para esse *impasse* radica em voltar ao fundamento e em particular à razão teológica para superar o reducionismo da modernidade. Como o senhor situa sua própria obra neste debate?

R. G.: Seria preciso perguntar a esses autores qual é o papel da encarnação do Verbo de Deus em suas propostas. Porque aí se joga, a meu ver, a contribuição do cristianismo para o enigma do desejo violento e do religioso arcaico e, em consequência, para a saída da totalidade. Vattimo, por exemplo, não parece dar uma importância capital a essa encarnação do *Logos* divino. Penso, por outro lado, que Milbank tem razão ao assinalar as insuficiências da modernidade ilustrada e seu racionalismo redutor. Ambos os extremos de pensamento são os mais vivos em nossa época. De minha parte, não me canso de insistir em que *o real não é racional*, como o pretendia Hegel e como o leram seus discípulos idealistas, senão que *o real é religioso*, como sublinhei em meu último livro, e religioso arcaico, ou seja, violento e sacrificial. Aí reside a compreensão da história, da condição humana e do sentido da existência.

C. M.: Trata-se então de recuperar certo realismo teológico indispensável nesta hora da modernidade tardia?

R. G.: O senhor me faz perguntas que me ultrapassam porque não sou teólogo. Iniciei minha carreira como antropólogo, muito longe da teologia. Mas pouco a pouco fui me dando conta de que, se fazemos antropologia mediante certa observação atenta dos fenômenos, em lugar de nos afastarmos do religioso, esse caminho nos leva a esse centro. Não se trata de propor teses que intelectualizem o religioso, fazendo disso um objeto de observação, porque então o *des-antropologizamos*, como o fez Augusto Comte na França. Ele via no religioso uma interpretação do universo. Pensava o religioso a partir da ciência empírica de seu tempo, de uma ciência ateia. Tal é a visão comum de muitos autores em nossos dias, como Gerard Manley Hopkins no mundo anglo-saxão, cujos livros fazem grande sucesso no mercado editorial.

Mas a meu ver esse tipo de obra atesta, no fundo, certa inquietude existente diante da autossuficiência do pensamento científico moderno e a consciência de seus becos sem saída. Tal inquietude encontra-se presente em muitos outros círculos, como entre os maçons da Loja Francesa, que não são antiespiritualistas; um pouco como os ingleses ou norte-americanos. Encontrei neles uma extraordinária sede de espiritualidade. Até minhas obras que falam de maneira explícita da contribuição do cristianismo, da mística e da oração são muito bem recebidas nesses meios, à diferença da recepção acre em alguns meios católicos progressistas da França. Até nos meios maçons ateus, como a Ordem do Grande Oriente da França, acha-se viva essa inquietude.

Podemos assim constatar agora uma situação paradoxal porque o ateísmo do início do século XX se encontra em movimento aberto para o religioso. O paradoxal reside em constatar que os meios católicos da França ficaram bloqueados no progressismo dos anos sessenta, o que os fez cair de certo modo na armadilha do racionalismo. Pareceria haver uma implacável lei da história que faz com que os católicos, à força de ideias fixas e estáticas, cheguemos sempre tarde ao que sucede em cada época, ficando paralisados diante das mudanças evidentes. A gente fica com vontade de dizer a eles que reajam e se ponham em movimento.

Venho de uma família típica do catolicismo ocidental: uma mãe piedosa, de certo modo conservadora, marcada pelos costumes de seus antepassados, incluída a simpatia pela tradição da realeza católica, até com alguns tons de racismo. Meu pai, ao contrário, pertencia à tradição radical socialista próxima do ateísmo. Na juventude eu me afastei da Igreja, e retornei a ela pouco antes do Concílio Vaticano II, mas buscando vincular-me à longa tradição cristã. E, dadas minhas tendências estéticas e antropológicas, foi a Igreja antiga a que me chamou a atenção. Por esses motivos, por exemplo, em Stanford gosto de participar de uma missa gregoriana, pois o cantochão preserva com grande vigor esse dinamismo místico próprio da fé. Ao mesmo tempo, devo dizer que isso não significa que me situo do lado de uma teologia conservadora. Foi Cristo quem mostrou o fracasso da religião arcaica, sacrificial, ao desmontar seus mecanismos vitimários e chamar a humanidade a romper o círculo da violência mimética. Creio que por isso sua mensagem é universal e transcendente.

C. M.: Embora o senhor diga que não é teólogo, na verdade sua obra, em particular os últimos livros, a partir de *Eu Via Satanás Cair do Céu como um Raio*, contém ideias verdadeiramente teológicas. Aliás, é de sublinhar a preferência que mostra ali pela tradição paulina e lucana, talvez por sua comum insistência no dramatismo da salvação. Sente-se falta, por exemplo, de uma influência joanina mais inspirada pela divinização da criação que pela redenção do pecado.

R. G.: Na verdade, eu teria gostado de trabalhar ainda mais meu último livro, sobretudo com respeito aos textos apocalípticos sinópticos, porque são consequência direta da leitura mimética do real. Teria gostado de me deter mais para mostrar que os textos apocalípticos primitivos do cristianismo, de um ponto de vista estritamente lógico, são consequência direta do mimetismo. A passagem essencial da história que o cristianismo revela consiste na revelação da verdade da vítima. Assim o expliquei anteriormente: "O tempo linear em que Cristo nos faz entrar impossibilita o eterno retorno dos deuses e também as reconciliações sobre os cadáveres das vítimas inocentes. Privados do sacrifício, temos de encarar uma alternativa inevitável: ou reconhecemos a verdade do cristianismo, ou contribuímos para a escalada para os extremos[2] ao recusar a Revelação. Ninguém é profeta em sua própria terra, porque terra nenhuma quer enxergar a verdade de sua violência. Toda terra sempre tentará dissimulá-la, a fim de manter a paz. E a melhor maneira de manter a paz é fazer a guerra. Foi por isso que Cristo sofreu o destino dos profetas. Ele se aproximou dos homens levando sua violência à loucura, desnudando-a. De certo modo, era impossível que ele tivesse sucesso. O Espírito, por outro lado, continua sua obra no tempo. É ele que nos faz compreender que o cristianismo histórico fracassou, e que os textos apocalípticos agora, mais do que nunca, terão muito a nos dizer" (idem, p. 174-75).

Mas desvela-se então o outro aspecto da verdade de Cristo. A manifestação da vítima impede que a mentira do bode expiatório seja a realidade fundadora. Em suma, a crise já não é tal. Daí que aquela misteriosa palavra de Cristo, "Eu via Satanás cair do Céu como um relâmpago!", transmitida por Lucas em seu Evangelho (Lucas 10,18), resume de maneira magistral essa revelação. A perpetuidade da crise

[2] Essa emblemática frase de Girard se inspira na expressão crucial de Carl von Clausewitz quando define o sentimento de hostilidade que preside a guerra: "[...] so gibt jeder dem anderen das Gesetz, es entsteht eine WechselwirKüng, die dem Begriff nach zum äussersten führen muss", que Girard traduz por: "Cada um dos adversários faz a lei do outro, donde resulta uma ação recíproca que, enquanto conceito, deve escalar para os extremos".

mimética foi posta em dúvida: "Cristo 'entrega o jogo' ao revelar a essência da totalidade. Assim, ele coloca a totalidade num estado febril, agora que seu segredo foi exposto à plena luz do dia" (idem, p. 168).

Por isso há algo radicalmente mais importante: a crise já não é a última palavra sobre a humanidade. Como escrevi em meu último livro: "Cristo retirou dos homens suas muletas sacrificiais, e deixou-os diante de uma escolha terrível: ou crer na violência, ou não crer mais nela. O cristianismo é a descrença. (...) Cedo ou tarde, ou os homens renunciarão à violência sem sacrifício, ou destruirão o planeta; ou estarão em estado de graça, ou em pecado mortal. Pode-se, portanto, dizer que, se a religião inventa o sacrifício, o cristianismo leva-o embora. (...) Será preciso, portanto, voltar àquele tipo de religião que só pode existir no seio da religião desmistificada, isto é, do cristianismo" (idem, p. 64, 66 e 70).

Essa verdade é, a meu ver, a trazida pela apocalíptica cristã primitiva, em especial pelos textos apocalípticos sinópticos, já que são os mais completos ao revelar a verdade da vítima: "Mas essa destruição só diz respeito ao mundo. Satanás não tem poder sobre Deus" (idem, p. 176). Esses textos descrevem, assim, com grande dramatismo como a violência sempre se dá como rivalidade entre duplos miméticos: cidade contra cidade, nação contra nação, pais contra filhos. Falam de uma catástrofe iminente, mas precedida de um tempo intermédio, de duração quase infinita, que posterga a chegada do dia final. Por isso me parece que tais textos são de uma atualidade extraordinária.

C. M.: Embora essa demora do dia final gere impaciência e até desânimo, dado que não sabemos então o que esperar nem até quando.

R. G.: Isso é precisamente o que os tessalonicenses censuravam a Paulo! Interrogavam-no sobre o que sucede quando a Parúsia se atrasa. É o que Lucas, que afinal de contas foi companheiro de Paulo em suas viagens, chama de "o tempo das nações", cuja demora é muito longa e incerta, terrível. Nesse sentido, a Segunda

Epístola aos Tessalonicenses fala do que atrasa a Parúsia: o *Katéjon* (2 Tessalonicenses 2,5) ou personagem que "retém" a manifestação do Anticristo é a ordem arcaica representada pelo Império Romano naquele contexto de decadência em que os tessalonicenses vivem. Seria preciso ler também Agostinho nesse sentido apocalíptico quando escreve sobre o atraso do dia final.

A paciência é então a resposta dos cristãos ao "tempo das nações" (Lucas 21,24): "O grande paradoxo disso é que o cristianismo provoca a escalada para os extremos ao revelar aos homens essa violência. Ele impede os homens de colocar sua violência na conta dos deuses, e coloca-os diante de sua responsabilidade. São Paulo não é de modo algum um revolucionário, no sentido que o mundo moderno deu a esse termo: ele diz aos Tessalonicenses que eles têm de manter a paciência, isto é, obedecer às Potestades e aos Principados, que serão destruídos *de todas as maneiras*. Essa destruição um dia virá, por causa do império cada vez maior da violência, privada agora de uma válvula de escape sacrificial, incapaz de fazer a ordem reinar senão por uma violência ainda maior: cada vez mais vítimas serão necessárias para criar uma ordem cada vez mais precária. É esse o devir enlouquecido do mundo, pelo qual os cristãos são responsáveis. Cristo teria tentado fazer a humanidade passar à condição adulta, mas a humanidade terá recusado essa possibilidade. Uso propositalmente o futuro do pretérito composto, porque falo de um fracasso fundamental" (idem, p. 195-96).

C. M.: Dessa maneira, passamos à ordem da fé, que, no meio do apocalipse, designa uma experiência íntima de habitar o mundo violento, mas com a força da vítima perdoadora.

R. G.: Esse apocalipse não é verdadeiro terror, porque o verdadeiramente terrível é a ausência de sentido. Ao fim e ao cabo, para a maioria dos seres humanos de nossos tempos, essa violência está crescendo no mundo. E, à medida que essa violência não tem sentido, é cada vez mais terrível. Por isso o anúncio apocalíptico do cristianismo não é uma ameaça, mas, ao contrário, a esperança da realização da promessa cristã: Cristo vê no mundo coisas que o mundo não vê. "Cristo é o Outro que vem e que, por sua própria vulnerabilidade, coloca o sistema em pânico. Nas pequenas sociedades arcaicas, esse Outro era o estrangeiro que trazia a desordem, e que sempre acabava virando o bode expiatório. No mundo cristão, é Cristo, o Filho de Deus que representa todas as vítimas inocentes, cujo retorno é clamado pelos próprios efeitos da escalada para os extremos. Que ele poderia constatar então? Que os homens enlouqueceram, que a idade adulta da humanidade, a idade anunciada pela Cruz, fracassou" (idem, p. 177-78).

Por isso, embora pareça paradoxal, o apocalipse é reconfortante enquanto satisfaz o desejo de significação. As provas e dificuldades atuais não são insignificantes porque sempre se encontra escondido atrás delas o Reino de Deus.

C. M.: Mas, então, os massacres como o de Acteal no México e tantos outros no mundo podem ter outro sentido além do de simples equilíbrio de rivalidade mimética entre rivais, com o desejo de aniquilação de uns contra os outros? Isso não é pregar às vítimas uma resignação diante de seus verdugos? Que memória cristã é possível fazer dessas vítimas que não signifique passividade diante da injustiça, da violência e da morte?

R. G.: Só é possível recuperar essa memória do massacre sem atribuir-lhe um sentido sacrificial arcaico. Em face do sofrimento do inocente, não nos resta senão a indignação. Esse tipo de acontecimentos trágicos não me é alheio, embora eu deva dizer que tampouco é parte de minha problemática imediata, em que construí meu pensamento. Mas é preciso insistir na importância de agir para superar as causas desse sofrimento e morte, sem ceder ao ressentimento que se expressa como desejo de vingança.

Com o dito anteriormente, não quero dizer que se tenha de renunciar à ação para tentar mudar o sentido da violência mimética.

A questão consiste em saber se o uso da violência para melhorar o mundo pode ser legítimo. Esse aspecto da teologia da libertação foi posto em questão há duas décadas por algumas declarações do magistério da Igreja. O pensamento cristão, que procede como resposta inteligente a uma situação de injustiça e violência a que são submetidas nações inteiras, é totalmente razoável e legítimo, com as novas expressões que o cristianismo possa tomar nessas circunstâncias. Talvez se tenha de reconhecer que os povos latino-americanos têm razão ao indignar-se por não encontrar um sentido de esperança nas ações do Estado nem nas atitudes tradicionais das Igrejas. Não se deve esquecer que o cristianismo fracassou no Ocidente tanto quanto o racionalismo moderno, e por isso agora nos encontramos no meio desta violência extrema que ameaça não apenas a humanidade, mas o planeta inteiro.

C. M.: Nesse sentido da violência extrema, Hegel propôs, com uma ingenuidade muito grande segundo o senhor, uma dimensão intersubjetiva como solução para a dialética dos contrários e como sentido da história, que radica no mútuo reconhecimento superando a rivalidade. O senhor toma distância dessa visão dialética.

R. G.: Hegel é um autor complexo, porque ao mesmo tempo é um ilustrado e um pensador que também desconfia do Iluminismo em que foi educado. Explico-o assim em meu livro: "Hegel tirará da Revelação cristã a necessidade de uma dupla reconciliação, de uma dupla *Aufhebung*: a dos homens entre si e a dos homens com Deus. Paz e salvação são assim dois movimentos conjuntos e, como Hegel acredita que as Igrejas fracassaram na aplicação das regras do jogo das vontades humanas, atribuirá essa tarefa ao Estado, 'universal concreto' que nada tem a ver com os Estados particulares. A universalidade racional desse Estado, de fato, deve tornar-se uma organização mundial. Mas, *enquanto isso*, os Estados particulares continuarão a ter relações de guerra: nessa sucessão de guerras, temos uma contingência essencial da história. (...) O racionalismo hegeliano visa, portanto, a conjurar a dialética, a fazer com que a razão saia de suas miragens de onipotência. Do cristianismo, ele aprende a reconciliação, a única coisa que pode evitar a abstração, a única coisa que pode levar aos homens paz e salvação. Mas aquilo que Hegel não vê (...) é que a oscilação de posições contrárias, tornadas equivalentes, pode perfeitamente *escalar para os extremos*, que a adversidade pode perfeitamente aproximar-se da hostilidade, que a alternância pode tender para a reciprocidade" (idem, p. 73-74).

Nesse contexto da busca de superar o racionalismo ingênuo, gostaria de dizer algo, de certo modo retórico, sobre minha insistência na apocalíptica. Penso que as pessoas não têm suficiente temor da violência desencadeada "desde a fundação do mundo" até a violência extrema que vivemos nestes tempos incertos. E eu não quero tranquilizar ninguém: "É urgente considerar a tradição profética e sua lógica implacável, que escapa a nosso racionalismo estreito. Se o Outro se aproxima, e uma teoria do Outro radicalmente se torna possível, então os tempos talvez estejam se cumprindo" (idem, p. 180).

Reitero o que já escrevi recentemente: "É preciso pensar o cristianismo como algo essencialmente histórico, e Clausewitz nos ajuda nisso. O julgamento de Salomão já tinha dito tudo: existe o sacrifício do outro, e existe o sacrifício de si; o sacrifício arcaico, e o sacrifício cristão. Mas é sempre sacrifício. Estamos imersos no mimetismo e é preciso que renunciemos às armadilhas do nosso desejo, que é sempre um desejo daquilo que o outro possui. Repito: o saber absoluto é impossível, somos obrigados a permanecer no coração da história, a agir no coração da violência, porque compreendemos cada vez melhor seus mecanismos. Será que por isso saberemos evitá-los? Tenho minhas dúvidas" (idem, p. 82).

No entanto, penso que para encontrar a saída temos de voltar o olhar para poetas como [Blaise] Pascal, que viu com clareza o que estava sucedendo: "Quem tem razão é Pascal: há uma intensificação recíproca da violência e da verdade, e ela aparece hoje diante de nossos olhos, ou ao menos diante dos olhos de uns poucos, nos quais o amor não esfriou..." (idem, p. 191). O mesmo nos pode ensinar [Friedrich] Hölderlin, que se retirou para a torre do ebanista de Tubinga num silêncio total diante do poderio do deus da guerra que campeava na Europa. Porque "a presença do divino cresce à medida que o divino se retira: é a retirada que salva, não a promiscuidade. Hölderlin compreende imediatamente que essa promiscuidade divina só pode ser catastrófica. A retirada de Deus é portanto a passagem *em Jesus Cristo* da reciprocidade à relação, da proximidade à distância. Essa é a intuição fundamental do poeta, aquilo que descobriu no exato momento em que iniciou seu próprio retiro. Um deus que pode ser apropriado é um deus que destrói. Mas, novamente, os gregos nunca tentaram imitar um deus! É preciso ter em mente que o cristianismo considera que essa perspectiva mimética impõe-se como única redenção possível, diante da loucura revelada dos homens. Assim, Hölderlin pressente que a Encarnação é o único meio de que a humanidade dispõe para enfrentar o saudabilíssimo silêncio de Deus: Cristo interrogou esse silêncio na Cruz, e depois ele mesmo imitou a retirada de seu Pai juntando-se a ele na manhã de sua Ressurreição. Cristo salva os homens 'quebrando seu cetro solar'. Ele se retira no exato momento em que poderia dominar. Assim, ele faz com que experimentemos *o risco da ausência de Deus*, a experiência moderna por excelência - porque é esse o momento da tentação sacrificial, da possibilidade de regressão para os extremos -, mas também uma experiência redentora. Imitar o Cristo é recusar impor-se como modelo, é sempre apagar-se diante dos outros. Imitar Cristo é fazer de tudo para não ser imitado" (idem, p. 200-01).

O que não podemos esquecer - e o quero reiterar com insistência - é que o cristianismo conseguiu descobrir essa verdade da vítima e também desmascarou a mentira do sacrifício, talvez com mais radicalidade que outras tradições religiosas da humanidade. Tal é a herança que desejo perpetuar.

Carlos Mendoza-Álvarez
Paris-Friburgo, 15 de novembro de 2007

breve explicação

Arnaldo Momigliano inspira nossa tarefa, já que a alquimia dos antiquários jamais se realizou: nenhum catálogo esgota a pluralidade do mundo e muito menos a dificuldade de uma questão complexa como a teoria mimética.

O cartógrafo borgeano conheceu constrangimento semelhante, como Jorge Luis Borges revelou no poema "La Luna". Como se sabe, o cartógrafo não pretendia muito, seu projeto era modesto: "cifrar el universo / En un libro". Ao terminá-lo, levantou os olhos "con ímpetu infinito", provavelmente surpreso com o poder de palavras e compassos. No entanto, logo percebeu que redigir catálogos, como produzir livros, é uma tarefa infinita:

> Gracias iba a rendir a la fortuna
> Cuando al alzar los ojos vio un bruñido
> Disco en el aire y comprendió aturdido
> Que se había olvidado de la luna.

Nem antiquários, tampouco cartógrafos: portanto, estamos livres para apresentar ao público brasileiro uma cronologia que não se pretende exaustiva da vida e da obra de René Girard.

Com o mesmo propósito, compilamos uma bibliografia sintética do pensador francês, privilegiando os livros publicados. Por isso, não mencionamos a grande quantidade de ensaios e capítulos de livros que escreveu, assim como de entrevistas que concedeu. Para o leitor interessado numa relação completa de sua vasta produção, recomendamos o banco de dados organizado pela Universidade de Innsbruck: http://www.uibk.ac.at/rgkw/mimdok/suche/index.html.en.

De igual forma, selecionamos livros e ensaios dedicados, direta ou indiretamente, à obra de René Girard, incluindo os títulos que sairão na Biblioteca René Girard. Nosso objetivo é estimular o convívio reflexivo com a teoria mimética. Ao mesmo tempo, desejamos propor uma coleção cujo aparato crítico estimule novas pesquisas.

Em outras palavras, o projeto da Biblioteca René Girard é também um convite para que o leitor venha a escrever seus próprios livros acerca da teoria mimética.

cronologia de René Girard

René Girard nasce em Avignon (França) no dia 25 de dezembro de 1923; o segundo de cinco filhos. Seu pai trabalha como curador do Museu da Cidade e do famoso "Castelo dos Papas". Girard estuda no liceu local e recebe seu *baccalauréat* em 1940.

De 1943 a 1947 estuda na École des Chartes, em Paris, especializando-se em história medieval e paleografia. Defende a tese *La Vie Privée à Avignon dans la Seconde Moitié du XVme Siècle.*

Em 1947 René Girard deixa a França e começa um doutorado em História na Universidade de Indiana, Bloomington, ensinando Literatura Francesa na mesma universidade. Conclui o doutorado em 1950 com a tese *American Opinion on France, 1940-1943.*

No dia 18 de junho de 1951, Girard casa-se com Martha McCullough. O casal tem três filhos: Martin, Daniel e Mary.

Em 1954 começa a ensinar na Universidade Duke e, até 1957, no Bryn Mawr College.

Em 1957 torna-se professor assistente de Francês na Universidade Johns Hopkins, em Baltimore.

Em 1961 publica seu primeiro livro, *Mensonge Romantique et Vérité Romanesque*, expondo os princípios da teoria do desejo mimético.

Em 1962 torna-se professor associado na Universidade Johns Hopkins.

Organiza em 1962 *Proust: A Collection of Critical Essays*, e, em 1963, publica *Dostoïevski, du Double à l'Unité.*

Em outubro de 1966, em colaboração com Richard Macksey e Eugenio Donato, organiza o colóquio internacional "The Languages of Criticism and the Sciences of Man". Nesse colóquio participam Lucien Goldmann, Roland Barthes, Jacques Derrida, Jacques Lacan, entre outros. Esse encontro é visto como a introdução do estruturalismo nos Estados Unidos. Nesse período, Girard desenvolve a noção do assassinato fundador.

Em 1968 tranfere-se para a Universidade do Estado de Nova York, em Buffalo, e ocupa a direção do Departamento de Inglês. Principia sua colaboração e amizade com Michel Serres. Começa a interessar-se mais seriamente pela obra de Shakespeare.

Em 1972 publica *La Violence et le Sacré*, apresentando o mecanismo do bode expiatório. No ano seguinte, a revista *Esprit* dedica um número especial à obra de René Girard.

Em 1975 retorna à Universidade Johns Hopkins.

Em 1978, com a colaboração de Jean-Michel Oughourlian e Guy Lefort, dois psiquiatras franceses, publica seu terceiro livro, *Des Choses Cachées depuis la Fondation du Monde*. Trata-se de um longo e sistemático diálogo sobre a teoria mimética compreendida em sua totalidade.

Em 1980, na Universidade Stanford, recebe a "Cátedra Andrew B. Hammond" em Língua, Literatura e Civilização Francesa. Com a colaboração de Jean-Pierre Dupuy, cria e dirige o "Program for Interdisciplinary Research", responsável pela realização de importantes colóquios internacionais.

Em 1982 publica *Le Bouc Émissaire* e, em 1985, *La Route Antique des Hommes Pervers*. Nesses livros, Girard principia a desenvolver uma abordagem hermenêutica para uma leitura dos textos bíblicos com base na teoria mimética.

Em junho de 1983, no Centre Culturel International de Cerisy-la-Salle, Jean-Pierre Dupuy e Paul Dumouchel organizam o colóquio "Violence et Vérité. Autour de René Girard". Os "Colóquios de Cerisy" representam uma referência fundamental na recente história intelectual francesa.

Em 1985 recebe, da Frije Universiteit de Amsterdã, o primeiro de muitos doutorados *honoris causa*. Nos anos seguintes, recebe a mesma distinção da Universidade de Innsbruck, Áustria (1988); da

Universidade de Antuérpia, Bélgica (1995); da Universidade de Pádua, Itália (2001); da Universidade de Montreal, Canadá (2004); da University College London, Inglaterra (2006); da Universidade de St Andrews, Escócia (2008).

Em 1990 é criado o Colloquium on Violence and Religion (COV&R). Trata-se de uma associação internacional de pesquisadores dedicada ao desenvolvimento e à crítica da teoria mimética, especialmente no tocante às relações entre violência e religião nos primórdios da cultura. O Colloquium on Violence and Religion organiza colóquios anuais e publica a revista *Contagion*. Girard é o presidente honorário da instituição. Consulte-se a página: http://www.uibk.ac.at/theol/cover/.

Em 1990 visita o Brasil pela primeira vez: encontro com representantes da Teologia da Libertação, realizado em Piracicaba, São Paulo.

Em 1991 Girard publica seu primeiro livro escrito em inglês: *A Theatre of Envy: William Shakespeare* (Oxford University Press). O livro recebe o "Prix Médicis", na França.

Em 1995 aposenta-se na Universidade Stanford.

Em 1999 publica *Je Vois Satan Tomber comme l'Éclair*. Desenvolve a leitura antropológica dos textos bíblicos com os próximos dois livros: *Celui par qui le Scandale Arrive* (2001) e *Le Sacrifice* (2003).

Em 2000 visita o Brasil pela segunda vez: lançamento de *Um Longo Argumento do Princípio ao Fim. Diálogos com João Cezar de Castro Rocha e Pierpaolo Antonello.*

Em 2004 recebe o "Prix Aujourd'hui" pelo livro *Les Origines de la Culture. Entretiens avec Pierpaolo Antonello et João Cezar de Castro Rocha.*

Em 17 de março de 2005 René Girard é eleito para a Académie Française. O "Discurso de Recepção" foi feito por Michel Serres em 15 de dezembro. No mesmo ano, cria-se em Paris a Association pour les Recherches Mimétiques (ARM).

Em 2006 René Girard e Gianni Vattimo dialogam sobre cristianismo e modernidade: *Verità o Fede Debole? Dialogo su Cristianesimo e Relativismo.*

Em 2007 publica *Achever Clausewitz*, um diálogo com Benoît Chantre. Nessa ocasião, desenvolve uma abordagem apocalíptica da história.

Em outubro de 2007, em Paris, é criada a "Imitatio. Integrating the Human Sciences", (http://www.imitatio.org/), com apoio da Thiel Foundation. Seu objetivo é ampliar e promover as consequências da teoria girardiana sobre o comportamento humano e a cultura. Além disso, pretende apoiar o estudo interdisciplinar da teoria mimética. O primeiro encontro da Imitatio realiza-se em Stanford, em abril de 2008.

Em 2008 René Girard recebe a mais importante distinção da Modern Language Association (MLA): "Lifetime Achievement Award".

bibliografia de René Girard

Mensonge Romantique et Vérité Romanesque. Paris: Grasset, 1961. [*Mentira Romântica e Verdade Romanesca*. Trad. Lília Ledon da Silva. São Paulo: Editora É, 2009.]

Proust: A Collection of Critical Essays. Englewood Cliffs: Prentice Hall, 1962.

Dostoïevski, du Double à l'Unité. Paris: Plon, 1963. (Este livro será publicado na Biblioteca René Girard)

La Violence et le Sacré. Paris: Grasset, 1972.

Critique dans un Souterrain. Lausanne: L'Age d'Homme, 1976.

To Double Business Bound: Essays on Literature, Mimesis, and Anthropology. Baltimore: Johns Hopkins University Press, 1978. (Este livro será publicado na Biblioteca René Girard)

Des Choses Cachées depuis la Fondation du Monde. Pesquisas com Jean-Michel Oughourlian e Guy Lefort. Paris: Grasset, 1978.

Le Bouc Émissaire. Paris: Grasset, 1982.

La Route Antique des Hommes Pervers. Paris: Grasset, 1985.

Violent Origins: Walter Burkert, René Girard, and Jonathan Z. Smith on Ritual Killing and Cultural Formation. Org. Robert Hamerton-Kelly. Stanford: Stanford University Press, 1988. (Este livro será publicado na Biblioteca René Girard)

A Theatre of Envy: William Shakespeare. Nova York: Oxford University Press, 1991. [*Shakespeare: Teatro da Inveja*. Trad. Pedro Sette-Câmara. São Paulo: Editora É, 2010.]

Quand ces Choses Commenceront... Entretiens avec Michel Treguer. Paris: Arléa, 1994. (Este livro será publicado na Biblioteca René Girard)
The Girard Reader. Org. James G. Williams. Nova York: Crossroad, 1996.
Je Vois Satan Tomber comme l'Éclair. Paris: Grasset, 1999.
Um Longo Argumento do Princípio ao Fim. Diálogos com João Cezar de Castro Rocha e Pierpaolo Antonello. Rio de Janeiro: Topbooks, 2000. Este livro, escrito em inglês, foi publicado, com algumas modificações, em italiano, espanhol, polonês, japonês, coreano, tcheco e francês. Na França, em 2004, recebeu o "Prix Aujourd'hui".
Celui par Qui le Scandale Arrive: Entretiens avec Maria Stella Barberi. Paris: Desclée de Brouwer, 2001. (Este livro será publicado na Biblioteca René Girard)
La Voix Méconnue du Réel: Une Théorie des Mythes Archaïques et Modernes. Paris: Grasset, 2002. (Este livro será publicado na Biblioteca René Girard)
Il Caso Nietzsche. La Ribellione Fallita dell'Anticristo. Com colaboração e edição de Giuseppe Fornari. Gênova: Marietti, 2002.
Le Sacrifice. Paris: Bibliothèque Nationale de France, 2003. (Este livro será publicado na Biblioteca René Girard)
Oedipus Unbound: Selected Writings on Rivalry and Desire. Org. Mark R. Anspach. Stanford: Stanford University Press, 2004.
Miti d'Origine. Massa: Transeuropa Edizioni, 2005. (Este livro será publicado na Biblioteca René Girard)
Verità o Fede Debole. Dialogo su Cristianesimo e Relativismo. Com Gianni Vattimo. Org. Pierpaolo Antonello. Massa: Transeuropa Edizioni, 2006.
Achever Clausewitz (Entretiens avec Benoît Chantre). Paris: Carnets Nord, 2007. (Este livro será publicado na Biblioteca René Girard)
Le Tragique et la Pitié: Discours de Réception de René Girard à l'Académie Française et Réponse de Michel Serres. Paris: Editions le Pommier, 2007. (Este livro será publicado na Biblioteca René Girard)
De la Violence à la Divinité. Paris: Grasset, 2007. Reunião dos principais livros de Girard publicados pela Editora Grasset, acompanhada de

uma nova introdução para todos os títulos. O volume inclui *Mensonge Romantique et Vérité Romanesque*, *La Violence et le Sacré*, *Des Choses Cachées depuis la Fondation du Monde* e *Le Bouc Émissaire*.

Dieu, une Invention?. Com André Gounelle e Alain Houziaux. Paris: Editions de l'Atelier, 2007. (Este livro será publicado na Biblioteca René Girard)

Evolution and Conversion. Dialogues on the Origins of Culture. Com Pierpaolo Antonello e João Cezar de Castro Rocha. Londres: The Continuum, 2008. (Este livro será publicado na Biblioteca René Girard)

Anorexie et Désir Mimétique. Paris: L'Herne, 2008. (Este livro será publicado na Biblioteca René Girard)

Mimesis and Theory: Essays on Literature and Criticism, 1953-2005. Org. Robert Doran. Stanford: Stanford University Press, 2008.

La Conversion de l'Art. Paris: Carnets Nord, 2008. Este livro é acompanhado por um DVD, *Le Sens de l'Histoire*, que reproduz um diálogo com Benoît Chantre. (Este livro será publicado na Biblioteca René Girard)

Gewalt und Religion: Gespräche mit Wolfgang Palaver. Berlim: Matthes & Seitz Verlag, 2010.

Géométries du Désir. Prefácio de Mark Anspach. Paris: Ed. de L'Herne, 2011.

bibliografia selecionada sobre René Girard[1]

BANDERA, Cesáreo. *Mimesis Conflictiva: Ficción Literaria y Violencia en Cervantes y Calderón.* (Biblioteca Románica Hispánica – Estudios y Ensayos 221). Prefácio de René Girard. Madri: Editorial Gredos, 1975.

SCHWAGER, Raymund. *Brauchen Wir einen Sündenbock? Gewalt und Erläsung in den Biblischen Schriften.* Munique: Kasel, 1978.

DUPUY, Jean-Pierre e DUMOUCHEL, Paul. *L'Enfer des Choses: René Girard et la Logique de l'Économie.* Posfácio de René Girard. Paris: Le Seuil, 1979.

CHIRPAZ, François. *Enjeux de la Violence: Essais sur René Girard.* Paris: Cerf, 1980.

GANS, Eric. *The Origin of Language: A Formal Theory of Representation.* Berkeley: University of California Press, 1981.

AGLIETTA, M. e ORLÉAN, A. *La Violence de la Monnaie.* Paris: PUF, 1982.

OUGHOURLIAN, Jean-Michel. *Un Mime Nomme Desir: Hysterie, Transe, Possession, Adorcisme.* Paris: Éditions Grasset et Fasquelle, 1982. (Este livro será publicado na Biblioteca René Girard)

[1] Agradecemos a colaboração de Pierpaolo Antonello, do St John's College (Universidade de Cambridge). Nesta bibliografia, adotamos a ordem cronológica em lugar da alfabética a fim de evidenciar a recepção crescente da obra girardiana nas últimas décadas.

DUPUY, Jean-Pierre e DEGUY, Michel (orgs.). *René Girard et le Problème du Mal.* Paris: Grasset, 1982.
DUPUY, Jean-Pierre. *Ordres et Désordres.* Paris: Le Seuil, 1982.
FAGES, Jean-Baptiste. *Comprendre René Girard.* Toulouse: Privat, 1982.
MCKENNA, Andrew J. (org.). *René Girard and Biblical Studies* (*Semeia* 33). Decatur, GA: Scholars Press, 1985.
CARRARA, Alberto. *Violenza, Sacro, Rivelazione Biblica: Il Pensiero di René Girard.* Milão: Vita e Pensiero, 1985.
DUMOUCHEL, Paul (org.). *Violence et Vérité – Actes du Colloque de Cerisy.* Paris: Grasset, 1985. Tradução para o inglês: *Violence and Truth: On the Work of René Girard.* Stanford: Stanford University Press, 1988.
ORSINI, Christine. *La Pensée de René Girard.* Paris: Retz, 1986.
To Honor René Girard. Presented on the Occasion of his Sixtieth Birthday by Colleagues, Students, Friends. Stanford French and Italian Studies 34. Saratoga, CA: Anma Libri, 1986.
LERMEN, Hans-Jürgen. *Raymund Schwagers Versuch einer Neuinterpretation der Erläsungstheologie im Anschluss an René Girard.* Mainz: Unveräffentlichte Diplomarbeit, 1987.
LASCARIS, André. *Advocaat van de Zondebok: Het Werk van René Girard en het Evangelie van Jezus.* Hilversum: Gooi & Sticht, 1987.
BEEK, Wouter van (org.). *Mimese en Geweld: Beschouwingen over het Werk van René Girard.* Kampen: Kok Agora, 1988.
HAMERTON-KELLY, Robert G. (org.). *Violent Origins: Walter Burkert, Rene Girard, and Jonathan Z. Smith on Ritual Killing and Cultural Formation.* Stanford: Stanford University Press, 1988. (Este livro será publicado na Biblioteca René Girard)
GANS, Eric. *Science and Faith: The Anthropology of Revelation.* Savage, MD: Rowman & Littlefield, 1990.
ASSMANN, Hugo (org.). *René Girard com Teólogos da Libertação: Um Diálogo sobre Ídolos e Sacrifícios.* Petrópolis: Vozes, 1991. Tradução para o alemão: *Gätzenbilder und Opfer: René Girard im Gespräch mit der Befreiungstheologie.* (Beiträge zur mimetischen Theorie 2). Thaur, Münster:

Druck u. Verlagshaus Thaur, LIT-Verlag, 1996. Tradução para o espanhol: *Sobre Ídolos y Sacrificios: René Girard con Teólogos de la Liberación*. (Colección Economía-Teología). San José, Costa Rica: Editorial Departamento Ecuménico de Investigaciones, 1991.

ALISON, James. *A Theology of the Holy Trinity in the Light of the Thought of René Girard*. Oxford: Blackfriars, 1991.

RÉGIS, J. P. (org.). *Table Ronde Autour de René Girard*. (Publications des Groupes de Recherches Anglo-américaines 8). Tours: Université François Rabelais de Tours, 1991.

WILLIAMS, James G. *The Bible, Violence, and the Sacred: Liberation from the Myth of Sanctionated Violence*. Prefácio de René Girard. San Francisco: Harper, 1991.

LUNDAGER JENSEN, Hans Jürgen. *René Girard*. (Profil-Serien 1). Frederiksberg: Forlaget Anis, 1991.

HAMERTON-KELLY, Robert G. *Sacred Violence: Paul's Hermeneutic of the Cross*. Minneapolis: Augsburg Fortress, 1992. (Este livro será publicado na Biblioteca René Girard)

MCKENNA, Andrew J. (org.). *Violence and Difference: Girard, Derrida, and Deconstruction*. Chicago: University of Illinois Press, 1992.

LIVINGSTON, Paisley. *Models of Desire: René Girard and the Psychology of Mimesis*. Baltimore: The Johns Hopkins University Press, 1992.

LASCARIS, André e WEIGAND, Hans (orgs.). *Nabootsing: In Discussie over René Girard*. Kampen: Kok Agora, 1992.

GOLSAN, Richard J. *René Girard and Myth: An Introduction*. Nova York e Londres: Garland, 1993 (Nova York: Routledge, 2002). (Este livro será publicado na Biblioteca René Girard)

GANS, Eric. *Originary Thinking: Elements of Generative Anthropology*. Stanford: Stanford University Press, 1993.

HAMERTON-KELLY, Robert G. *The Gospel and the Sacred: Poetics of Violence in Mark*. Prefácio de René Girard. Minneapolis: Fortress Press, 1994.

BINABURO, J. A. Bakeaz (org.). *Pensando en la Violencia: Desde Walter Benjamin, Hannah Arendt, René Girard y Paul Ricoeur*. Centro de Documentación y Estudios para la Paz. Madri: Libros de la Catarata, 1994.

McCracken, David. *The Scandal of the Gospels: Jesus, Story, and Offense.* Oxford: Oxford University Press, 1994.

Wallace, Mark I. e Smith, Theophus H. *Curing Violence: Essays on René Girard.* Sonoma, CA: Polebridge Press, 1994.

Bandera, Cesáreo. *The Sacred Game: The Role of the Sacred in the Genesis of Modern Literary Fiction.* University Park: Pennsylvania State University Press, 1994. (Este livro será publicado na Biblioteca René Girard)

Alison, James. *The Joy of Being Wrong: An Essay in the Theology of Original Sin in the Light of the Mimetic Theory of René Girard.* Santiago de Chile: Instituto Pedro de Córdoba, 1994. (Este livro será publicado na Biblioteca René Girard)

Lagarde, François. *René Girard ou la Christianisation des Sciences Humaines.* Nova York: Peter Lang, 1994.

Teixeira, Alfredo. *A Pedra Rejeitada: O Eterno Retorno da Violência e a Singularidade da Revelação Evangélica na Obra de René Girard.* Porto: Universidade Católica Portuguesa, 1995.

Bailie, Gil. *Violence Unveiled: Humanity at the Crossroads.* Nova York: Crossroad, 1995.

Tomelleri, Stefano. *René Girard. La Matrice Sociale della Violenza.* Milão: F. Angeli, 1996.

Goodhart, Sandor. *Sacrificing Commentary: Reading the End of Literature.* Baltimore: Johns Hopkins University Press, 1996.

Pelckmans, Paul e Vanheeswijck, Guido. *René Girard, het Labyrint van het Verlangen: Zes Opstellen.* Kampen/Kapellen: Kok Agora/Pelcckmans, 1996.

Gans, Eric. *Signs of Paradox: Irony, Resentment, and Other Mimetic Structures.* Stanford: Stanford University Press, 1997.

Santos, Laura Ferreira dos. *Pensar o Desejo: Freud, Girard, Deleuze.* Braga: Universidade do Minho, 1997.

Grote, Jim e McGeeney, John R. *Clever as Serpents: Business Ethics and Office Politics.* Minnesota: Liturgical Press, 1997. (Este livro será publicado na Biblioteca René Girard)

Federschmidt, Karl H.; Atkins, Ulrike; Temme, Klaus (orgs.). *Violence and Sacrifice: Cultural Anthropological and Theological Aspects Taken from Five Continents.* Intercultural Pastoral Care and Counseling 4. Düsseldorf: SIPCC, 1998.

Swartley, William M. (org.). *Violence Renounced: René Girard, Biblical Studies and Peacemaking.* Telford: Pandora Press, 2000.

Fleming, Chris. *René Girard: Violence and Mimesis.* Cambridge: Polity, 2000.

Alison, James. *Faith Beyond Resentment: Fragments Catholic and Gay.* Londres: Darton, Longman & Todd, 2001. Tradução para o português: *Fé Além do Ressentimento: Fragmentos Católicos em Voz Gay.* São Paulo: Editora É, 2010.

Anspach, Mark Rogin. *A Charge de Revanche: Figures Élémentaires de la Réciprocité.* Paris: Editions du Seuil, 2002. (Este livro será publicado na Biblioteca René Girard)

Golsan, Richard J. *René Girard and Myth.* Nova York: Routledge, 2002. (Este livro será publicado na Biblioteca René Girard)

Dupuy, Jean-Pierre. *Pour un Catastrophisme Éclairé. Quand l'Impossible est Certain.* Paris: Editions du Seuil, 2002. (Este livro será publicado na Biblioteca René Girard)

Johnsen, William A. *Violence and Modernism: Ibsen, Joyce, and Woolf.* Gainesville, FL: University Press of Florida, 2003. (Este livro será publicado na Biblioteca René Girard)

Kirwan, Michael. *Discovering Girard.* Londres: Darton, Longman & Todd, 2004. (Este livro será publicado na Biblioteca René Girard)

Bandera, Cesáreo. *Monda y Desnuda: La Humilde Historia de Don Quijote. Reflexiones sobre el Origen de la Novela Moderna.* Madri: Iberoamericana, 2005. (Este livro será publicado na Biblioteca René Girard)

Vinolo, Stéphane. *René Girard: Du Mimétisme à l'Hominisation, la Violence Différante.* Paris: L'Harmattan, 2005. (Este livro será publicado na Biblioteca René Girard)

Inchausti, Robert. *Subversive Orthodoxy: Outlaws, Revolutionaries, and Other Christians in Disguise.* Grand Rapids, MI: Brazos Press, 2005. (Este livro será publicado na Biblioteca René Girard)

Fornari, Giuseppe. *Fra Dioniso e Cristo. Conoscenza e Sacrificio nel Mondo Greco e nella Civiltà Occidentale.* Gênova-Milão: Marietti, 2006. (Este livro será publicado na Biblioteca René Girard)

Andrade, Gabriel. *La Crítica Literaria de René Girard.* Mérida: Universidad del Zulia, 2007.

Hamerton-Kelly, Robert G. (org.). *Politics & Apocalypse*. East Lansing, MI: Michigan State University Press, 2007. (Este livro será publicado na Biblioteca René Girard)

Lance, Daniel. *Vous Avez Dit Elèves Difficiles? Education, Autorité et Dialogue*. Paris, L'Harmattan, 2007. (Este livro será publicado na Biblioteca René Girard)

Vinolo, Stéphane. *René Girard: Épistémologie du Sacré*. Paris: L'Harmattan, 2007. (Este livro será publicado na Biblioteca René Girard)

Oughourlian, Jean-Michel. *Genèse du Désir*. Paris: Carnets Nord, 2007. (Este livro será publicado na Biblioteca René Girard)

Alberg, Jeremiah. *A Reinterpretation of Rousseau: A Religious System*. Nova York: Palgrave Macmillan, 2007. (Este livro será publicado na Biblioteca René Girard)

Dupuy, Jean-Pierre. *Dans l'Oeil du Cyclone - Colloque de Cerisy*. Paris: Carnets Nord, 2008. (Este livro será publicado na Biblioteca René Girard)

Dupuy, Jean-Pierre. *La Marque du Sacré*. Paris: Carnets Nord, 2008. (Este livro será publicado na Biblioteca René Girard)

Anspach, Mark Rogin (org.). *René Girard*. Les Cahiers de l'Herne n. 89. Paris: L'Herne, 2008. (Este livro será publicado na Biblioteca René Girard)

Depoortere, Frederiek. *Christ in Postmodern Philosophy: Gianni Vattimo, Rene Girard, and Slavoj Zizek*. Londres: Continuum, 2008.

Palaver, Wolfgang. *René Girards Mimetische Theorie. Im Kontext Kulturtheoretischer und Gesellschaftspolitischer Fragen*. 3. Auflage. Münster: LIT, 2008.

Barberi, Maria Stella (org.). *Catastrofi Generative - Mito, Storia, Letteratura*. Massa: Transeuropa Edizioni, 2009. (Este livro será publicado na Biblioteca René Girard)

Antonello, Pierpaolo e Bujatti, Eleonora (orgs.). *La Violenza Allo Specchio. Passione e Sacrificio nel Cinema Contemporaneo*. Massa: Transeuropa Edizioni, 2009. (Este livro será publicado na Biblioteca René Girard)

Ranieri, John J. *Disturbing Revelation - Leo Strauss, Eric Voegelin, and the Bible*. Columbia, MO: University of Missouri Press, 2009. (Este livro será publicado na Biblioteca René Girard)

Goodhart, Sandor; Jorgensen, J.; Ryba, T.; Williams, J. G. (orgs.). *For René Girard. Essays in Friendship and in Truth*. East Lansing, MI: Michigan State University Press, 2009.
Anspach, Mark Rogin. *Oedipe Mimétique*. Paris: Éditions de L'Herne, 2010. (Este livro será publicado na Biblioteca René Girard)
Mendoza-Álvarez, Carlos. *El Dios Escondido de la Posmodernidad. Deseo, Memoria e Imaginación Escatológica. Ensayo de Teología Fundamental Posmoderna*. Guadalajara: ITESO, 2010. (Este livro será publicado na Biblioteca René Girard)
Andrade, Gabriel. *René Girard: Un Retrato Intelectual*. 2010. (Este livro será publicado na Biblioteca René Girard)

índice analítico

índice onomástico

biblioteca René Girard*
coordenação João Cezar de Castro Rocha

Dostoiévski: do duplo à unidade
René Girard

Anorexia e desejo mimético
René Girard

A conversão da arte
René Girard

René Girard: um retrato intelectual
Gabriel Andrade

Rematar Clausewitz: além *Da Guerra*
René Girard e Benoît Chantre

Evolução e conversão
René Girard, Pierpaolo Antonello e João Cezar de Castro Rocha

O tempo das catástrofes
Jean-Pierre Dupuy

"Despojada e despida": a humilde história de Dom Quixote
Cesáreo Bandera

Descobrindo Girard
Michael Kirwan

Violência e modernismo: Ibsen, Joyce e Woolf
William A. Johnsen

Quando começarem a acontecer essas coisas
René Girard e Michel Treguer

Espertos como serpentes
Jim Grote e John McGeeney

O pecado original à luz da ressurreição
James Alison

Violência sagrada
Robert Hamerton-Kelly

Aquele por quem o escândalo vem
René Girard

O Deus escondido da pós-modernidade
Carlos Mendoza-Álvarez

Deus: uma invenção?
René Girard, André Gounelle e Alain Houziaux

Teoria mimética: a obra de René Girard (6 aulas)
João Cezar de Castro Rocha

René Girard: do mimetismo à hominização
Stéphane Vinolo

O sacrifício
René Girard

O trágico e a piedade
René Girard e Michel Serres

* A Biblioteca reunirá cerca de 60 livros e os títulos acima serão os primeiros publicados.

Dados Internacionais de Catalogação na Publicação (CIP)
(Câmara Brasileira do Livro, SP, Brasil)

Mendoza-Álvarez, Carlos
O Deus escondido da pós-modernidade: desejo, memória e imaginação escatológica: Ensaio de teologia fundamental pós-moderna / Carlos Mendoza-Álvarez; tradução Carlos Nougué. - São Paulo: É Realizações, 2011.

Título original: Deus absconditus.
ISBN 978-85-8033-039-7

1. Cristianismo 2. Escatologia 3. Fé e razão 4. Pós-modernidade 5. Teologia I. Título. II. Série.

11-07503 CDD-230.209

Índices para catálogo sistemático:
1. Teologia fundamental pós-moderna: Cristianismo 230.209

Este livro foi impresso pela Prol Editora Gráfica para É Realizações, em outubro de 2011. Os tipos usados são da família Rotis Serif Std e Rotis Semi Sans Std. O papel do miolo é pólem bold 90g, e o da capa, cartão supremo 300g.